普通高等教育"十一五"国家级规划教材

矿 业 经 济 学

陈建宏　古德生　编著

中南大学出版社
www.csupress.com.cn

·长沙·

内容简介

　　本书是一部以矿业经济学基本理论为核心，紧密结合矿山项目评价、矿业生产管理、矿产资源评估、矿产资源法律法规、矿业生产监督管理的综合教科书。书中系统介绍了目前国内外矿业经济学研究的理论与方法，吸收了目前矿业投资、项目评价、资源评估、矿产品贸易、矿业法规等领域的最新成果。本书注重矿业经济理论与实际的结合，以建设资源节约型和环境友好型社会为目标，深入浅出地论述了矿业经济学的最新成果与发展趋势。

　　全书系统地阐述了矿业经济学的基本理论和方法。主要内容包括：矿业经济学的特点和研究概况、矿业政策理论与实践、矿产品供需理论、矿产品市场与价格、矿产品市场预测、矿业投资与经济参数、矿产投资决策理论和方法、矿业投资方案的比较、矿业投资风险分析、矿业权评估理论与方法、矿产资源法律法规、矿业生产监督管理等内容。

　　本书是普通高等教育"十一五"国家级规划教材，可作为地质、采矿、安全、经贸、管理类专业课程教材和教学参考书，也可供从事地质勘探、矿业生产管理、矿产资源评估、矿山安全评估、矿业安全生产监督、矿山设计研究、金融机构、大专院校专业人员及政府部门公务员的培训资料及学习参考书。

前　　言

矿业经济学是一门运用经济学原理和方法，研究和解决矿业经济问题的应用经济学科。矿业经济学的研究对象是矿产资源勘探、开发和利用中的经济问题。由于矿床开发是一个复杂的系统工程，矿床的自然条件以及开发矿床的生产过程需要涉及众多的学科，如地质学、采矿学、选矿学以及经济学等。从地质普查、详查、勘探、矿山规划、设计、开采、加工处理，一直到矿产品销售等，矿产供应活动的每一个环节都离不开经济分析。除此之外，由于矿产资源是不可再生的有限财富，经济研究除了分析其开采价值之外，还涉及政府的经济政策和资源政策，其中包括区域经济、就业、资源保护、土地复垦、环境保护等。

矿业经济学将经济学原理用于矿产供应过程的经济分析，这种分析主要借助于比较成熟的管理经济学和工程经济学原理来进行，但由于矿产投资有其特殊性，如矿产赋存的不均匀性和丰度的差异性、资源的有限性和不可再生性、勘探和开采的高度不确定性、矿产所在地区的地理经济条件恶劣等，在普通的经济学中是找不到的，它需要专门的理论和方法。

由于计划经济体制原因，我国的矿业经济研究形成了两个相对独立的学派：一个是以地勘部门为主的矿床经济评价学派，另一个是以设计单位为主的矿山技术经济学派。事实上，在勘探、设计、开发、生产、销售各个阶段都有矿产资源的经济评价问题，只是评价的角度和深度不同，其评价的目的是一致的。确定一个矿床是不是工业矿床，有无必要进行设计、开采，如何经营矿山企业，使有限的资源获得最大的效益等，都要从经济上进行分析论证。因此，从整体上来说，两个分支都是属于矿业经济学的范畴，二者具有继承性和连续性，将两个分支统一起来，无论从理论上还是在实际工作中都是必要的，本书将在这方面作出努力。

本书结合采矿工业的特点，系统地阐述矿产品开发各个阶段中的经济问题，涉及矿业政策理论与实践、矿产品供需理论、矿产品市场与价格、矿产品市场预测、矿业投资与经济参数、矿产投资决策理论和方法、矿业投资方案的比较、矿业投资风险分析、矿产权评估理论与方法、矿产资源法律法规、矿业生产监督管理等内容，并提供了大量的实例与习题。与同类矿床经济评价和矿山技术经济方面的书籍相比有其自己的特点。

本书是在作者1996年编写的《矿业经济学》基础上修改、扩充而成的，是作者18年矿业经济学课程教学经验的积累。许多老师和学生提出了宝贵的意见，特别是周智勇、陈刚、王斌、杨珊、何艳梅等研究生在资料整理方面付出了大量的心血。书中引用了大量其他作者的资料和成果，在此一并致以衷心的感谢。

在本书出版之际，对支持和关心本书出版的中南大学资源与安全工程学院李夕兵教授、吴超教授表示诚挚的谢意。由于作者水平有限，书中谬误在所难免，热忱欢迎读者批评指正。

作　者

2024年2月于中南大学

目　　录

第1篇　矿业经济学基础理论

第2篇　矿业权评估理论与方法

第 3 篇　矿产资源法律法规

第 4 篇　矿业生产监督管理

第 1 篇

矿业经济学基础理论

第1章　绪　　论

1.1　矿物与经济

1.1.1　矿物的经济地位

矿物资源是自然资源中的一个重要组成部分，是人类社会赖以生存和发展的重要物质基础。自现代工业、现代农业出现以来，矿物资源更是成为一个社会取得繁荣，一个国家得以富强的重要因素，矿产资源的丰富程度及其开发利用能力基本上反映了一个国家的实力。

在人类历史上，社会生产力的任何一次巨大进步都伴随着矿产资源利用水平的巨大飞跃。近代世界经济成长正是建立在矿业充分发展的基础上的。矿业在国民经济成长阶段起着启动和支柱作用。例如，欧洲 17~18 世纪的工业革命与取自美洲丰富的矿产资源是分不开的；美国 18 世纪初从卡罗来纳州、佐治亚州逐步向田纳西州、新墨西哥州开发黄金，最后于 1848 年在加利福尼亚发现大金矿，出现了世界上著名的"黄金热"，因而引起了美国西部的迅速开发与繁荣；澳大利亚的大力开发，始于 19 世纪中叶，是加利福尼亚黄金热的继续。我国鞍山、本溪、攀枝花、铜陵、白银、金川、个旧等城市的建设和繁荣，也完全是由于开发了当地的矿产资源。

工业化发达国家的经验表明，社会经济对矿产品及原材料的消耗强度可用成长曲线来描绘。在工业化早期、中期，消耗强度逐年递增；在工业化成熟阶段，矿业在国民生产总值中所占的比重逐渐减少，整个经济对资源消耗的依赖程度相对减弱，对矿物原料的需求增长速度放慢，但需求绝对量仍然增长。矿物原料的消耗是维持世界经济，特别是发展中国家经济的主要基础之一。我国正处在工业化的中期阶段，能否过基础工业和基础设施关将成为整个国民经济顺利发展的关键。

矿产资源对人类社会的影响可以追溯到人类对自然界的认识历史——前石器时代、石器时代、铜器时代、铁器时代以及原子能时代，实际上，只是在工业革命以后，大规模的工业化生产才把矿产资源带入了人们的衣、食、住、行、用、医以及日常工作的方方面面。此后，人类社会生产不断加大对矿产资源的开发与利用强度。在不到 200 年的时间内，矿产资源完全取代了其他自然资源，成为现代人地关系系统中最为活跃的自然要素和可持续发展的重要基础。在当今世界上，约 95% 的能源、80% 的工业原材料和 70% 的农业生产资料来自于矿产资源。由于人地关系发育空间的非均质性，包括我国在内的绝大多数发展中国家目前尚处在矿产资源开发阶段，因而决定了矿产资源在发展中国家可持续发展中的基础地位。

中国科学院发表的《2006 中国可持续发展战略报告》指出，2003 年中国的 GDP（按汇率计算）约占世界的 3.9%，但重要资源的消耗却占世界很高的比重（见表 1-1-1）。其中煤炭消费量、钢材消费量、水泥消费量、常用有色金属消费量、年淡水使用量（1987 年—2003年）、化肥消费量（2002 年）、海洋年捕捞生产量（1999 年—2001 年）等均为世界第一，分别占世界的 31.9%，26.6%，45.6%，19.1%，15.8%，28%和17.3%。有机水污染物排放量、SO_2 排放量也位居世界第一。一次能源消费总量、石油消费量、精炼铝消费量、精炼铅消费量、精炼镍消费量、纸和纸板总消费量为世界第二，分别占世界的 12.3%，7.3%，19.0%，17.0%，10.7%，14.2%。燃料燃烧产生的 CO_2 居世界第二，占世界的 14.9%。此外，中国消费的天然气占世界 1.3%（居世界第十八位），水电占世界的 10.5%（居世界第三位），核能占世界的 1.7%（居世界第十三位），氧化铝占世界的 25%，人为导致的土地退化面积（20世纪90年代中期前后）占世界的 7.8%（居世界第三位），荒漠化土地面积（1994年）占世界的 7.2%。

表1-1-1 2003年中国物质消耗、环境状况及在世界上的地位

消耗资源类别	中 国	世 界	中国占世界比重(%)	在世界排位
一次能源消费(百万吨石油当量)	1 204.2	9 800.8	12.3	二
其中：石油(百万吨)	266.4	3 641.8	7.3	二
天然气(百万吨石油当量)	29.5	2 343.2	1.3	十八
煤炭(百万吨石油当量)	834.7	2 613.7	31.9	一
水电(百万吨石油当量)	63.7	604.1	10.5	三
核能(百万吨石油当量)	9.9	598.2	1.7	十三
钢材(亿吨)	2.71		27.0	一
水泥消费量(百万吨)	810	1776	45.6	一
氧化铝消费量(万吨)	1 168		25.0	
常用有色金属消费总量(万吨)	1 161.09	6 072.42	19.1	一
其中：精炼铜消费量(万吨)	306.51	1 545.72	19.8	一
精炼铝消费量(万吨)	519.41	2 836.86	19.0	二
精炼锌消费量(万吨)	197.7	946.41	20.9	
精炼铅消费量(万吨)	116.82	686.68	17.0	二
精炼镍消费量(万吨)	13.28	123.9	10.7	二
精炼锡消费量(万吨)	7.37	30.85	23.9	
精炼镉消费量(吨,2002年)	5 407	19 920.8	27.1	
纸和纸板总消费量(万吨)	4 806	33 912.5	14.2	二
年淡水使用量(十亿立方米,1987年—2003年)	525.5	3 325	15.8	
有机水污染物排放量(万吨,2001年)	222.2			
SO_2 排放量(万吨)	2 159			一
燃料燃烧产生的 CO_2(百万吨)	3 719.44	24 983	14.9	二
化肥消费量(百万吨,2002年)	39 604 667	141 571 130	28.0	一
人为导致的土地退化面积(千平方公里,20世纪90年代中期左右)	6 886	88 841	7.8	三
荒漠化土地面积(万平方公里)	262.2 (1994年)	3 618.4(20世纪90年代初期左右)	7.2	
海洋捕捞生产量(千吨,1999年—2001年)	14 696	85 153	17.3	一

预计 21 世纪前 50 年，矿物原料、能源的消耗量将急剧增长。今后 50 年将是我国历史上矿物原料消耗增长率的高峰时期，必须把矿业放到战略产业的地位。因此，发展资源节约型和环境友好型社会成为 21 世纪所面临的重大课题。

1.1.2 矿物与经济的关系

1. 矿物与经济增长

人类社会的发展史，常以某种矿产为标志，如石器时代、青铜时代和铁器时代。每一种新矿产的使用，都为人类带来更充足的食物、衣着和住所，标志着人类生活水平的提高。而每一种新矿产的使用，又是人类技术进步的结果。没有矿产勘探、开采与加工处理技术的发展，潜在的资源便不能得以利用。因此，可用资源在很大程度上依赖于可用技术。一旦与某种矿产资源开发及利用有关的技术发展了，该资源便为社会经济的增长与人类生活水平的提高奠定了基础。

由于矿产资源的不可再生性，资源会随其开发与利用而变得稀缺。因此，导致该矿产的成本升高，使用受限，进而使经济增长受到制约。同时，技术的进步使矿产生产的效率提高，成本下降，可用资源增加，矿产价格降低，促进经济增长。

除了资源和开采技术外，影响矿产价格进而影响经济增长的因素还有市场组织、外部效应。例如，某种矿产的卡特尔(Cartel，一种市场垄断组织)对该矿产产量与价格的垄断，会使该矿产价格高于自由竞争价格，因而妨碍社会经济增长。

所谓外部效应，是指产生于某种矿产市场之中，但存在于该矿产市场之外的效应。例如，环境污染便是对矿产开发有较大影响的一种外部效应。一个钢铁生产者与矿产(煤、石灰石、铁矿等)销售者和钢铁产品购买者做交易，可是处于这三者之外的人会受到该钢铁企业排放废物，如高炉尘、氧化硫等污染物的侵害。在矿产开发过程中，为克服不利的外部效应而产生的费用称为外部成本。外部成本过低，会导致矿产价格偏低，矿产资源消耗过量；提高外部成本，使矿产价格上涨，矿产使用与生产减少。

经济增长可以用国民生产净值的变化来度量。国民生产净值是某一时期内生产的可供消耗或可投资的物品与劳务的总和。由于国民生产总值较国民生产净值更便于计算，实际中常用国民生产总值的变化来度量经济增长。综合物价水平即是以现行价格计算的国民生产总值对以不变价格计算的国民生产总值之比。某矿产价格与综合物价水平之比的变化表明该矿产相对价格的变化。

矿产价格若相对于其他产品价格而下降，则有利于经济增长；反之，则会妨碍经济增长。研究认为，由于矿产资源的不可再生性，矿产价格会随着矿产资源的消耗而上升，因此会影响经济的增长。最新统计分析表明，矿产价格就长期而言呈上升趋势，并有垄断现象出现，一小部分矿产表现出相对稀缺。短期的矿产价格波动，主要是受市场组织、外部成本以及汇率等因素的影响。

2. 矿业与经济发展

发展中国家的经济发展问题，诸如人口、就业、分配、工业化、国际贸易与收支、投资与援助、发展规划、财政金融、经济结构等，是西方经济学研究的一个重要方面。当然，对发展中国家的划分并无一致标准。一般认为，人均收入低、人口增长率高、失业率高、教育水平低、人均寿命短、大量出口初级产品以及分配不均是发展中国家的基本特征。

经济理论认为，矿产资源作为国有资产的一部分，是国民经济发展的主要因素之一。虽然矿产资源自身不能确保经济的稳定发展，但它的开发对发展中国家的经济发展，确实具有重大的促进作用。这种作用主要有：

(1)矿业生产占发展中国家国内总产值的比例较发达国家大。随着工业化程度的提高，矿业对国民经济发展的作用趋于减弱。

(2)矿产开发对解决区域就业问题，是一个重要途径。但是，在宏观经济中，矿业劳动力的比例并不很高。因此，发展矿业不是解决宏观就业问题的根本途径。

(3)矿产开发对短期经济发展有较大的促进作用，但是难以依靠矿业发展维持长期的经济稳定。因为矿产资源是有限的，一个国家的矿产在国际市场中的份额也是有限的。

(4)发展矿业可以吸引外资，出口创汇，是解决国民经济发展中资本缺乏的重要途径。

1.2 矿物资源的特点

矿物资源作为自然资源的一部分，具有不同于其他自然资源的特点，只有正确地认识矿产资源的特殊性，才能更有效、更合理地开发利用矿产资源。归纳起来，矿产资源主要有如下几个特点：

(1)矿产资源的采后不可再生性。矿产资源是有限的，一旦被开采之后，在人类历史的相对短暂时期内，绝大多数不可能再自然生长出来，因此，我们必须采取保护的方针，有计划地、合理地开采利用，以发挥其最大经济效益。

(2)矿产资源的综合性。矿产资源大都不是单一的组分，而通常是多种组分共生或伴生的复合体。在许多复合矿石中，共生或伴生组分常具有重要的经济价值，矿产资源赋存的这一特点，决定了在开发矿产资源中要综合开发，使伴生的有用组分得到充分利用。

(3)矿产资源分布的不均匀性。地质条件及其构造的变化决定了世界各地矿产资源盈缺不齐，贫富不均。世界上任何国家或地区，从矿产资源的整体来说，都有它的短缺和不足之处，即使是同一矿体，其矿石的品位分布也是不均匀的。

(4)矿产资源赋存隐蔽性及成分复杂多变性。这一特点决定了在对矿产资源的勘探、评价、开发使用过程中，必然伴随着不断地探索、研究，并有不同程度的风险。现代采矿工业发展的特点是：开采品位日益低贫，开采条件日趋困难。为使投资取得最佳经济效果，应针对矿床开发探索性强、风险大的特点，特别加强矿山建设前期准备工作，使可行性研究真正起到保证拟建矿山技术经济效果好，使投资风险降到最低限度。

从整体上看，我国陆域地壳活动强烈，地层发育齐全，沉积类型多样，构造复杂，赋矿地质环境、成矿种类和矿化力度自成体系，由此决定了我国矿物资源的基本特点。

(1)矿种齐全。截至1992年，我国已发现168种矿产，探明储量的矿产则为151种，已发现的矿床、矿点20多万处，详细工作的近2万处。在已探明储量的矿种中，燃料矿产4种，金属矿产56种，非金属矿产87种，以及地下水、地热和矿泉水等4种，我国是世界上矿产品种齐全、配套程度较高的少数几个国家之一。

(2)总量可观。根据世界各国矿产资源储量的潜在总值估算，我国位居第三。若以单位国土面积拥有的矿产资源价值计算，我国每平方公里的矿产资源价值为世界陆地平均水平的1.54倍，是世界上矿产资源丰度较高的国家之一。

（3）优劣并存。同世界其他国家相比，我国矿产资源的优劣特征比较明显。以资源储量计，占世界 5% 以上的优势矿产有：稀土、钽、铌、钛、钒、钨、锡、钼、锑、锂、铍、煤、芒硝、镁、重晶石、膨润土、耐火粘土、石棉、萤石、滑石、石膏、石墨等 22 种；较丰富的矿产有：铁矿、铝土、铅、锌、汞、硫、硼、高岭土、珍珠岩、磷等 10 种；前景虽较好，但保有储量不足的有：石油、天然气、锰、铜、镍、金和银等 7 种矿产；探明储量明显不足的劣势矿种有：铬铁、铂族金属、钾盐、天然碱和金刚石等 5 种。

在矿产质量方面，我国拥有一批质量好、品位高的优质矿种，如低灰、低硫、高发热量的煤炭及钨、锑有色金属和冶金辅助原料等。但是，就我国大宗矿种而言，其基本特点是贫矿多、富矿少。据现有资料分析，我国 86% 的铁矿、70% 的铜矿、磷矿和铝土矿，以及 50% 的锰矿储量为贫矿。严重的问题在于我国矿物燃料资源的结构落后。目前我国矿物燃料资源中现代能源矿种——石油和天然气比重为 2.3%，较世界平均水平低近 19 个百分点。

（4）分布不均。全国不同地区地质构造环境差异较大，发展历史不尽相同，因而区域地质各具特色，造成资源的空间（区域）分布不均。从全国主要矿产资源储量的六大区域分布看，主要矿物能源——煤炭和石油资源的 80% 左右分布在北方；化工矿产的硫和磷矿资源的80% 以上则分布于南方诸省；黑色冶金矿产资源大部分蕴藏在北方东部地区，而有色金属的 70% 以上则集中于南部。

（5）人均拥有量低。受人口众多的基数影响，我国矿产资源的人均拥有量低。我国人均矿产资源储量潜在总值为 1.51 万美元，不及世界平均水平的 1/2。

1.3　矿业经济学的产生

在自然界中，以游离金属形态出现的是少数，通常多为化合物，如氧化物、硅酸盐等。这些化合物是经过漫长而复杂的过程天然演变而形成的矿物。实际上地壳中包含着许多的矿物，只有岩层中有用矿物的含量达到开采经济价值时才称为矿石。矿石中按其有用矿物含量可以作为开采储量的最低限度称为边界品位，符合开采经济要求的含量称为最低工业品位。矿石储量是指矿床中，金属含量在边界品位以上的总矿量。显然，边界品位和工业储量是同生产工艺、生产成本、产品价格密切相关的，而后者又取决于市场供需条件。20 世纪初，美国铜矿的开采品位为 2%，随着技术和生产率的提高，品位降低到 0.2%。由此可见，开发和经营一个矿山，不仅与技术有关，还与包括对目前生产和将来发展起作用的财政经济因素有关，除了考虑勘探和开采的技术经济因素外，还必须考虑环境保护、政府政策、税务法律等社会因素。所有这些因素的综合，导致了一门新学科矿业经济学的建立。它要求从事这项工作的人们对矿床评价、矿山设计、能源和物资供应的情况、掌握市场供需状况、产品竞争力以及政府的矿业政策进行综合考虑。

1.3.1　矿产开发的经济属性

矿业生产按其经济属性可划分为四个阶段：① 矿产勘查以及矿床经济评价，以确定矿床的开发前景；② 储量评估、矿山设计与建设以及资金筹措；③ 矿床开采与经营；④ 矿石加工处理。

矿产开发一般是指上述矿业生产过程中的前两个阶段，即矿床勘探与矿山建设。广义地说，矿产开发是指矿产供给这一动态经济活动的一个部分，在此过程中矿业生产者和社会对矿产需求的变化或者资源的消耗以各种形式进行响应。例如，矿床勘探是一种响应方式。当一个矿床的勘探、矿建和开采成本比其他供给的方式成本低时，便产生此种响应方式。又如，在已知矿床内建设新矿井是另一种响应方式。某些矿床在其勘探完毕时的开采价值可能很低，而后来因为市场情况发生变化，如需求及价格的增长或者生产矿床品位的降低，则这些曾经不值得开采的矿床会比改扩建已有矿山、继续开采条件变差的矿床更有利可图。第三种响应是继续开采低品位矿石，这是矿产资源稀缺的标志，此时会导致替代产品的研究与发展。

技术变化对前述响应过程或者经济活动有较大影响。例如，勘探技术的进步，会刺激勘探活动的加强。20 世纪 50 年代地球物理勘探方法的应用，曾经有效地促进了贱金属矿床的发现；而 80 年代地球化学勘探方法的改进，则使黄金矿床勘探的经济效益增加。

选矿技术的进步，可以降低矿产生产成本。结果是，一方面促进现有矿山能够继续开采品位更低的矿石，另一方面促进以往不值得开采的矿床得到开发。例如，20 世纪上半叶，大规模露天开采技术和泡沫浮选技术使低品位次生辉铜矿在电气化发展和高品位脉矿缺乏的情况下，得以经济地开发；20 世纪 70 年代，堆浸技术和炭浆技术的发展，使金矿处理成本得以降低，促进了低品位金矿床的有效开发。

技术变化还会导致新产品或者新材料的使用。高质合金、塑料、陶瓷和复合材料的应用将会改变对金属材料的需求。它们以较低的成本或者较好的性能，而替代原有的产品或者材料。例如，在过去的近百年里，钢及其他材料已经在建筑工业中大量地替代了木材；近 50 年里，铝在容器和包装行业已大量替代了马口铁；同时，铝和塑料已经在汽车工业中，替代了钢、铸铁和锌等材料。

总之，矿业与社会对矿产需求的变化或者资源消耗的响应方式是多样的，包括加强矿床勘探、设计建设新矿山、改扩建现有矿山、采用新技术以降低采矿及加工处理成本、发展新材料以替代稀缺材料等。所以说，矿产开发作为矿产供求这一经济活动过程中的一部分，具有极强的经济属性。因此，必须将矿产开发置于社会的经济活动之中，以使矿产资源的经济效益得到充分发挥，而矿产开发的社会效益则须通过政府政策与法律制约来实现。

1.3.2　矿产开发的社会属性

矿产开发的经济效果不仅受经济与技术因素的影响，还受社会因素的制约。对矿产资源开发具有独特作用的社会因素包括三个主要方面：① 矿产资源的所有制；② 矿业课税；③ 生态环境。

有关矿产资源所有制形式的法律主要有两种，即王权法（罗马法）和习惯法。在王权法律之下，矿产资源的所有权及开发权归国家所有，而在习惯法条件下，地下矿产资源则由土地拥有者支配。当今西方国家的矿产资源所有制多是上述两种形式的结合。例如，在美国，私有土地占总土地面积的 60%，其下的矿产资源归土地所有者，而公有土地下的矿产资源则归州或者联邦政府所有。私有企业可以全权购买并拥有多数金属矿床及其所赋存的土地。而对能源矿产，则采用出租制。联邦政府向私有企业租赁资源并征收矿区租用税，但是土地所有权仍然归属于联邦政府。在加拿大，则多采用出租制。

在发展中国家，情况较为复杂。许多这样的国家原为某国的殖民地，政治上独立以后，有矿产资源国有化的趋势。考虑到经济稳定与发展，这些国家往往采取与资源占有者达成某种协议的形式，共同开发矿产资源。

另有一些国家，土地及矿产资源完全归国家所有。当前，原有的公有制经济在变革。此种情况下，如何正确地制定并有效地实施土地、资源、税收等方面的法律和政策，尚属有待于矿业经济与法律工作者深入研究的课题，也是这些国家矿业乃至国民经济得以健康发展的重要因素。

环境保护是矿产资源开发过程中十分重要的社会制约因素。从一定意义上说，此因素对矿产资源开发的影响具有独特性。

1.4 矿业经济学研究现状

较早的矿业经济论述起源于 1776 年亚当·斯密的《国富论》，主要讨论矿区使用费（矿山租金）的计算和确定。1877 年霍斯科尔德（H. D. Haskold）出版《工程师评价助手》一书提出评价矿床的总利润贴现法，简称总现值法（net present value，缩写 NPV）。以后，这个方法广泛流行，并不断得到发展，逐渐形成了一门以矿床经济评价和矿业投资决策为主的矿产经济学（mineral economics）。

西方国家矿床技术经济评价的着眼点在于预估可能获得的利润，因此，在作投资决策时几乎均考虑资金的增值因素，但也有用非贴现方法作为优选矿山投资方案（如计算品位）的标准，以利于保护矿产资源。他们在矿床勘探和开发的各个阶段都要进行技术经济评价，评价的方法各采矿公司并不完全统一，若评价结果认为该矿床开发无利可图，则立即终止勘查；在任一勘查阶段若认为矿床从地质、技术、经济三方面均已确定可以投资开发，则也不必再进行进一步的勘查，可直接进行投资建设。继续勘查或终止勘查的决策标准是预期利润的多少和是否超过风险的最大允许界限。各个投资主体的具体标准并不一样，视公司的目标和财力状况而定，当有数个在预期利润和风险允许程度方面都可以接受的矿床时，投资主体则可能根据自己的财力、人力、物力放弃一些效益相对较低的矿床。目前，像美国、法国等国家已建立了矿床经济评价和风险分析的计算机系统，能为矿山开发决策提供整套方案。

前苏联的矿产资源评价方法一直采用相对评价方法，其主要任务是论证矿石的最低工业品位，并按同类型矿床进行类比的方法对矿床价值进行相对评价。这种相对评价法，由于脱离了矿床自然价值，没有一套完善的矿床评价指标体系，因而很难得到合理的勘探和开发方案。20 世纪 60 年代前后，一些前苏联学者曾提出过一些考虑矿山利润和利率的货币评价方法，但都没有获得肯定。主要原因是，货币评价方法会导致矿产资源损失的分歧，直至 1979 年前苏联科委正式颁布《矿床经济评价基本原则》，矿床技术经济评价的货币方法才开始有立足之地。目前，东欧各国广泛采用考虑时间因素的矿山级差地租方法作为矿床技术经济评价的方法，但在学术观点上目前仍有分歧。例如，用贴现法评价矿床会使边界品位提高而损失储量，不利于保护资源，小矿大矿用相同的评价参数不合理等。

20 世纪 50 年代以来，我国矿产资源的评价方法一直沿用前苏联的类比法，用矿床的相对价值确定矿床的勘查计划与矿山基建规划。在矿山设计基建阶段采用货币价值评价投资效果，但不考虑资金的时间价值，投资决策更多的依据行政干预。由于缺乏科学的勘查计划，片面追求储量增长，造成大量勘探资金浪费。70 年代随着改革开放政策的实施，我国的矿产资源技术经济评价受到真正的重视，并在短短的几年里得到了很大的发展。1986 年地矿部正式规定："从 1986 年起，凡是缺少矿床经济评价内容的普查、勘探报告不再审批。"并成立了相应的地质技术经济研究中心，组织力量翻译、编写有关教材和专著，逐步形成了一套以贴现法为主静态法为辅的综合矿床经济评价方法。由于我国矿产资源的勘探、开采和利用隶属于几个部门，矿产经济评价形成了两个分支：一个是以矿床经济评价为主的地质技术经济学派，另一个是以矿山设计可行性研究为主的矿山技术经济学派。事实上，在勘探、设计、开发各个阶段都有矿产资源的经济评价问题，只是评价的角度和深度不同，其评价的目的是一致的。确定一个矿床是否是工业矿床，有无必要进行设计、开采等，都要从经济上进行分析论证。因此，从整体上来说，两个分支都属于矿业经济学的范畴，二者具有继承性和连续性，将两个分支统一起来，无论从理论上，还是实际工作中都是必要的。

1.5　矿业经济学研究的内容和方法

矿业经济学是一门运用经济学原理与方法，研究和解决矿业经济问题的应用经济学科。作为一门交叉学科，其研究的内容涉及矿产资源勘探、开采、加工利用的每一个阶段，从矿床的工业评价、矿床的开发评价、矿产品供应过程的经济分析一直到政府的矿业政策等都是矿业经济需要研究的内容。一般来说，矿业经济研究的内容有以下几个方面：

（1）矿产市场供求与价格研究。包括矿产资源评估、矿产供求关系及其变化规律、矿产市场结构与组织及其演变规律、矿产价格的形成机制及变动规律等。

（2）矿产投资决策分析。包括矿床勘探和工业开发的可行性和经济合理性评价、新建矿山及改扩建矿山的可行性论证、投资结构及其融资措施研究、矿业投资项目评价方法与理论的研究。

（3）矿业生产与经营的技术经济分析。包括：资源的勘探与开采的关系、生产成本的控制、经营参数（如品位、规模）的优化、市场营销策略、设备更新分析、矿产质量经济评价、矿山企业经济活动分析等。

（4）矿业经济政策研究。包括矿业权评估、矿业产业结构、投资结构、矿产价格、税收、法规、矿业补贴、矿产储备、土地及资源管理、区域发展、环境保护等一系列矿业政策问题。

（5）矿业经济系统的模型分析、经济量预测和影响因素评估。

（6）其他经济问题。如矿产资源综合利用、矿产品贸易、矿山多种经营、矿业生态经济、安全经济、灾害经济等经济问题。

矿业经济研究的对象是矿产资源开发和利用中的经济问题。由于矿床开发是一个复杂的系统工程，矿床的自然条件以及开发矿床的社会环境千变万化，使得其中的经济问题极其复杂。矿产资源的开发过程需要涉及众多的学科，从地质普查、详查、勘探、矿山规划、设计、开采、加工处理，一直到矿产品销售等，而矿产供应活动的每一个环节都离不开经济分析。除此之外，由于矿产资源是不可再生的有限财富，经济研究除了分析其开采价值之外，还涉及政府的经济政策和资源政策，其中包括：发展区域经济、安排就业、资源保护、土地复垦、环境保护等。

矿业经济学将经济学原理用于矿产供应过程的经济分析，这种分析主要借助于比较成熟的经济学原理来进行，但由于矿产投资有其特殊性，如矿产赋存的不均匀性和丰度的差异性，资源的有限性和不可再生性，勘探和开采的高度不确定性和矿产所在地区的地理经济、气象条件的不同等，在普通的经济学中是找不到的，需要专门的理论和方法。

矿业经济学属于中观经济和微观经济学的范畴，采用的主要方法有：微观和中观分析方法、实证和规范分析方法、均衡分析法、边际分析法等。

(1)微观、宏观和中观经济分析方法。按照西方经济学理论，经济分析方法可分为微观经济分析方法、宏观经济分析方法、中观经济分析方法。

微观经济分析又称为个量分析，是宏观与中观经济分析的基础。微观经济分析以市场经济中一个经济单位的经济行为作为研究对象，确定相应的经济变量的数值。经济单位是指单个消费者、单个生产者或者单个厂商；经济行为是指经济单位为了取得最大的满足或者获得最大的利润，而将有限的收入或者资源在各种可供选择商品的消费或者生产上予以配置的方式；经济变量是指经济单位的成本或者利润，所使用的各种要素(土地、资本和劳务)的数量及报酬，某种商品的需求量、供给量及价格等。通过分析经济行为和经济变量，可以发现其间各种影响关系和相互决定作用，借以确定和力求实现最佳经济目标。

微观经济分析的基本内容包括：市场与价格理论、消费理论、生产与成本理论和生产要素报酬理论。其中，市场与价格是微观经济分析的核心问题。

宏观经济分析又称为总量分析，是在微观经济分析的基础上产生和发展起来的。它以整个国民经济活动为研究对象，分析其中各个经济量及其相互作用关系与变化规律。宏观经济总量主要有：国民生产总值，国民收入，总就业量与总失业量，总供给与总需求，总消费、储蓄与投资量，物价水平，人口以及这些经济量的变动率。

宏观经济分析的基本内容包括：国民收入决定理论、经济周期理论、经济增长理论、货币及银行理论、宏观财政政策和货币政策理论。

中观经济分析则以经济部门、地区或者集团为对象，研究其经济行为、经济结构、经济发展、基础设施、环境保护以及有关政策等方面的问题。中观经济分析的理论与方法，尚未形成完整的体系，仍处于发展之中。

(2)实证和规范经济分析方法。实证经济分析方法以有关经济行为的假设为前提，研究经济系统运行的规律，并预测经济行为的后果。实证分析是西方经济学的主要研究方法，它广泛采用线性代数、集合论、拓扑学、概率论、微积分、模糊数学等方法，研究经济系统运行中的数量关系。尤其是经济计量学的发展，更加强了西方经济学的实证分析倾向。

规范经济分析方法则以经济活动的社会价值评判为基础，研究经济行为的评判为准则和政策行动的福利后果。例如，可以采用规范经济分析方法，研究经济发展速度、人类生活质量等问题，为制定社会经济发展规划提供依据。

(3)均衡分析方法。均衡分析是西方经济学中一种重要的经济分析方法。所谓均衡，原是物理学概念，即平衡。它指物体在外力的作用下，处于静止或者保持匀速运动的状态。在西方经济学中，均衡是指经济系统中各个重要变量在一定时期内保持不变时的状态。例如，若商品价格下跌，则需求增加，供给减少；而供给减少会促使价格上升，进而导致供给增加，需求减少。当需求、供给和价格相互制约而最终使需求与供给达成一致时，便实现一种经济均衡。

经济均衡模型有两种：一是一般均衡模型，亦称为一般均衡论。它考察竞争条件下，各种市场及其相互作用。所谓市场，包括某种商品或者劳务所有买主和卖主，而不仅仅指某一地理位置。所谓竞争条件，是指某市场包含众多的买主和卖主，且任何单独一方对市场及商品价格均无影响。二是局部均衡模型，亦称为局部均衡论。它主要研究某一特定的商品市场而不考察该市场与其他市场间的相互作用。当该市场上的供给量与需求量相等时，便认为达到了均衡状态。

所谓均衡分析，就是首先假定经济系统处于均衡状态，然后改变系统中某一变量或者某些变量，并考察系统的新均衡状态。按照研究的方法，可以将均衡分析划分为三种。研究经济系统达到均衡状态的条件以及系统中经济变量的均衡值的均衡分析，称为静态分析；研究经济系统处于不同均衡状态时的经济变量均衡值及变化量的均衡分析，称为比较静态分析；研究经济系统从一个均衡状态到另一个均衡状态的变化过程及方式的均衡分析，称为动态均衡分析。均衡分析方法常被用来研究市场及价格、国民收入、货币政策等问题。

(4)边际分析方法。所谓边际，原是数学概念，指自变量单位变化所引起的函数值的变化。在西方经济学中，边际是指一个经济变量的相对变化对引起该变化的另一个经济变量相对变化的比率。例如，生产者每增加一个单位产品能引起的成本变化称为边际成本；生产者每增加一个单位生产要素即土地、资本或者劳务等所引起产量或者收益变化称为边际生产率或者收益率；消费者每增加一个单位消费品所引起的效用变化称为边际效用。在西方经济学中，边际分析方法常被用于研究消费行为、生产规模、投资决策等方面的问题。

习　　题

(1)矿物资源有哪些基本特征？我国矿产资源的特点是什么？

(2)矿业经济研究的基本内容有哪些？

(3)什么是外部效应？矿业对国民经济发展所起的作用有哪些？

(4)西方经济学有哪些基本的经济分析方法？

(5)矿业经济学属于经济学的哪个范畴，有哪些基本的研究方法？

(6)解释经济学中边际成本和边际效用的概念。

(7)什么是均衡？什么叫均衡分析法？

(8)经济均衡模型有哪几种？

(9)简述资源节约型社会与环境友好型社会的基本内容。

第 2 章　矿业政策理论与实践

2.1　矿业政策理论概述

研究经济政策理论的目的是为政府制定政策服务, 用于指导市场合理运行, 克服市场失灵, 实现以社会福利最大化为目标的经济资源的最佳配置。所谓市场失灵(也称市场缺陷)是指由于市场机制的某些局限, 而使市场不能实现经济资源的有效配置。市场失灵要么导致经济资源的浪费, 要么造成经济效益与社会效益的冲突。市场机制的缺陷, 需要通过政府政策的实施加以克服。市场局限或者市场失灵的主要因素包括:

(1)现实的市场缺乏完备性。例如, 生产者和消费者的决策信息不完备, 资源的转移在不同的程度上受到制约; 垄断及管制的存在, 歪曲产品的成本及价格, 难以形成自由竞争等。

(2)经济活动通常与市场外部因素相互作用。例如, 矿产资源的开发不仅为生产者带来经济效益, 也为社会带来了所需产品、提供了就业机会; 同时, 在一定程度上破坏生态环境, 因而会受到社会因素的制约。

矿业政策理论即是以经济政策理论为基础、以可行的矿业政策措施为研究对象、以寻求矿业与其他产业之间和矿业内部企业之间的协调与平衡, 进而促进国民经济增长与发展为目标的应用经济理论。矿业政策研究包括矿业投资、矿业课税、矿产价格管制、矿业补贴、矿产储备、矿产资源保护、环境保护、矿业生产、矿产贸易及国际合作等方面的政策研究。由于世界各国在宏观经济管理体制、矿产资源分布、社会经济发展所处的阶段等方面存在差异, 其采取的矿业政策亦不尽相同。

2.2　政府矿产政策

2.2.1　制定矿产政策的基础

政府负责制订和推行矿产政策, 其目的是确保矿产投资活动最大限度地满足经济发展和社会需求。这些政策必须与本国的发展目标相一致。政府的目标就是政府认为其国家应该遵循的前进方向, 各国的发展目标不完全相同, 一般都包括下列内容:

(1)保持经济的持续增长, 从而使每个居民的实际收入增加;

(2)在全体居民中公平分配收入, 平衡各地区的发展速度;

(3)保持满意的财政收支平衡(balance payments position);

(4)最大限度地减少失业和周期性的动乱。

根据这些标准, 制定矿产政策的主要目标包括:

(1)根据本国矿产资源潜力的大小、质量和特点, 使矿产勘探、开发和生产的速度和结构达到最佳化, 在满足本国矿产需求的同时, 获取矿业生产者经济利益的最大化;

(2)确保矿产的开发最大限度地促进其他经济部门的增长和工业化。

2.2.2　矿产政策决策程序

在资源丰富(相对于资金而言)而人力有限的地区,为国际市场开发矿产资源可能是经济发展的主要动力。为此,必须满足下列条件:(1)矿产资源优势必须在数量上和质量上为本国在国际贸易中提供相对有利条件;(2)所进行的矿产开发活动能带来本国工业的多样化和经济的持续增长。

不同种类矿产资源开发,所带动其他经济部门工业化的能力,取决于其生产要素投入(factor input)的特点、矿产生产过程本身以及矿产品的性质,如金刚石、铜和铁矿石的开采,对工业化的潜在作用是很不相同的。工业多样化的潜力是广泛存在的,因为矿产活动与其他经济部门会发生连锁反应(linkage effect)。有三种连锁:后退式连锁(backward linkage),与国内为矿产部门生产各种设备(如采矿机械、炸药、运输设备)有关;前进式连锁(forward linkage),与国内进一步加工矿产品有关;最终需求连锁(final demand linkage),与消费商品的产量以及消费服务(为了从矿产部门得到收益)有关。

矿产政策可能与政府直接参与矿产供应活动有关,即与刺激和限制采矿公司调整投资政策有关,矿产政策的提出(至少在理论上)包括三个阶段的活动:制订评价标准;评价矿产政策方案和按优先顺序排队;评价和选择开发计划。

矿产政策评价标准的基础是矿产政策目标和利润-成本分析。通过这种分析,可以为评价和选择政策方案提供一个系统的概念。无论考虑哪一套方案,在进行利润-成本分析之前都要解决几个经常遇到的问题:

(1)谁的利润(资源所有者和投资各方如何分成)?

(2)怎样对比现在和将来(如资金的时间价值、通货膨胀等)?

(3)怎样应付风险(包括技术风险、市场风险、环境污染风险、政治风险等)?

在制定矿产政策时,还应考虑对外汇的直接影响和间接影响,考虑国内原材料和能源的供应、就业、投资、政府法规和各种社会问题。

2.2.3　矿产政策要素

矿产政策要素应该包括下列方面:

(1)矿产投资资金的来源:财政机构、私人的作用和政府的作用、双边援助和多边援助、外国所有权和控制。

(2)贸易政策:矿产销售协议、出口价格、贸易障碍。

(3)采矿课税的水平和结构。

(4)矿产品在国内的进一步加工。

(5)矿产保护:资源利用率、小型采矿活动、矿产综合回收。

(6)环境质量:地表剥离和采空区处理、冶炼厂废气、尾矿处理。

(7)区域开发:边远地区矿产赋存的基本结构、经济价值。

(8)能源政策:国内供应与出口的对比、各种可供选择能源之间的平衡。

(9)政府的情报战略:地质调查、半工业性试验、采选技术以及产品的研究与开发。

制订了评价标准,并评价了各种矿产政策方案以后,必须比较巧妙地评价和选择为实现特定政策而编制的计划。计划包括：应该做哪些工作？什么是最可靠的结果？政府编制计划牵涉到下述业务：活动计划的详细设计、资源需求的估算、可能成果的预计以及预算费用的分配。

2.3　公司矿产策略

2.3.1　影响公司战略的因素

一项矿产计划的实施通常包括：目标的提出，公司资源的开发，各种渠道的疏通，投资机会的评价、选择和执行。目标、资源和环境条件之间的关系左右着公司战略的制订。一般认为，公司有三大目标：盈利（profit）、维持生存（survival）和发展（development）。公司资源基本上是由资金、管理技巧和技术能力组成的。采矿公司的环境有三个主要组成部分：勘探环境、市场环境和政府政策环境。这些组成部分既提供了机会，又具有限制作用。

采矿公司为了保证实现其利润、维持生存和发展等目标，应该怎样进行投资并在其环境范围内施展技巧呢？

利润是投资的主要刺激因素，因此也是投资决策的一个重要决定因素。对于大多数采矿公司而言，维持生存是一个十分重要的决策内容，因为它与矿山接替问题有关。长期的利润和发展取决于维持生存。在采矿公司的发展过程中，各种目标之间的关系，资金和技术资源以及各种环境条件都会不断发生变化。采矿公司的这种动态演化可以用发展加以解释。

2.3.2　期望利润——决策的基础

决策是根据有限的信息进行的，赖以得到利润的收益和成本是变化不定的，所以，未来实现利润的可靠程度也大小不等。此外，正是期望利润和投资之间的关系，而不是期望利润和利润本身之间的关系决定着投资机会的吸引力。因此，在进行各种决策时，更现实的作法是用盈利的期望值来表示利润。该期望值与风险的程度是一致的，后者反映着评价时刻信息的可靠性。

采矿公司期望值的敏感程度取决于一个公司能够获得这种勘探成果的把握大小。后者又取决于现有资金和勘探风险之间的关系。

期望盈利是勘探环境在长期过程中产生的盈利平均值，它平衡了大量投资的各种成功和失败。通常把期望值大于零看成是投资的一个必要条件。然而，在某些情况下，"意外的战略"也可能左右着勘探投资。如果一次投资的成功报酬很高（这是在正常条件下完成勘探的一个条件），即使期望盈利为负值，投资者也可能由于未来报酬很高，而至少进行有限数量的投资。然而，这种战略毕竟是没有把握的。在长时期内，期望盈利必须为正值，期望值较高的优先投资。

勘探投资的一个重要特点是风险很大（这种风险与经济矿床的探获率有关），也就是说，各勘探项目的成功盈利率很低。在这些情况下，资金有限的采矿公司就无法保证实现期望盈利。因此，在采矿公司的勘探决策中，必须考虑维持生存因素。可见，采矿公司的勘探战略既受制于期望利润，也受制于维持生存因素。

为了实现利润目标，采矿公司必须在矿产供应的每个阶段内或每个阶段之间进行决策。

这种投资决策的依据将在以后的章节中讨论。

大多数战略决策都是由采矿公司在矿产供应过程之初,选择投资的勘探环境时进行的,接着必须进行另外一些决策:估计勘探预算的规模,选择勘探范围,筛选各个异常,计算旨在证实矿床有利而进行的矿体圈定工程量。随着时间的推移,这些勘探活动可能揭露一些用来评价的经济矿床。

采矿公司要评价每个可能有经济意义的矿床,还要决定每个矿床是否应该开采以及怎样开采。这就叫做矿山开发决策。在这种决策中,要为保证未来得到经济利益而确定矿山能力。为了进行这种投资决策,首先必须编制最佳的工程设计说明书。然后,根据说明书进行投资的经济论证。

在完成了矿山开发决策以后,通常要进行各种开发和经营活动。此时,要进行一系列的经营决策,其中可能包括设备的更新、矿石储量的升级、采矿方法的修改和选矿设备的更换、产量的调整(不超出现有生产能力)、矿石的储存以及矿山生产能力的扩大。

2.3.3　如何维持公司生存

采矿公司不能只是依靠其目前正在生产的矿山来维持生存,而必须不断地对矿产勘探进行成功的投资。在风险很高的条件下,采矿公司虽然扩大其投资,但却可能得不到成功,这就出现了其维持生存的问题。

博弈论可以用来评价采矿公司的维持生存问题,以及其资金、资源及其所处勘探环境之间的关系。这些关系乃是制定公司维持生存战略的依据。

投机者破产问题(博弈论的传统问题)涉及资金有限的投机者向资源基本上是无限的商行投押赌注的问题。如果他的资金余额(capital balance)在任何时刻降到零,则这场赌博就以投机者的破产而告终。维持生存只是破产的余波,如果其资金余额保持大于零,则投机者能维持生存,问题是要确定投机者的破产概率。

如果采矿公司要延长其目前的经营寿命,它就必须勘探和发现新的矿床。这种活动类似于投机者向某个赌具(chance device)投押赌注。采矿公司是投机者,大自然是对手,而勘探是赌具,勘探投资费用是赌注。每个机会都有一个成功概率和失败概率。公司利用有限数量的资金进行这种探索活动。采矿公司的维持生存战略集中在下面三个问题上:

(1)为了实现其维持生存目标,公司应寻求哪种程度的勘探风险?

(2)为了达到同样的维持生存概率,需要用哪种成功报酬率来平衡勘探风险的变化?

(3)为了达到其维持生存目标,公司应该投入多少勘探资金?

总的答案如下:

(1)一些大的公司愿意接受高勘探风险高报酬率的勘探区;一些中小采矿公司则寻找风险比较小的报酬率相对较低的勘探区。

(2)当勘探风险增加时,为了吸引投资,必须相应提高成功报酬率。

(3)在勘探风险较高的条件下,需要数量更多的资金。

如果一个采矿公司的资源不足以保证靠内部力量来实现其维持生存目标,则该公司将不得不借助外部力量来保证其维持生存,即可能与其他公司合营,将其资金和技术投入合资经营中。

2.3.4　如何保持公司发展

如果采矿公司能够维持生存，它将怎样发展呢？可能朝三个方向发展：横向联合，开发和经营越来越多的矿山；前进式联合或纵向联合，与冶炼或深加工联合；多种经营，与其他工业部门联合。公司的发展方向取决于环境和内部力量的综合作用。环境诱因包括：对特定产品需求的增长或供应紧缺、技术进步、税金刺激以及特殊的市场和供应机会。环境障碍包括：登记障碍(entry barriers)、歧视性税金结构(discriminatory tax structure)以及高风险。妨碍发展的内部障碍集中在公司资源的特殊弱点，即缺乏销售技巧。同时，发展的促进因素是公司还有新的资源。

随着采矿公司的发展，这些力量的变化以及随之而来的公司发展方向的变化，似乎遵循着某种可以预言的变革格局，公司起初会遵循横向联合的战略。随着公司的发展，它将逐渐把发展方向转移到前进式联合。在后期发展阶段，它开始多种经营。

对于小公司而言，投资风险主要与勘探环境有关。如果公司要维持生存和发展，它就必须成功地发现新矿床。为了保证成功，这些小型采矿公司的资金和技术必须集中用于勘探活动。成功了，就可以实现采矿公司的横向联合。

小型采矿公司通常不搞面向市场的前进式联合，即不把大量的资金和矿产品用于建设冶炼厂或精炼厂。大多数小型矿山在精矿阶段就停止了加工工作。但随着公司的发展，有利于前进式联合的因素在不断增加。后续加工部门(forward processor)实行的市场控制，可能增加采矿公司的市场问题。而且，在某个时刻，公司个别矿产品的产量会足以证明投入加工的前进式联合是正确的。

尽管刺激纵向联合的因素在增加，但采矿公司不大可能放弃其横向联合策略。现有矿山采完以后，需要继续发现新的矿床。此外，如果存在有利可图的投资机会，采矿公司会继续向矿产勘探投资。

然而，在某个发展阶段，采矿公司会着手发展后续加工厂。纵向联合使市场问题朝着加工产品的方向转移，此时产品的差异可能提供某种市场保证。在追求这种策略时，公司要发展市场技巧和技术基础。这些是多种经营所不可缺少的特点。是否去追求这种策略，取决于许多因素。促进多种经营的条件如下：

(1)其他工业部门的发展速度和期望盈利大于矿业内部的发展速度和期望盈利；

(2)矿产品的市场很不可靠，从而使整个公司的市场也靠不住；

(3)在矿业内部得不到足够的机会来充分利用采矿公司的各种资源。

随着采矿公司实现纵向联合和多种经营，它会越来越多地与市场条件发生联系，因此越来越接近于一般的商业性质，最后它就不一定是采矿公司了。

2.4　矿产政策研究方法

在政府的矿产经济问题分析中，越来越多地采用定量决策方法，这些方法应用于下列诸方面：

(1)区域矿产资源潜力的统计分析；

(2)成本-利润分析：用于区域开发、运输、环境质量以及国内进一步加工等方面；

（3）经济评价方法：用于评估向社会供应矿产可能得到的净值、特定矿产政策可能实现的净值、投资刺激以及政府收入的直接影响；

（4）经济计量、计划和预测方法：用于估计未来的矿产市场条件，进而分析矿产贸易政策、国内的进一步加工和区域开发等方面；

（5）投入-产出分析：用于评定矿产供应上的变化对于整个区域和国家经济活动的可能影响。

2.5　工业化国家的矿产政策

工业化国家因其矿产资源分布情况不同，矿业政策亦存在差异。日本、美国和大多数欧洲工业化国家的重要矿产供给主要依赖进口。以欧洲共同体为例，1978 年的锰、镍、汞、钛和锆的产值（包括废旧利用）仅占消费量的 0～5%，钴、铬、钼、钽和钒的自给量为 5%～10%，锡和磷的自给程度为 10%～20%，铅和氯的自给程度为 68%～87%。一般而言，这些矿产资源稀缺的工业化国家，主要通过如下一些措施来保证矿产的供给：拓宽供给渠道；优化本土资源的使用；发展技术以降低消耗；加强废旧利用；维持稳定的国际矿产贸易市场；通过技术转让和对外投资等方式，同资源丰富的发展中国家合作勘探与开发矿产资源等。

矿产资源丰富的工业化国家，如澳大利亚、加拿大、南非等国家的矿业政策则全然不同。这些国家矿业政策的核心目标是使本国矿产资源得以优化利用。具体目标有：持续勘探、稳妥的资源管理；优化开发与开采；环境保护；人力资源合理利用；优化矿物处理；出口利润最大；良好的投资环境；与邻国的密切合作；自给自足；连续稳产等。

矿业政策具有较强的空间性与时间性。世界各国政府一般根据本国资源情况、矿产供求情况、国际经济环境等条件，在一定时期内实施特定的矿业政策，以促进经济增长和发展。

2.5.1　矿业生产鼓励政策

20 世纪 70 年代初期，面对欧佩克的石油禁运，美国尼克松政府成立了联邦能源机构（FEA），以实施一项能源自给政策，包括促进国内资源开发、有效利用能源和寻求替代燃料等三个主要方面；尔后，卡特政府实施过节能政策；再后，里根政府实施过矿业生产减税等鼓励投资政策。所有这些政策，对缓解能源紧张状况起了重要作用。

德国的石油、天然气和铀矿资源十分贫乏，但是拥有较为丰富的褐煤资源。自 20 世纪 50 年代末开始，其煤炭开采与进口油气相比，处于十分不利的竞争地位。德国政府为了使其能源自给程度维持在一定的水平上，制定过有关的电力法，规定电力工业必须使用一定量的国产煤炭，以减轻德国对进口能源的依赖性。进入 21 世纪，随着核电、水电等清洁能源的大量开发，德国对煤炭工业实行严格的控制措施，目标是关闭国内煤矿。

2.5.2　矿产勘探补贴政策

德国由于金属矿产资源不足，自 1971 年起至 1990 年止，实施过矿产勘探补贴政策。它的勘探资助计划为国内外矿产勘探项目提供高达 50%～66% 的投资。若勘探项目没能获得有价值的矿床，则资助是无偿的；若获得有价值的矿床，则补贴成为无息贷款，矿山投产一定时期后再分期偿还。补贴可以用于勘探或者地质调查结果的获取、勘探方法与设备的开发试验、预可行性研究或者可行性研究、开采权的获得以及高风险矿床开发投资等方面。补贴的前提是受资助项目所生产的矿产必须运往欧洲共同体。该项勘探资助计划的 20 年实践证明是成功的。

自第二次世界大战结束以来，美国政府也实施过矿产勘探补贴政策，资助额高达勘探费用的 50%~90%。每美元投资所发现的可采矿石价值达 24 美元，取得了较大的成功。加拿大各省也实施过类似的矿产勘探补贴政策。

2.5.3　矿产开发投资政策

工业化国家的重要矿业政策之一，是鼓励跨国矿业投资项目，对于处在发展中国家的矿产开发项目更是如此。鼓励投资的主要措施有：

(1)政府通过外交努力提供投资安全保障以抵抗政治风险；

(2)政府特设金融机构提供资金，包括合作投资与贷款；

(3)优惠税收政策，有关的援助机构包括德国建设银行(KFW)、德国发展中国家投资金融公司(DEG)、法国矿业地质局(BRGM)、法国外贸保险公司(COFACE)、日本金属采矿局(MMAJ)、美国海外私人投资公司(OPIC)、美国对外信贷保险协会(FCIA)、英国出口信贷保险局(ECGD)等。

2.5.4　矿产储备政策

矿产储备是防止矿产供应短缺以及平抑矿产价格的重要措施之一。矿产储备可以分为战略储备和商业储备两种形式。

美国作为军事大国，是最大的实施政府矿产战略储备政策的国家，早在 1939 年便立法储备战略矿产。其储备量多达可供 3 年之用，价值逾百亿美元，品种包括：铝、镉、铬、铜、铅、锗、镍、铂、钽、钨、锌、锰、钴、云母等数十种金属、精矿、矿石或者矿物。美国政府的矿产储备量如此之大，以至于其矿产收购或者出售皆能对矿产市场价格产生较大的影响。此外，美国还储备多达供 90 天使用的石油。德国、法国、英国、日本、瑞典等国家也都先后制定过或者正在实施政府储备政策和商业储备政策。

2.5.5　矿产贸易政策

矿产贸易是国际贸易的一个重要组成部分。最惠国(MFN)待遇原则是国际贸易中的一项最普遍、最重要的法律原则。它是指缔约国一方现在和将来所给予任何第三国的一切特权、优惠和豁免，也应同样地给予缔约国的另一方。最惠国待遇原则的基本要求是：使缔约国一方在缔约国另一方享有不低于任何第三国所能享有或者可能享有的待遇。换言之，即要求一切外国人处于同等地位，享有同样待遇，不应有任何歧视待遇。所谓给予缔约国的特权、优惠和豁免的范围，主要包括通商、航海和关税等方面。具体有：

(1)有关进口、出口、过境商品的关税和其他各种捐税；

(2)有关商品进口、出口、过境、存仓和换船方面的海关规则、手续和费用；

(3)进出口许可证的发放及其他限制措施；

(4)船泊驶入、驶出和停泊时的各种税收、费用和手续；

(5)关于移民、投资、商标、专利和铁路运输方面的待遇。

由于最惠国待遇原则对贸易各方皆有利，各国的贸易政策应努力遵循这一国际贸易原则，排除各种贸易壁垒，包括关税、进出口配额、进出口许可证、外汇管制、进出口国家垄断、歧视性采购政策、歧视性海关制度以及苛刻的技术与检疫标准等，发展广泛的国际贸易。《关税与贸易总协定》(GATT)便是一项调整国家之间贸易行为，包括有关关税和贸易政策的多边协定，对发展世界各国的贸易起着重要的促进作用。自1995年1月起，关税与贸易总协定被世界贸易组织(WTO)所取代。最惠国待遇原则已成为一个WTO成员的基本待遇。

2.5.6 鼓励开展矿业研究政策

矿业是国民经济的一个基础产业部门，对促进国民经济的发展和维持经济增长起着重要作用。因此，许多国家对矿业研究与开发皆予以充分的重视。在美国，内务部矿山局便是一个专门开展矿业研究与开发，以确保美国矿产供给，维持经济稳定增长的政府研究机构。它的主要任务包括：收集和分析世界矿产信息；提出矿业政策主张与建议；促进矿业技术进步，改善矿产资源开发效率与回收率，减轻环境危害和减少生产事故；加强矿产利用与排废安全；为政府生产和储备氦。

德国由于矿产资源缺乏，亦通过联邦研究与技术部对地球物理与地球化学勘探方法、深部矿床勘探、海外矿床调查、钻探技术、采选工艺方法等方面的研究给予大力支持，还对煤层气化与液化及海洋采矿工艺系统等给予资助。

2.6 发展中国家的矿产政策

发展中国家的矿产资源是其经济发展的重要基础。这些国家在矿业发展中，面临双重目标：一是维护国家对矿产资源的主权，以获取最大的经济效益；二是从工业化国家取得矿产资源开发所需要的技术与资本。这些目标的实现，在很大程度上依赖于各种政策因素，包括一般投资政策、采矿与资源政策和鼓励政策，诸如资金转移、税收减免、关税优惠、金融支持等政策。

发展中国家还有特殊的矿业发展问题。譬如，小型矿山对发展中国家经济发展的作用便因各国的资源等情况不同而异。

2.6.1 矿产资源合作开发问题

发展中国家因受技术与资金等方面条件的限制，常常与工业化国家有关企业合作开发本国的矿产资源，以促进国民经济的发展。合作的主要方式有：

(1)外商独资经营。投资者按照资源国的法律，经过其政府的批准，在资源国独家投资和经营矿产开发企业。资源国收取矿区使用费和其他各种税金。此种合作方式目前已经很少见到。

(2)合资经营。按照此种方式，合作双方共同投资，共同经营。董事会是合资企业的最高权力机构，决定企业的重大问题。董事名额分配按照合资双方出资比例商定，并由各方委派。董事会下设管理部门，包括正副经理若干人，负责按照双方合同规定的生产规模进行生产经营。利润分配遵循按股分红的原则，即各方应得红利为合资企业净利润与各方投资比例的乘积。

(3)合作经营。在此种形式下，企业各方面的权利和义务是通过合同规定的，投资者的投资与服务不计算股份和股权。其管理机构比较灵活，可以设立董事会，也可以设立其他形式的联合管理机构，聘用总经理，负责企业的日常经营管理活动。利润分配按照平等互利的原则以及合同有关规定，可以采取利润分成或者产品分成的形式。

合作经营或者合资经营较外商独资经营，更便于资源国对外商在资源利用、材料供应、产品销售、环境保护等方面的方针策略进行监督和控制，是资源国在矿产资源开发中采用较多的合作方式。

2.6.2　小型矿山问题

小型矿山的定量概念依矿产资源的类型以及所论国家的不同而异。定义小型矿山的准则主要有：产量、矿山人数、固定资产额、毛收入、净利润。

发展中国家小型矿山的主要特征是：

(1)资金投入少，劳动力密集；

(2)工作条件差；

(3)对矿床赋存情况了解甚少，对已知矿体的开采缺少规划，实施破坏性开采；

(4)安全及福利设施差，无社会保障。

小型矿山与大型矿山相比的优势在于：

(1)投资少，见效快；

(2)生产资料或者生产工具简单，可以由当地生产，利于促进当地小工业发展；

(3)提高区域就业率。

然而，小型矿山亦存在严重的问题，包括生产效率低、工人安全意识差、劳动强度高、回收率低、破坏性开采。在某些情况下，小型矿山还存在单位能耗高、环境危害严重等问题。

从社会经济发展的长远观点看，小型矿山的积极作用是十分有限的，因为此类矿山既不能导致技术转移，也不能促进当地基础设施的发展。为使小型矿山向良性方面发展，可以采取下列有关政策措施：

(1)加强矿产勘探，对适合小型矿山开采的矿床进行规划；

(2)提供技术与管理方面的服务及培训，改善小型矿山的采选技术及管理水平，提高回收率，克服破坏性开采；

(3)加强小型矿山的基本建设，提供能源、水源、运输、医疗、教育等方面的设施。

2.6.3　矿业效应

矿业对矿产资源丰富的发展中国家的社会经济发展的影响是多方面的，在此称这些影响为矿业效应。具体包括：

(1)微观经济效应。矿产资源开发为投资者提供经济效益或维持投资企业的市场份额及生存。

(2)基础设施效应。矿产资源开发使得能源、水源、运输、房产、医疗、教育等基础设施的建设成为必需，政府的规划及参与更会促进这些设施的发展，为区域经济的发展提供基础与动力。

(3)宏观经济效应。资源国的矿业收入可以高达国内生产总值的25%。

（4）就业效应。矿业虽然是资本密集型产业，但是由于其生产规模巨大，一般能够为发展中国家提高就业率，特别是为提高区域就业率提供条件。

（5）工业化效应。矿业为其他相关产业提供生产资料或者产品市场，促进诸如机械修造、木材、建材、焦炭、水泥、电力等工业的发展，进而促进发展中国家的工业化。

（6）技术进步效应。矿业的发展，尤其是在此过程中与工业化国家的合作，可以促进高新技术以及管理方法与手段向发展中国家转移。

（7）财政效应。资源丰富的发展中国家可以通过矿产资源开发，获得可观的税收，为社会经济发展提供财源。

（8）国际收支效应。矿产出口可以使发展中国家的国际收支平衡状况得到改善。

（9）生态效应。矿产资源开发常会造成大气、水体和土质污染以及地形地貌、自然景观和植被的破坏。

2.7　国际组织的矿业方针

由于矿产资源分布的不均匀性以及世界各国经济发展程度的不同，各国的矿业政策目标亦有很大差异。一般的说，矿业政策目标可分为矿产出口国目标与进口国目标两大类。

矿产出口国的矿业政策目标主要有：

（1）力图控制矿产品的生产与销售，优化矿产资源开发；

（2）获取矿业税收；

（3）增加矿产创汇；

（4）改善矿产加工技术，提高矿产价值；

（5）保护矿产资源，防止破坏性开采；

（6）通过矿产资源开发，促进不发达地区的经济发展及工业化；

（7）保护生态环境；

（8）维持本国经济发展的矿产需求。

另一方面，矿产进口国政策的基本目标则是以最低的价格保证矿产的供给。它一般通过下列措施来实施：

（1）进行国际矿业投资，合作开发矿业项目，制定长期供求协定，分散矿产来源；

（2）支持和鼓励国内矿产资源开发以及替代品的开发研究；

（3）研究新技术，提高矿产回收与利用效率；

（4）加强矿产尤其是金属矿产的废旧利用。

虽然矿产出口国与进口国矿业政策的目标不尽一致，但是也存在相容之处。例如，在合理利用有限的矿产资源和保护人类生态环境等方面，各国的目标是相同的。此外，随着世界各国经济的发展，工业生产的增长，对矿产需求趋于增加；某些矿产的稀缺，要求对新矿床进行勘查；易采易选矿床的减少和生态环境的保护，使矿产成本趋于上升；矿产资源的有效利用，需要高效采选技术的发展。所有这些都是促进世界各国进行矿产贸易与合作的因素。

矿产贸易中的主要争端在于矿产价格。矿产出口国有充分理由要求较高的贸易价格，而矿产进口国则以低价有利于全球经济发展为由限制矿产价格的提高。因此，国际组织机构的矿业方针便多集中在各方皆能接受的矿产价格机制方面。

2.7.1 联合国的矿业方针

联合国大会是国际自然资源产品贸易的重要论坛。1974 年通过的建立国际经济新秩序宣言，是关于自然资源产品贸易的重要文件。国际经济新秩序行动纲领包括了有关自然资源产品贸易的如下主要措施：

（1）实施自然资源产品综合计划，改善发展中国家自然资源产品的国际贸易条件，减小价格波动，稳定发展中国家的矿产创汇的购买力，保证矿产的市场进入等；

（2）签订自然资源产品国际协议，调整产品价格和出口，确保销售、超产补贴和补偿发展中国家出口创汇损失；

（3）将发展中国家的自然资源产品出口价格与工业品进口价格联系起来；

（4）建立自然资源产品生产者协会。

联合国贸易与发展会议（UNCTAD）是联合国大会的一个常设机构，成立于 1964 年 12 月，总部设在日内瓦。其任务之一是负责组织各类专业会议，包括有关自然资源产品贸易方面的会议，缔结有关国际协定。有关自然资源产品贸易的重要协定之一是关于建立自然资源产品共同基金会的协定。基金会根据联合国自然资源产品综合计划而建立，其宗旨是为自然资源产品缓冲储备提供财政支持，为实施市场研究、开发、提高生产效率等计划提供资金援助，促进世界自然资源产品市场特别是来自发展中国家的初级产品市场的稳定，帮助发展中国家解决国际收支平衡问题。

《联合国海洋法公约》（UNCLOS）是有关矿产资源开发的一项重要协议。主要内容包括：

（1）处于沿海国家主权之下的领海界限为 12 海里，并保证所有国家船只对领海的和平通过权；

（2）通过关于在两部分公海之间的海峡自由过境运输的制度；

（3）重申公海对世界各国均应开放，任何国家无权使公海的某一部分归属于主权；

（4）坚持沿海国家主权的经济区概念，使该国家在离岸 200 海里范围内开发和保护海洋资源；

（5）允许他国在国家管辖权之外（即 200 海里经济区范围之外）的大陆架上开发和保护海洋资源；

（6）建立国际海底管理局（ISA），负责研究各国管辖范围以外的海洋矿物资源的勘探和开发问题，制定与经营海底资源、保护海洋环境和海上人员生命安全有关的技术等问题的标准和规程。

联合国开发计划署（UNDP）是一个重要的国际多边技术援助机构，于 1965 年成立，总部设在纽约，并设有理事会、咨询局和秘书处等组织机构。开发计划署的宗旨和任务是：向发展中国家提供经济和社会发展援助，派遣专家进行考察，担任技术指导或者顾问和对受援国家人员进行培训；帮助发展中国家建立应用现代科学技术方法的机构；协助发展中国家制定国民经济发展计划和提高它们战胜自然灾害的能力；定期召开会议，交流经验和信息。联合国开发计划署所管理的自然资源勘查循环基金（UNRFNRE），对发展中国家的政府勘查项目提供资金与技术援助。

联合国经济和社会理事会（ECOSOC）所属的亚洲和太平洋经济与社会委员会（ESCAP）也是积极从事矿产资源开发援助的国际性机构。其自然资源委员会通过设在泰国曼谷的自然资源部，为亚太国家和地区的能源、矿产以及地下水资源的研究与开发提供技术咨询与援助。

国际复兴开发银行（IBRD）简称世界银行，也对矿产资源开发项目提供资金援助。其资金来源包括：① 成员国交纳的股金；② 金融市场的借款；③ 贷款利息及手续费。

世界银行的宗旨和任务是：在不能按照合理条件得到私人资本的条件下，以市场主流利率向成员国尤其是发展中国家的政府发放贷款，以资助这些国家进行生产性投资和经济结构调整，包括排灌、交通、通讯、能源、教育等方面的投资项目，贷款额不超过项目投资总额的50%；对私人贷款提供保证，促进私人海外投资；与其他国际金融机构合作，开发成员国的生产资源，促进国际贸易平衡发展；通过各种技术援助，促进成员国生产力发展以及居民劳动条件的改善。

世界银行所属的国际开发协会（IDA），则以较优惠的贷款方式，促进低收入的发展中国家经济发展以及居民生活水平的提高。其贷款具有期限长（达 50 年）、低息或者无息以及可以用本币归还等特点。国际开发协会的资金来源包括：① 成员国交纳的股金；② 经济发达国家等提供的补充资金；③ 世界银行拨款和协会业务收入。

世界银行所属的另一金融机构是国际金融公司（IFC），则通过贷款鼓励成员国，特别是欠发达国家的私人企业的发展，也向发展中国家国民经济部门提供无政府担保的贷款，期限一般为 7~15 年，额度为 10 万美元至 2 000 万美元。贷款利率通常高于世界银行的贷款利率。国际金融公司的资金来源包括：① 成员国交纳的股金；② 从世界银行的借款；③ 贷款利息及手续费。

2.7.2　其他国际组织的矿业方针

国际能源机构（IEA）是一个应对 20 世纪 70 年代的石油危机、为实现经济合作与发展组织（OECD）的国际能源计划，而于 1974 年在巴黎成立的政府间能源政策协调组织。它由经合组织中的 21 个成员国构成，设有行政委员会、理事会、秘书处和分别负责危机处理、石油市场信息、长期合作以及与石油输出国关系等方面的 4 个常设小组。该组织的宗旨和任务是：通过发展替代石油的其他新能源包括煤炭和核能，建立各种能源储备以及实施节能措施等方式，提高各成员国的能源自给能力，降低对石油的过度依赖性，避免经济遭受石油市场的强烈干扰；建立石油的紧急配给计划，以防止石油供应剧减所造成的风险；加强石油生产国与消费国之间的合作，发展稳定的国际能源贸易，促进更有效地利用世界能源资源；研究有关石油市场的新信息。

2.8　矿业课税政策

税收政策是矿产资源合作开发政策的一项重要内容。税收不仅可以增加国家的财政收入，而且还可以达到促进国家工业发展和保护本国投资者的目的。税收的形式复杂多样，依企业合作形式以及合作伙伴不同而异。主要税种有资源税、产品税、增值税、所得税、专门税等以及这些税收形式的各种组合。税率也常因破产种类、收入水平、投资期限等因素不同而异。详细内容后面将进一步论述。

习　题

(1) 矿业政策理论研究的内容和目的是什么？

(2) 进行矿产投资决策需要掌握哪些情况？主要依据是什么？

(3) 采矿公司的三大目标是什么？如何处理三者关系？

(4) 矿业效应有哪些方面？如何正确认识矿业的负面效应？

(5) 工业化国家主要的矿产政策有哪些？

(6) 发展中国家主要的矿产政策有哪些？

(7) 最惠国待遇的基本内容是什么？

(8) 查找中国矿业课税政策的相关资料，写一个中国矿山企业税收现状报告。

(9) 小型矿山的定义是什么？查找中国小型矿山的相关资料，写一个中国小型矿山现状报告，探讨我国小型矿山发展的对策，如关闭小煤矿、小型矿山准入制度等。

(10) 查找中国矿山融资的相关资料，写一个中国矿山融资途径报告。

(11) 写一个中国矿业海外投资发展战略研究的专题报告。

(12) 写一个中国民营矿山投资发展战略研究的专题报告。

(13) 分析中国主要紧缺矿产资源种类现状，以及如何实施矿产资源的储备，写一个中国矿产资源安全保障程度专题调研报告。

(14) 分析资源税、产品税、增值税、所得税在国内实施的情况，分税种进行专题调研。

(15) 维简费是我国矿山产品成本的一个重要部分，针对地下矿和露天矿维简费使用情况进行调研，提出分析结论。

第 3 章　矿产品供需理论

3.1　需求的若干概念

3.1.1　需求及需求规律

需求是指消费者在特定时期内，每一价格水平上愿意，并且能够购买的某种商品或劳务的数量。单个消费者对某种商品或劳务的需求，称为个体需求；某种商品或劳务的所有消费者的需求，称为该商品或劳务的市场需求。

商品的需求量与价格相互影响。一般而言，需求量随价格的涨落而减增，即当价格上升时，需求量减少；而当价格下降时，需求量增加。另一方面，价格随需求量的增减而涨落，即需求量增加时，价格上升；而当需求量减少时，价格下降。商品的需求量与价格间的这种相互作用规律，称为需求规律。

商品或劳务的需求量除受市场价格因素的影响，还受多种因素的影响，主要有：

(1)消费者的收入水平，包括国民收入水平及国民收入在消费者之间的分配。如消费者收入的增加一般会使优质商品的需求量增加，而使劣质商品的需求量减少。

(2)替代品的价格。某商品的替代品价格的涨落，会导致该商品在价格不变的情况下，需求量按照替代品价格变化的相同方向变化。如 20 世纪 70 年代煤炭的需求量因其替代品石油价格的上升而增加。

(3)互补品的价格。某商品的互补品价格的变化，会导致该商品在价格一定的情况下，需求量发生变化。如高油耗或者低油耗汽车的需求量会因其互补品的汽油价格的上升而相应地减少或者增加。

(4)消费者的心理因素。如爱好、价格预期、人口数量及结构、广告宣传等因素也影响商品的需求。

3.1.2　需求函数与需求曲线

需求函数是指需求量与影响这一数量的诸因素之间关系的一种数学表达式，可用下式表示：

$$Q = f(p_x, \ p_s, \ t, \ i, \ e, \ a, \ \cdots)$$

式中：Q 为商品的需求量；p_x 为商品的价格；p_s 为替代品价格；t 为消费者的爱好；i 为消费者的收入；e 为对价格的期望；a 为广告费。

在其他因素保持不变的条件下，需求量对价格的依赖关系可用曲线来表示，称此曲线为需求曲线。需求曲线通常以横坐标表示需求量，以纵坐标表示价格。需求曲线通常是一条自左到右向下倾斜(斜率为负)的曲线。

当商品自身的价格不变，而其他因素发生变动时，该商品的需求水平则发生变化。在图上，这种变化表现为需求曲线的右移或者左移，即需求量的增加或者减少。如收入的增加、替代品价格的上升等都能导致需求曲线右移。

3.2 矿产消费理论

消费者在商品市场上的购买决策和购买活动，称为消费行为。消费行为决定商品的需求规律。

在西方经济学中，消费行为对需求的影响是通过边际效用分析方法来研究的。所谓商品的效用，是指消费者从该商品的消费中获得的满足程度，而边际效用是指消费者每增加一个单位消费品所引起的总效用的变化。

消费行为理论的基本假设有：

(1)效用最大假设，即消费者的目标是以有限的资源，通过搜集选择获得最大的满足；

(2)有理性行为假设，即消费者总是做出使效用最大的抉择；

(3)无饱和状态假设，即消费者对获得所需商品的欲望是无止境的。

消费理论认为，随着消费者购买的某商品数量的增大，其从每一单位商品所得到的追加效用减小。简言之，随着某种商品消费数量的增加，该商品的边际效用趋于减小，这被称为边际效用递减规律。

运用此规律，可以解释需求量随价格呈相反方向变化这一现象。具体地说，消费者购买和消费某种商品的数量越大，所得到的追加效用越小。依据效用最大假设，该消费者对多购买此商品所愿意付出的价格也就越低。所以，价格越高，需求量越小；价格越低，需求量越大。

表 1-3-1 效用无差异表

商品 A	商品 B	总效用
0	25	U
1	15	U
2	10	U
3	6	U
4	3	U
5	1	U
6	0	U

消费理论进一步采用无差异曲线分析方法，研究消费者同时消费两种以上商品的消费行为。所谓无差异曲线，是指能够为消费者提供同等效用的两种商品的数量组合点的连线。如表 1-3-1 所示的商品 A 与商品 B 的各种组合，并且每一组合能够为某消费者提供同等的效用，则分别将商品 A 和商品 B 的数量作为横坐标与纵坐标，并将相应于各组合的点连线，便可得到无差异曲线，亦称为效用等值线，如图 1-3-1 所示。

　　无差异曲线上任一点的斜率，称为该点商品的边际替代率。边际替代率表示消费者在维持同等满足的条件下，为获得一单位的某种商品而必须使另一种商品减少的数量。

　　一般的说，无差异曲线为凸向坐标原点的曲线。换言之，离坐标原点越远，无差异曲线离坐标轴越近。这表明，在同等满足的条件下，消费者所获得的一种商品的数量越多，其为增加单位商品所愿意减少的另一种商品的数量减少，此规律称为边际替代率递减规律。

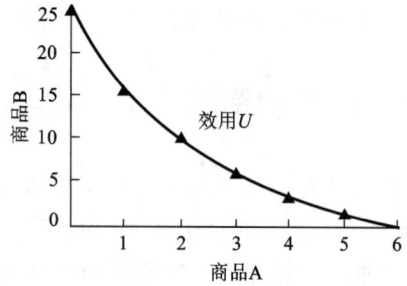

图 1-3-1　效用无差异曲线

　　无差异曲线是对一定的效用而言，若效用或者消费者的满足水平不同，便可以得到不同的无差异曲线。与消费者各个满足水平相应的无差异曲线系列，称为无差异曲线或者无差异曲线图。

　　消费者所能够达到的满足水平与其收入水平及物价水平有关。若令消费者的收入为 I，某一种商品的购买量为 X，价格为 P_x；另一种商品的购买量为 Y，价格为 P_y，则有：

$$XP_x + YP_y = I$$

　　此式称为预算方程或者预算线，表示消费者全部收入的可行消费组合。按照效用最大假设，消费者将会如此分配其全部收入来购买商品，以使其获得的效用最大。这个使效用最大的最佳购买量即是与预算线和无差异曲线的切点相对应的商品量，称此切点为消费均衡点。

3.3　矿产需求——中间需求

　　以上讨论了最终产品或者非生产过程消费品需求的一般规律性。可是，矿产一般不属于最终产品，而是用于生产最终产品的投入（也称资本商品）。这类产品的需求称为中间需求。

　　中间需求与最终需求之间的联系是显而易见的。但是，最终需求的一般规律并不足以解释中间需求，因为中间需求不仅受最终需求的影响因素制约，而且在很大程度上依赖于生产工艺技术以及互补投入要素的可用性。

　　中间需求与生产有密切关系，产出与投入间的关系称为生产函数，它表示在一定的技术水平下，从投入要素的各种可能组合所获得的最大产量。单位投入要素所引起的产量的变化，称为边际产量。边际产量与产品价格的乘积称为边际产值，它表示单位可变要素的变化所引起的总收入的变化。表 1-3-2 给出了竞争条件下，某生产者的单位可变要素生产函数、边际产量、产品价格和边际产值，相应的生产函数曲线、边际产量曲线和边际产值曲线分别如图 1-3-2、图 1-3-3 和图 1-3-4 所示。

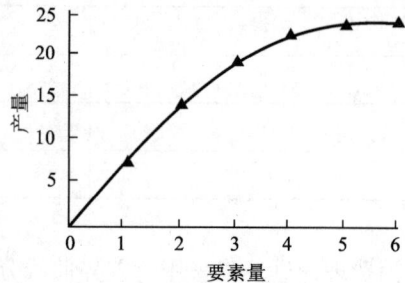

图 1-3-2　生产函数曲线

表 1-3-2　生产函数、产量与产值

要素量	产量	边际产量	价格	边际产值
0	0	0	—	—
1	8	8	2	16
2	15	7	2	14
3	20	5	2	10
4	23	3	2	6
5	24	1	2	2
6	24.5	0.5	2	1

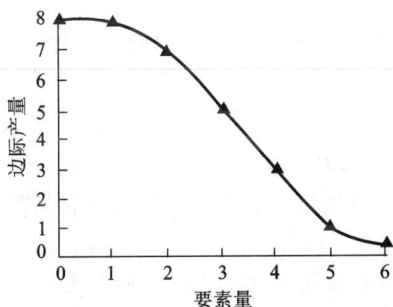

图 1-3-3　边际产量曲线

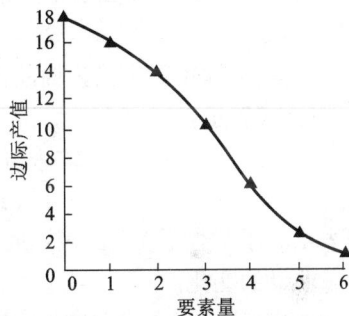

图 1-3-4　边际产值曲线

从表 1-3-2 和图 1-3-3 中可以看出，在技术水平与其他生产要素的投入量不变的情况下，随着可变要素投入量的增加，单位可变要素所引起的产量变化趋于减小。这种边际产量随可变要素投入量的增大而减小的现象，称为收益递减规律。

生产者为使净收入最大，将会如此使用投入要素，以致要素的边际成本等于所获取的边际收入。这是因为，若要素成本低于所获得，生产者会继续投入要素以获得收入；若要素成本高于边际收入，生产者会减少投入要素避免损失。在竞争条件下，投入要素的边际成本等于要素的价格，因为在此种条件下投入要素的增加并不改变要素价格。进一步，边际收入即是表 1-3-2 中的边际产值。所以，表 1-3-2 与图 1-3-4 中的要素投入量与边际产值间的关系，也就是投入要素需求量与要素价格的关系，即中间产品的需求函数。

中间需求不仅受最终需求的各种影响因素的制约，而且受下列因素的影响：

(1)最终需求。与某中间产品有关的最终产品需求的增减，会相应地引起该中间产品需求的增减。

(2)生产技术。技术的变化，对中间产品的需求有较大的影响，当生产技术使某投入要素或其互补品要素的生产率得到改善时，该要素的需求增加；而当生产技术使某投入要素的替代要素生产率得到提高时，该要素的需求则减小。

(3)投入要素比例。当某要素对其他投入要素的比例增加或者减小时，则该要素的需求会减小或者增大。

（4）其他要素的价格。某投入要素的互补要素价格的涨落，会引起该要素需求的减小或者增大；而某投入要素的替代要素价格的升降，会引起该要素需求的增减。另一方面，替代要素价格的涨落，同时会使生产成本相应地升降，并使产量降低或者提高。所以，该要素的需求亦会相应地减小或者增大。因此，某要素的替代要素价格的变化，对该要素的需求产生作用相反的两种影响，其合成效果难以一般而论。

3.4   矿产需求弹性

需求弹性是指某商品的需求量因其影响因素变化而变化的程度，它以需求弹性系数来度量。需求弹性包括需求的价格弹性、需求的收入弹性和需求的交叉价格弹性。但是，在没有特别指明的情况下，需求弹性通常是指需求的价格弹性，需求弹性系数是指需求的价格弹性系数。

需求的价格弹性系数定义为商品需求量的相对变化与引起该变化的该商品价格的相对变化之比。用公式表示：

$$E = \frac{需求量变动（\%）}{价格变动（\%）} = \frac{\Delta Q/Q}{\Delta P/P} = \frac{\Delta Q}{\Delta P} \cdot \frac{P}{Q}$$

式中：E 表示需求弹性系数；P 表示商品价格；ΔP 表示商品价格的变动；Q 表示商品需求量；ΔQ 表示需求量的变化。

若 E 的绝对值大于1，则称需求富于弹性；若 E 的绝对值等于1，则称需求为单一弹性；若 E 的绝对值小于1，则称需求缺乏弹性。例如，生活必需品大多缺乏弹性，而奢侈品则多富于弹性。

3.4.1   矿产需求的价格弹性

矿产作为中间产品，其需求弹性受矿产占最终产品成本的比例、最终产品的需求弹性以及矿产的可替代程度等因素的影响。若某矿产占最终产品总成本的比例大，则该矿产的需求趋向富于弹性；反之，若某矿产占最终产品总成本的比例小，则该矿产的需求趋于缺乏弹性。

中间产品的价格变化，对最终产品的价格有着直接的影响，而最终产品的价格又影响最终产品的需求，进而影响中间产品的需求，所以，最终产品的弹性越大，有关的中间产品的需求弹性也越大。但是，最终产品的需求弹性对中间产品的需求弹性的影响程度取决于中间产品占最终产品总成本的比例。

中间产品的可替代性对其需求弹性亦有较大的影响。某中间产品的替代品越多，则该中间产品的需求弹性越大；反之，某中间产品的替代品越少，则该中间产品的需求弹性越小。中间产品的可替代性又取决于生产工艺技术、生产成本、技术规程、政策等诸多因素。

矿产需求弹性还与所论时间期限的长短有关。短期是指在此期间内，某些市场条件诸如生产能力、地租契约、劳工合同等可以视为不变；而长期则是指在此期间内，经济与技术条件都可能发生变化。

就短期而言，矿产的需求弹性由两个主要因素决定，即矿产成本占最终产品总成本的比例和矿产替代的可能性。一般的说，作为初级产品，矿产的成本占最终产品总成本的比例较小。例如，镍占喷气发动机总成本的比例和铜占电机总成本的比例皆较小。矿产的替代一般比较困难，因为它们常常要求特定的加工工艺。所以，替代某种矿产意味着有关的最终产品的生产系统的改变，而这种改变在短期内一般不易实现。所以，在短期内，矿产的需求趋于缺乏弹性。

就长期而言，生产设施、经济合同以及工艺技术等皆可能发生变化。所以，矿产在长时期内的需求弹性要比其在短期内的需求弹性大。然而，研究矿产长期需求弹性的目的不仅仅在于其大小，更重要的是矿产需求随长期价格趋势的调整方式，以及这种调整能够满足人类社会对不可再生资源需求的程度。为此，首先需要考察矿产资源保护问题。

矿产资源保护是一个典型的规范经济学问题。由于对矿产资源开发与利用的价值判断准则不同，可以对矿产资源保护赋予各种不同的意义，诸如矿产资源使用水平的绝对降低、永恒使用、浪费量最小、有效利用等。

西方矿产经济学认为，矿产的价值在于其能够使最终产品具有消费者所期望的某些特性。所以，从经济学的角度看，人类社会将试图从其所拥有的矿产资源中获取最大的价值。为此，矿产资源保护的主要目标应该是人类社会从矿产资源的利用中，获得最大的社会经济效益，即有效地利用矿产资源，而不是矿产资源的自身可供使用性。由于矿产资源使用水平的绝对降低、永恒使用、浪费最小等皆不能反映社会需求与经济条件的变化，故不适于作为矿产资源保护的准则。

实现矿产资源有效利用的可能方式之一是通过市场调节。在此，一个重要的假设是市场价格能够准确地反映供求的实际状况。这种条件下，长期价格趋势会导致原料替代和技术变化，以使需求适应供给成本的变化。

具体地说，当矿产价格上升时，表明需求大于供给，该矿产的消费者将寻求廉价替代品，以抑制生产成本的升高。替代方式主要有：

(1) 以不同的原料生产现有产品。如在高压传输线中以廉价的铝替代价格较贵的铜。

(2) 以不同的产品替代现有产品。如以通讯卫星替代远程有线电话。

(3) 减少现有产品中矿产的使用量。如通过改变合质金的结构来减少永久磁铁中镍的使用量。

替代使某矿产的需求减少，从而使该矿产得以更多地用于满足难以替代、高价格的需求。所以，若价格信号准确，市场调节将导致矿产的有效利用。若价格继续上升，该矿产最终将被完全替代，没有需求，如同资源耗尽，此种状况称为经济耗竭。

在市场调节的情况下，矿产资源保护得以自动实现，人们不必担心资源耗竭。若社会用尽某种矿产，则是因为社会已经从该矿产的使用中获得了最大效益，而有效的可用替代品出现了。但是，市场价格并非总能准确地反映矿产供求状况。所以，在市场失灵的情况下，需要靠政府政策的调控来保证矿产资源的有效利用。

矿产市场失灵的主要原因是由价格机制造成的成本与效益信息的扭曲，常见情况有：

(1) 价格过低。管制价格无法响应市场状况，造成资源利用与使用情况的扭曲，进而浪费资源。

(2) 价格过高。垄断价格使矿产的利用趋于偏离最佳，社会效益下降。

(3) 信息不准。有关未来市场供求、技术变化、社会经济等方面信息的不确定性也可能造成市场失灵。

此外，外部成本，例如环境侵害对社会造成的成本，也难以通过市场价格得到反映，可能导致矿产价格偏低，社会需求趋高。

3.4.2　矿产需求的交叉价格弹性

矿产需求的交叉价格弹性是指另一矿产价格的变化对某一矿产需求量的影响，简称为需求的交叉弹性。

需求交叉弹性可用交叉弹性系数来表示。交叉弹性系数可用下式表示：

$$E_{(X,Y)} = \frac{X\,产品的需求量变动(\%)}{Y\,产品的价格变动(\%)} = \frac{\Delta Q_X/Q_X}{\Delta P_Y/P_Y} = \frac{\Delta Q_X}{\Delta P_Y} \cdot \frac{P_Y}{Q_X}$$

式中：$E_{(X,Y)}$ 为需求的交叉弹性系数；P_Y 为矿产 Y 的价格；ΔP_Y 为矿产 Y 的价格变化；Q_X 为矿产 X 的需求量；ΔQ_X 为矿产 X 的需求量的变化。

若矿产 X 对矿产 Y 的需求交叉弹性系数为正值时，表明 X 的需求与 Y 的价格呈同方向变化或者与 Y 的需求量呈反方向变化。所以，此两种矿产互为替代品。例如，铜和铝互为替代品。当矿产 X 对矿产 Y 的需求交叉弹性系数为负值时，表明 X 的需求量与 Y 的价格呈反方向变化或者与 Y 的需求量呈同方向变化。所以，此两种矿产为互补品。例如，汽油与汽车为互补品。若交叉弹性系数为零，则所论二种矿产在消费中互不相关。

3.4.3　矿产需求的收入弹性

经济活动水平的升降交替称为经济周期，它对矿产的需求有着重要的影响。矿产需求对经济活动变化的响应称为矿产需求的收入弹性。之所以如此定义，是因为经济活动依赖于消费水平，而消费水平又取决于收入水平。

矿产需求的收入弹性可用收入弹性系数表示。计算公式如下：

$$E_Y = \frac{需求量变化(\%)}{消费者收入变动(\%)} = \frac{\Delta Q/Q}{\Delta Y/Y} = \frac{\Delta Q}{\Delta Y} \cdot \frac{Y}{Q}$$

式中：E_Y 表示收入弹性系数；Y 表示收入；ΔY 表示收入的变化；Q 表示需求量；ΔQ 表示需求量的变化。

由于需求与收入一般呈同方向变化，需求的收入弹性系数通常为正值。

一般的说，生活必需品的收入弹性比较小，而奢侈品的收入弹性比较大。所以，随着人们收入的增加，用于购买生活必需品的支出比重下降，而用于购买奢侈品的支出比重上升。

在矿业经济中，收入弹性大的矿产，其需求随经济周期的波动大；而收入弹性小的矿产，其需求随经济周期的波动小。

矿产需求的收入弹性还与所考察的时间范围有关。在短期内，决定矿产需求收入弹性的主要因素是使用矿产的产业类型。矿产需求与某些特定产业及产品有关。当这些产业部门的生产随消费水平的变化而变化时，便对作为其生产资料的矿产的需求产生直接影响。所以，矿产，特别是金属矿产作为生产资料的产业部门主要有运输业、建筑业、耐用消费品以及生产工具与设备制造业。这些产业部门的共同特点是，其需求的收入弹性大，这是由其最终产品的性质决定的。这些产品，诸如汽车、房地产、电冰箱、电视机等多为高档消费品。当经济萧条时，它们的需求趋于下降，消费者收入的大部分会用于购买生活必需品，没有能力将收入用于高档消费品的需求。这种周期效应会传递到有关产品所需求的矿产上，使这些矿产的需求亦表现出较高的收入弹性。

当然，并非所有矿产对经济活动的响应皆表现如此。某些矿产，特别是工业矿物，主要用于经济活动相对平稳的产业部门，其需求的收入弹性则相对较小。典型的例子是农用化肥原料。由于农产品的需求相对稳定，相应的化肥原料矿产的需求收入弹性亦趋低。

矿产的长期需求收入弹性是一个引人注意的问题。之所以如此，是因为它与矿产需求预测密切相关。人们担心，由于矿产资源的不可再生性，其不断消耗会导致矿产稀缺，最终妨碍预期的经济增长。因此，需要对矿产需求进行长期预测，以研究人类社会发展所需矿产的充足程度。

影响矿产需求的主要因素之一是国民生产总值，即一国经济在一定时期内所生产的最终产品与劳务价值的总和。为了合理地利用国民生产总值这一指标进行矿产需求的长期预测，需要研究矿产长期需求与收入的定量关系。这一关系有时被称为矿产需求规律，以有别于一般商品的需求规律，即需求量与价格间的关系。

在进行自然资源可用性研究时，通常假设矿产需求随收入呈比例增长。Meadows 假设矿产需求随收入呈指数增长。考虑到矿产供给的有限性，Meadows 得出矿产资源最终耗竭，进而妨碍社会经济增长的结论。所以，需要采取矿产资源保护措施，降低其开发与利用水平，以防止因矿产资源稀缺而造成经济灾难。但是，此类研究没有考虑价格与市场的调节作用，也忽略了替代的可能性。

Meadows 引入矿产使用强度的概念，以解释矿产长期需求对收入变化的响应行为。Meadows 认为社会的矿产需求量（如每年人均使用矿产重量）与人均收入呈“∩”形变化。理论上说，导致矿产需求与收入间这种作用规律的主要原因有三个：

（1）国民经济的性质随人均收入的增加而发生变化。不发达的经济主体从农业向制造业发展，因而矿产的使用强度在人均收入较低的情况下，随人均收入提高而增大；当人均收入达到某一水平时，工业增长减缓，矿产需求相对平稳；之后，当人均收入较高、社会富裕时，国民经济主体便从制造业向服务业发展，此时的矿产需求随人均收入增加而减小。

（2）由于价差的相对变化，其他材料对矿产的替代增加，可能导致矿产需求在人均收入高时，随人均收入增加而减小。

（3）生产工艺技术的变化亦可以促进矿产需求与收入的这种关系的形成。此假说还表明，随着人均收入的增加，矿产资源保护会自动得以实现。

当然，服务型经济对矿产的需求少于制造型经济对矿产的需求这一假说未必真实。此外，需求与技术的变化还可能导致这种“∩”形关系的循环出现。

3.5　供给的若干概念

3.5.1　供给及供给规律

供给是与需求相对的概念，它指生产者在某一时刻、在各种可能的价格水平上，对某种商品或者劳务愿意，并且能够出售的数量。单个生产者对某种商品或者劳务的供给，称为个体供给；某种商品或者劳务的所有生产者的供给，称为该商品或者劳务的市场供给。

商品的供给量与价格相互影响。一般而言，供给量随价格的涨落而增减。价格上升，则供给量增加；价格下降，则供给量减少。另一方面，价格随供给量的增减而落涨。供给量增加，则价格下降；供给量减少，则价格上升。商品的供给量与价格间的这种相互作用规律，称为供给规律。

3.5.2 供给函数和供给曲线

供给函数就是供给量与影响这一数量的诸因素之间的一种表达式。可用下式表示：

$$Q_s = f(P, C, E, \cdots)$$

式中：Q_s 为供给量；P 为价格；C 为成本；E 为生产者对产品的期望价格。

在影响供给量的诸因素中，价格是最灵敏、重要的因素。供给量对价格的依赖关系可用曲线来表示，称为供给曲线。供给曲线一般以横坐标表示供给量，以纵坐标表示价格。供给曲线通常是一条自左到右向上倾斜(斜率为正)的曲线。

商品或者劳务的供给量除了受市场价格这一重要因素的影响，还与下列因素有关：

(1)生产技术状况。生产技术状况能够影响产量变化的速度与幅度，因而影响供给量。生产技术进步能够提高生产率，使得厂商在一定价格水平上提供较多的商品。

(2)生产要素价格。生产要素，诸如劳动、土地等的价格决定生产成本与供给价格(即厂商为提供一定数量的商品所愿意接受的最低价格)，因而影响供给量。

(3)有关商品的价格。如某商品的互补品价格上升，则互补品与该商品的需求量减少，该商品的价格下降，供给量亦减少。

(4)生产者对商品未来价格的预期。预期价格的上升或者下降，趋于导致商品供给量的减少或者增多。

上述一个或者几个影响因素的变化，会使商品在自身价格不变的情况下，供给水平发生变化。在供给曲线图上，这种变化表现为供给曲线的右移或者左移，即供给水平的上升或者下降。

3.5.3 供给弹性

供给量因价格变动而变化的程度称为供给的价格弹性，简称为供给弹性。供给弹性的度量是供给弹性系数，即供给量的相对变化与引起该变化的价格的相对变化的比值。可用下式表示：

$$E_S = \frac{供给量变动(\%)}{价格变动(\%)} = \frac{\Delta Q_s / Q_s}{\Delta P / P} = \frac{\Delta Q_s}{\Delta P} \cdot \frac{P}{Q_s}$$

式中：E_S 为供给弹性系数；P 为价格；ΔP 为价格的变化量；Q_s 为供给量；ΔQ_s 为供给量的变化量。

若 E_S 的绝对值大于1，则称供给富于弹性；若 E_S 的绝对值等于1，则称供给单一弹性；若 E_S 的绝对值小于1，则称供给缺乏弹性。供给弹性的大小，取决于生产要素增减的难易程度。若某商品的生产要素的增减成本较低，则该商品的供给弹性较大；反之，供给弹性较小。

供给弹性还受所考察期限长短的影响。一般而言，由于生产要素的投入难以在短期内发生大的变化，商品的短期供给弹性小；而在长期范围内，生产要素能够发生大的变化，亦可能发生新生产者的进入或者原生产者的退出。因此，商品的长期供给弹性比短期供给弹性大。

3.6　矿产供给理论与储量分级

矿产资源的有限性,使得矿产供给理论在矿业经济学中占有重要地位,亦使其比一般商品供给理论具有更为广泛的内涵。它不仅考察矿产供给与价格之间的关系,而且研究矿产资源量与矿产资源可用性评估等矿产供给的独特方面。

3.6.1　矿产供给规律

矿产供给是矿业对矿产需求的响应引起的。可供矿业公司实现这种响应的时间长短,对矿产供给有较大影响。在短期内(如 3 年内),矿业的采选冶能力不会超过已有的生产能力。在中期内(如 3～10 年),矿业的生产能力可以通过对已知矿床建设新矿山而得到提高。在长期内(如 10 年以上),矿业的生产能力还可以通过投资新的勘查项目所发现的矿床而得到扩大。

在长期内,矿产供给是累计产量的函数。随着累计产量的增大,资源可能变得稀缺,由此导致矿产供给减少,矿产价格上升。

另一方面,地质勘查与技术进步对长期矿产供给的影响作用却正好相反。矿产价格的上升,趋于使地质勘查工作加强,资源存量得到补充,产量增加;技术的进步,会使矿产利用率提高,矿产替代增多,对矿产的需求量减少。所以,矿产地质勘查工作与技术进步,趋于使矿产价格下降。

3.6.2　储量分级标准

矿产资源分级是矿产资源评估的基础,是矿产供给研究的重要内容之一。资源分级依矿产资源评估目的与范围的不同而异,在地质勘查、采矿工程、经济分析、管理决策等阶段,对矿产资源的分级常常有不同的概念。一般来说,矿产资源是指在当前或将来更有利的技术经济条件下,可以生产的那部分矿产赋存。经济资源是指在当前技术经济条件下可以生产的那部分矿产资源,包括尚未发现的经济资源。表 1-3-3 列出了传统各国矿石储量分级情况。中国的储量分级标准一直沿用前苏联的分类方法。我国《固体矿产资源/储量分类》(GB/T17766—1999)新标准于 1999 年 8 月 6 日发布,并于 1999 年 12 月 1 日开始实施。新旧标准资源储量分类分级有较大的区别。

1. 重新制定《固体矿产资源/储量分类》的原因

近 50 年来,我国的储量分类分级虽经多次修订,但基本上仍是前苏联的模式,框架没有大的变化。不论是地质勘探单位、矿山设计单位、生产单位还是综合部门,对分类分级都非常熟悉、得心应手。那么为什么又重新制定呢? 有如下几个原因:

(1)为了落实"更好地利用国内外两个市场、两种资源"的经济发展战略需要。我国矿产资源虽然丰富,但人均占有量严重不足,且以矿石品位低、成分复杂、规模小者居多。要想保证我国国民经济可持续发展,就必须更好地利用国内外两个市场、两种资源。

(2)适应市场经济的需要。我国原来的矿产储量分类分级系统,对勘探获得的矿产资源数量,不论勘查程度和经济意义如何,统称矿产储量,显然是不科学的,也不能满足市场的要求。且我国的矿产储量与国际的储量和资源储量,或一些国家的储量基础都没有可比性,故需要重新制定标准。

表 1-3-3　传统世界各国矿产资源储量分级对照表

国家	分 级 情 况 及 相 互 对 照 表				
美国	探明的		推断的	假定的	推理的
	开拓的	标明的			
澳大利亚	合理的,保证的			附加估算的	
南非	合理的,保证的			附加估算的	
加拿大	已探明的			推断的	推断的
法国	备用储量1	备用储量2	远景储量1	远景储量2	
西德	肯定的(A)	概略的(B)	标明的(C_1)	推断的(C_2)	预测的(D)
东德	肯定的(A)	概略的(B)	标明的(C_1)	推断的(C_2)	预测的(D)
苏联	A	B	C_1	C_2	D(预测的)
中国	A	B	C_1	C_2	D

（3）需要转变观念、统一标准。要适应国际上矿产资源储量分类与勘查阶段相对应的观念。例如，联合国分类框架中详细勘探对应的是确定的矿产资源，一般勘探对应的是推定矿产资源等等。而我国储量级别在不同的勘查阶段交叉使用，造成观念上、统计上的混淆，不能被国外矿业界接受。

（4）计划经济的色彩浓厚。原分类分级中的勘探储量比例及与其有密切关系的勘探类型和工程间距，都是计划经济体制下，国家独资开发矿业时，为了减少风险、增加资源的可靠程度，在总结我国已生产矿山探采对比资料基础上确定的。而现在勘探和开采都走向投资多元化，已不适应市场经济的需要。

2. 固体矿产资源储量分类新标准

我国新标准是在联合国分类标准的框架下，根据矿产资源/储量的经济意义、可行性评价阶段、地质可靠程度，并结合我国的实际情况制订出来的，将固体矿产资源/储量分为储量、基础储量和资源量三大类16种类型。分别用三维形式、矩阵形式和编码表示。

三维形式用了三个轴（EFG），分别定义为经济轴、可研轴、地质轴，并给以编码。编码的第一位数表示经济意义，其中：1代表经济的，2M代表边际经济的，2S代表次边际经济的，3代表内蕴经济的；第二位数表示可行性评价阶段，其中：1代表可行性研究，2代表预可行性研究，3代表概略研究；第三位数表示地质可靠程度，其中：1代表探明的，2代表控制的，3代表推断的，4代表预测的。

3. 新标准各类资源储量的含义

（1）储量。储量是经过详查或勘探，达到控制或探明的程度，在进行了预可行性或可行性研究，扣除了设计和采矿损失，能实际采出的矿产资源数量，经济上表现为在生产期内，每年的平均内部收益率高于行业基准内部收益率。储量是基础储量中的经济可采部分，又可分为可采储量(111)、探明的预可采储量(121)及控制的预可采储量(122)三个类型。

储量在我国以往的总则、规范及统计报表中是统称，即不论勘查程度和经济价值大小，只要报告中提交的都是。而现在的储量，是与国际惯例相衔接的新概念，为可以实际采出的矿量，在我国新分类中，分为可采储量和预可采储量。

其条件是：在勘查程度上，必须达到控制或探明的程度；在可行性评价阶段上，进行了预可行性研究或可行性研究；在经济意义上，评价结果是经济的。

（2）基础储量。基础储量是经过详查或勘探，达到控制的和探明的程度，在进行了预可行性或可行性研究后，经济意义属于经济的或边际经济的那部分矿产资源。基础储量据评价后的经济意义，可分为经济基础储量和边际经济基础储量。经济基础储量是每年的内部收益率大于行业基准内部收益率并扣除设计和采矿损失之前的那部分基础储量，可分为三个类型：探明的（可研）经济基础储量（111b）、探明的（预可研）经济基础储量（121b）、控制的经济基础储量（122b）。边际经济基础储量，是平均内部收益率介于行业基准内部收益率与零之间的那部分基础储量，也分三个类型：探明的（可研）边际经济基础储量（2M11）、探明的（预可研）边际经济基础储量（2M21）、控制的边际经济基础储量（2M22）。由于边际经济的基础储量基本上无效益，因此，不计算其中的储量。

基础储量在我国矿产勘查工作中是一个新名称。与储量的区别一是没有扣除影响因素，二是估算范围不同。而储量是从基础储量的经济这部分中，扣除各种影响因素后获得。

（3）资源量。可分为三部分：内蕴经济的资源量、次边际经济资源量、预测的资源量。内蕴经济的资源量，即自普查至勘探期间，地质可靠程度达到了推断至探明的，可行性评价只进行了概略研究，尚分不清其真实的经济意义的资源量，统归为内蕴经济的资源量。可分三个类型：探明的内蕴经济资源量（331）、控制的内蕴经济资源量（332）、推断的内蕴经济资源量（333）。

次边际经济的矿产资源量，即经过详查或勘探，进行了预可行性或可行性研究后，其年均内部收益率呈负值，在当时开采是不经济的，只有在技术上有了很大进步，能大幅度降低产品成本，或生产资料大幅降价时，才能使其变为经济的那部分矿产资源。也分三个类型：探明的（可研）次边际经济资源量（2S11）、探明的（预可研）次边际经济资源量（2S21）、控制的次边际经济资源量（2S22）。

预测的矿产资源量，即经过预查工作，根据已有资料分析、类比、估算的资源量（334），属潜在矿产资源。资源量在我国矿产勘查工作中也是一个新名称，是指经过勘查后，除去基础储量后的那部分资源数量。由三种途径产生：①不论勘查程度高低，但可行性评价只作了概略研究，区分不出经济的、边际经济的、次边际经济的，也就是分不出基础储量来，则统称为资源量，其经济意义属内蕴经济的；②经过预可行性研究或可行性研究，评价结果是不经济的，划归为资源量，其经济意义是次边际经济的；③只作了预查工作，据区域地质背景和预查收集的有限资料，用综合手段预测的资源数量，也是资源量，属预测的矿产资源。

4.新标准分类结果

新的分类将固体矿产资源分为查明矿产资源和潜在矿产资源两部分，也有人认为二者之和为固体矿产资源总量。将固体矿产资源/储量分为：储量、基础储量、资源量三大类，16 个类型，新标准分类结果汇总如图 1-3-5 所示。

5.旧标准储量分类（级）

（1）旧标准储量分类

在计划经济时期，总则中将固体矿产储量分为两大类。

第一类：能利用（表内）储量。此类储量按矿床内、外部技术经济条件又分为两个亚类：a

固体矿产资源/储量
├─ 查明矿产资源
│　├─ 储　　量
│　│　├─ (1)可采储量　（111）
│　│　├─ (2)预可采储量　（121）
│　│　└─ (3)预可采储量　（122）
│　├─ 基础储量
│　│　├─ (4)探明的(可研)经济基础储量　（111b）
│　│　├─ (5)探明的(预可研)经济基础储量　（121b）
│　│　├─ (6)控制的经济基础储量　（122b）
│　│　├─ (7)探明的(可研)边际经济基础储量　（2M11）
│　│　├─ (8)探明的(预可研)边际经济基础储量　（2M21）
│　│　└─ (9)控制的边际经济基础储量　（2M22）
│　└─ 资　源　量
│　　　├─ (10)探明的(可研)次边际经济资源量　（2S11）
│　　　├─ (11)探明的(预可研)次边际经济资源量　（2S21）
│　　　├─ (12)控制的次边际经济资源量　（2S22）
│　　　├─ (13)探明的内蕴经济资源量　（331）
│　　　├─ (14)控制的内蕴经济资源量　（332）
│　　　├─ (15)推断的内蕴经济资源量　（333）
│　　　└─ (16)预测的资源量　（334）
└─ 潜在矿产资源

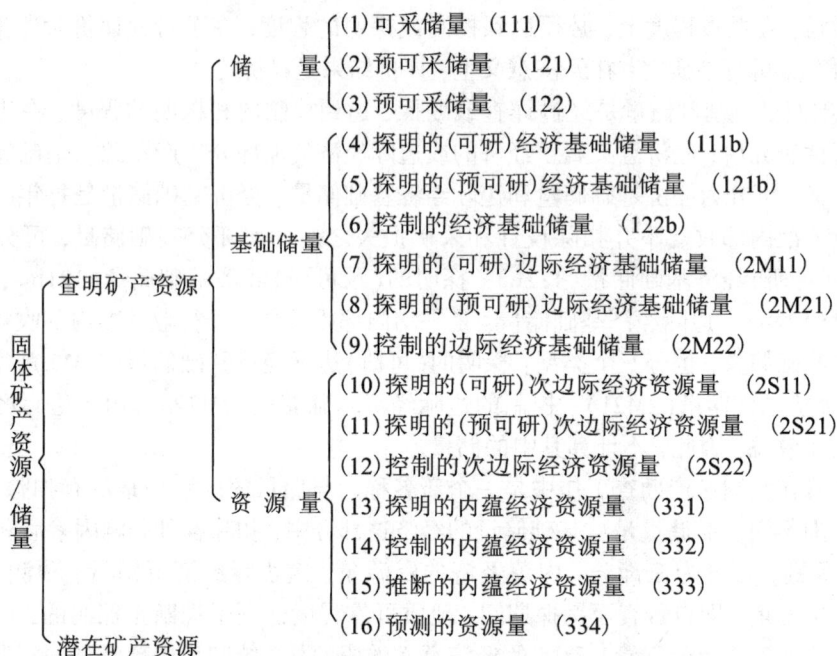

图 1-3-5　新标准储量分类图

亚类是符合当前的采、选、冶、加工技术条件，符合当前的工业指标要求，符合当前的矿山建设的内、外部经济条件，国家现行法规允许开发利用的储量；b 亚类是符合当前的采、选、冶、加工技术条件，符合当前的工业指标要求，符合矿山建设的内、外部经济条件，但交通、供水、能源等矿山建设的外部经济条件差，改善经济条件后即能利用，国家现行法规允许开发利用的储量。

第二类：尚难利用(表外)储量。是由于有用组分含量低，矿体厚度薄、埋藏深，矿床水文地质、工程地质、环境地质等开采条件特别复杂，或对矿石的选、冶、加工技术方法尚未解决，或位于自然保护区、名胜古迹、重要建筑物、交通干线之下和有争议的国境线附近，受国家法规限制，当前难以利用的储量。

(2)旧标准固体矿产储量分级

1993 年我国制定《固体矿产地质勘探规范总则》(GB13908—1992)规定，在勘探阶段或矿山开发过程中，用工程取样揭露了工业矿体的厚度和位置，测定了矿石质量，并且符合工业指标要求的矿体，根据地质条件计算储量，按地质勘探研究程度依次分为 A、B、C、D、E 五级(各级储量条件从略)。

6.新旧资源储量分类分级对比

新标准是适应市场经济、与国际惯例接轨的一种全新的标准，严格地讲，新、旧标准的资源储量类(级)别是不能一一对比的。但新标准在修订过程中又充分考虑了我国的国情，所以，新、旧分类标准的内容仍有一定的联系，可以大致、相当地对比。新标准资源储量只有分类，没有分级，但可以把"探明的"、"控制的"、"推断的"、"预测的"看作"分级"。这样，新分类就把矿产资源分为"三类四级 16 个类型"。

在类别上：

(1)经济的——相当于原表内矿的 a 亚类；

(2)边际经济的——相当于原表内矿的 b 亚类；

(3)次边际经济的——相当于原表外矿；

(4)内蕴经济的——相当于其他储量。

在级别上：

(1)探明的——相当于 B 级；

(2)控制的——相当于 C 级；

(3)推断的——相当于 D 级和部分 E 级。

综上所述，A+B、C、D 级分别套成探明的、控制的及推断的。这仅仅是"相当于"，而不是"等于"。至于原规范各级储量与新规范中各个类型的对比，则要给原各级储量赋予经济意义后才能对比。上述为单一及主要矿产储量，而共、伴生矿产储量，除尚难利用(表外)的储量其经济轴为 2S 外，其他(经济轴)与主矿产对应的资源储量分类编码一致。

为了把旧标准的储量转换成新标准的资源储量，国土资源部于 1999 年制定了《固体矿产资源储量套改技术要求》方案，对新旧标准资源储量套改作了明确规定。根据该方案的有关规定，对于现在开采矿区的新旧标准资源储量对比归纳如表 1-3-4 所示：

表 1-3-4　新旧标准资源储量对比表

旧标准储量分级		新标准资源储量分类及编码		
勘探		详查	普查	
表内矿	A+B	111b		
	C	111b	122b	
	D	122b	122b 或 333	333
表外矿	A+B	2S11 或 2S21		
	C	2S22	2S22	
	D	2S22	2S22	2S22

3.6.3　矿产资源评估

矿产资源评估一般是指矿产资源的定量描述。但其具体内涵则因评估的目的、采用的方法以及所考虑的因素不同而异。通常分为三类：宏观评估、中观评估和微观评估。

(1)宏观评估。随着世界政治经济形势的发展与变化，各国政府不时需要对本国的矿产资源进行全面的评估和预测，目的在于考虑未来的资源充足程度，进而制定长期的矿产资源开发与利用政策。此类评估称为矿产资源的宏观评估或远景评估，亦即矿产资源形势分析。如美国总统材料委员会于 1952 年完成的全美矿产资源评估。

矿产资源的宏观评估是一种十分复杂的工作。它既要明确矿产资源的信息结构，也要分析未来的经济形势，还要考虑国家安全等政治问题，以及科学技术的变化对矿产资源需求的影响等因素。

(2)中观评估。矿产资源的开发与其他非矿产自然资源的利用或基础工业设施的建设密切相关。为使资源开发或者建设项目取得理想的社会效益，国家或地方政府也需对有关区域的矿产资源进行评估，称为中观评估。如加拿大能源、矿山与资源部为规划铁路建设于1970年完成的西北地区矿产资源评估就是一个中观评估实例。

(3)微观评估。矿产资源所有者、矿山经营者、金融机构经常需要对矿业投资或生产矿山进行评估，以此进行投资决策及融资、课税、生产规划等经济管理活动。此矿产资源评估称为微观评估或项目评价。上述三类矿产资源评估都包括矿产资源的技术、经济和社会经济评价等三个基本方面。技术评价是对矿产资源质量和数量的描述，经济评价是对矿产资源价值的描述，而社会经济评价则是对矿产资源开发的社会制约因素，诸如法律、环境、国防等因素的描述。宏观和中观评价强调矿产资源的技术和社会经济方面，其主要方法是各种评估模型。微观经济评估则强调矿产资源的经济价值，其主要方法是以社会经济制约因素为制约条件、以矿产资源技术评估为基础的资源开发现金流分析。

习　　题

(1)需求及需求规律是什么？

(2)供给及供给规律是什么？

(3)叙述下列概念：需求弹性、价格弹性、收入弹性、交叉价格弹性、供给弹性。

(4)什么是需求函数和需求曲线？它们之间的关系是什么？什么是供给函数和供给曲线？它们之间的关系是什么？

(5)"需求曲线的斜率大，弹性就小；斜率小，弹性就大"，这个说法是否错误？为什么？

(6)指出下列说法的错误："供给规律表明，降低价格一定会使供给量下降。可是这个规律也有例外，例如，1970年十位数字计算器每台卖150元，到1975年，同样的计算器每台只卖50元，然而销售量却增加了3倍。可见，降低价格不一定能使供给量下降。"

(7)某企业的需求曲线方程为：$Q=30-5P$。求$P=2$，$Q=20$时的价格弹性。

(8)某国为了鼓励本国石油工业的发展，于1980年起采取措施限制石油进口，估计这些措施将使可得到的石油数量减少20%，如果石油的需求价格弹性在0.8~1.4之间，问从1980起该国石油价格预期会上涨多少。

(9)某公司在决定扩建前，对它的产品的需求进行了分析。初步的分析结果表明，每天的需求量Q是价格P的函数，其方程式为：$Q=1\,000-3P$。

① 若公司计划销售400吨，价格应定多少？

② 若公司按每吨250元出售，每天能销售多少？

③ 按什么价格出售，销售量为零？

④ 若价格为200元，求价格弹性。

(10)某公司产品与居民收入之间的关系为：$Q=100+0.2I$。式中：Q为需求量，I为每一人口的收入。

① 求收入水平分别为5 000元、6 000元时的需求量。

② 求收入水平在 4 000 元和 6 000 元时的收入弹性。

(11) 公司甲和公司乙是两个竞争对手。这两家公司产品的需求曲线分别为：$P_甲 = 1\ 000 - 5Q_甲$，$F_乙 = 1\ 600 + 4Q_乙$。这两家公司的销售分别为 100 吨和 250 吨。

① 求这两家公司的当前价格弹性。

② 若公司乙降价，使销售量增加到 300 吨，这一行动导致公司甲的销量下降到 75 吨，问甲公司产品的交叉价格弹性是多少。

③ 若乙公司的目标是谋求销售收入最大，你认为它降价在经济上是否合理。

第 4 章 矿产品市场与价格

4.1 矿产市场概念

矿产市场是一个某种矿产买卖双方聚会,以确定该矿产价格的抽象场所。矿产市场是生产资料市场。由于矿产规格简单,谈判容易,矿产市场具有较强的国际性。

严格地说,某种矿产的市场可以存在于该矿产生产过程的各个阶段。如铜市场可以分为基本局限于某区域的铜矿市场,基本局限于国内的铜精矿市场,作为冶炼产品的粗铜市场和作为精炼产品的电解铜市场,而后者又可以分为盘条铜、阴极铜等市场。又如,石油市场可以分为轻油市场(34°~40°API)、重油市场(27°~31°API)、低硫油市场、高硫油市场等。

尽管如此,矿产市场一般是指那些具有标准贸易规格,并且在世界贸易中,拥有重要地位的矿产市场。例如,含铜量不低于 99.9% 的电解铜市场和阿拉伯轻油(34°API)市场。应该指出,矿产品的重要性是不断变化的。例如,随着石油出口国经济的发展和加工能力的提高,在国际贸易中,原油正在被石油产品所替代;又如,20 世纪 50 年代,锡精矿在国际贸易中,占有重要地位,而今天锡贸易则基本局限于精锡。铁、铝矿贸易以粗矿为主,而锑、钨贸易则以精矿为主。

4.2 矿产市场结构

所谓市场结构就是构成市场的买者之间、卖者之间以及买者与卖者之间诸关系的因素及其特征,它是由产品的供求特点决定的。在西方经济学中,市场结构用来说明某种产品在市场中面临的竞争程度。它可分为四类:完全竞争、完全垄断、垄断性竞争和寡头垄断。决定市场结构的主要因素有:

(1)市场集中程度。包括买者与卖者的集中。市场集中是厂商追求规模经济和产品市场规模有限所共同作用的结果。矿业具有较大的利用规模经济的可能性。矿业又是基础产业,拥有较大的市场,所以,矿业的市场集中程度相对较高。

(2)产品差别化。它是指厂商在形成其产品实体的要素上,或者在提供产品过程的诸条件上,造成与其他同类产品相比足以引诱买者的特殊性,降低同类产品对该厂商的替代性,并以此在争夺市场的竞争中,占有有利地位。造成产品的差别化的主要手段有改善产品质量和外观、降低产品成本、宣传广告等。矿产品大都已经标准化,因此,矿产品的差别化不是矿产市场结构的主要因素。

(3)进入壁垒。进入是指某产业中新卖主的出现。进入壁垒则指新卖主与原有卖主竞争中的阻止新卖主进入的因素。规模经济是生成进入壁垒的重要因素。矿业厂商的最小有效规模同市场规模相比,常占有很大的比重,市场集中与垄断程度较高,造成进入困难。成本、法律、制度等因素也会造成进入壁垒。例如,环境保护法是矿业市场进入的重要壁垒。

（4）市场需求的价格弹性，即需求量随产品价格而变动的幅度。如生活必需品的价格弹性较小，而奢侈品的价格弹性较大；代用品少的产品价格弹性较小，而代用品多的产品价格弹性较大；用途多的产品比用途少的产品需求弹性大。矿产品的需求弹性大多较小，这是因为，矿产品作为中间产品，占与其有关的最终产品生产成本的比例小，以及由于工艺技术等方面的原因，而使矿产具有较小的可替代性。

市场理论一般按照市场的集中程度，而将市场结构划分为若干形式，以综合反映影响竞争与价格的诸因素。以此划分的市场结构形式主要有：

（1）完全竞争市场。它是西方经济学中的一种理想化市场形式，其主要特征是：买卖双方皆由众多的买主和卖主构成，每一买主或者卖主都没有力量影响市场上的产品价格；各厂商的产品没有差别化，买者或者卖者心目中皆无特定卖主或者买主；各类资源的投入都不是固定的，而是按照市场的变化情况自由地流动；决策条件是确定的，厂商知道自己的销售收入和成本函数，也知道其他厂商的销售收入和成本函数。完全竞争型市场是一种经济上最有效，但极不稳定的市场结构。与此种形式类似，但是更接近实际的市场形式是纯粹竞争市场。在该种市场条件下，每一厂商对价格的影响都很小，可以忽略。

（2）完全垄断市场。它的主要特征是：一定的市场范围内，只存在该市场产品的单一供给者。因此，产品价格常受该垄断者的重大影响。形成完全垄断市场的主要条件是：存在明显的规模经济效益，存在市场的有限性和某种特殊的优越条件，如政府政策等。完全垄断市场，对邮电、铁路等固定成本大的公共事业及基础设施，能够取得较好的规模经济效益。

（3）寡头垄断市场。它的主要特征是：市场上只有少数几家厂商供给该行业的大部分产品，其产量在市场中占有较大的份额；市场价格并非由市场供求关系决定，而主要由少数寡头通过协议或者默契制定，形成操纵价格或者管制价格。矿产市场一般具有较明显的寡头垄断特征。

市场结构分析的关键问题是研究影响市场及价格的市场份额，它取决于竞争条件与替代可能性。就短期行业而言，矿产供给多缺乏价格弹性。这意味着相对小的市场份额就足以支配市场。因此，产量占总供给量30%～40%的较大生产者即可导致垄断市场的形成。

当前，世界矿产市场结构的主要特征是国际性。西方一些较大的石油公司或者采矿公司已经将其经营活动扩展到国际范围内，并且在矿产市场上积聚实力，导致矿产市场竞争程度的降低和寡头或者垄断市场的形成。如锡和铅的供给市场为寡头市场，主要的大卖主各不足10家。黄金市场亦是垄断市场。但是，由于黄金作为硬货币这一特殊性，其供给与价格并不完全由生产垄断者支配，因为国际货币基金组织以及各国金融机构的黄金储备与出售对黄金的价格有较大影响。

4.3　矿产市场组织

市场组织是根据厂商在一定范围内达成的各种协定形成的一种组织，以此对矿产市场施加影响。在第二次世界大战以前，这样的协定多由厂商达成，而其后则主要由各国政府签订有关协议。

市场组织按其行为目标可以分为以下几种主要类型：

（1）生产者卡特尔（Cartel），旨在调控竞争，对产品价格施加影响等；

(2)一般生产者组织,旨在互通信息,发展公共关系以及在联合国贸发大会中维护成员利益等;

(3)国际研究机构,旨在探讨生产者与消费者之间的贸易市场。

4.3.1 生产者卡特尔

如果几家寡头企业联合起来,共同规定一个价格,它们就有可能像垄断企业一样,使整个行业的总利润达到最大。这种组织就叫卡特尔(Cartel)。该类组织的主要目的是控制矿产价格,以维护生产者的利益。矿产卡特尔的形成受矿产市场结构、矿产地理因素、矿产应用领域等因素的影响。其形成的主要条件有:

(1)矿产出口国的经济必须在很大程度上独立于该矿产的进口国;

(2)矿产的供给必须集中在较小的生产国,以避免非卡特尔生产者的干扰;

(3)出口国必须有较强的经济实力,以抵抗矿产进口国的经济制裁;

(4)不会因价格提高而导致非卡特尔生产者大规模地开发有关矿产资源;

(5)所论矿产的再利用技术有限;

(6)所论矿产的替代品有限。

由于这些条件的制约,仅有少数的矿产市场受到卡特尔的影响。具有代表性的矿产卡特尔组织有:

(1)石油输出国组织(OPEC),简称欧佩克。它是亚、非、拉主要石油生产国为协调成员石油政策、维护共同的经济利益而建立的国际性组织。欧佩克于1960年在巴格达成立,总部设在维也纳。目前,其成员国包括伊拉克、伊朗、沙特阿拉伯、科威特、委内瑞拉、卡塔尔、印度尼西亚、利比亚、阿拉伯联合酋长国、阿尔及利亚、尼日利亚和加蓬(厄瓜多尔于1993年退出该组织)。这些国家拥有世界已证实石油蕴藏量的75%。欧佩克的宗旨是:统一和协调成员国的石油政策,保护石油资源和发展民族经济。它通过生产定额、最低限价、税收政策等措施,有效地控制了石油价格,增加了成员国收入。另一方面,该组织的行动使石油进口国的国际收支平衡以及经济发展受到了不利影响。

(2)铜出口国政府间委员会(CIPEC)。该组织于1968年在巴黎正式成立,成员国包括智利、秘鲁、刚果(金)、赞比亚、印度尼西亚、澳大利亚、巴布亚新几内亚和前南斯拉夫。该组织的宗旨是协调成员国的铜生产及销售政策;预测铜业发展前景,采取共同行动,维护国际铜市场的稳定;在不损害消费者利益的前提下,促进铜生产国经济和社会的发展。

(3)国际铝土协会(IBA)。该组织于1974年在几内亚首都科纳克里成立。成员国包括澳大利亚、几内亚、圭亚那、牙买加、前南斯拉夫、塞拉利昂、苏里南、多米尼加、加纳、印度尼西亚和印度(海地于1982年退出该组织)。成员国铝土产量占西方国家总产量的85%。该组织的宗旨是保护成员国的铝土资源,并从其开发中得到公平合理的经济效益;促进成员国的经济增长和发展;对跨国公司实行参与股权和国有化政策;对跨国公司征收新的铝土矿生产税;为成员国制定铝土和矾土参考等级标准及合理价格;加强同其他发展中国家的经济联系与合作。

4.3.2 一般生产者组织

该类组织的主要目的是互通信息,在有关的国际贸易谈判中,保护成员国利益。

铁矿输出国联盟(APEF)可以看作是这类市场组织的例子。该组织于 1975 年正式成立,总部设在日内瓦。其成员国包括阿尔及利亚、澳大利亚、印度、利比里亚、毛里塔尼亚、秘鲁、塞拉利昂、瑞典和委内瑞拉。该组织成员国的铁矿出口占世界铁矿贸易总量的 50%。该组织的宗旨是保证铁矿出口贸易稳定发展;维护铁矿开采、加工和销售的合理收益;促进各成员国之间的密切合作。

4.3.3　国际研究机构

该类组织旨在探讨矿产生产者之间的有效合作,而不试图垄断矿产价格。此类组织既可以包括矿产生产者,也可以包括矿产消费者。

国际铀研究所(UI)是这类组织的典型代表。它于 1975 年 6 月在伦敦成立,成员国包括来自 18 个国家与地区以及欧洲共同体的 69 个私营企业政府机构。该组织的日常活动包括市场研究与预测、核能利用的环境问题研究、公共关系研究以及提供核能技术与项目投资专家咨询等服务。

4.3.4　国际矿产协定

国际矿产协定是为调解国际矿产市场,在矿产生产者与消费者之间达成的。它是买卖双方相互妥协的结果,常伴随有国际发展援助的性质。矿产出口国多是发展中国家,以获得高而稳定的矿产价格为主要目的;矿产进口国多为工业化国家,以获得最低价格,并维持稳定的供给为目标。

国际锡协定(TIA)便是国际矿产协定的典型范例。该协定起始于 1956 年 7 月,它通常以 5 年为期不断调整和继续。协定的执行机构为国际锡理事会(ITC)。截止至 1987 年,国际锡协定的成员国共有 26 个。其中锡出口国有澳大利亚、印度尼西亚、马来西亚、尼日利亚、泰国等 6 个国家(玻利维亚于 1982 年退出该协定);锡进口国有西欧、东欧、北美国家和日本。至 1987 年,该协定已签署 6 期,并有两次扩充协定。国际锡协定的主要目标是:加强锡生产国与消费国之间的密切合作;通过储备与限额等措施,保持锡的产销平衡和稳定的国际市场价格;促进成员国经济的发展。

4.4　矿产品价格

4.4.1　均衡价格

西方经济学认为,商品的价格主要是由其需求量与供给量来决定的。如前所述,商品的需求与供给对价格的影响作用是相反的。在完全竞争市场会将价格压低;而价格下降,则促使供给量减少,需求量增加。若需求量超过供给量(称需求过剩),则需求者之间的竞争会将价格抬高;而价格上升,则导致需求量减少,供给量增加。这样,商品的需求、供给与价格相互影响,此消彼长,直至最终需求与供给二者对价格的作用均等,需求量与供给量一致,商品的价格水平趋于稳定。此时的市场处于均衡状态,相应的商品价格称为均衡价格,相应的商品供求量称为均衡量。

在供求曲线图上,均衡状态对应于需求曲线与供给曲线的交点,其横坐标与纵坐标分别是均衡价格与均衡量。如图 1-4-1 所示，某商品的供给曲线和需求曲线，根据两曲线的交点便可以得到该商品市场的均衡价格和均衡量。

4.4.2 矿产供求的影响因素

矿产价格是矿产在市场上交换时确定的。矿产定价的基本形式有：① 市场竞争定价，即根据市场供求情况，达成买卖双方皆满意的价格，或者由生产者与消费者双方通过谈判制定价格。② 生产者定价，即由矿产生产的垄断者或者寡头

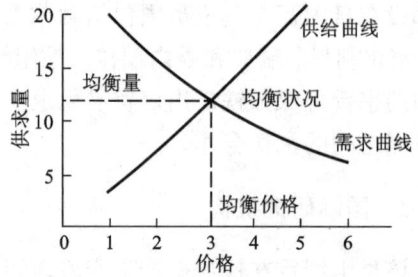

图 1-4-1 均衡价格与均衡量

按照其自己的效益目标制定价格。无论哪种形式的定价，都受矿产市场供求关系的制约，只是影响程度的不同而已。因此，要分析矿产价格，首先要分析矿产需求与供给的变动规律。

1. 矿产需求的影响因素

矿产品多为生产资料，对其需求与工业生产密切相关。因此，人们常以国民生产总值或者工业生产总值预测矿产需求。此外，矿产需求的变动还有如下规律性：

(1) 矿产新应用领域的研究成果。例如，新合金的研制，趋于增加对有关矿产的需求。

(2) 加工工艺的改进，趋于降低有关矿产的消耗。如电镀热镀减少锡的消耗。因此，技术变化减少对有关矿产的需求。

(3) 替代品影响矿产的消费。

(4) 消费者的消费习惯对某些矿产的需求有影响。如随着化妆品消费量的增加，对铋的需求会相应地增长。

(5) 法律、政策影响对某些矿产的需求。如环境保护政策要求使用无铅汽油，因而减少对铅的需求。

矿产作为中间产品，缺乏短期需求弹性。原因是：

(1) 矿产占与其有关的最终产品生产成本的比例小；

(2) 由于工艺技术等方面的原因则使矿产缺乏可替代性。

就长期而言，上述约束不存在。矿产可替代性增强和技术的进步，趋于使矿产的长期需求弹性较短期需求弹性有所提高。

替代方式主要有：

(1) 以成本低的矿产替代成本高的矿产。例如，在高压输电工程中，以铝线替代铜线。

(2) 用新的最终产品替代矿产消耗量大的最终产品。例如，以卫星通讯替代有线通讯。

(3) 减少矿产用量。例如，通过改变永久磁铁的构成，可以降低钴的使用量。

2. 矿产供给的影响因素

影响矿产供给的重要因素是生产成本，而矿产成本又受地质、技术和经济等因素制约。地质因素有储量、矿床产状、赋存深度、规模、地质构造、矿岩力学性能、矿石品位及选冶特性、矿产共生情况等。技术因素包括采选技术水平、效率、技术密集程度、生产能力等。经济因素包括资金来源、矿区基础设施、法律政策以及政治经济形势等。

影响矿产供给的另一个重要因素是矿产储备，包括商业储备和战略储备。商业储备可以处于生产与交换的各个阶段。例如，在采选企业，常有精矿储备；在冶炼厂，可能储备精矿

亦可能储备金属，或者兼而有之；在加工制造工厂，一般有一定量的金属储备。商业储备的原因，或者是生产需要稳定的原料供给，或者是动力不足，或者是为了等待有利的市场行情。另一种重要的商业储备场所是矿产交易市场，这样的储备对矿产市场起着重要的调节与稳定作用。矿产储备量也会受货币利率的影响，高利率趋于减少矿产储备。当然，对于特定的矿产生产与销售环节，常有一个技术要求的最小储备量。只有超过这个最小量的储备，才对矿产市场及价格产生影响。

战略储备是国家政府出于政治(如国防因素的考虑)而实施的储备。主要的战略储备矿产有铬、锰、镁、锡、钨、锑、石油等。美国是实施战略储备政策最早、储备矿产品种最多、数量最大的国家。战略储备对矿产市场及价格亦有一定程度的影响。

矿产废旧利用水平也是影响矿产市场及价格的因素。废旧利用有以下效应：增加矿产供给；削减世界贸易量(因为废旧利用主要在矿产消费国进行)；保护矿产资源；减轻环境污染；节约能源消耗。

废旧利用源包括矿浆、炉渣、粉尘、加工碎料、废旧包装、废旧车辆、设备与器械等。废旧利用水平依赖于所论矿产的应用领域和消费增量。例如，铅可以方便地从蓄电池中得到回收，而镀锡则较难以回收。再如，铝的需求量日益增长，所以其回收量占总消费量的比例相对较小。

4.4.3　矿产竞争价格

矿产尤其是金属矿产的规格通常是标准化的，以便于在市场上进行交易。矿产交易所是重要的矿产市场之一。矿产交易所的矿产价格属于竞争价格。世界重要的矿产交易所有：

(1)伦敦金属交易所(LME)。该交易所成立于 1876 年，交易的主要矿产包括精铜条和电解铜，含 99.9%Cu+Ag；标准锡板和锡锭，含 99.9%Sn；高级锡板和锡锭，含 99.9%Sn；铅锭，含 99.9%Pb；标准锌条，含 98.00%Zn；纯银条，含 99.9%Ag；纯铝锭，含 99.5%Al；纯镍(电解镍)，含 99.8%Ni；黄金，含 99.9%Au。

伦敦金属交易所的矿产交易是通过标准合同实现的。交易的形式有两种：现货交易，当时付款，及时交货；期货交易则是签订合同 3 个月或 6 个月之后付款交货。

(2)纽约金属交易所(COMEX)。该交易所成立于 1933 年，主要服务于美国的矿产生产者与消费者。交易的矿产有铜、金、锌和银，以期货交易为主，合同期可以长达 14 个月。

此外，还有(马来西亚)吉隆坡金属交易所(KLCE)、(加拿大)温尼伯金属交易所(WCE)、(澳大利亚)悉尼期货交易所(SFE)、新加坡黄金交易所(GES)、香港金属交易所(HCE)、(美国)芝加哥贸易会(CBT)等矿产交易市场。

随着中国经济体制的改革，也先后成立了若干矿产交易市场，包括深圳有色金属交易所、上海金属交易所、上海煤炭交易所、秦皇岛煤炭交易所、大庆石油交易所等。

矿产交易市场不但能够提供一种竞争价格，而且可以起到稳定矿产价格的作用。一般认为，期货价格稍低于现货价格是市场稳定的标志。

4.4.4　垄断价格

垄断价格主要指生产者价格，亦称为标牌价格。它是由垄断生产者或者寡头生产者出于谋取高利而确定的价格，一般高于竞争价格。虽然如此，消费者也可能由于生产者价格相对稳定以及购货合同期限较长而获益。但是，过高的生产者价格则趋于导致消费者寻求替代品，减少对有关矿产的需求。

生产者价格受矿产质量的影响较大。例如，利比亚的低硫石油的生产者价格会高于委内瑞拉的高硫石油的生产者价格。再如，南非的精铬矿价格可能不同于前苏联的同类矿产价格，因为二者的纯度通常存在差异。

4.5　国际矿产贸易

4.5.1　矿产品出口

矿产出口是获取外汇的重要源泉。通过矿产贸易赚得的外汇，可以有效地支持其他资源，诸如土地和水力资源的开发，可以购置机械设备和生产资料，促进国民经济的发展。对于工业基础薄弱、制成品出口有限的发展中国家，矿产出口显得尤为重要。

例如，石油输出国组织（OPEC）成员国的经济活动主要依赖于石油出口。再如，秘鲁、智利、刚果（金）和赞比亚的铜出口，牙买加、圭亚那、苏里南、几内亚和塞拉利昂的铝土矿出口，利比里亚的铁矿出口以及摩洛哥、塞内加尔、多哥和约旦的磷盐岩出口，都在相应国家的出口中占有重要的地位。

某些矿产的出口，对维持工业化国家的经济增长亦有重大作用。例如，美国不仅出口大量煤炭、钢铁和有色金属，而且出口磷盐岩、化肥产品以及硫产品；西欧国家出口矿产燃料和钢铁；前苏联出口大量石油和天然气，也出口贵金属、煤炭、磷盐岩、化肥产品、盐、工业金刚石、锰、钢铁、锌、铝等矿产；日本出口钢铁和少量有色金属；加拿大出口有色金属、石油、天然气、钾碱、贵金属、石膏、硫、盐和铁矿，占总出口的 30%；澳大利亚出口煤炭、铁矿、多种有色金属、铝土矿、钛铁矿、金刚砂等，占总出口的 30%；南非出口黄金、金刚石、铬、锰、铜、石棉和煤炭，占总出口的 60%。

4.5.2　矿产品进口

矿产进口对维持工业化国家的经济增长有着重要的作用。许多发达国家的能源矿产不能自给自足，而主要依赖于进口。例如，美国石油进口占需求量的 50%，欧洲和日本的石油供给几乎完全依靠进口。

非能源矿产进口对维护发达国家的工业基础亦相当重要。例如，美国铁矿石需求量的 25% 为进口，日本铁矿石需求量的 90% 为进口，欧洲主要钢铁生产国的铁矿石亦依赖于进口。工业化国家铝生产几乎完全依赖于铝土矿和矾土矿进口。譬如，美国进口铝土矿占其消费量的 90%，进口矾土矿占供给的 45%。德国、加拿大、日本和挪威则完全依赖进口铝土矿和矾土矿作为生产铝的原料。

此外，主要的钢铁生产国还需要进口铁合金材料，包括铬、镍、钴、锰、钨、钼等。发达国家所需的工业金刚石亦大都依赖于进口，主要来自非洲、澳大利亚和前苏联。有色金属如锡、铜、铅和锌以及非金属矿物如硫、钾碱、磷盐岩等也是发达国家重要的进口矿产。

4.5.3　国际矿产贸易

矿产贸易使世界各国相互联系，彼此依赖。某些国家，例如，英国和日本，若没有大量的矿产进口，则不能维持其经济的持久发达。

各国间的矿产贸易联系相当复杂，许多进口矿产最终为产品出口奠定基础。为考察各国矿产贸易联系的复杂程度，以美国的矿产进口为例，石油从委内瑞拉、墨西哥、沙特阿拉伯、利比亚、印度尼西亚、加拿大以及其他国家和地区进口；铁矿石、铬铁矿从苏联、土耳其、南非和菲律宾进口；锰从南非、加蓬、印度、澳大利亚、巴西、秘鲁、委内瑞拉和加拿大进口；钨从加拿大、玻利维亚、秘鲁、赞比亚和加拿大进口；铝土矿和矾土矿从牙买加、几内亚、苏里南、澳大利亚和圭亚那进口；锡从马来西亚、印度尼西亚、玻利维亚、泰国和尼日利亚进口；铅和锌从秘鲁、墨西哥、西班牙、加拿大、澳大利亚和摩洛哥进口；汞从意大利和西班牙进口；石墨从斯里兰卡、奥地利、印度、墨西哥、中国、巴西、马达加斯加和韩国进口；黄金、金刚石和煤炭从南非进口；锑从前南斯拉夫、玻利维亚、中国和墨西哥进口；砷从瑞典、墨西哥、法国和加拿大进口；铝从加纳、加拿大、委内瑞拉、日本和欧洲进口；绿柱石（含铍）从卢旺达进口；硼酸盐从土耳其进口；硼酸从法国进口；镉从韩国进口；胶结材料从西班牙进口；铬铁合金从津巴布韦进口；粘土从英国和法国进口；铌从巴西进口；金刚砂从南非和津巴布韦进口；金刚石从刚果（金）进口；硅藻土从墨西哥进口；长石从加拿大、挪威和瑞典进口；氟石从墨西哥、南非、中国和意大利进口；镓从瑞典进口；宝石从以色列进口；锗从比利时和卢森堡进口；金从加拿大和苏联进口；石膏从加拿大、墨西哥和西班牙进口；钛原料从澳大利亚、印度、加拿大和南非进口；镁从加拿大、挪威、法国和荷兰进口；菱镁矿从爱尔兰、希腊、日本和印度进口；云母从加拿大、印度和巴西进口；氨从加拿大、特立尼达和多巴哥、苏联和墨西哥进口；珍珠岩和浮石从希腊进口；磷盐岩从摩洛哥进口；铂从南非、苏联和英国进口；钾碱从加拿大和以色列进口；石英晶体从巴西进口；稀土金属从澳大利亚和马来西亚进口；铼从智利和德国进口；盐从加拿大、墨西哥、巴哈马和智利进口；银从加拿大、墨西哥、秘鲁和英国进口；石材从意大利进口；锶从墨西哥进口；硫从加拿大和墨西哥进口；滑石和叶蜡石从意大利、加拿大和法国进口；钽从泰国、加拿大、马来西亚和巴西进口；碲从加拿大、中国香港和英国进口；钍从法国、荷兰、加拿大和马耳他进口；钡从南非、加拿大和芬兰进口；蛭石从南非和巴西进口；锆和锆石从法国、日本、加拿大、澳大利亚和南非进口。

由此可以看出，几乎世界上的每个矿产国或者地区都向美国出口矿产。其他发达国家与矿产出口国家或者地区的矿产贸易关系亦是如此。发展中国家亦在不同程度上进口各种矿产，以满足其经济发展的需求。但是，发展中国家多以进口石油、化肥原料和建筑材料为主。

随着各国经济的发展以及国际矿产贸易重要性的加强，以进口矿产为主的工业化国家在矿产勘查、开采以及加工处理等方面的投资兴趣日益增长。例如，日本在美国的煤炭开采、在澳大利亚的铁矿和煤炭开采以及在智利和秘鲁等国家的矿业开发中，皆参与投资。这不仅可以加强矿产的对外出口，还可以促进技术交流，也具有长远的政治意义。

国际矿产贸易常常伴随有国际技术转移。这种由工业化国家向发展中国家的技术转移，对促进国际贸易和世界经济增长，具有重大意义。但是，由于政治与国防等方面因素的影响，技术转移常常受到人为的限制。譬如，发达国家大都实行出口许可制度，以维护其国家的政治利益；发展中国家大都实行进口许可制度，以保护民族工业；还有一些国家限制资本外流，鼓励国内投资。所有这些都在不同程度上妨碍技术转移和国际贸易，最终妨碍世界经济增长。

矿产资源开发投资大，风险高；矿产加工利润高。由此导致了矿业生产的高度集中、矿产市场的垄断和跨国公司的形成。这些跨国公司的存在,对促进国际技术转移、国际资本流通以及国际矿产贸易,有着重要作用。

国际矿产贸易还受矿产储备的影响,一般具有双重目标。一是政治目标,满足国防应急所需;二是经济目标,平抑短期市场波动。美国是实施矿产储备政策最早、储备矿产品种最多、数量最大的国家。英国和加拿大等国家亦有一定品种和数量的矿产储备。中国近几年也开始实施石油等矿产品的战略储备。

习　　题

(1)矿产市场的概念是什么?

(2)市场结构的含义、类型是什么?不同市场结构类型各有哪些特点?请从现实生活中举出一些企业的例子,并说明它们分别属于不同的市场结构。

(3)矿产市场组织的基本类型及其特点有哪些?

(4)影响矿产供应有哪些因素?

(5)影响矿产需求有哪些因素?

(6)什么是均衡价格和垄断价格?它们是如何形成的?

(7)试写出国内外主要的矿产交易市场的名称。

第 5 章　矿产品市场预测

5.1　矿产市场预测概述

5.1.1　市场预测的概念

矿产市场预测是矿产经济决策的重要内容之一，其目的是分析影响矿产市场的诸多因素及其相互关系，评价环境因素对市场的潜在作用，预测矿产市场未来的供应、需求和价格状况。矿产经营者在制定矿产销售策略或进行投资决策时，需要了解有关矿产的未来需求、成本和价格状况；政府部门在制定矿产贸易、矿产储备、矿产开发与利用、环境与资源保护等方面的政策时，需要分析这样的政策对矿业经济系统运行的影响与作用。

所谓市场预测，是指对某一特定地区某种特定产品需求量和供应量的预测。市场需求量预测可分为市场潜量预测和市场发展趋势预测。前者是分析产品在目前或近期可能的最大需求量，后者是分析产品在今后一定时期内的需求变化趋势。

市场发展趋势预测，按时间长短可分为长期、中期和短期预测三种。长期预测，一般指5 年以上的预测，应根据国民收入的增长、消费水平和购买支付能力的变化，以及生产、运输能力和科学技术等客观条件的发展变化等进行分析预测，从而确定产品长期的经营方向和发展规模。短期预测，一般指一年以内的预测，根据各季度和月份的客观变化，预测需求的季节性变化，从而具体安排生产活动。而介于二者之间的中期预测，一般指 3 年左右的预测。对于矿产市场的宏观预测，由于投资项目的长期性，从某种矿产的勘探、开采到矿产品供应市场一般需 10 年以上的时间，因此，所进行的市场发展趋势预测主要是指长期预测。

5.1.2　市场预测方法

市场预测方法可分为定性和定量两种。

定性预测主要依靠专家经验，借助于调查、了解、直观分析的手段，对事物的未来发展作出预测，如专家意见法、市场调查法。它适用于新产品以及掌握历史数据不多的产品市场供需预测，也适用于对那些突变型、跳跃式发展的经济事件预测。此类方法的特点是可以较好地考虑法律政策、技术变化等因素对市场行为的影响，但是缺乏定量方法的严密性。

定量预测方法主要是借助于数学方法，采用时间序列、因果分析、消费水平和最终用途分析等方式进行数学推算或估算，常用于市场经济发展趋势分析。这类方法可以识别市场发展变化的因果关系，因而能够较好地预测未来情况，尤其是预测可能的突变点。典型的预测模型有经济计量模型和工程过程模型。

应该指出，矿产市场是一个受资源、技术、经济、政治、法律、社会等众多因素影响的复杂系统，因此，对其行为的准确预测是相当困难的。即使是综合采用各种预测方法，也未必十分奏效。尽管如此，无论是厂商，或者是政府机构的决策者在制定政策时，都必须利用某种方法进行预测，别无选择。

5.2　定性预测方法

5.2.1　专家意见预测法

该方法是国外常用的经济技术预测方法，即通过访问、座谈、函询等形式，向用户、销售部门以及各类专家收集未来经济发展的意见，然后，将这些意见集中进行综合分析，作出相应的预测。这种方法被广泛应用于市场调查或市场预测。一般分以下步骤来进行：

（1）明确预测任务，拟定预测调查表。根据预测目标，搞清具体的预测任务，将需要预测的问题列在表格上，所拟定的问题要清楚明白，具有针对性，调查内容尽量简化，以便得到满意的回答。

（2）选择好专家。在预测工作中，拟选的专家必须是被内部或外部公认为熟悉该项工作的人，同时可要求他们再推荐一些专家参加，物色专家的好坏是预测成败的关键。

（3）将制定好的调查表寄给专家预测，这个过程一般要进行几次反复。首先将调查的问题、背景材料及有关资料寄给专家，待得到答复后，将第一次调查的结果，综合整理后反馈给专家，作第二次征询。如此反复几次，直到获得比较一致的调查预测结论。

（4）综合结果分析。根据预测问题的类型和预测的要求，得出定性或定量的调查结论。为了对专家意见定量化，一般采用两种方法。

其一，主观概率法。即根据专家对预测事件发生可能性大小的看法（概率），进行平均以后作为对事件预测的结论。

例如，今后十年内国内铜供应能否缓和这一预测事件，17 名专家中有 9 名认为缓和可能性很小，他们提出的主观概率如表 1-5-1 所示。

表 1-5-1　铜供应预测主观概率表

缓和的可能性	0.1	0.2	0.3	0.4	0.5	0.6	0.7	0.8
人数/个	2	3	1	2	3	1	3	2

此外，尚有 2 人未表态（其概率作折中处理，为 0.5），然后求出 17 位专家主观概率的加权均值为 0.46，结果表明今后十年内铜供应缓和的可能性是很小的。

其二，记分法。首先规定调查事件可能出现的不同结果的记分标准，然后，由专家根据标准对某种可能出现的结果进行打分，最后将各种不同可能性的得分进行整理，使得各种可能性的得分可以互相比较，从而得出预测的结论。

5.2.2　市场调查预测法

1. 市场调查的形式

市场调查方法可分为直接调查和间接调查两种。直接调查是走出去或请进来，直接与产、销、需各方见面，了解历史和现状，取得数据。这种调查资料的可靠性大。间接调查是通过发信函、调查表或从报刊广告等途径取得资料。这两种调查方法可同时进行，以便取得更多的资料。按不同情况可采用如下几种形式：

（1）普通市场调查。即对市场的一次性全面调查，这种方法准确程度较高，但调查费用昂贵，所需人力和时间也较多。这种调查需要有全国机构来组织和协调，否则难以开展。当然对一些使用范围有限的产品，可用这种调查方法，如成套设备、专用设备等。

（2）抽样调查。这是一种使用最广泛的调查方法。抽样调查又可分为随机抽样或非随机抽样两种，前者按照概率统计原理抽取样本，后者根据经验选定样本。

（3）固定样本连续调查。该方法先用随机抽样方法选出调查对象，再将此调查对象作固定样本，长年累月反复地进行调查。这种调查对家庭调查最为合适，主要用作消费产品的市场研究，不仅可用于生活消费品市场，也适用于生产资料的市场调查。固定样本的连续调查需要若干年以上的持续调查，在项目评估中，很难直接运用，但在实际工作中，往往要利用其成果为项目投资决策服务。

（4）专家咨询法。即利用专家的经验和学识，对经济、技术、市场的现状和未来发展做出个人判断的一种调查方法。这种方法应用简便，具有相当的准确性。

专家咨询法常用方式有三种：个别征求意见；召开专家会议；"特尔斐法"（Delpha），即背靠背的调查咨询方法。特尔斐法要经过多次反复，尔后得出调查结果。用特尔斐法调查得到的结果，大多数是定性的，通常要采取一定的数学方法将其定量化，才能加以利用。专家咨询法在项目评估工作中应用较广，尤其是在技术方案的评价上，更离不开对专家的咨询调查。

2. 市场调查的步骤

市场调查一般有以下几个步骤：

（1）明确调查的目的、调查对象和目标以及调查费用幅度和时间要求；

（2）确定调查所需要的资料及收集资料的方式；

（3）设计抽样的问答，制定调查计划；

（4）实施调查；

（5）对调查所得资料分类、综合、整理、分析；

（6）作出市场调查报告，进行市场预测；

（7）根据市场发展对调查结果进行反馈，以改进下次调查工作。

3. 市场调查的相关内容

市场调查的途径，就是从何处去得到所需资料。除了可以直接从市场中去取得资料外，还可以通过一些综合经济管理部门去获取资料。这些资料包括：

（1）经济发展趋势。包括国民经济发展战略、经济计划、国民经济发展速度、国民收入增长率、各经济部门发展比例等资料。

（2）人口增长趋势及其构成的变化。人口数量和构成上的数量，直接影响商品的生产和分配，对微观经济（个别地区）的影响也是一样，包括现有人口数、未来增长情况，男女、老少比例构成及民族特征、年龄、职业、知识结构等。

（3）消费水平变动的参数。消费水平变动直接影响需求的变化。不同的消费水平对产品的质量、规格及其数量的要求不尽相同。消费资料的生产主要受到消费水平变动的影响，所以，这方面的资料十分重要。对消费水平变动情况的了解，不能仅凭国家计划消费水平增长率等参数来判断，从近几年的情况来看，实际消费水平的提高往往大于，甚至远远超过计划消费水平增长率。要通过各种渠道来收集消费水平变动的参数资料,这样才能得出正确的市场经济研究结论。

(4)价格变动。产品价格的变化对产品需求的影响极大,同时也直接影响产品生产者的积极性。

(5)产品的社会拥有量。这主要是指生产资料及一些使用年限比较长的耐用消费品的社会拥有量。

要确定这些参数,对于一个开放的国家市场来讲,不仅要掌握国内生产、消费、流通的状况,而且要掌握国外生产、消费和流通的状况。只有这样,才能作出正确的市场分析。显然,这些资料的取得,主要依靠计划、统计和主管部门以及投资机构收集。

4. 市场抽样调查

对局部地区、个别产品的市场调查和预测是通过抽样调查、试销法和专家意见法进行的。其中,抽样调查的具体做法具有普遍意义。

要取得某项产品需求潜量的第一手资料,进行全面调查是不可能的,只能采取抽样调查的方法,根据样本中的调查结果来推算全体。为了使抽出的样本具有代表性,一般采用"随机抽样"的原则。市场调查预测中常用的抽查方法主要有等距离抽样法和判断抽样法两种:

(1)等距离抽样法(又称系统抽样法)。即对调查范围内各地区居民按地区人口多少比例进行任意抽样,对抽到的样本进行直接调查询问,再将其结果(一般为百分比)乘以全地区的总户数,即得全地区的需求总量。对需求的规格、品种也可作进一步分析。

(2)判断抽样法。即根据产品的需求特点,选择需用这类产品较多的部分居民户,再用按比例任意抽样的方法进行调查。

5. 市场试销法

这种方法适用于新产品需求预测,若没有现成的资料,抽样调查也比较困难,则可以采用试销法来预测新产品的需求量。但在试销期间,由于消费者对新产品比较生疏,购买时比较犹豫,使对市场潜量估计不足,因此,需要配合一定的广告宣传,使试销的结果有一定的准确性。

5.3　时间序列预测法

时间序列预测法以及后面将要介绍的因果分析法和最终用途法都属于定量预测方法。所谓时间序列就是将过去的历史资料和数据,按照时间顺序排列起来的一组数字序列。如按年度排列的某种产品产量、社会拥有量、商业销售量等。

市场需求的变动随时间的变化,一般受两类因素的影响:一类是对市场需求动态起主导作用的规律性因素;另一类是对市场需求动态起辅助性和临时性作用的偶然因素。时间序列法主要是消除偶然性因素的影响,把时间序列作为随机变量序列采用简单平均、加权平均或滑动平均方法,对未来进行预测。这类方法的运用有两个前提条件:

(1)假定影响未来市场供求的各种因素与过去的影响因素大体相似;

(2)市场供求发展的过程是渐进的变化过程,而不是跳跃式的突变过程。

由于经济事件的未来状况不可能是过去的简单重复,而且许多经济事件的发展都具有跳跃性质,因此,时间序列法最适用于短期预测,在一定条件下,也可用于中期预测,而不能用于较长时间的预测。时间序列预测法常用于中、小型项目的投资市场经济分析。常用的有：移动平均法、简单指数平滑法。

5.3.1 移动平均法

移动平均法的原理是：将时间序列的数值分为若干段，每段的平均时间不变，但不断向后移一位，这样来作出预测。比如，平均间隔为 4 期，则 1、2、3、4 为一段，2、3、4、5 为二段，3、4、5、6 为三段，以此类推。移动平均法考虑了发展趋势，修匀了数据中异常大和异常小的观察值，并且以趋势发展变化的最新数据为预测依据。移动平均法的数值平均可采用算术平均法和加权平均法来进行。

（1）简单移动平均法。即根据移动平均法的原理，连续地计算出各期的算术平均值，作为相应预测期的预测量。

（2）加权移动平均法。采用简单移动平均法，由于没有充分注意近期实际值对发展趋势的影响总要大于以前各期实际值的事实，所以，加权移动平均法赋予近期实际值以较大的权数，而越是远期的实际值的权数越小，这样就能较为准确地进行预测。

[例 1-5-1] 某矿产品今年的销售量如表 1-5-2 所示，以 4 个月的实际销售量为基础，应用移动平均法进行预测，各月的权数分别为 0.1、0.2、0.3、0.4。试预测 11 月、12 月和明年 1 月份的销售量。

表 1-5-2 7—12 月的实际销售量   （单位：万吨）

月份	7	8	9	10	11	12
实际销量量	450	400	510	560	590	610

解：

（1）简单移动平均法：

11 月份预测量 = (450+400+510+560)/4 = 480

12 月份预测量 = (400+510+560+590)/4 = 515

明年 1 月份预测量 = (510+560+590+610)/4 = 567.5

（2）加权移动平均法：

11 月份预测量：450×0.1+400×0.2+510×0.3+560×0.4 = 502

12 月份预测量：400×0.1+510×0.2+560×0.3+590×0.4 = 546

明年 1 月份预测量：510×0.1+560×0.2+590×0.3+610×0.4 = 584

5.3.2 简单指数平滑法

移动平均法的优点是计算简单，特别适用于脉冲式趋势线的短期预测，但它需要较多的历史数据，而且其近期值对趋势发展的影响仍然是不足的，指数平滑法的原理就是进一步加强近期数据对预期的作用，加大近期数据的权值。由于强调近期数据的作用，此法要求的历史数据较少。这是美国企业普遍采用的预测方法之一。其计算公式：

$$F_t = F_{t-1} + a \times (D_{t-1} - F_{t-1})$$

式中：F_t 为第 t 期预测值；F_{t-1} 为第 $t-1$ 期预测值；D_{t-1} 为第 $t-1$ 期实际数；a 为平滑化系数，$0<a<1$。

在使用简单指数平滑法进行预测时，若缺乏上期预测值，可采用前几期的实际平均值作为初始预测值。a 值是一个经验数据，取值范围在 0 与 1 之间。确定 a 值可以用"试误法"，即以 0 至 1 之间的不同值代入公式试验，直到找出最适合过去几期实际值的 a 为止，因此，比较麻烦。一般根据预测的不同要求，选取不同的 a 值。a 值愈大，预测数愈接近于本期实际数，a 值愈小则本期预测数愈接近于上期平均数。因此，如果时间序列中，各期实际数变动较大，而要使指数平滑数能敏感地反映出最新变化，就应取较大的 a 值。反之，如果所求的指数平滑要用来代表该时间序列的长期预测值，就应该取较小的值，这样才可能尽量消除不规则变动的影响。

[例 1-5-2] 某公司 1—6 月份的销量如表 1-5-3 所示。设平滑系数 $a=0.5$，试用简单指数平滑法预测 7 月份销售量。

表 1-5-3　1—6 月份实际销量　　　　　　　　　　　　　（单位：万吨）

月份	1	2	3	4	5	6
销量	1 000	1 400	900	1 300	1 500	1 000

解：

(1)确定初始预测值。若以 1~3 月份实际观测值的平均值作为初始预测值，则 4 月份预测值为：

$$F_4 = \frac{1\,000+1\,400+900}{3} = 1\,100$$

(2)计算 5 月、6 月、7 月销售量预测值。

$$F_5 = F_4 + 0.5 \times (D_4 - F_4) = 1\,100 + 0.5 \times (1\,300 - 1\,100) = 1\,200$$

$$F_6 = F_5 + 0.5 \times (D_5 - F_5) = 1\,200 + 0.5 \times (1\,500 - 1\,200) = 1\,350$$

$$F_7 = F_6 + 0.5 \times (D_6 - F_6) = 1\,350 + 0.5 \times (1\,000 - 1\,350) = 1\,175$$

值得指出的是，简单指数平滑法对于有明显趋势变动的时间序列是不适用的，因为，当时间序列观测值存在上升趋势时，简单指数平滑法得到的预测曲线偏低，反之则偏高。对于这种类型的预测可采用趋势修正指数平滑法。

5.4　因果预测法

市场中的各种经济变量是互相联系的，其中一个变量的变化会引起另一个变量的变化。因果预测法就是根据变量之间存在的因果关系，利用相应的数学模型进行预测的方法。常用的有：回归分析法、消费水平法。

5.4.1　回归分析法

回归分析是分析变量之间相互关系的一种数理统计方法。它的原理是根据观察对象建立尽可能合理的数学模型，然后运用数学中的最小二乘法求得方程中的各项回归系数，使得实际观察的各点值与回归直线(或曲线)上各对应点的离差平方和为最小。回归分析中自变量可以是一个，也可以是多个，一个自变量的称一元回归，多个自变量的称多元回归。若相关关系是线性称线性回归，否则就是非线性回归。

回归分析法的步骤：

(1)收集资料、筛选变量。挑选对预测对象起主要影响的因素作为自变量。

(2)画散点图。将收集到的自变量 x 和因变量 y 分别画在坐标平面图上。

(3)根据散点图确定相应的回归方程，如一元线性、指数型、多元线性等。

(4)计算回归方程中的参数，一般用最小二乘法。

(5)进行统计检验和经济检验。用计算相关系数的办法来判断方程的可靠性，并从经济上分析求得的各参数是否符合实际。

(6)再应用回归方程进行预测。

1. 一元线性回归预测

当时序列中，被测变量的实际观测值随时间推移呈直线上升或下降时，可采用线性回归法，回归方程式为：

$$y = a + bx$$

根据最小二乘法：

令

$$\bar{y} = \frac{1}{n} \times \sum_{i=1}^{n} y_i , \quad \bar{x} = \frac{1}{n} \times \sum_{i=1}^{n} x_i$$

$$L_{XX} = \sum_{i=1}^{n} x_i^2 - \frac{1}{n} \times \sum_{i=1}^{n} x_i = \sum_{i=1}^{n} x_i^2 - \bar{x}$$

$$L_{XY} = \sum_{i=1}^{n} x_i y_i - \frac{1}{n} \times \sum_{i=1}^{n} x_i \times \sum_{i=1}^{n} y_i = \sum_{i=1}^{n} x_i y_i - n \cdot \bar{x} \cdot \bar{y}$$

$$L_{YY} = \sum_{i=1}^{n} y_i^2 - \frac{1}{n} \times \sum_{i=1}^{n} y_i = \sum_{i=1}^{n} y_i^2 - \bar{y}$$

回归系数：

$$b = \frac{L_{XY}}{L_{XY}} , \quad a = \bar{y} - b \cdot \bar{x}$$

相关系数：

$$r = \frac{L_{XY}}{\sqrt{L_{XX} \times L_{YY}}}$$

[**例 1-5-3**]　某采矿公司 1—10 月份的铁产量和炼焦精煤量如表 1-5-4 所示，11 月份计划铁产量 17.5 万吨，试用线性回归法预测 11 月份需要的精煤量。

表 1-5-4　1—10 月份实际铁产量和炼焦精煤量　　　　　　　　　(单位：万吨)

月份	1	2	3	4	5	6	7	8	9	10
铁产量 x	6.5	8.5	10.5	12.0	12.5	10.5	12.0	11.0	12.5	16.5
精煤量 y	10.5	15.0	18.0	20.0	20.0	18.0	22.0	20.5	22.0	26.0

解：$\bar{x}=112.5/10=11.25$，$\bar{y}=192.5/10=19.25$

$$\sum_{i=1}^{10}x_i^2=1\ 328.75，\sum_{i=1}^{10}y_i^2=3\ 865.75，\sum_{i=1}^{10}x_iy_i=2\ 262.5$$

$L_{XX}=1\ 328.75-112.5^2/10=63.125$

$L_{XY}=2\ 262.5-112.5\times192.5/10=102.5$

$L_{YY}=3\ 865.75-192.5^2/10=179.35$

$b=102.5/63.125=1.624$，$a=19.25-1.624\times11.25=0.98$

回归方程：$y=0.98+1.624x$

相关系数：$r=\dfrac{102.5}{\sqrt{63.125\times179.35}}=0.963\ 3$，相关性很好，回归方程适用。11月份精煤预测量：$y=0.98+1.624\times17.5=29.4$ 万吨。

2. 非线性回归预测

在实际工作中，往往两个变量之间的关系不是线性的，而是非线性的，需要用曲线方程来进行回归预测。非线性回归方程，一般都通过数学上的变量替换化为线性回归方程，然后求出回归系数，经过变量替换以后，再得到所求的曲线回归方程。例如，指数函数 $y=ke^{bt}$，将等式两边取自然对数，令 $y'=\ln y$，$a=\ln k$，原式可变为 $y'=a+bt$。

怎样来确定变量之间要配什么曲线来拟合呢？通常有三种方法：

(1) 根据理论分析和过去积累的经验，来确定变量 x 和 y 之间的函数类型。

(2) 利用作图的方法，画出变量 x 与 y 的散点图，然后用图形来分配哪种曲线最合适，一般在数据量少时才使用。

(3) 根据变量 x 与 y 的统计数据，利用计算机对各种函数类型进行试算，从中选择一种拟合程度最好的函数类型。

5.4.2　消费水平法

矿产品的消费是指在特定时期内，实际用于最终产品的数量。矿产品的消费量通常是以复合增长率(compound growth rate)增加的。例如，铝的世界消费量从1900年的7 300吨增加到1960年的4 178 900吨，即平均年复合增长率为11.1%。

矿产品的消费量在一定程度上是总经济趋势的函数，这些趋势包括：国民生产总值、人口、每个国民平均生产总值、经济周期。

对于直接用于消费的产品，根据社会在一定条件下，对该产品的消费水平，预测在变化了的条件下的消费水平，从而推断社会对该产品的总需求的方法，称消费水平法。如在一定居民收入和一定价格水平的前提下，对某种产品的人均和户均拥有量，这就是消费水平。

消费水平主要受消费者的收入水平和产品的价格高低制约，为了研究它们与消费水平之间的关系，以便预测消费水平，就必须研究需求的收入弹性和需求的价格弹性。

5.5　最终用途分析法

对于最终产品，如前所述可用消费水平法，先确定其需求弹性，再预测其日后需求。对中间产品，则需要用最终用途法预测需求。

最终用途法的原理是建立在社会某种消费品的增长，必然引起对某种先行工业产品需求的增长的基础上的。如彩色电视机的需求增长，必然引起显像管需求的增长。因此，预测中间产品的需求，可以从预测对该产品相关的最终产品的需求开始，最后得出该产品的需求量。这种预测方法多用于与最终消费产品相关性比较紧密的生产资料产品预测，是比较实用的一种方法。最终用途法的工作步骤：

(1)要弄清一种产品的全部可能用途，包括出口产品。

(2)计算出本产品与相关产品的技术消耗系数。如一吨合成氨需 3.2 吨煤；某钢铁厂生产一吨钢材需 1.2 吨钢坯，1.68 吨钢锭，1.344 吨生铁，2.889 6 吨精矿，4.569 6 吨矿石。

(3)根据以上资料，得出这种产品的总需求量。

如预测合成氨的需要量，经调查使用合成氨的主要工业是化肥、农药、制冷工业，再计算出这三个工业中合成氨的消费系数。然后，以这三个工业部门制定的规划和预测的需求量为基数，考虑其他部门的需求量，确立合成氨的未来需求量。

在进行最终用途法预测时，消费系数不是一成不变的，它随着科学技术的发展而变动。同时，消费系数对同一行为在不同企业之间也可能是不同的。如不同钢铁企业的焦炭消耗系数就很不一样，因此，要选择具有典型的、平均先进的定额消费水平较合适。

在西方矿产经济学中，矿产品通常被称为资本商品(capital goods)。所谓资本商品是指企业为进一步生产(如生产消费商品)而生产的商品。

矿产品是为资本商品服务的材料市场(materials market)的一部分。不同的材料在该市场内部进行竞争，如钢、铝、铜、陶瓷制品、玻璃、塑料、橡胶、水泥和木料等。在最终使用分析上，重要的是商品所表现出的一些性质和功能，而不是商品本身。对于同一用途，一般都有若干种截然不同的材料可以选择使用，这是最终使用分析时必须考虑的。

矿产品的消费量是该商品实际的和可能的最终使用的特定趋势的函数，也是该商品为实现某种特定用途在原料市场中所处竞争地位的函数。

例如，图 1-5-1 表示各种机动车辆金属消费量的变化情况，绘制曲线时，考虑了总的经济趋势、最终使用条件以及各种原料的竞争地位。

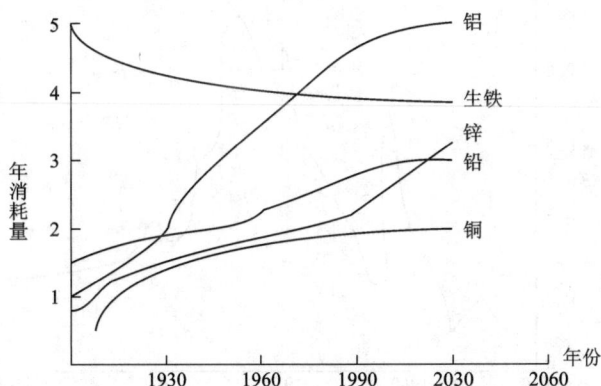

图 1-5-1 各种机动车辆金属消费量的变化趋势

最终使用分析是预测矿产品消费量的最具体而又有效的方法。

最终使用分析的出发点是汇总某种矿产品逐项最终使用和逐个地区消费量的历史数据。例如,表 1-5-5 列出了一些国家 1964 年逐项最终使用的铝消费量的分配情况。

表 1-5-5　关于铝的最终使用分析

国家	建筑	运输	电气	耐用消费品	集装箱和包装	机械和设备	其他
美国	24.9	25.3	12.1	9.6	8.7	8.0	11.4
德国	9.2	29.2	17.1	3.6	9.3	14.9	16.8
英国	8.9	32.0	13.1	10.8	7.0	9.0	19.2
法国	8.2	32.8	12.4	11.5	10.1	10.2	15.2
意大利	12.5	42.5	6.3	8.1	9.4	9.6	11.7
日本	10.5	22.2	6.5	28.3	2.4	11.8	18.4

预测某种矿产品消费量的第一步,是根据有关经济指标预测现有和可能的最终使用的增长情况。

第二步是根据第一步预测的最终使用产品的预测增长情况以及该商品为实现哪种最终使用,在未来原料市场中,所处竞争地位的估计,预测这种矿产品在上述每种使用中的消费量。

当消费量预测的时间周期加长时,代用品的作用以及新的最终使用的可能开发变得越来越重要。矿产消费量的这些方面特别难以预计。

代用品的作用可以举日本从 1965 年起用塑料代替铅作电缆护套的例子(如图 1-5-2 所示)。新的最终使用的作用可以举美国从 1963 年起,由于一种新的不受天气影响的氧化锌涂料(这种涂料可以放在钢板上进行热辊压)的开发,氧化锌产量增长的例子(如图 1-5-3 所示)。

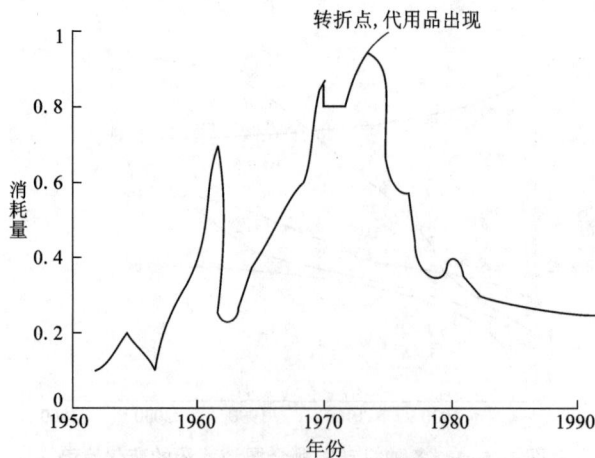

图 1-5-2　用作电缆护套的铅消费量

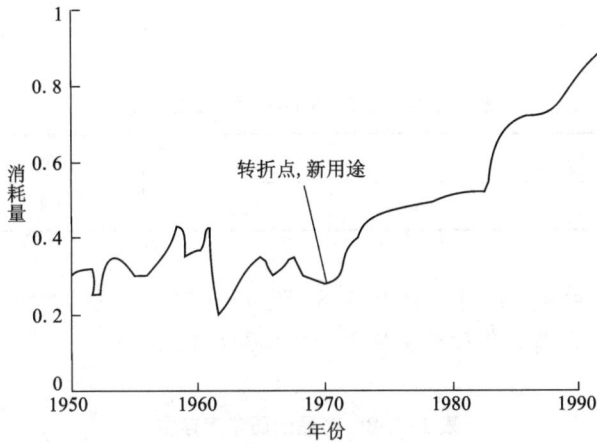

图 1-5-3 用作氧化物涂料的消费量(美国)

通过最终使用分析,可以预测某种矿产品的消费量。为了制订矿产供应计划,必须把这种消费的预测转变成对新矿产品一次需求(primary demand)的预测。为此,必须考虑下列因素:

(1)纯贸易(如果消费量预测值低于全球标准);

(2)废料供应(scrap supply)或二次供应(secondary supply);

(3)政府储备的变化;

(4)生产库存和消费库存的变化。

一次供应(primary supply)要与上述的一次需求相适应。一次供应受制于矿产供应过程的技术、经济特点。就短期而言,矿产的一次供应受制于矿山和选厂的安装能力;就中期而言,可以通过扩建现有矿山和选厂,通过开发已知经济矿床的办法增加一次供应;就长期而言,成功的勘探和加工技术的进步可以增加一次供应。当然,各种情况下,矿产的一次供应都受制于矿床的天然赋存条件。

习 题

(1)概述市场预测方法的分类及特点。

(2)什么是时间序列预测法?时间序列预测法的适用条件是什么?

(3)最终用途预测法的基本原理及预测步骤是什么?

(4)某企业近几年产品年推销费与年销售收入如表 1-5-6 所示。试求:①预测销售收入的线性回归方程;②推销费为 5 万元时的销售收入预测量。

表 1-5-6 年推销费与年销售收入 (单位:万元)

年推销费	9	3	3	5	4	7	2	6	4
年销售收入	46	18	20	22	27	34	14	37	30

(5) 某产品 1~5 月实际销售价如表 1-5-7 所示，设 $a=0.25$，试用简单指数平滑法作下月销售价格预测。

表 1-5-7　某产品 1~5 月实际销售价　　　　　（单位：万元）

月份	1	2	3	4	5
销售价格	60	65	55	58	64

(6) 某产品的历年库存量统计见表 1-5-8，设 $a=0.25$，试用简单指数平滑法求第 9 年库存量预测值。计算时，以前 6 年库存量的平均值作初始预测值。

表 1-5-8　产品的历年库存量　　　　　（单位：万吨）

年	1	2	3	4	5	6	7	8
库存量	90	100	107	113	123	136	144	155

(7) 收集国内近 3 年的铜、铅、锌价格资料，分析预测未来 3 年的价格趋势。

(8) 收集国内近 3 年的煤炭价格资料，分析预测未来 3 年的价格趋势。

(9) 收集国内近 3 年的石油价格资料，分析预测未来 3 年的价格趋势。

(10) 收集国内近 3 年的铁矿价格资料，分析预测未来 3 年的价格趋势。

(11) 收集国内近 3 年的黄金价格资料，分析预测未来 3 年的价格趋势。

第 6 章　矿业投资与经济参数

6.1　矿业投资概述

6.1.1　矿业投资的特点

矿业投资是指以一定的资金或实物直接或间接地从事矿产资源开发，并预测未来收益的行为。按照投资主体的性质，可分为政府投资与厂商投资两大类。政府的矿业投资是国家或地方政府基于对未来特定时期内，世界、国家、地区范围内的矿产资源赋存、开发以及利用状况的分析与预测，为实施政府的矿业政策目标与国民经济发展计划，进而获得社会经济效益，而进行的矿业投资。厂商的矿业投资则指厂商基于政府矿业政策和自身的长远发展规划，为维持其市场份额或者扩大再生产，进而获得经济效益，而进行的矿业投资。

矿业投资环境与其他工业投资环境相比，有着显著的特点：

(1)矿产供求关系的特点决定了矿产价格波动性强，矿产在低价时，供给弹性大；而在高价时，供给弹性小。这是因为矿业的新增生产能力形成周期长。另一方面，矿产的需求弹性小，原因是矿产的替代性差。但是，矿业作为基础产业，其产品的需求多属中间产品，受国民经济活动水平的影响较大，所以，当经济繁荣时，矿产的需求量大，矿产价格高，而当经济萧条时，矿产的需求量小，矿产价格低。

(2)矿产资源为不可再生资源。矿产开发的经济效益，是在资源即矿体的不断消耗过程中实现的。为此，矿业税收政策通常对此有特别规定。矿产资源的有限性，还意味着矿床勘探是矿业的重要组成部分，必须持续不断地进行。

(3)矿业是资本密集型产业，而且矿业投资周期长，投资经济效果受市场价格变动和通货膨胀水平影响大。此外，矿业生产对象即矿体的属性复杂多变，不确定性强。因此，矿业投资的市场与技术风险高。

(4)矿产资源开发常常对生态环境，包括空气、水土、植被、地形地貌和自然景观等造成不同程度的污染破坏，具有较强的外部不经济效应。因此，矿业生产的外部成本高。

(5)矿床勘探是矿床地质信息不断完备的过程，是矿业生产中的经常性活动，其费用是矿业生产成本的主要组成部分。另外，矿业生产多在山区和边缘地区，工业基础条件(如通信、交通)差。因此，矿业生产的交易费用高。

(6)金属矿产大多可以废旧利用，因此矿产存在较大的二次市场。工业化程度越高，矿产废旧利用占矿产供给的比例越大。

6.1.2　矿产品供应过程

矿产品的开发过程是一个把地质资源转变成可销售产品的一系列多阶段的活动，包括从矿产品的市场条件(供应、需求、价格等因素)，投资的筹措，地质资源的研究，一直到矿山开发建设和经营。自然界中，矿床的天然赋存以及社会对矿产品的需求是促使矿产开发的两个最基本的因素。如果发现某种矿产和市场需求之间的关系有利，则矿产开发的过程便逐步渐进：初步勘探、圈定矿体、矿床开发以及建设有关选矿设施。这些活动的结果就是生产出矿产品以满足市场需求。需求的变化、储量的耗减以及采选技术的进步，使得矿产品开发过程具有动态性。而每一个活动阶段是以经济分析为依据的。矿产品开发的全过程，其实质是地质科学、采选加工技术以及矿业经济科学的紧密结合，最终目的是提出矿产品开发方案，并将其实施获得可供销售的矿产品。从这一意义上讲，矿产品开发的每一个阶段都是在以地质、采选加工技术、经济为坐标轴的三维系统中考虑的，矿业经济学正是这种特点的具体表现。

6.1.3　矿床经济评价的各阶段

对于赋存于地下，不确定因素很多的矿床来说，从发现、勘探到矿山建设和开发，需要经历一个较长的过程和多次的评价工作才能最后完成。矿床勘查评价工作不仅是一个运用地质科学和有关自然科学的理论与方法不断探索和认识矿床地质特征的过程，而且还是矿业生产过程中及其前期必不可少的先行步骤和基础性工作。它是一项地质和技术经济的综合性实践活动，矿床经济评价的目的就是力求用最合理的方法，最少的人力、物力，在最短的时间内获得社会需求的矿产资源，使勘查、勘探和开发的投资风险最小。与矿床普查、矿床详查、勘探三个阶段相对应，矿床技术经济评价也可划分为三个阶段：概略技术经济评价、初步技术经济评价和详细技术经济评价，由于不同阶段对矿床的认识程度不同，故对矿床技术经济评价的目的、要求、内容和深度等也不同。

　　1. 矿床概略技术经济评价

矿床经过普查之后，获得的地质信息和基础资料较少。只是粗略地查明了矿床规模、矿石质量、矿石加工技术性能、开采地质条件以及矿区自然经济条件等。对未来矿山建设中的有关问题，如矿山生产规模、开采方式、产品方案、产品流向等只能是概略的设想，对未来矿山开发的技术经济指标尚难确定。在此基础上，所进行的技术经济评价，称为概略技术经济评价。其目的是为矿床能否转入详查，从技术经济方面提供决策依据。概略技术经济评价的结论正确与否，对后续勘探工作以及矿产资源的开发利用的影响至关重要。如果对没有工业价值的或至少在近期尚不能利用的矿床，作了肯定性评价，从而进行了大量勘探，其结果势必浪费或积压大量勘探资金。反之，则使有价值的矿床得不到及时开发，同样也会造成经济损失。概略技术经济评价工作一般由承担评价矿床普查工作的地质勘探单位完成，评价之后提供概略技术经济评价报告。矿床概略技术经济评价，应具备下列基本条件：

　　(1) 对矿床地质普查工作已经结束，并有普查报告；

　　(2) 对矿石的初步可选性已做了试验，并有正式试验报告；

　　(3) 对矿区的外部建设条件作了初步的调查研究，如交通运输、供电、供水等；

　　(4) 初步调查了国内及区域内对该矿产资源的供求现状及部分有关的地区内经济统计资料等。

　　2. 矿床初步技术经济评价

矿床经过详查工作之后，获得了比较丰富的地质信息和基础资料，基本查明了矿床地质构造条件，矿体空间分布、矿体的形态、产状和规模、矿石物质组分的含量及其赋存变化情况、矿石技术加工性能、矿床水文地质和工程地质等开采技术条件和矿山建设条件等，能大致确定未来矿山建设和开发中的技术经济指标。在此基础上，进行的技术经济评价，称为初步技术经济评价。其目的是为矿床能否转入勘探，以及矿山建设总体规划的编制，从技术经济方面提供决策依据。通过初步技术经济证实矿床的经济价值较大，经济社会效益较好，并可纳入国家近期建设计划的，方可转入勘探。否则不能轻易转入勘探。初步技术经济评价是减少矿床勘探投资风险的关键性评价。初步技术经济评价肯定的矿床转入勘探后，尽管某些评价参数可能会发生变化，但是，不应出现评价结论的根本性变化，即不应出现肯定有经济价值的矿床变为无经济价值的矿床，或者前后出入很大。对目标作否定评价，必须资料充分、可靠、论证客观。初步技术评价报告一般由地质勘探单位编制。必要时，可聘请有关设计、试验研究部门参加。对国家重点建设项目和大型矿床，也可委托矿山设计研究单位承担，有关地质勘探单位参加。初步技术经济评价应具备的条件有：

(1)对矿床的详查工作已经结束，有详查报告；

(2)对矿石的加工性能已提交了正式小型连续选(冶)试验报告或小型闭路选(冶)试验报告；

(3)对矿区水文及工程地质情况明了；

(4)对矿区交通、供电、供水资料的详细调查；

(5)了解开发单位对地质详勘工作的要求；

(6)了解国内外该矿产资源的形势、供求现状及价格情况；

(7)调查区域内国民经济发展规划及有关经济统计资料。

3. 详细矿床技术经济评价

矿床经过勘探之后，获得了大量系统可靠的地质信息和地质资料，对矿石的质量和技术加工特性及其空间分布、矿产的开采条件及水文地质条件等方面有深入的研究，储量计算比较精确，能较为准确地确定未来矿山建设和开发中的技术经济指标，在此基础上进行的技术经济评价称为详细技术经济评价。其评价结果可作为矿山设计与开发的依据。评价结果的正确与否直接影响矿山建设和开发的经济效益，错误的评价结果往往会造成已建矿山被迫停产下马，给国民经济造成重大损失。详细技术经济评价工作一般由矿山设计部门承担，有关地质勘探单位参加。

6.2　矿业投资的环境因素

矿床开发是一项复杂的系统工程，对矿床开发环境因素的研究是矿山开发和评价的一项主要工作，它直接影响矿床经济评价的正确性。影响矿山开发的环境因素大体上可分为四类：矿床地质因素、地理环境因素、经济因素及开采与加工技术水平，具体包括：

(1)矿床自然(地质)因素：包括品位、开采条件、矿石可选性、可冶性、伴生有害组分等；

(2)政治经济和自然地理因素：包括国家需求状况及资源政策、矿山外部建设条件等；

(3)经济参数：包括矿产品价格、投资、成本以及利率等；

(4)矿山经营参数：包括生产规模、服务年限、品位、开采贫化损失率、精矿回收率等。

6.3　矿产品价格

6.3.1　矿产品国内价格

矿产品价格是决定矿床是否有经济价值的关键因素之一。因此，价格指标的合理与否，不仅关系到能否正确地评价矿床经济价值、矿山开发的投资效果以及矿产资源合理、充分地开发利用，而且将直接影响一系列其他技术价格指标的确定。从理论上讲，矿产品价格同其他商品价格一样，应该反映矿产品的供求状况以及矿产品的成本大小。我国对价格管理采取直接管理和间接控制相结合的原则，主要有国家定价、国家指导价、市场价三种价格形式。

国家定价是指由县级以上各级人民政府物价部门、业务主管部门按照国家规定权限制定的商品价格（亦称调拨价），它是国家根据社会主义商品价格理论，在使全国获得最大经济效益的总原则下，根据原料基地的情况、国民经济和社会发展的需求、矿山开采技术和矿石加工水平，在参照国际市场价格、供求状况和进出口贸易等情况的基础上确定的。

国家指导价是指政府业务部门通过规定基准价和浮动幅度、差率、利润率、最高限价和最低保护价等措施，指导企业制定的商品价格。

市场价是指矿山企业自行制定的商品价格，表现为矿产品价格随行就市，按质论价，没有统一的价格标准。目前我国的绝大部分矿产品已实行市场调节价，价格随国际矿产价格波动。

6.3.2　矿产品国际价格

矿产品的国际市场价格较为真实地反映某个特定时刻的矿产需求和供应状况，矿产品的价格趋势是矿产品生产成本的函数，虽然在短期内，矿产品价格浮动很大，但从长期趋势上看，成本是价格的主要决定因素。

矿产品长期成本取决于两个因素：采出矿石的品位和每吨采出矿石的供应成本。矿产品的长期成本，在 30 年前一般是呈下降趋势，主要原因是加工技术的进步。然而近 30 年来，由于开采条件的日益恶化和品位的不断下降，使加工技术进步所获得的成本降低无法弥补资源恶化所造成的成本上升，因此，大多数矿产品价格呈上升趋势。矿产品的短期价格一般是无规律的波动，原因是供应和需求状况的短期无规律变化。影响矿产品短期价格波动的因素有两个方面：矿产供应的长期性（或死板性）与库存消费。

矿业投资的长期性是促使矿产品市场波动的一个重要原因，矿业投资从勘查某种矿产品、矿山建设生产一直到矿产品投放市场，往往要长达 10 年或更长的时间。销售矿产品的实际市场条件与开始投资开发矿产品的市场条件往往有很大的差别。因此，当市场需求下降时，最初的投资决策可能导致新的矿产资源投产，或者当需求量上升时，最初的投资决策可能导致新的矿产资源不投产。这种与市场的不确定性有关的矿产供应的死板性是左右矿产品价格长期无规律变化的一个重要因素。

在理论上，消费者应该在价格下跌，需求减少时，建立他们的库存，而在价格上涨，供应紧缺时，用完库存，其结果是消费者可以用低于矿产品平均价格的价格购买原料，同时，使市场状况趋于稳定，即抑制价格循环中的波峰和波谷。事实上，消费者通常采取恰恰相反的作法，即价格下跌时，用完库存，价格上涨时，建立库存，这种作法增加了短期价格的不稳定性，这种情况反映了消费者在不确定性条件下的市场心理。

6.4　矿山投资

6.4.1　投资的概念

投资是影响矿床开发利用经济效果的重要指标，是矿山全部基本建设工程量的价值表现。矿山投资是指从矿山筹建到竣工验收为止发生的全部建设费用，包括基建投资、资本化利息和流动资金三个部分。投资数量的大小反映了矿山基本建设的规模。

1. 基建投资

矿山基建投资一般包括：

（1）建设场地准备，包括建设场地的开拓、平整和排水、拆迁、重建和赔偿费用；

（2）建筑工程费（包括基建剥离、开拓等工程量）；

（3）设备购置费；

（4）职工生活福利设施投资；

（5）其他工程费和未预见工程费。

投资的绝大部分（一般占 80%，形成固定资产），一小部分用于施工管理、职工培训、勘测设计以及与矿山建设有关的地质勘探、矿山测量、技术试验可行性研究等费用，这部分不形成固定资产。

2. 流动资金

流动资金是企业用于购置原材料、辅助材料、支付工资、储存产品及其他生产周转需要的资金。它在周转中，表现为生产储备资金（包括原材料、低值易耗品、燃料等占用资金）、未完工产品资金（包括在制产品、自制半成品、待摊费用等）、成品资金（包括自产成品和外购商品所占用资金）、货币资金与结算资金（包括发出商品、应收款项、银行存款、现金等）等占用形态。它的价值周转一次，全部地转移到产品中去，并从销售收入中一次全部回收。流动资金只能用于生产周转和商品流通，不能用于基本建设、固定资产更新改造、大修理、集体福利和其他部门资金开支。生产储备资金、未完工产品资金和成品资金构成定额流动资金，货币资金和结算资金构成非定额流动资金。

3. 资本化利息

矿山在基建期间不生产产品，无力偿还应交纳的贷款利息，企业不能另行借贷以偿还基建期间的利息。这种用来偿还利息的资金称为资本化利息。资本化利息按复利计算，计算公式为：

$$C_j = K_j \times \frac{i}{2} + \sum_{m=1}^{j-1} \times (K_m + C_m) \times i$$

式中：C_j，C_m 为第 j，m 年贷款利息；i 为贷款利率；K_j，K_m 为第 j，m 年投资贷款额。

6.4.2　基建投资估算方法

基本建设投资依据评价深度不同，可以分为估算、概算、预算三种。估算的精度较低，只适用于深度较浅的计划工作初期阶段，如规划、初步可行性研究、任务书等。概算在初步设计和相当于初步设计深度的方案设计才有条件编制，其精度较高，银行据此予以贷款。当前预算一般由施工单位编制，设计单位不编制。为了使可行性研究成果具有较高的质量，投资计算应尽可能细，尽可能准，精度尽可能高。按照当前我国一般的设计分工，投资概算专业人员和各专业设计人员结合，并按设计分别进行编制，而投资估算由概算专业人员、专业设计人员和技术经济专业人员密切配合共同进行编制。

固定资产投资是指投入到固定资产再生产中去的资金，即为建造或购置固定资产所预先垫付的那部分资金。

我国固定资产再生产有两种形式：一种是外延式的，以新增生产能力为主要目的，表现为建设新的工程项目或改扩建原有项目；另一种是内涵式的，以提高技术水平为主要目的，表现为对现有项目进行技术改造和设备更新。前者属于基本建设，后者属于更新改造。因此，从宏观经济管理的需要来说，就有基本建设投资和更新改造投资。

一个新建项目的固定资产投资，绝大部分形成该工程项目的固定资产，只有下列几项不能形成固定资产：

(1)购置的设备、工具和机器不符合固定资产的标准。国家规定固定资产必须同时具备下述两个标准：① 使用年限在一年以下；② 单项价值通常在规定限额(大型企业为 800 元、中型企业为 500 元、小型企业为 200 元)以上。

(2)生产人员的培训费、施工单位的大型临时工程、施工机械和迁移费等。

(3)转出"在建工程"投资、报废工程投资以及拨付外单位的固定资产投资等。

固定投资的估算方法很多，常用的方法有：单位产品投资指标估算法、分项类比估算法、生产规模指数法等。

1. 单位产品投资指标估算法

由单位产品投资指标和矿山生产能力，估算矿山投资的总投资。为了使单位产品投资指标有较多的适用性和可比性，当前采用的投资指标，一般不包括矿山外部工程(运输、供水、供电)和工人村等投资。这部分投资根据具体情况另外计算。矿山企业单位产品投资指标，可由矿石和矿岩两种指标计算：

(1)单位矿石投资指标估算法。设单位矿石投资指标为 K_r(元/吨)，矿山年产矿石量为 Q_r(万吨/年)，矿山外部工程及工人村等投资为 K_0(万元)，则矿山项目总投资 K 为：

$$K = K_r Q_r + K_0$$

(2)单位矿岩投资指标估算法。设单位矿岩投资指标为 K_m(元/吨)，矿山年采剥矿岩总量为 Q_m(万吨/年)，矿山外部工程及工人村等投资为 K_0(万元)，则矿山项目总投资 K 为：

$$K = K_m Q_m + K_0$$

单位产品投资指标根据类似矿山的资料选取，在选取时，要考虑如下因素：

(1)矿山企业的生产能力相当；

(2)矿山企业的主要生产环节的装备水平相似；

(3)矿山企业的主要生产工艺相同；

(4)矿岩的机械物理性能相近。

以单位矿石投资指标估算投资的方法，适用于地下开采矿山和选矿厂等；以单位矿岩投资指标估算投资的方法，适用于露天开采矿山。为了确定合适的投资指标，需要大量的统计资料，包括矿山设计和实际的投资资料。

2. 由主体专业投资估算法

对于露天矿来说，采矿、总图运输是露天矿生产的主要专业，主体专业估算法就是对采矿、总图运输专业，分别按概算方法编制投资，其他辅助专业的投资按占主体专业的比例进行推算。具体计算参考有关资料文献。

3. 由主体专业设备投资估算

大型露天矿山，设备投资在总投资中占很大比重。采用国外引进设备时，设备费一般占 60%～75%；采用国产设备时，设备费一般占总投资 35%～55%。而设备投资中，采、运、排土设备占 85%～90%。因此，在实际工作中，也普遍地采用由主体专业设备投资估算总投资的方法。具体计算参考有关资料。

4. 生产规模指数法

生产规模指数法是通过类似规模矿山的已知投资求得设计矿山的投资。设类似的矿山的生产规模为 x_1，其投资为 y_1，设计矿山的生产规模为 x_2，则其投资 y_2 为：

$$y_2 = y_1 \times \left(\frac{x_2}{x_1}\right)^b \times c_1 \times c_2$$

式中：b 为生产规模指数，一般取 0.6～0.8；c_1 为物价校正系数；c_2 为地区差价校正系数。

就多数项目来说，生产规模指数 b 是难以确定的，所以各国一般都采用平均值。美国一般取 0.6，英国和日本取 0.66。规模指数法的优点是简单快速，该方法取得成功的关键是新矿山的相似性及规模指数 b 的选择。规模指数一般由设计单位通过历史资料统计得到。

5. 投资概算法

投资概算法是按编制设计投资概算的程序和方法计算工程投资。这是当前在设计阶段计算投资的准确方法，在技术经济工作中，如有条件均应按概算法计算投资。按一般的设计分工，各专业设计人员将其设计部分的概算编好交给概算人员审核，由概算专业人员编制综合概算书。综合概算书的编制请参考有关设计文件和资料。

6.4.3　流动资金估算方法

流动资金是矿山企业用于购置原材料、辅助材料、支付工资、储存产品及其生产周转需要的资金。按照国家对流动资金管理分类，可分为定额流动资金（即：储备资金、生产资金和成品资金）和非定额流动资金（即货币资金和结算资金）两大类。对新建或改扩建企业，设计只计算定额流动资金。由于资金用量不稳定，占用量少，一般不估算，根据实际需要临时向银行借贷。

流动资金的估算方法一般有：

（1）按固定资产资金率计算。流动资金金额＝固定资产投资额×固定资产资金率。固定资产资金率，即流动资金占固定资产总额的百分比。矿山企业一般为 10%～20%（如冶金矿山为 15%～20%，化工矿山为 10%～15%）。

（2）按销售收入资金率计算。流动资金额＝年销售收入总额×销售收入资金率。销售收入资金率，即流动资金平均占用额与产品销售收入之比。销售收入的比率一般为 30%～50%（如冶金矿山为 40%～50%，化工矿山为 30%～40%）。

（3）按年经营费用（或总成本）资金率计算。流动资金额＝企业年总成本×总成本资金率。

总成本资金率，即流动资金占用额与总成本的比率。矿山企业的经营费用比率取 45% ~ 60%（如冶金矿山为 50% ~ 60%，化工矿山为 45% ~ 55%）。总成本比率一般取 40% ~ 55%（如冶金矿山为 50% ~ 55%，化工矿山为 40% ~ 50%）。

6.5　矿业投资筹措

资金是工程项目建设最基本的一个先决条件，只有在投资来源落实的情况下，作出经济评价才有意义。新中国成立以来，我国对工程项目投资，一直是采取财政拨款办法。所谓财政拨款就是工程项目建设所需要的固定资产投资由国家财政拨给，项目的建设单位无偿地使用国家资金。实践证明这个办法弊病很多，现已实行资金有偿使用制度，即贷款制度。在我国现行经济体制下，工程项目建设所需的固定资产投资可有以下几种来源。

6.5.1　银行贷款

基本建设贷款是由国家预算提供贷款基金，由中国建设银行按信贷原则，进行分配和管理的一部分基本建设资金，属于国家财政性贷款。凡实行独立核算的项目所需的资金，建设银行根据国家基本建设计划给予贷款。

6.5.2　自筹资金

在国家预算直接安排之外，国家允许各级地方部门和企业单位，用自筹资金进行基本建设，这是我国固定资产投资的一项补充来源。

自筹资金可以是自有资金，还可以通过发行股票、债券等办法吸收其他企业单位和城乡居民投资入股。各部门、各企业的自有资金主要包括生产发展基金、利润留成结余等。地方各级财政的自有资金包括上年财政预算的结余，当年财政超收分成以及地方预算以外某些专项资金，如城市公用事业费附加、城市房地产税等。

以自筹资金安排的基本建设项目，必须纳入各级基本建设计划。自筹基本建设资金，均需专项存入建设银行，先存后用，由建设银行监督使用。

6.5.3　租赁

现代租赁是一种商品信贷和资金信贷相结合的筹资方式。租赁的形式很多，如由项目建设单位向国内或国外的租赁公司长期租用机器设备等。租赁需按期交付租金，在租借期内，财产权属租借公司，但租借期满用户可以根据机器设备的情况作价购买。这种方式，实质上类似于长期贷款。

6.5.4　利用外资

利用外资进行固定资产投资，是我国固定资产投资的又一个补充性的资金来源。目前，我国利用外资的形式很多，主要有以下几种：

（1）买方信贷。由出口方银行直接向进口方（买方）或进口方银行（买方银行）提供贷款。在买方信贷方式下，一般是出口方以现汇报货价，由进口方负担费用。这种信贷利息较低，借贷时间稍长些。

(2)卖方信贷。由出口方银行向出口方(卖方)提供的信贷。在卖方信贷方式下,出口方所报的货价往往把管理费、利息、出口信贷保险费都算在内,因此,要比现汇支付的货价要高出 3%~4%,有时还要高些。

(3)补偿贸易。即出口方企业以技术设备、专利服务等形式向进口方企业提供贷款,进口方企业待工程项目建成投产后,以其产品或双方商定的其他产品或收益偿还贷款。这种贷款的利率,与出口信贷差不多。

(4)合资经营。即由两个或两个以上国家的企业互相利用对方有利条件,联合投资经营。中外合资企业是我国吸收国外资金的一个新的途径。只要经营得法就会对双方都有利,在中外合资企业中,一般是外商提供成套设备、专利技术和技术培训,我方主要提供土地、厂房、动力、辅助设施、原材料、劳动力等,也有部分货币资金。合营企业必须投资双方共同组成董事会,负责企业的经营管理,并按照一定比例分摊盈亏。这类企业在矿山项目中很多。

(5)外国政府贷款。这类贷款期限长,一般 20 年左右,利率较低,而且可以一次偿还或分期还款,带有援助性质。

(6)国际金融机构贷款。主要是联合国的国际货币基金组织、世界银行及其所属机构的贷款。贷款条件比较优惠,有时提供无息贷款。

(7)外来直接投资。由国外企业在我国办企业。

流动资金的来源,则由工商银行贷款。

6.6　资金成本

资金成本是为取得资金使用权而支付的费用,是指借贷资金(包括贷款、股票、债券等)的利息,通常借据或债券上注明的利率(简称契约利率)并不一定是实际的资金成本率,资金成本应该是借债企业支付的实际利率。实际利率是根据某些实际需要对契约利率进行调整或修正后的利率,调整、修正的原因包括:所得税的影响、借款契约限定的条件、债券市场价格变动的影响等。其公式为:

$$资金成本率 = \frac{资金占用费}{筹集资金总额 - 资金筹集费} \times 100\%$$

由于资金筹集费一般与筹集资金总额成正比,所以一般用筹资费用率表示资金筹集费,因此资金成本率公式也可以表示为:

$$资金成本率 = \frac{资金占用费}{筹集资金总额 \times (1 - 资金筹集率)} \times 100\%$$

下面以所得税对资金成本率的影响为例说明。

按税法规定,应征所得税额=应纳税收入×所得税率。应纳税收入是公司全部收入扣除规定支出项目后的净收入,在所得税率一定的条件下,应纳税收入越少,应纳税额也越少。公司为借贷资金支付的利息属支出项目,把它从总收入中扣除后,必然减少了应纳税收入,并带来税金的节约。其节约率为:

$$每百元借贷资金税金节约率(\%) = 契约利率 \times 所得税率$$

这样,公司虽然按契约利率向债主支付了利息,但同时又因支出利息而减少了税金。故公司为借贷资金支付的实际利率为:

$$K = i \times (1 - T)$$

式中：K 为实际利率；i 为契约利率；T 为所得税率。

[**例 1-6-1**]　某公司向银行借款 1 000 元，除规定年利率为 6%外，无其他契约条件，若所得税率为 50%，试计算这项借款的成本率。

解：$K = i \times (1 - T) = 6\% \times (1 - 50\%) = 3\%$

6.7　矿产品成本

6.7.1　矿产品成本概念

由于不同矿种，不同的矿床条件，矿产品可以是原矿，也可以是精矿或金属。在产品成本计算中，应根据产品的质量及有用元素的回收情况，由矿石成本计算出精矿或金属产品的成本。

矿石成本是指矿山开采过程及相应的辅助设施工艺过程发生的全部费用。如独立矿山是从开采计算到成品矿仓为止；采选联合企业则从采矿计算到选矿厂的精矿仓为止。

对于采选联合企业，矿石成本由采矿车间成本、原矿运输成本、选矿车间成本、尾矿输送成本及企业管理费等所组成。矿石工厂成本加上矿产品(精矿或商品矿石)的包装、装卸、运输等销售费用，构成企业销售成本。

矿山企业常用单位矿石工厂成本或单位矿石销售成本等概念，它们分别是处理一吨原矿所分摊的全部生产费用或销售费用。

6.7.2　矿产品成本构成

生产产品时，所消耗的生产费用是多种多样的，根据经济管理的需要，按照不同方式对生产费用进行分类。

(1)按经济用途。把生产费用按经济用途划分为项目，称为产品成本项目。产品成本项目由国家统一规定，我国现行的成本项目包括 6 项：原材料、燃料和动力、工资及工资附加费、废品损失、车间经费、企业管理费。

产品成本构成见表 1-6-1。

表 1-6-1　产品成本构成

原材料	燃料和动力	工资和附加费	废品损失	车间经费	企业管理费	销售费用
车间成本						
工厂成本						
完全成本						

按成本项目计算、考核的成本指标，可以反映产品成本的结构，便于分析研究降低成本的途径和计算各种产品的成本。

(2)按经济性质。把生产费用按经济性质分为要素，通常称为生产费用要素。它包括以下内容：原材料、外购燃料、外购动力、工资及工资附加费、折旧费、其他费用。

按生产费用要素计算、考核的成本指标，可以反映各种费用要素在生产过程中的耗费情况，因而是编制规划和计划，制定流动资金定额等的必要资料。

(3)按生产费用与产量的关系。按生产费用与产量的关系，可把生产费用分为固定成本与可变成本。其计算公式如下：

$$C = VQ + F$$

式中：C 为总成本；V 为单位产品可变成本；Q 为年产量；F 为年固定成本。

所谓固定成本是指一定生产规模范围内，不随产品产量变动的费用，它一般包括在车间经费和企业管理费的成本项目中。从公式中可以看到，年固定总成本(F)是一个常量，而反映在单位产品上的固定费用(F/Q)是一个变量，当产量增加时，分摊在单位产品上的固定成本下降，导致单位产品成本下降，这种现象常称为规模经济效应。

所谓可变成本是指成本中随产品产量变动的费用。其中一部分产品产量成正比例变动。例如，直接原材料费、直接人工费、燃料费、动力费等。这些费用的特点是产品产量变动时，年可变成本总额(VQ)成正比例变动，但是，无论产量如何变动，反映在单位产品成本中的可变成本(V)是固定不变的。固定成本与可变成本的划分方法有三种：高低点法、线性回归法、分项核算法。固定成本和可变成本是盈亏平衡分析和企业量本利分析的基础。

6.7.3　矿产品成本估算法

矿产品成本估算方法有两种：一种是单位产品成本估算法；另一种是分项估算法。

单位产品成本估算法就是根据类似矿山的实际成本选取相应的扩大指标，适当做一些调整。

分项估算法就是对构成成本的主要项目进行分项估算和累加，分别计算采矿成本、选矿成本等，然后计算总成本。

采矿矿石成本主要包括以下成本项目：

(1)辅助材料，如炸药、雷管、导火线、导爆线、钎子钢、坑木、钻头、汽车、轮船等。

(2)燃料与动力，如汽油、柴油、电等。

(3)生产工人工资及附加费。生产工人工资系指从事矿山直接生产工人和辅助生产工人的基本工资及辅助工资之和，辅助工资指浮动工资及各种工资性津贴，是以基本工资乘以工资系数而得。

(4)维简费，根据财政部和国土资源部的有关规定，矿山开采按原矿产量提取维简费进成本。

(5)固定资产折旧。固定资产在使用过程中会受到磨损，其价值损失通常是通过提取折旧的方式得以补偿。企业按月计提折旧，直接列支于总成本费用。折旧方法一般采用直线法，包括年限平均法和工作量法，我国税法也允许对某些机器设备采用快速折旧法，即双倍余额递减法和年数总和法。

(6)大修理及维修费。大修理按能形成固定资产部分的投资额提取大修理费。

(7)车间经费和企业管理费。车间经费及企业管理费系指车间和企业范围内所支付的各项管理费和业务费，它包括为车间和企业服务的工程技术人员、管理人员、辅动工人和服务性人员的工资、辅助工资、福利基金、工会经费、劳保费、办公费、差旅费、低值易耗品、运输费、取暖费、用水、用电及其他费用。选矿车间成本与采矿类似。

6.8　矿山税收

税金是国家为了实现其职能的需要，依据法律规定，对有纳税义务的企业单位和个人征收的财政资金。国家这种筹集财政资金的手段，叫税收。税收是国家凭借政治权力参与国民收入分配和再分配的一种方式，具有强制性、无偿性和固定性等特点。税收不仅为国家建设积累资金，而且又是调节经济活动的重要杠杆。目前，国家开征的工商统一税共有 20 多种。下面介绍 1994 年新税制中与国有矿山企业有关的几种。

6.8.1　增值税

新税制对工业企业的流转税普遍由缴纳产品税改为缴纳增值税，平均税率为 17%。对金属矿山和非金属矿山采选企业增值税率为 13%。

增值税的计税依据是增值额，增值额是指企业销售收入减去相应的外购材料、商品等成本的差额。在实际计算中，不是根据"增值额"和"税率"来计算税额，而是根据销售收入和税率先计算出销项税额，然后减去进项税额，其余额即为应缴增值税额。

$$应纳税额 = 当期销项税额 - 当期进项税额$$

其中：
$$销项税额 = 销售额 \times 税率$$

进项税额在实际发生中，为购买所取得的增值税专用发票上注明的增值税额和从海关取得的完税凭证上注明的增值税额。

应当注意，我们平常所说的销售价格和销售收入一般是指含税价格和含税收入，而增值税实行价、税分离，以不含税的销售额作为计算基数。因此，不能直接以销售收入作为销售额乘以税率得到销项税额。而应按下列公式先计算销售额，再乘以税率得到销项税额。

$$销售额 = 含税销售额 / (1 + 税率)$$

[例 1-6-2]　某项目销售收入（含税）100 万元，外购原材料及燃料、动力（含税）计 40 万元，增值税率 17%，试计算该期应缴的增值税。

解：销售额 $= \dfrac{100}{1+17\%} = 85.47$（万元）

销项税额 $= 85.47 \times 17\% = 14.53$（万元）

进项税额 $= 40 / (1+17\%) \times 17\% = 5.81$（万元）

应纳增值税 $= 14.53 - 5.81 = 8.72$（万元）

6.8.2　所得税

企业所得税是对实行独立经济核算的盈利企业，按其销售利润征收的一种税。

$$所得税额 = 应纳税所得额 \times 税率$$

其中：
$$应纳税所得额 = 销售收入 - 成本 - 增值税$$

从 1994 年起，建立统一的内资企业所得税制，实行 33% 的比例税率；对于部分利润水平较低的企业，增设了 27% 和 18% 的两档优惠税率。把税前还贷改为税后还贷。企业所得税分别由国家税务局和地方税务局负责征收管理，所得收入由中央政府和地方政府共享。

6.8.3　资源税与矿山资源补偿费

资源税是国家对开采特定矿产品或者生产盐的单位和个人征收的税种，通常按矿产的产量计征。

矿山资源补偿费是 1994 年新开征的一项费用。目的是对矿产资源实行有偿使用，实现勘查和开采良性循环，提高现有矿山企业合理开采，综合利用资源的水平。征收方式是采用国际上采用较多的从价征收的方法，即"按照矿产品销售收入的一定比例计征"，按下式计算：

$$矿产资源补偿费＝矿产品销售收入×补偿费费率×开采回采率系数$$
$$开采回采率系数＝核定开采回采率/实际开采回采率$$

习　　题

(1) 概述矿业投资的特点。

(2) 矿床经济评价有哪几个阶段？

(3) 什么是投资？投资包括哪几部分？

(4) 矿业投资主要来源有哪些？

(5) 某基建矿山计划 3 年建成投产，3 年所需基建投资分别为 1 500 万元、2 000 万元、3 000 万元。资金由建设银行按 13% 的利率借贷。试计算该矿投产时的贷款总额。

(6) 资金成本的概念是什么？

(7) 某企业计划扩建，总投资 1 亿元，资金来源分别为借款 3 000 万元、发行股票 2 000 万元、自筹 5 000 万元，其成本率分别为 15%、17%、10%。求该筹资计划的资金成本率。

(8) 概述矿产品成本的概念及构成。

(9) 固定成本及可变成本的概念及特性。

(10) 名词解释：增值税、所得税、资源税、矿山补偿费。

第 7 章   矿业投资决策理论和方法

7.1   概述

投资按其目的可分为二类：一类是生产性工程项目投资，如开发矿山、开办工厂、购置设备等；另一类是非生产性投资，如国防建设、文化设施、生活服务与公共设施建设等。生产性工程项目投资的基本形式是生产性固定资产的新建、扩建与改造更新。这类投资不论工程性质和规模如何，都是以发展品种、增加产量、提高质量、降低成本、提高劳动生产率，进而增加国家和企业纯收入为目的。因此，盈利是生产性工程项目投资的基本目标。国家或企业兴办的非生产性项目，虽然不以盈利为直接目的，但也要讲究经济效益，力求取得尽可能大的社会效益。

矿业投资大多属于生产性工程项目投资，但也有一些投资属非生产工程投资。如环保设施、污染处理、国防急需产品等。追求盈利与获取社会效益在整体上是不矛盾的。

为了评价和比较工程技术方案的经济效益，可以根据方案寿命期间的现金流量计算有关评价准则，以确定方案经济效益的高低。本章主要介绍现金流量的等值换算和若干评价准则。

7.2   资金的时间价值

资金是具有时间价值的，今年到手的一元钱与明年到手的一元钱，其"价值"是不同的。先到手的资金可以用来投资而产生新的价值。因此，今年的一元钱要比明年的一元钱更值钱。资金具有时间价值可以从两方面来理解：

(1)将资金做某项投资，由于资金的运动可得到一定的收益或利润，即资金增了值，资金在这段时间内所产生的增值，就是资金的"时间价值"；

(2)资金所有者放弃资金的使用权力，失去投资收益的机会，也就相当于付出了一定的代价，这种代价就是资金的时间价值。正因为如此，当你将现金存入银行，银行将支付你一定数量的利息，这既是对存款者的鼓励，也是对其损失代价的一种补偿。

资金的时间价值是以一定的经济活动后，所产生的增值或利润来体现的。一般的说，衡量资金时间价值的尺度，应该是社会平均的资金收益率，或称社会平均的投资效果系数。由于资金时间价值的存在，使不同时间上发生的现金流量无法直接加以比较，这就使得方案的经济评价变得比较复杂了。如何考虑这类方案的经济比较，将是下面要讨论的主要内容。

7.3   利息计算

利息分为单利和复利两种，利息可以按年也可以按不等于一年的周期计算。用以表示计算利息的时间单位为计息周期。通常计息周期为一年。

7.3.1　单利

每期利息均按原始本金计算，而利息不计利息，这种计息方法称为单利。设 P 代表本金，n 代表计息期数，i 代表利率，I_n 代表第 n 期所付或所收的总利息，S_n 为第 n 期末本利和。单利利息计算公式：

$$I_n = P_n \cdot i$$
$$S_n = P \cdot (1 + i_n)$$

7.3.2　复利

复利计息时，是用本金和前期累计利息总额之和进行计息，亦即利息成为新的本金再生利息。如果符号含义同上，则复利计算利息及本利和的公式如下：

$$I_n = i \cdot S_{n-1}$$
$$S_n = S_{n-1} \cdot (1 + i) = P \cdot (1 + i)^n$$

复利计息法比较符合资金在社会再生产过程中运动的实际状况，在技术经济分析中，一般要用复利法。复利法有间断复利和连续复利之分。按期（年、季、月）计息的方法，称为间断复利；按瞬时计息的方法，称为连续复利。从理论上讲，资金是在不停地运动，每时每刻都通过生产和流通在增值，因而应该采用连续复利法。然而，实际使用中，都采用较简单的间断复利法。西方国家普遍使用复利计息，我国建设银行从 1982 年起对基建贷款改为按复利计息。

7.3.3　名义利率和实际利率

在复利计算中，当计息周期与付息周期不一致时（往往前者小于后者），就产生名义利率和实际利率的问题。

名义利率就是计息周期利率与付息周期内的计息周期数之乘积。例如，付息周期为一年，计算周期为月，若月利率为 1%（计息周期利率），则年名义利率为 $1\% \times 12 = 12\%$。

若将付息周期内的利息再生因素考虑在内，所计算出来的利息称为实际利率。如上例，年实际利率应该等于 $(1 + 1\%)^{12} - 1 = 12.68\%$。显然，实际利率要比名义利率大，而且付息周期内的计息周期数越多，实际利率与名义利率之差也越大。

名义利率与实际利率之间的关系，可用下式表示：

$$i = (1 + \frac{r}{m})^m - 1$$

式中：i 为实际利率；r 为名义利率；m 为付息周期中的计息周期数；r/m 为计息周期利率，$(r/m) \cdot m = r$，即名义利率。

当 $m = 1$，即一年中只计息一次，付息周期与计息周期相同，则 $i = r$。当 $m > 1$，即一年中计息多次，则上式可展开为：

$$i = \left[1 + m \cdot \frac{r}{m} + \frac{m \cdot (m-1)}{2!} \cdot \left(\frac{r}{m}\right)^2 + \cdots \right] - 1 = r + \frac{m \cdot (m-1)}{2!} \cdot \left(\frac{r}{m}\right)^2 + \cdots > r$$

当 $m \to \infty$，即一年中按无限多次连续计息，则：

$$i = \lim_{m \to \infty} \left(1 + \frac{r}{m}\right)^m - 1 = \lim_{m \to \infty} \left[\left(1 + \frac{r}{m}\right)^{\frac{m}{r}}\right]^r - 1 = e^r - 1$$

若按连续复利计算上例，则实际利率应为：

$$i = e^{0.12} - 1 = 1.1275 - 1 = 12.75\%$$

7.4 现金流量和等值公式

7.4.1 现金流量

矿业投资决策的经济效益可以用预期的实际现金收益和成本来描述。任何投资项目都包括一个或多个时期的收入和支出。不同时期的收入和支出是评价矿业投资方案的出发点。所谓现金流量是指某个特定时间上的收入与支出之差。为了方便，通常以年为时间分界点。

现金流量＝年收益－年成本

如果年收益超过年成本，则净收益叫做正现金流量；如果成本超过年收益，则产生负现金流量。

利用现金流量图可以很直观、很方便地把各个方案的现金收支情况形象地表示出来。在现金流量图上，横坐标表示时间尺度，单位通常是年，在期数表示的地方通常是该年年末时点，同时也是下一年年初时点。零时点则为第一年开始之时点。相对于时间坐标的直线代表不同时点的现金流量情况。箭头向上者表示现金流入(或正现金流量)，箭头向下者表示现金流出(或负现金流量)，垂线的长度依现金流量的大小按比较画出。实际上，矿山每年的现金收入和支出是连续实现的，为了简化评价工作，同时提供一种实用的现金流量表示方法，通常假定未来的现金流量(如经营费用或收益)是在每年年末发生，投资(如设备更新方案的投资费)发生在年初。

7.4.2 等值换算公式

根据现金的不同支付方式介绍 7 个常用的复利计算公式。符号采用美国工程经济协会 1975 制定的标准，含义约定如下：i 为利率；n 为计息期数；P 为现在值，即相对于将来值的任何较早时间内的价值；F 为将来值，即相对于现在值的任何以后时间的价值；A 为 n 次等额支付系列中的一次支付，在各个计息期末实现。

1. 整付复本利公式

如果有一项资金 P 按年利率 i 进行投资，n 年以后本利和应为多少？这项财务的安排可用图 1-7-1 表示。n 年末的将来值：

$$F = P \cdot (1+i)^n \tag{1-7-1}$$

为了计算方便，我们可以按照不同的利率 i 和计息期 n 计算出值，列成一个系数表，这个系数叫作整付复本利系数，通常用 $(F/P, i, n)$ 代表，这样式(1-7-1)可改写为：

$$F = P \times (F/P, i, n)$$

[**例 1-7-1**] 设年利率 $i = 6\%$，投资 1 000 元，则到第四年年末的资金是多少？

解：$F = P \times (F/P, 6\%, 4) = 1\ 000 \times 1.262 = 1\ 262$(元)

2. 整付现值公式

根据式(1-7-1)变换成由将来值 F 求现值 P 公式：

$$P = F \cdot \frac{1}{(1+i)^n} = F \times (P/F, i, n) \tag{1-7-2}$$

系数 $(P/F, i, n) = \dfrac{1}{(1+i)^n}$ 叫作整付现值系数。用来计算将来一笔整付款现在所需存入的金额，如图 1-7-2 所示。

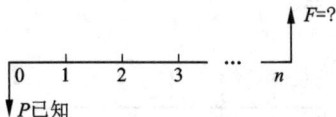

图 1-7-1　整付复本利系数示意图　　　　图 1-7-2　整付现值系数示意图

[**例 1-7-2**]　如果要在四年后得到一笔资金 1 262 元，按年利率 6% 计算，现在必须投资多少？

解：$P = 1\,262 \times (P/F, 6\%, 4)$

$= 1\,262 \times 0.792\,1 = 1\,000$（元）

3. 年金复本利公式

在工程经济研究中，常常需要求出连续在若干期的期末支付等额的资金最后所积累起来的资金。这种财务情况可用图 1-7-3 表示。

图 1-7-3　年金复本利系数示意图

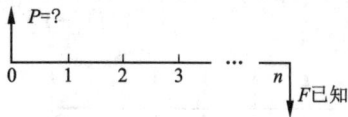

在利率为 i 的情况下，n 年末积累的资金为：

$$F = A + A(1+i) + A(1+i)^2 + \cdots + A(1+i)^{n-1}$$

上式两边乘以 $(1+i)$，得

$$F(1+i) = A(1+i) + A(1+i)^2 + \cdots + A(1+i)^n$$

由第二式减去第一式得：

$$F = A\left[\frac{(1+i)^n - 1}{i}\right] = A(F/A, i, n) \tag{1-7-3}$$

系数 $(F/A, i, n) = \dfrac{(1+i)^n - 1}{i}$ 叫做年金复本利系数。

[**例 1-7-3**]　连续 5 年年末存入 100 元，按年利率 6% 计算，第 5 年年末可得到的本利和为多少？

解：$F = 100 \times (F/A, 6\%, 5) = 563.70$（元）

4. 基金年存公式

将公式 (1-7-3) 变换得到等额支付系列积累基金公式：

$$F = A\left[\frac{i}{(1+i)^n - 1}\right] = F(A/F, i, n) \tag{1-7-4}$$

系数 $(A/F, i, n) = \dfrac{i}{(1+i)^n - 1}$ 叫作基金年存系数。它用来计算为了若干年后得到一项将来基金 F，从现在起每年年末必须存储若干等额资金 A，如图 1-7-4 所示。

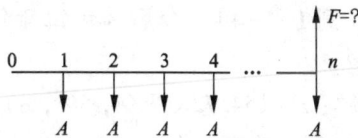

5. 资金回收公式

某人以年利率 i 存入一项资金 P，他希望在今后 n 年内把本利和在每年年末以等额资金的方式取出，这项财务活动可用图 1-7-5 表示。将 $F=P(1+i)^n$ 得资金回收公式：

$$A=P\left[\frac{i(1+i)^n}{(1+i)^n-1}\right]=P(A/P,\ i,\ n) \tag{1-7-5}$$

系数 $(A/P,\ i,\ n)=\left[\dfrac{i(1+i)}{(1+i)^n-1}\right]$ 的值叫作资金回收系数。

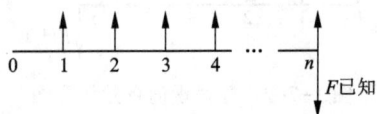

图 1-7-4　基金年存系数示意图

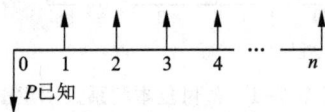

图 1-7-5　资金回收系数示意图

[**例 1-7-4**]　今后 8 年每年年末可以支付 154.72 元，按年利率 5% 计算，其现值为多少？

解：$P=154.72\times(P/A,\ 5\%,\ 8)=154.72\times6.463\,2=1\,000(元)$

6. 年金现值公式

把式 (1-7-5) 倒过来，得到年金现值公式：

$$P=A\left[\frac{i(1+i)^n-1}{i(1+i)^n}\right]=A(P/A,\ i,\ n) \tag{1-7-6}$$

$\left[\dfrac{i(1+i)^n-1}{i(1+i)^n}\right]$ 的值叫作年金现值系数，用符号 $(P/A,\ i,\ n)$ 表示。它用来计算今后若干年每年年末支付等额 A 所形成的系列的现值，如图 1-7-6 所示。

7. 均匀梯度系列公式

假定一个现金流量如图 1-7-7 所示，第一年年末的支付是 A_1，第二年年末的支付是 A_1+G，第三年年末的支付是 A_1+2G，如此类推，第 n 年年末的支付是 $A_1+(n-1)G$。

图 1-7-6　资金回收系数示意图

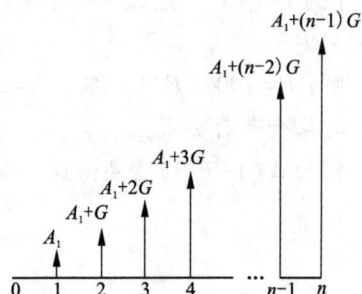

如果能把图 1-7-7 所示的现金流量转换成等额支付系列的形式，那么，根据等额支付系列复利公式和等额支付系列现值公式很容易求得 n 年年末的将来值 F 和第 0 年的现值 P。这种把梯度支付可转化为等额支付形式的运算系数 $\left[\dfrac{1}{i}-\dfrac{n}{i}(A/F,\ i,\ n)\right]$ 叫作梯度系数，通常用符号 $(A/G,\ i,\ n)$ 表示。上述均匀梯度支付可转化为等额支付的公式：

$$A=A_1+A_2+G\cdot(A/G,\ i,\ n) \tag{1-7-7}$$

[**例 1-7-5**]　假定某人第 1 年把 1 000 元存入银

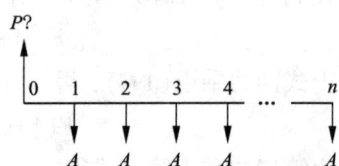

图 1-7-7　均匀增加支付系列

行，以后 9 年每年递增存款 200 元。如利率为 8%，则这笔存款折算成 10 年的等额支付系列，相当于每年存入多少?

解：$A = A_1 + G(A/G, i, n) = 1\,000 + 200 \times 3.871\,3 = 1\,774$（元/年）

8. 等值换算公式汇总表

等值换算公式汇总表如表 1-7-1 所示。

表 1-7-1　等值公式汇总表

系数名称	用途	系数值	符号
整付复本利系数	由 P, i, n 求 F	$(1+i)^n$	$(F/P, i, n)$
整付现值系数	由 F, i, n 求 P	$\dfrac{1}{(1+i)^n}$	$(P/F, i, n)$
年金复本利系数	由 A, i, n 求 P	$\dfrac{(1+i)^n - 1}{i}$	$(F/A, i, n)$
基金年存系数	由 F, i, n 求 A	$\dfrac{i}{(1+i)^n - 1}$	$(A/F, i, n)$
年金现值系数	由 A, i, n 求 P	$\dfrac{(1+i)^n - 1}{i(1+i)^n}$	$(P/A, i, n)$
资金回收系数	由 P, i, n 求 A	$\dfrac{i(1+i)^n}{(1+i)^n - 1}$	$(A/P, i, n)$
均匀梯度系数	由 G, i, n 求 A	$\dfrac{1}{i} - \dfrac{n}{(1+i)^n - 1}$	$(A/G, i, n)$

7.5　等值计算举例

资金等值是考虑了时间价值的等值，即使金额相等，由于发生的时间不同，其价值并不一定相等，反之，不同时间上发生的金额不等，其货币的价值却可能相等。资金的等值包括三个因素：金额、金额发生的时间、利率。

7.5.1　计息期为一年的等值计算

计息期为 1 年时，实际利率与名义利率相同，利用 7 个复利公式可以直接进行等值计算。

[例 1-7-6] 当利率为多大时，现在的 300 元等值于第 9 年年末的 525 元?

解：$F = P(F/P, i, n)$

$\quad 525 = 300(F/P, i, n)$

$\quad (F/P, i, 9) = 525/300 = 1.750$

从复利表中查到，当 $n = 9$ 时，1.750 落在 6% 和 7% 之间。从 6% 的表上查到 1.689，从 7% 的表上查到 1.838。用直线插入法可得：

$$i = 6\% + \left(\frac{1.689 - 1.750}{1.689 - 1.838} \right) = 6.41\%$$

计算表明，当利率为 6.41% 时，现在的 300 元等值于第 9 年年末的 525 元。

7.5.2 计息期短于一年的等值计算

如计息期短于一年，仍可利用以上的利息公式进行计算，这种计算通常可能出现下列两种情况：

1. 计息期和支付期相同

[**例 1-7-7**] 年利率 12%，每半年计息一次，从现在起，连续 3 年，每半年为 100 元的等额支付，与其等值的第 0 年的现值为多大？

解： $i = \dfrac{12\%}{2} = 6\%$（每半年一期）

$n = 3 \times 2 = 6$（期）

$P = A(P/A, i, n) = 100 \times (P/A, 6\%, 6) = 491.73$（元）

计算表明，按年利率 12%，每半年计息一次，从现在起连续 3 年，每半年支付 100 元的等额支付与第 0 年的 491.73 元的现值等值。

第二个例子是求等值状况下的利率。

[**例 1-7-8**] 有人目前借入 2 000 元，在今后 2 年中分 24 次偿还。每次偿还 99.80 元。复利按月计算。试求月实际利率、名义利率和年实际利率。

解：由复利公式： $99.80 = 2\,000 \times (A/P, i, 24)$

$(A/P, i, 24) = 99.80 / 2\,000 = 0.049\,9$

从复利表上可以查到， $i = 1.5\%$，因为计息期是一个月，所以月有效利率为 1.5%。名义利率： $r = (每月\ 1.5\%) \times (12\ 个月) = 每年\ 18\%$。

年实际利率： $i = (1 + \dfrac{r}{n})^{n} - 1 = (1 + \dfrac{0.18}{12})^{12} - 1 = 19.56\%$

2. 计息期短于支付期

[**例 1-7-9**] 按年利率 12%，每季度计息一次计算利息，从现在起连续 3 年的等额年末存款为 1 000 元，问与其等值的第 3 年年末的存款金额为多大？

解：其现金流量如图 1-7-8 所示。每年存入银行一次，支付期为 1 年，年利率为 12%，每季度计息一次，属计息期短于支付期。由于利息按季度计算，而支付在年底，这样，计息期末不一定有支付，所以，例题不能直接采用复利计算公式，需要进行校正，使之符合等值公式。这里介绍两种方法。

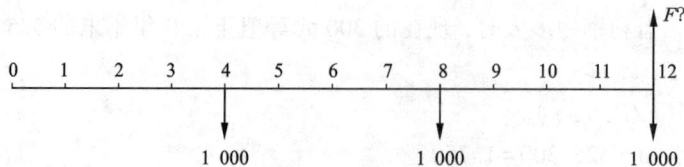

图 1-7-8 方案现金流量图

第一种方法：把等额支付的每一次支付看作为一次支付，求出每年支付的将来值，把将来值加起来，这个和就是等额支付的实际结果。

$$F = 1\ 000 \times (F/P, 3\%, 8) + 1\ 000 \times (F/P, 3\%, 4) + 1\ 000 = 3\ 392(元)$$

上式第一项代表第 1 年年末存入的 1 000 元将计息 8 次, 第二项代表第 2 年年末存入的 1 000 元将计息 4 次, 最后一项代表第 3 年年末存入的 1 000 元。

第二种方法: 先求出支付期的实际利息, 本例支付期为一年, 然后以一年为基础进行计算。年实际利率:

$$i = \left(1 + \frac{0.12}{4}\right)^4 = 12.55\%$$

由此可得: $F = 1\ 000 \times (F/A, 12.55\%, 3) = 3\ 392(元)$

通过两种方法计算表明, 按年利率 12%, 每季度计息一次, 从现在起连续 3 年的 1 000 元等额存款与第 3 年年末的 3 392 元等值。

7.6　投资回收期和投资效果系数

7.6.1　投资回收期

所谓回收期(Payback Period)是指用投资方案所产生的净现金收入补偿原投资所需要的时间长度。若年净收益相等, 回收期公式为:

$$T = \frac{P}{R}$$

式中: P 为项目总投资; R 为年平均净收益; T 为投资回收期。

回收期法的决策标准: T 小于标准回收期时, 方案可行; T 大于标准回收期时, 方案不可行。

若方案年净收益不等, 则回收期为累计净收益为零时的时间长度。

[**例 1-7-10**]　某项目的现金流量如表 1-7-2, 试计算其回收期。

解: 设第 m 年的累计净现金流量为 $(-a)$, 第 $m+1$ 年的净现金流量为 $(+b)$, $b > a$, 则投资回收期 T 为:

$$T = m + \frac{a}{b} = 4 + \frac{|-2\ 500|}{3\ 000} = 4.8(年)$$

表 1-7-2　项目现金流

年份	1	2	3	4	5
现金流量	-1 000	-7 500	3 000	3 000	3 000
累计现金流量	-1 000	-8 500	-5 500	-2 500	500

7.6.2　回收期法的优缺点

作为一种评价准则, 决策时, 通常只把回收期当作一种时间期限, 而不是当作直接的计算标准。企业或公司一般都规定了各自的不同类型项目的标准回收期, 凡是回收期大于标准回收期的项目都将被否定。因此, 回收期的作用, 主要是作为一个决策标准的限值, 而不是作为本身正确与否的标准。回收期的第二个作用是作为方案排列顺序的一种手段,这时,具有最短回收期的方案,排在优先顺序。

[**例1-7-11**] 假定有四个方案,其投资和现金流量如表1-7-3所示,按回收期标准排列顺序填写在表1-7-3的第七栏内。

表1-7-3 四个假想方案的现金流量和回收期

方案	初期投资(元)	净现金收益		总收益(元)	回收期(年)	排列顺序
		第1年末	第2年末			
A	10 000	10 000	—	10 000	1	1
B	10 000	10 000	1 100	11 100	1	2
C	10 000	3 762	7 762	11 524	1.7	3
D	10 000	5 762	5 762	11 524	1.8	4

从表中看到,回收期本身作为一种独立的选择标准,并不十分可靠。例如,它未能区别表1-7-3中的方案A和方案B,因为它忽略了方案B有较长时期的现金流入。很明显,作为一个选择标准,忽略了回收期以后的现金流量,在这点上是有欠缺的,第二个不足之处是它没有考虑资金的时间价值,回收期准则表现的第三个不足是:它可能错排了方案的先后顺序。例如,它把方案A和方案B排在方案C或D之前,但无论方案C或D都完全有可能比方案A或B强,因为方案C和D的现金流入大,因此,至少从表上看,回收期不是一个很可靠的选择标准。尽管回收期有以上这些不足之处,但在进行投资决策时,它仍一直是最广泛应用的定量概念之一。它被人们坚持使用了这么长的时间,以致使人看上去,那些比它更成熟、更合理的选择标准,如净现值和内部收益率等,似乎都不需要了。尽管有些学者把回收期看成是错误的和没有价值的,并不再予以考虑,但是,商人和另一些学者却继续主张把回收期当作一种选择方法,至少是一种第二位的标准。这两种见解为什么会那样不一致呢?主要原因是:

第一,回收期可以解释为投资效果系数的倒数。例如,如果一个项目的回收期是4年,那么,平均每年要回收初期投资的25%。在第4年末,将从项目回收公司初期投资的4×25%=100%。

第二,把回收期作为一种排列顺序的方法,这含有一种基建投资在短期内回收比在长期内回收多少要好一点的意思。一个较短的回收期可以尽可能快地把一个不确定的未来,收缩到一个已知和确定的状态,即投资完全回收,这里有一个投资风险的衡量问题,即回收期短的项目其风险相对要少一些。

回收期法虽然不宜作为评价经济效益的主要方法,但由于它简单易用的优点和一定的评价风险能力,对下列情况下,仍有一定的使用价值:

(1)资金来源困难的企业,期待尽早收回资金;

(2)缺乏预测能力的企业或投资风险较大的方案;

(3)投资额较小的项目和各备选方案现金流近似的项目。

7.6.3　投资效果系数

投资效果系数的一般定义是指工程项目投产后，每年获得的净利润与总投资之比。可用下式表示：

$$E = \frac{R}{P}$$

式中：E 为投资效率系数；R 为年利润；P 为总投资。

采用回收期和投资效果系数进行投资方案评价时，都必须将计算所得的指标与标准投资回收期和标准投资效果系数进行比较，然后，才能确定方案的优劣。我国尚未规定全国和部门的标准投资回收期和标准投资效果系数，但有历史数据可供参考。例如，一般电气设备为 4 年，汽车、拖拉机约为 5 年，仪表约为 3 年，采矿、选矿等重工业设施约为 7 年。

7.6.4　回收期与实际收益率的关系

假定在 $t = 0$ 时，投资额为 P，在项目寿命期 n 年中的收益是均匀现金流量，从 $t = 1$ 年开始，每年的净收入为 F，不考虑项目的残值。利用年金现值系数公式：

$$P = A \times \frac{\left[1 - (1+i)^{-n}\right]}{i} = \frac{A}{i} - \frac{A}{i} \times \frac{1}{(1+i)^n}$$

$$i = \frac{A}{P} - \frac{A}{P} \times \frac{1}{(1+i)^n}$$

因为项目年收入均为 R，所以 $A = R$，将其代入上式，得回收期、投资效果系数与实际收益率的关系：

$$i = E - E \times \frac{1}{(1+i)^n} \quad 或 \quad T = \frac{1}{E} = \frac{(1+i)^2 - 1}{i(1+i)^n}$$

从上式可知，实际收益率（i）比投资效果系数（E）要小，当 n 和 i 增大时，i 与 E 之差减小。据测算，当 $i > 30\%$，$n > 10$ 年时，i 与 E 才趋于一致。通常情况下，投资效果系数不能代表真实的盈利率。

[**例 1-7-12**]　一个项目需要初期投资 10 000 元，估计 10 年内每年回收现金 2 500 元。公司的资金成本是 15%。求：（a）回收期有多长？（b）投资效果系数是多少？（c）实际收益率是多少？（d）是否采购这个项目？

解：

（a）回收期 $T = \dfrac{P}{R} = \dfrac{10\ 000}{2\ 500} = 4$（年）

（b）投资效果系数 $E = \dfrac{1}{T} = \dfrac{1}{4} = 25\%$

（c）实际收益率 $T = \dfrac{(1+i)^{10} - 1}{i(1+i)^{10}} = (P/A, i, 10) = 4.0$

式中：i 是未知数，查表得：

$(P/A, 20\%, 10) = 4.1925$

$(P/A, 25\%, 10) = 3.5705$

用直线插入法：
$$\frac{4.1925-4.0}{4.1925-3.5705}=\frac{i-0.20}{0.25-0.20}$$

$$i=0.20+\frac{0.1925}{0.6220}\times0.05=0.215=21.5\%$$

(d)因为 $i=21.5\%>K=15\%$（资金成本率），该项目可以采纳，决策根据是 $i>K$，而不是 $E>K$。

7.7 净现值法

7.7.1 净现值的含义

所谓净现值（Net Present Value）是指工程方案在使用年限内的总收益现值与总费用现值之差，也可表示为使用期内逐年净收益现值之总和。其计算公式如下：

$$NPV=\sum_{i=0}^{n}\frac{CF_t}{(1+i)^t}$$

式中：NPV 为净现值；n 为包括建设期的工程寿命；CF_t 为第 t 年的净现金流量；i 为贴现率。

净现值法的决策标准：若 $NPV>0$，项目可行，表示项目除了可以获得规定的投资收益率（i）外，还可以获得额外的净现值收益；若 $NPV=0$，项目可行，表示方案的收益率恰好等于规定的贴现率；若 $NPV<0$，表示项目不可取。

7.7.2 净现值函数

从净现值的公式可知，净现值（NPV）是贴现率（i）的函数。下面通过一个例子说明它们之间的关系。

[**例 1-7-13**] 某项目，其现金流量如表 1-7-4 所示。试计算贴现率 i 分别为 0、10%、20%、30%、40%、50%时的净现值，并分析净现值的变化情况。

表 1-7-4　项目现金流量及净现值

年末	现金流量	$i(\%)$	$NPV(i)$
0	−1 000	0	600
1	400	10	268
2	400	20	35
3	400	22	0
4	400	30	−133
		40	−250
		50	−358

解：由公式 $NPV(i)=-1\,000+400\times(P/A,i,4)$，可算得 i 取不同值时净现值的值，填入

表中。以纵坐标表示净现值 $NPV(i)$、横坐标表示贴现率 i，绘出上述净现值函数关系曲线，如图 1-7-9 所示。

从图中可以看到，净现值函数有如下特点：

(1)同一现金流量其净现值随贴现率 i 的增大而逐渐减少，其经济含义是，在以净现值为标准选择方案时，所希望的收益率定得越高，能被选中的方案则越少。

(2)在某一个 i 值上(如图中 $i=22\%$)，曲线与横坐标相交，交点即表示 $NPV=0$。因此，当 $i<i^*$ 时，$NPV(i)$ 为正值；当 $i>i^*$ 时，$NPV(i)$ 为负值。i^* 是一个相当重要的贴现率临界值(叫内部收益率)，下节将作专门的讨论。

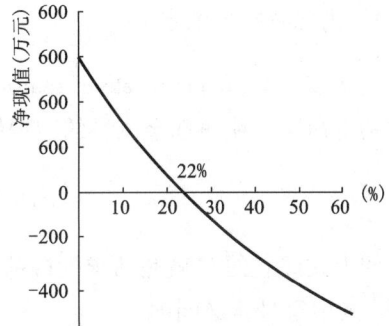

图 1-7-9 净现值函数曲线图

(3)该图所示的投资项目具有一种典型的现金流量，即开始有投资支出，以后逐年有收益，称为正规投资。绝大多数投资项目的现金流量都类似此种情形。

(4)当贴现率 i 趋向无穷大时，项目的净现值趋向于初期投资额的负值($-1\ 000$)。

上述几点结论可以用数学式子严格证明，请读者自己思考。应该指出的是，这些结论，仅在 $CF_0<0$，而所有 $CF_t>0(t>1)$，N 为有限时才成立。当现金流量 CF_t 的符合正负号混合出现时，则情况较复杂，有兴趣者可参考高级技术经济学方面的文献。

7.7.3 基准贴现率

由上述可知，在计算净现值等指标时，贴现率 i 是一个重要的参数，在方案评价和选择中称这种贴现率为基准贴现率，它是由投资决策部门决定的重要决策参数，基准贴现率定得太高，可能会使许多经济效益好的方案被拒绝；如果定得太低，则可能会接受一些经济效益并不好的方案(为什么？请思考)。在采用现行价格时，基准贴现率可以按部门或行业来确定。依据某一部门或行业的历来投资发挥效果的水平，大致上可以算出一个最低的、可接受的贴现率水平，有时也称为最低有吸引力的收益率(minimum attractive rate of return，MARR)。如果按这种基准贴现率算出的某投资方案的净现值指标为负值，则表明该方案并没有达到该部门和行业上的最低可以接受的收益水平，资金不应该用在这个方案上，而应投向其他工程方案。因此，基准贴现率也可以理解为一种资金的机会费用(opportunity cost)。当采用某种调整后的合理价格时，这就有可能把不同部门和不同行业的工业技术方案用同一尺度进行比较，这就是所谓的社会基准贴现率。用这个基准贴现率来计算各种评价判据，以确定工程项目的经济性，使资金投向经济效益较高的部门和行业。基准贴现率与贷款的利率有所不同。通常，基准贴现率应高于贷款利率。例如，若贷款的利率是 9%，则基准贴现率可能要选定为 15%。这是因为投资方案大多带有一定的风险和不确定性，假如，基准贴现率不稍高于贷款利率，就不值得投资。目前，采矿企业尚没有统一的基准贴现率，这一工作亟待解决，我国经济部门规定的社会贴现率为 12%。

7.8　内部投资收益率

7.8.1　内部收益率的定义

内部收益率(Internal rate of return, IRR)是另一个被广泛采用的投资方案的判据。它是指方案寿命期内使净现金流量的净现值等于零的贴现率, 用 i^* 代表内部收益率 IRR, 则有:

$$NPV(i^*) = \sum_{i=0}^{N} \frac{CF_t}{(1+i^*)^t} = 0$$

使上式成立的 i^* 就是所求的内部收益率, 如图 1-7-9 中 $i^* = 22\%$, 就是该项目的内部收益率, 式中符号含义同前。

内部收益率的决策标准: 对于单个方案评价, 当 $i^* > MARR$(基准贴现率)时, 则认为该方案在经济上可行; 反之, $i^* < MARR$, 方案不可行。

7.8.2　内部收益率的计算

内部收益率是在现金流量表基础上计算的, 计算步骤:

(1)计算各年的现金流量;

(2)试算确定两个贴现率, 使其满足: $NPV(i_1) > 0$, $NPV(i_2) < 0$, 保证精度 i_1 与 i_2 的差尽量小。

(3)用直线插入法计算 IRR, 直线插入公式如下:

$$IRR = \frac{|NPV(i_1)| \cdot i_2 + |NPV(i_2)| \cdot i_1}{|NPV(i_1)| + |NPV(i_2)|}$$

或

$$IRR = i_1 + \frac{|NPV(i_1)|}{|NPV(i_1)| + |NPV(i_2)|} \cdot (i_2 - i_1)$$

[例 1-7-14]　某矿山初始投资为 5 000 万元, 预计寿命期 10 年中每年可得净收益 800 万元, 第 10 年末残值可得 2 000 万元, 试问该项目的内部收益率为多少。

解: 由题意, 可写出下式:

$$NPV(i) = -5\,000 + 800 \times (P/A, i^*, 10) + 2\,000 \times (P/F, i^*, 10) = 0$$

(1)先找出 i 的大概范围。令 $i = 0$, $P = 5\,000$, $F = 800 \times 10 + 2\,000 = 10\,000$, 利用公式近似定出 i 的范围: $5\,000 = 10\,000 \times (P/F, i, 10)$, $(P/F, i, 10) = 0.5$, 查表可知 i 在 7% 左右, 可见 i^* 应大于 7%。

(2)试算, 确定 i_1 和 i_2, 取 $i = 10\%$、12%、13% 试算。

$$NPV(10\%) = -5\,000 + 800 \times 6.1440 + 2\,000 \times 0.3855 = 686.2 > 0$$

$$NPV(12\%) = -5\,000 + 800 \times 5.6502 + 2\,000 \times 0.3220 = 164.2 > 0$$

$$NPV(13\%) = -5\,000 + 800 \times 5.4262 + 2\,000 \times 0.2946 = -69.8 < 0$$

(3)直线内插求 i^*。

$$i^* = 12\% + \frac{164.2}{164.2 + 69.8} \times (13\% - 12\%) = 12.7\%$$

7.8.3　内部收益率的优缺点

内部收益率标准的优点：

（1）不需事先确定基准贴现率，它的值可不受外部参数（贴现率）的影响，而完全取决于工程项目方案本身的现金流量。

（2）用百分率表示，直观形象，与传统的利润率形式一致。可以用于项目本身与同行业企业的投资收益水平相比较。

但是，内部收益率标准也有缺点：计算比较复杂，而且对于一个非正规的投资项目（即项目寿命期内出现多次投资支出），内部收益率的解可能是不唯一的。因为对于任何一个投资项目，如果各年的净现金流量为 $P_t(t=0,1,2,\cdots,n)$，则求内部收益率的方程是一个高次方程：

$$P_0+\frac{P_1}{1+i}+\frac{P_2}{(1+i)^2}+\cdots+\frac{P_n}{(1+i)^n}=0$$

令 $X=1/(1+i)$，方程为：

$$P_n x_n+P_{n-1}x_{n-1}+\cdots+P_1 x+P_0=0$$

从理论上讲，上述方程应有 n 个根，当然对这类问题只有正实根才是有意义的。根据狄斯卡尔符合规则，这个方程的正实根数目一定不大于系数正负号变化的次数。

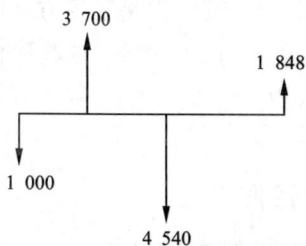

图 1-7-10　方案现金流

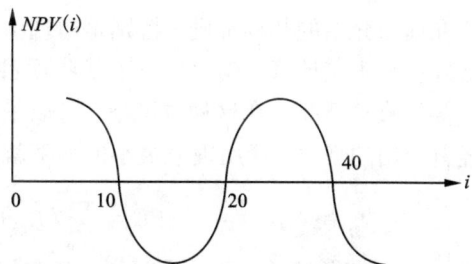

图 1-7-11　方案内部收益率

[**例 1-7-15**]　已知某方案的现金流量如图 1-7-10 所示，试求内部收益率。

解：由题意得：

$$-1\,000+3\,700\times(1+i)^{-1}-4\,540\times(1+i)^{-1}-4\,540\times(1+i)^{-2}+1\,848\times(1+i)^{-3}=0$$

以 $X=1+i$ 代入上式，分解因式得：

$$(10x-11)\times(10x-12)\times(10x-14)=0$$

方程有三根：$x_1=1.1$，$x_2=1.2$，$x_3=1.4$。对应三个内部收益率：$i_1=10\%$，$i_2=20\%$，$i_3=40\%$（如图 1-7-11 所示）。

解决内部收益率多根问题的方法有多种，这里介绍两种：

第一种是把发生在时间尺上零点以后的净现金支出按基准贴现率贴现到零点，使方案的现金流量符号只改变一次；

第二种方法是把非零点的净现金支出按基准贴现率贴现到与其距离最近的净现金收入点，并与其冲销，使现金流量的符号变化减少一次。

7.9　净现值指数

净现值指数(Net Present Value Ratio, 缩写 NPVR)是在净现值的基础上发展起来的, 可作为净现值法的一种补充方法。当对比的两个方案投资额相差很大时, 如以各方案的净现值的大小来决定方案的取舍, 则可能导致相反的结论。因此, 可采用净现值的相对指数(单位投资额的净现值), 即"净现值指数"来评价, 其表达式为：

$$NPVR = \frac{B}{C} = \frac{NPV}{\sum_{t=0}^{N} K_t (1 + i)^{-t}}$$

式中：$NPVR$ 为净现值指数；B, NPV 为整个寿命期内的净现值；C 为逐年投资的现值；K_t 为第 t 年的投资。

决策标准：$NPVR \geqslant 0$ 时, 方案可取, $NPVR < 0$, 则认为方案不可行, 一般来说净现值指数大者为优。

7.10　现值成本和年成本

7.10.1　现值成本

在前面介绍的几种准则, 特别是净现值和内部收益率标准, 其前提是工程方案的逐年收益必须能够直接计算。但是, 对于某些项目, 例如环境保护、矿山安全等, 这些项目往往无法计算其收益情况。在这种情况下, 可以采用现值成本法(Present Cost), 比较各方案的投资和经营费用的现值, 费用现值最小的方案就是最优方案。计算公式为：

$$PC = \sum_{t=0}^{N} (K_t + C_t) \times (P/F, i, t)$$

式中：PC 为现值成本；K_t 为第 t 年的投资；C_t 为第 t 年的经营费用；N 为寿命。

7.10.2　年成本

年成本(Annual Cost)是矿山项目评价中常用的一个准则, 它的作用与现值成本法类似, 都只计算费用, 不考虑收益, 但费用计算的方法不同。有时, 两个方案, 其寿命期不同, 当然不同寿命期的方案, 其费用是不可比的。这时, 现值成本法无法直接使用, 需要调算。为了避免麻烦, 产生了年成本指标。把初期的投资用资金恢复系数换算为年金, 年金与年经营费之和称为年成本, 然后, 比较各方案的年成本。其表达式为：

$$AC = D + K(A/P, i, N) - V(A/F, i, N)$$

式中：AC 为年成本；D 为年经营费；K 为投资；V 为残值。

[例 1-7-16]　某矿山为了提高生产能力, 准备采取二种技术方案, 二个技术方案的费用消耗见表 1-7-5, 如贴现率取 15%, 应采纳哪种方案？

解：$C_A = -26\,000 \times (A/P, 15\%, 6) - 11\,800 + 2\,000 \times (A/F, 15\%, 6) = -18\,442$(万元)

$C_B = -36\,000 \times (A/P, 15\%, 10) - 9\,900 + 3\,000 \times (A/F, 15\%, 10) = -16\,925$(万元)

因为, 方案 B 的年成本支出少, 应采纳 B。

表 1-7-5　方案原始数据

费用项目	方案 A	方案 B
购置安装费	26 000	36 000
年维护成本	800	300
年人工费	11 000	7 000
税款	—	2 600
残值	2 000	3 000
寿命	6	10

习　题

(1) 某人以 8% 单利借出 1 500 元,借期为 3 年。3 年后以 6% 复利把所得到的款项(本金加利息)再借出,借期 10 年。问此人在 13 年年末共可获得的偿还为多少?

(2) 下列现在存款的将来值为多少?

① 年利率为 10%,8 000 元存款存期 8 年;

② 年利率为 6%,每半年计息一次,675 元存款,存期 20 年。

(3) 下列将来支付的现值为多少?

① 年利率为 10%,第 6 年年末的 5 500 元;

② 年利率为 12%,每月计息一次,第 15 年年末的 6 200 元。

(4) 下列等额支付的现值为多少?年利率为 8%,每年年末支付 3 500 元,连续支付 3 年;年利率为 12%,每季度计息一次,每年年末支付 5 000 元,连续支付 6 年。

(5) 某人现在存款 5 000 元,利率为 8%,计划从一年后开始每年提款 500 元,问需要经过多少年才能把款提完?

(6) 某企业向银行贷款 20 万元,条件是年利率 12%,每月计息一次,求 3 年末应归还的本利和。

(7) 某矿山企业获得 10 万元贷款,偿还期 5 年,年利率为 10%,试就下面四种还款方式,分别计算 5 年还款总额及还款额的现值。

① 每年末还 2 万元本金和所欠利息;

② 每年末只还所欠利息,本金在第五年末一次还清;

③ 每年末等额偿还本金和利息;

④ 第 5 年末一次还清本金和利息。

(8) 某设备除每年发生 5 万元运行费用外,每隔 3 年需大修一次,每次费用为 3 万元。若设备的寿命为 15 年,资金利率为 10%,求其在整个寿命期内设备费用现值为多少?

(9) 某次借款的月利率为 1.5%,试求年名义利率和年实际利息。

(10) 有两个投资机会,机会甲为年利率 10%,机会乙为年利率 8%,但每月计息一次,应选哪个方案?

(11)某公司欲引进一项专利,对方提出两种付款方式可供选择。一种是:一笔总算售价25 万元,一次支付;另一种是:总算与提成相结合,其具体条件是,签约时付费 5 万元,2 年建成投产后,按产品每年销售收入 60 万元的 6%提成(从第 3 年末开始至第 12 年末)。若资金利率为 10%,问从经济角度考虑该公司应选择哪种付款方式。

(12)某矿山购买一台机器,估计能使用 20 年,每 4 年要大修一次,每次大修费用为10 000 元,现在应存入银行多少钱,才足以支付 20 年寿命期间的大修费支出,按年利率 12%计,每半年计息一次。

(13)某工程计划三年建成,各年初投资分别为 400 万元、300 万元、500 万元。若贷款年利率为 8%,问:相当于现在投资为多少?到建时的实际投资为多少?

(14)用 15 000 元能够建造一个任何时候均无残值的临时仓库,估计年收益为 2 500 元。假如,基准贴现率为 12%,仓库能使用 3 年,那么,这项投资是否满意?临时仓库使用多少年,这项投资是满意的?

(15)某设备需进行大修,预计大修费为 5 000 元;大修后可继续使用 5 年,年运行成本将有所降低,$MARR=6\%$,试求年运行成本最低限度降低多少进行大修才是合理的。

(16)某小型露天矿,基建期为 2 年,估计投资第 1 年 300 万元,第 2 年 400 万元,投产后每年的利润为 200 万元,投产后矿山可正常生产 12 年,闭坑后可获残值 500 万元,基准贴现率 $MARR$ 为 12%,试计算矿山的净现值、内部收益率,并分析其经济含义。

(17)某工程项目投资 10 000 元,5 年内每年收入 5 500 元,支出 3 000 元,5 年末残值2 000 元,$MARR=10\%$。试计算方案的年值,并判断方案是否可行。

(18)某永久性投资项目,预计建成后年净收益 5 600 万元。若期望投资收益率 12%,求允许的最大投资现值为多少。

(19)某方案现金流量如下表所示。若最低期望收益率为 8%,试通过调整现金流量的符号求解方案的真实内部收益率。

方案现金流量　　　　　　　　　　　　　　　　(单位:万元)

年	0	1	2	3	4	5	6	7	8	9	10
现金流量	−900	−48	−48	−83	−38	−28	1772	33	33	28	−272

第 8 章　矿业投资方案的比较

在矿业投资项目的技术经济分析中，方案比较和选择占有很大的比重。由于开采方法、工艺、设备等技术手段的不同，在实现某个目标时，常常面临众多的技术方案。方案比较的目的就是要选择一个技术上先进、工艺上成熟、经济上合理的最优方案。并不是任何方案之间都是绝对可以比较的。不同的方案，其投入或产出的质量、数量、费用及发生的时间和方案的寿命期限都不尽相同。对这些因素的综合经济比较需要有一定的前提条件和判别标准。

8.1　方案比较的基本原则和步骤

8.1.1　方案比较应遵循的原则

方案比较应遵循下面几条基本原则：

(1)必须遵循国家对矿山开发的技术政策和经济政策；

(2)参与比较的方案，必须技术上先进、工艺上成熟、生产上可靠；

(3)选择设备、材料要经济合理，符合国情；

(4)设计方案的技术基础资料要可靠落实；

(5)方案比较的基础要一致，具有可比性，例如，当方案的产品数量或质量不同时，应该换算成相同的条件后方可比较或进行单位指标对比；

(6)技术指标和经济指标的选取，必须正确合理；

(7)评选方案应从技术上和经济上进行综合分析，全面论证，然后选择。

8.1.2　方案比较的基本步骤

(1)根据国家和有关部门对项目建设的要求和矿床开采条件，从技术的可能提出若干个方案，并对这些方案进行技术上的初步评议，把其中某些明显不合理的方案逐个淘汰，一般剩下两至三个方案。

(2)确定和计算各方案的基本经济参数，如基建投资、产品成本、产品价格和各种费用指标等。

(3)对各方案进行可比性检查，对不具备可比条件的因素，如产量、质量、时间、计算范围等进行可比性调算。

(4)计算各方案的经济效果指标。

(5)利用经济效果指标对各个方案进行技术经济分析。

(6)进行技术经济、资源利用、环保等因素的综合评价，最终选出一个最优方案。

8.2　方案比较的基本方法

投资方案的比较可以从全投资的角度进行比较，也可以从追加投资角度进行比较。所谓全投资是指一个方案的总投资,追加投资是指一个方案比另一个方案多出的那部分投资。本书第 7 章介绍的经济评价方法均是从全投资的角度进行比较,但实际上在多个方案的选择中,采用追加投资经济效益比较法更为广泛。本章将着重介绍追加投资经济效益的比较方法。

(1)追加投资回收期法

$$\Delta T = \frac{K_1 - K_2}{C_2 - C_1} = \frac{\Delta K}{\Delta C}$$

式中:ΔT 为追加投资回收期;K_1,K_2 为方案 I、II 的基建总投资;C_1,C_2 为方案 I、II 的年总成本。

决策准则:ΔT 小于基准投资回收期,则投资大的方案为优,反之则为投资小的方案优。

(2)追加投资净现值法

$$\Delta NPV = \sum_{t=0}^{N} \frac{\Delta CF_t}{(1 + i)^t}$$

式中:ΔNPV 为追加投资净现值;ΔCF_t 为第 t 年 A、B 二方案的差额现金流。

决策准则:$\Delta NPV \geq 0$,追加投资合理,即投资大的方案为优;$\Delta NPV < 0$,投资小的方案为优。

(3)追加投资内部收益率法

$$\Delta NPV(i) = \sum_{t=0}^{N} \frac{\Delta CF_t}{(1 + i)^t} = 0$$

追加内部收益率法也称增额内部收益率法。两个方案各年净现金流量额的现值之和等于 0 时的贴现率叫做追加内部收益率,若追加内部收益率大于或等于基准收益率则认为追加投资是合算的,采用投资大的方案;反之则采用投资小的方案。

[**例 1-8-1**] 某露天矿运输系统拟采用汽车运输和铁路运输两种方案,两方案的投资和成本见表 1-8-1。若基准收益率为 10%,试比较两个方案的优劣。

表 1-8-1 两运输方案现金流

项目	汽车	铁路
投资	4.4	13.4
年成本	2.8	1.5
服务年限	5	10

解:(1)计算两方案的差额现金流量,见表 1-8-2。由于两个方案的寿命不同,为了使方案具有可比性,汽车运输方案的寿命期加长一倍。

(2)绘制差额现金流量图,如图 1-8-1 所示。

(3)用现值法求差额现金流量的内部收益率,即追加投资的内部收益率。

$$-9 + 1.3 \times (P/A, i, 10) + 4.4 \times (P/F, i, 5) = 0$$

查报酬率表可知,i 在 12% 与 15% 之间,由插入法可求得追加投资收益率 $i = 14.24\%$。因为 $i = 14.24\% > 10\% (= MARR)$,所以,追加投资是经济的,故铁路运输方案为优。

表 1-8-2　两运输方案差额现金流量

年份	现金流量		差额现金流量
	汽车	铁路	铁路-汽车
0	-4.4	-13.4	-9
1~5	-2.8	-1.5	1.3
5	-4.4	-	4.4
6~10	-2.8	-1.5	1.3
合计	-36.8	-28.4	8.4

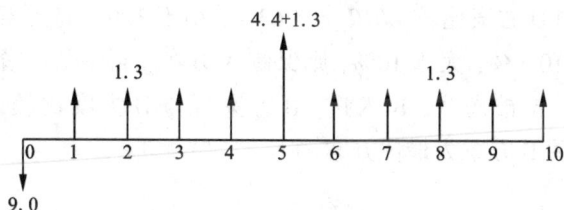

图 1-8-1　差额现金流量图

8.3　互斥方案的选择

所谓互斥方案是指在若干个备选方案中，只能选取一个，不同方案之间的关系是相互排斥的。例如，矿区和厂址的选择、设备购置、建设规模的选择等都只能选择其中的一个，属于互斥方案。互斥方案的选择方法很多，前面介绍的各种方法一般都可以用于互斥方案的选择。当许多方案都具有相同的功能，都能达到预期的目的，则投资最省的或年成本最低的以及净现值、内部收益率最高的方案自然应该是最有条件当选的方案。但是，在资金预算有弹性的情况下，为了获得更多的收益，有时并不一定选择收益率最高的方案，因为如果投资额不大，即使内部收益率相当高，也获得不了太多的收益。因此，当有一批方案都大于企业的目标收益率($MARR$)，在资金允许的情况下，选择投资额大的方案，将会获利更大。那么是不是投资额最大的方案就最好呢？也不尽然。在这种情况下，就要考虑两个因素，一是投资额要大，二是额外增加投资的收益率是可以接受的，即必须大于基准收益率 $MARR$。一般来说，对互斥方案进行增额投资收益率分析的步骤如下：

(1)按投资额大小排列诸方案；

(2)以不投资作为一个方案与投资最少的方案进行对比(实际上是求投资最少方案的投资收益率)；

(3)然后再依次与投资较多的方案进行比较，计算增额投资收益率；

(4)若增额投资收益率>$MARR$，则投资少的方案被淘汰，再用保险的方案与其他投资多的方案进行比较，直到剩下最后一个方案，即为最优方案。

[**例1-8-2**] 有四个可供选择的互斥方案，其现金流量及服务年限见表1-8-3，$MARR = 10\%$，问：应选哪个方案？

表1-8-3 原始数据 （单位：万元）

方 案	A	B	C	D
投 资	20	27.5	19	35
年现金流量	2.2	3.5	1.95	4.2
寿命(年)	30	30	30	30

解：按上述步骤计算，结果列于表1-8-4。

方案 C 与不投资的 O 方案比较，$IRR_C = 9.63\%$，小于10%，应予否定。再拿 O 方案与 A 方案进行比较，$IRR_A = 10.9\%$，大于10%，则保留 A 方案。再拿 A 方案与 B 方案比较，$IRR_B = 17.28\%$，大于10%，A 被淘汰，B 入选。B 方案再与 D 方案比较，$IRR_D = 8.55\%$，低于10%，D 方案淘汰。最后 B 方案为最优方案。

表1-8-4 增额投资收益率计算结果

方 案	C	A	B	D
投资(万元)	19	20	27.5	35
年现金流量(万元)	1.95	2.2	3.5	4.2
对比方案	C比O	A比O	B比A	D比B
增额投资	19	20	7.5	7.5
增额现金流量	1.95	2.2	1.3	0.7
增额收益率	9.63%	10.94%	17.28%	8.55%
>MARR	×	√	√	×
选定方案	否	A	B	B

这样做可以避免只选择投资最多的方案造成的错误，因为在上述四个方案中，A、B、D 的投资收益率都大于 $MARR$，见表1-8-5。当资金有弹性时，为了多收益，很有可能选择方案 D，那就失误了，实际上以 B 方案为好。因为 D 方案额外增加的内部投资的收益率低于 $MARR$，是不经济的。

表1-8-5 各方案的 IRR

方案	C	A	B	D
全部投资 IRR	9.63%	10.9%	12.40%	11.59%

8.4　独立方案的选择

一个矿业公司，在制定投资计划时，往往需要同时对若干个项目进行投资，采纳的投资方案的多少主要取决于该公司的资金预算，根据拥有的资金的多少，确定应该采纳哪些投资方案，这种方案称为独立方案。在一批备选方案中，有的是属于非上不可的项目，这样的方案的取舍不受报酬率高低的影响，叫做不可避免投资方案。安排好这些方案后，要根据所余资金的多少，选择其他方案。一般的作法是先求出各个独立方案的收益率，然后依收益率的高低排序，淘汰收益率低于 MARR 的方案，在收益率大于 MARR 的方案中，根据资金预算确定入选方案，被选中方案不仅投资总额要与可能的资金相一致，而且总体收益应该最大。

[**例 1-8-3**]　某采矿公司，计划下一年度投资 3 500 万元，目前有 6 个项目可以投资，据初步测算 6 个方案的主要经济参数见表 1-8-6。公司的基准收益率 MARR=14%，试用内部投资收益率方法选择投资项目。

表 1-8-6　各方案投资内部收益率计算

方案	投资(万元)	寿命(年)	年现金流量(万元)	IRR(%)	优先次序
A	1 000	6	287	18	3
B	1 500	9	293	13	否
C	800	5	268	20	2
D	2 100	3	950	17	4
E	1 300	10	260	15	5
F	600	4	254	25	1

解：从表中，可以看到 B 方案的收益率低于 MARR，所以，立即淘汰。对剩下的各个方案按收益率大小排序见表 1-8-7。考虑到资金预算为 3 500 万元，选择 F、C、A 三方案，预算剩余 1 100 万元，预算剩余资金按最低收益率 MARR 计算，总体的内部收益率为：

$$IRR = \frac{600 \times 25\% + 800 \times 20\% + 1\ 000 \times 18\% + 1\ 100 \times 14\%}{3\ 500} = 18.4\%$$

表 1-8-7　方案优先顺序

方案	IRR	投资额	累计投资额
F	25%	600	600
C	20%	800	1 400
A	18%	1 000	2 400
D	17%	2 100	4 500
E	15%	1 300	5 800

如果考虑预算资金的充分利用，改变方案的组合，又可分别求得三组方案的整体投资收益率，见表 1-8-8。从表中可以看到，F、C、D 的方案组合比 F、C、A 方案组合更有利，而且充分利用了资金预算。

表 1-8-8　整体投资收益率计算结果

方案组合	投资总额	整体收益率
F、C、D	3 500	19.1%
C、A、E	3 100	16.9%
F、A、E	2 900	17.4%

8.5　服务年限不同的方案比较

在矿山投资项目的经济比较中，经常遇到服务年限不同的方案比较问题，例如，生产能力的选择问题，其实质也是服务年限不同的方案选择问题。由于不同服务年限的方案，其投资和发生的费用、收益的时间都是不同的，因此，不具备可比性条件，必须进行调算。对于矿山企业的服务年限，由于其年限很长，如果再考虑调算，那么，计算的经济周期长达几十年，而几十年后的贴现系数很小，因此，没有多大实际意义。对于一个特定的矿床，生产能力的选择应着重于综合论证，当然必要时，也进行方案比较。对于矿山项目中的一些局部方案，如设备选择、建筑物、构筑物等方案都应当进行调算。调算一般步骤如下：

(1)计算不同服务年限的最小公倍数，以最小公倍数的年限作为各方案经济计算的周期；

(2)在相同的经济计算周期内，分别计算各方案再投资的次数和金额；

(3)绘制现金流量图；

(4)按前面介绍的评价方法进行比较。

如果采用年成本法进行比较，则服务年限可不予调算。

[例 1-8-4]　某矿穿孔设备的选择有两个方案：方案 Ⅰ 采用潜孔钻机，投资 K_1，年经营费 C_1，使用寿命 6 年；方案 Ⅱ 采用牙轮钻机，投资 K_2，年经营费 C_2，使用寿命 9 年。若贴现率取 i，试比较两者的经济效果。

解：按上述步骤进行计算：

(1)两钻机的服务年限的最小公倍数为 18，以 18 年作为两方案经济计算的周期。

(2)在 18 年内，潜孔钻机要再投资 2 次，牙轮钻机要再投资 1 次。为方便计算，设再投资的金额仍为 K_1、K_2，年经营费仍为 C_1、C_2。

(3)绘制现金流量图(读者自己完成)。

(4)计算两个方案的费用现值：

$$P_1 = K_1 + K_1(P/F, i, 6) + K_1(P/F, i, 12) + C_1(P/A, i, 18)$$

$$P_2 = K_2 + K_2(P/F, i, 9) + C_2(P/F, i, 18)$$

比较两个方案的费用现值，小者为优。

此题也可以用年成本法解。如果用年成本法解，则不必进行调算，故凡有条件采用年成本评价法的，应尽量用年成本法评价。

8.6　采矿方法方案选择

采矿方法的选择是矿山设计中的一个主要内容，采矿方法选择的正确与否直接影响矿山的经济效益。影响采矿方法选择的因素很多，有技术因素，如矿体赋存条件、矿石围岩的力学性质等，也有经济因素。这里仅讨论经济因素对采矿方法选择的影响。

(1)比较的内容。① 表征经济效果的指标有：基建投资、采出矿石成本、最终产品成本、年盈利、总盈利、净现值、投资收益率、返本年限等。② 年采出矿石规模，或全部服务年限内年产有用矿石的数量、质量以及贫损指标等。③ 主要技经指标有：矿块生产能力、千吨矿石采切化、劳动条件和生产率、水泥和坑木等大宗材料耗量等。

(2)比较的方法。参与比较的采矿方法方案，因矿块生产能力、贫化率、损失率指标不同，从而使确定的规模及年产品数量与质量也不同，有时还会引起基建投资相差很大。因此，要进行全面的综合比较分析后，才能判定其优劣。由于各矿山情况千差万别，采矿方法方案种类繁多，因此，在具体使用时，可因地制宜地简化比较的内容。

由于影响采矿方法的因素太多，使用传统的方案分析法越来越不适应多目标优化选择的要求，近几年，许多数值优化选择方法被引入采矿方法选择中，取得了很好的社会经济效益。这些方法主要有：多目标决策法、价值工程法、模糊数学法、灰色关联度法、层次分析法等。数值分析法的共同特点是：采用不同的方法将参与比较的、能定量的各项技术经济指标进行无量纲化；然后，针对各项指标对采矿方法选择的影响的重要程度，赋以不同的权重；最后，按各自的数学原理求得一综合评价值，并由此比较各方案的优劣。

8.7　方案经济比选的要点

8.7.1　方案经济比选的目的与用途

(1)方案经济比选是项目评价的重要内容。建设项目的投资决策以及项目可行性研究的过程是方案比选和择优的过程，在可行性研究和投资决策过程中，对涉及的各决策要素和研究方面，都应从技术和经济相结合的角度进行多方案分析论证，比选优化，如产品或服务的数量、技术和设备选择、原材料供应、运输方式、厂(场)址选择、资金筹措等方面，根据比较的结果，结合其他因素进行决策。

(2)方案比选的类型。

①方案之间存在着三种关系：互斥关系、独立关系和相关关系。

互斥关系，是指各个方案之间存在着互不相容、互相排斥的关系，在进行比选时，在各个备选方案中只能选择一个，其余的均必须放弃，不能同时存在。

独立关系，是指各个方案的现金流量是独立的，不具相关性，其中任一方案的采用与否与其自己的可行性有关，而与其他方案是否采用没有关系。

相关关系，是指在各个方案之间，某一方案的采用与否会对其他方案的现金流量带来一定的影响,进而影响其他方案的采用或拒绝。

相关关系有正相关和负相关。当一个项目(方案)的执行虽然不排斥其他项目(方案),但可以使其效益减少,这时项目(方案)之间具有负相关关系,项目(方案)之间的比选可以转化为互斥关系。当一个项目(方案)的执行使其他项目(方案)的效益增加,这时项目(方案)之间具有正相关关系,项目(方案)之间的比选可以采用独立方案比选方法。

②局部比选和整体比选。按比选范围分,项目方案比选可分为局部比选和整体比选。整体比选是按各备选方案所含的因素(相同因素和不同因素)进行定量和定性的全面的对比;局部比选仅就所备选方案的不同因素或部分重要因素进行局部对比。

局部比选通常相对容易,操作简单,而且容易提高比选结果差异的显著性。如果备选方案在许多方面都有差异,采用局部比选的方法工作量大,而且每个局部比选结果之间出现交叉优势,其比选结果多样性,难以决策,这时应采用整体比选方法。

③综合比选与专项比选。按目的,项目方案比选可分为综合比选与专项比选。方案比选贯穿于可行性研究全过程中,一般项目方案比选是选择两个或三个备选方案进行整体的综合比选,从中选出最优方案作为推荐方案。在实际过程中,往往伴随着项目的具体情况,有必要进行局部的专项方案比选,如产品规模的确定、技术路线的选择、厂址比较等。

④定性比选与定量比选。按内容分,项目方案可分为定性比选与定量比选。

定性分析较适合于方案比选的初级阶段,在一些比选因素较为直观且不复杂的情况下,定性分析简单易操作。如在厂址方案比选中,环保政策允许性等可能一票否决,没有必要比较下去,定性分析能满足比选要求。

在较为复杂系统方案比选工作中,一般先经过定性分析,如果直观很难判断各个方案的优劣,再通过定量分析,论证其经济效益的大小,据以判别方案的优劣。

有时,需要定性比选与定量比选相结合来判别方案的优劣。

8.7.2　方案比选定量分析方法的选择

(1)在项目无资金约束的条件下,一般采用现值比较法、净年值比较法和差额投资内部收益率法。

(2)方案效益相同或基本相同时,一般采用净现值比较法、净年值比较法和最小费用法。

(3)关于设定折现率。折现率是建设项目经济评价中的重要参数,可以从两个角度考虑设定折现率:一是从具体项目投资决策的角度,设定折现率应反映投资者对资金时间价值的估计,作为投资项目决策的判据;二是从投资者投资计划整体优化的角度,设定折现率应有助于选择投资方向,作出使全部投资净收益最大化的投资决策。本章所涉及的是前者,在可行性研究阶段,作为具体投资项目(或方案)的决策依据。方案比选中,通常采用与财务分析或经济费用效益分析统一的折现率基准。

方案比选中通常使用设定的折现率。但在多方案的成本比较中,由于成本费用的节约,使得项目收益增加和风险减少,采用设定的折现率对不同年份的成本费用折算,可能会因使用的折现率过高而影响费用现值,因此,多方案比选时,应采用统一的折现率。

8.7.3　计算期不同的互斥方案的比选

计算期不同的互斥方案的比选,需要对各备选方案的计算期和计算公式进行适当的处理,使各方案在相同的条件下进行比较。

满足时间可比条件而进行处理的方法很多,常用的有年值法、最小公倍数法和研究期法等。

(1)年值法。年值法是通过分别计算各备选方案净现金流量的等额年值(AW)并进行比较的方法,以 $AW \geq 0$,且 AW 最大者为最优方案。

(2)最小公倍数法。又称方案重复法,是以各备选方案计算期的最小公倍数作为各方案的共同计算期,假设各个方案均在这样一个共同的计算期内重复进行,对各方案计算期内各年的净现金流量进行重复计算,直至与共同的计算期相等,以净现值较大的方案为优。

(3)研究期法。研究期法就是通过研究分析,直接选取一个适当的计算期作为各个方案共同的计算期,计算各个方案在该计算期内的净现值,以净现值较大的为优。在实际应用中,为方便起见,往往直接选取诸方案中最短的计算期作为各方案的共同计算期,所以研究期法也可以称为最小计算期法。方案比选指标的应用见表 1-8-9。

表 1-8-9　方案比较中经济评价指标的应用范围

用途	净现值	内部收益率
方案比选(互斥方案选优)	无资金限制时,可选择 NPV 较大者	一般不直接用,可计算差额投资内部收益率(ΔIRR),当 $\Delta IRR \geq i_c$ 时,以投资较大方案为优
项目排队(独立项目按优劣排序的最优组合)	不单独使用	一般不采用(可用于排除项目)

习　题

(1)为了增加现有生产工艺的产量,公司打算购买一台新的运输设备,现有 5 种类型的机器可考虑,各方案现金流量如表 1-8-10 所示。每种设备的寿命都是 10 年,年收入 40 万元,基准贴现率为 12%,要求:① 计算年度费用,选择设备;② 计算回收期;③ 用追加投资回收期,比较机器 1 与机器 5。

表 1-8-10　　　　　　　　　　　　(单位:万元)

机器类型	初始投资	年运行费
1	50	22.5
2	60	20.54
3	75	17.082
4	80	15.425
5	100	11.374

(2)某公司考虑三个可行而相互排斥的投资方案(表1-8-11),三个方案的寿命期均为15年,基准贴现率为8%,用下列方法选择方案:①追加投资净现值;②追加投资收益率。

表1-8-11

方案	A1	A2	A3
投资(万元)	5 000	7 000	8 500
年收益(万元)	1 319	1 942	2 300

(3)有三项投资,资料如表1-8-12所示。要求:①计算利率分别为5%、10%和15%时的投资净现值。②计算各项投资的内部收益率。③使用内部收益率法比较哪项投资有利?使用净现值法,利率为10%时,哪项投资有利?

表1-8-12　现金流量

投资	0	一年末	二年末
A	−5 000		9 000
B	−5 000	4 000	4 000
C	−5 000	7 000	

(4)试解释直接用内部收益率大小来比较方案会有利于早期效果好的方案。

(5)试解释基准贴现率在方案比较中的作用。若基准贴现率定得较高,倾向于选择哪一类项目的方案。

(6)某项目初始投资为8 000元,在第一年末现金流入为2 000元,第二年末现金流入为3 000元,第三、四年末的现金流入均为4 000元,请计算该项目的净现值、净年值、净现值率、内部收益率、动态投资回收期($i=10\%$)。

(7)某矿山,精矿产品全部采用水路运输,为了使码头上的装卸能力尽可能地扩大,计划采用新装卸系统,目前有三种不同的系统(每个系统的装卸能力相同)可以选择,每种系统的初始投资和运行费用如表1-8-13所示。矿山最多只能筹措资金140万元,基准贴现率为15%,各种系统可组合投入运行,但每种系统只能供应一套,求最优的方案组合。

表1-8-13　　　　　　　　　　　　　　　　　　　　　　　　(单位:万元)

系统	初始投资(万元)	年运行费(万元)
I	65	9.181
II	60	10.5
III	72	7.945

(8)对于有几个独立投资项目的项目群,初始投资有限,一种挑选项目的办法是:

第一步,计算各项目的基准贴现率下的净现值;

第二步,计算各项目的净现值与初始投资之比;

第三步,按净现值与初始投资比的大小,从大到小排列;

第四步,按以上次序,首先挑净现值与初始投资比较大的项目,然后挑次的,直至初始投资不够为止。

试问,按这种方法挑选项目是否能保证最优?为什么?

(9)公司打算购买下列二种新机器,数据如表 1-8-14 所示。假如公司的基准贴现率为 12%,采用下列方法选择方案:① 年成本;② 追加净现值。

表 1-8-14

费用项目	机器 A	机器 B
初始投资(万元)	34	65
服务寿命(年)	5	10
残值(万元)	1	5
运行费用(万元/年)	20	18

(10)某厂拟购置机器设备一套,有 A、B 两种型号可供选择,两种型号机器的性能相同,但使用年限不同,有关资料如表 1-8-15 所示。

表 1-8-15　　　　　　　　　　　　　　　　　　　　　　(单位:元)

设备	设备售价	维修及操作成本								残值
		第1年	第2年	第3年	第4年	第5年	第6年	第7年	第8年	
A	20 000	4 000	4 000	4 000	4 000	4 000	4 000	4 000	4 000	3 000
B	10 000	3 000	4 000	5 000	6 000	7 000				1 000

如果该企业的资金成本为 10%,应选用哪一种型号的设备?

(11)为冶炼厂提供两种储存水的方法,方法 A 在高楼上安装水塔,安装成本为 102 000 元。方法 B 在与冶炼厂有一定距离的小山上安装储水池,安装成本为 83 000 元。两种方法的寿命估计为 40 年,均无残值。方法 B 还需购置成本为 9 500 元的附加设备,附加设备的寿命 20 年,20 年末的残值为 500 元。年运行费用为 1 000 元,基准贴现率为 8%。要求:① 用净现值比较两种方案;② 用年成本比较两种方案。

(12)某制造厂考虑下面三个投资计划。在 5 年计划中,这三个投资方案的现金流量情况如表 1-8-16 所示(该厂的最低希望收益率为 10%)。要求:① 假设这三个计划是独立的,且资金没有限制,那么应选择哪个方案或哪些方案?② 在①中假定资金限制在 160 000 元,试选出最好的方案。

表 1-8-16

方案	A	B	C
最初成本(元)	65 000	58 000	93 000
年净收益(1~5 年末)(元)	18 000	15 000	23 000
残值(元)	12 000	10 000	15 000

第 9 章　矿业投资风险分析

9.1　风险分析概述

9.1.1　矿业投资风险和不确定因素

　　风险是普遍的，任何工程都有风险，只是大小不同。矿床的勘探和开发是一项极其复杂的综合工程，对这样一个工程进行投资决策，必然会遇到风险问题，因为在决策时刻无法完全查明矿床的特点，而且各种环境参数(如市场条件、经营成本、矿业政策等)只有事后才能完全搞清楚。矿产风险决策通常包括：进一步圈定矿体、继续进行某个勘探工程、新建矿山、扩大矿山能力、改变矿山经营参数、选择采矿方法、安装选矿设备、生产矿山的大规模改造以及更新设备等。

　　矿产工程的风险主要来自三个方面：

　　(1)矿山自然条件的不确定性，包括矿床自然条件，如地质条件的不确定性，矿岩物理力学性质、水文条件的不确定性，品位和储量的不确定性等。

　　(2)社会环境的不确定性。包括矿产品价格、投资、成本、市场供需、矿业政策、环保法规、国际政治经济形势等。

　　(3)基础资料的不确定性。由于矿床经济评价和矿山可行性研究的大部分基础资料，来自类似矿山或者经验，因此其正确性难以保证。

9.1.2　矿业投资风险评价的目的和意义

　　所谓风险是指投资项目预期收益发生偏差的可能性，这种可能性越大则风险越高。由于矿山工程的建设期和投资回收期很长，面临着大量的不确定因素，从而导致投资支出能否取得预期效益具有更大的不稳定性，加上投资数量巨大，矿山一旦基建很难再改变投资方向。因此，在矿山可行性研究中，风险分析绝不是可有可无的，应该成为可行性研究中的重要组成部分。

　　研究项目风险的目的主要有两个方面：

　　其一是为了不同方案之间进行比较，以便作出正确的决策，这时需要了解整个项目的综合风险程度；

　　其二是为了应付意外事件的发生，以便采取相应的对策，这时不仅要了解项目总的风险，还要了解各种因素对收益的影响大小。对投资者来说，他可能还要了解资金的偿还能力方面的风险，以便考虑风险的分摊方法。

　　任何一个项目，至少要考虑两个方面的风险问题：

　　(1)有关投入方面的风险，即项目能否按预期的费用"保质保量"的如期建成(包括如期投产、达产)；

（2）有关回收方面的风险，即现金流入的数量、时间及它们的不确定程度。

这两个方面综合起来，构成一个项目的总风险。

9.1.3 矿业投资风险评价方法评述

投资风险分析应用于采矿工业中，最先源于石油和天然气的勘探和开发，对于非石油和天然气矿物，目前，勘探和采矿工程的风险分析仍处于初级阶段。由于方法复杂及获得基础数据的困难，使得勘探和采矿工程的风险分析十分困难。近几年来，随着计算机技术的发展，风险分析在采矿工程中的应用日益发展。下面就经典矿业投资决策中，考虑风险的常用方法作简要的评述。

（1）根据风险调整返本期（risk-adjusted payback period），即通过缩短投资项目的标准投资返本期来补偿投资风险，因为投资回收期越短，意味着投资回收越快，资金亏损的风险越小。但回收期的长短并不能全面地反映投资的风险，因为投资的风险不仅表现在资金的回收上，还表现在项目的年净现金流量、内部收益率、税收、寿命等一系列参数是否符合原来预测的水平上。因此，应用投资回收期评价项目的风险，其作用是有限的。另外，对于一个特定的工程，返本期要作多大程度的调整，究竟要缩短到什么程度，没有一个客观的标准，主要依据决策者的主观意志。

（2）根据风险调整贴现率（risk-adjusted discount rate）。国外采矿投资决策者经常采用风险补贴（risk premium）的方式来提高贴现率。因此，在贴现现金流量时，风险比较大的矿山采用的贴现率要高于一个较保险的矿山，加到贴现率上的"补贴"反映了对风险的主观评价，这是一种半定量的方法。

（3）根据风险调整投入参数。在采矿工程评价实践中，常常在投资费用和成本、吨位、品位、金属价格等单一估值中，建立某种保守偏差（conservative bias），在评价时，有意识地采用这种偏差，但这种偏差程度带有很大的随意性。

（4）经验估值法。此法假设不知道确切的现金流量。通常，决策者必须检查有关工程的资料，然后，决定工程是否继续进行。在这种情况下，有些公司可预报三组数据：最优的、最差的、最有可能的。"最优"与"最差"数值提供了一个可能的范围，最有可能的数值是一种保守的估计，它是决策者按照实际经验确定的。一般认为"最有可能"表示有75%或更多的把握。"最优"、"最差"和"最有可能"值的估计方法，大多是根据决策者的主观经验，为了减少这种方法的片面性，最好有三至四个有经验的人单独估计"最好"、"最差"和"最有可能"的情况。然后把他们的估计值取平均值作为分析的基础，这种方法属于定性方法。´

上述这些方法无疑会减少矿业投资风险，但与此同时，常常导致放弃许多本来是经济合理的投资机会。因此，对于投资额很大的矿山工程而言，采用这些主观的方法来考虑风险是不能令人满意的。为了尽可能避免风险分析中的任意性，地质、采矿工作者从工程经济中，引进了一些定量或半定量的风险分析方法，如盈亏平衡分析、敏感性分析、蒙特卡洛模拟、概率分析等方法。盈亏平衡分析和敏感性分析都是通过对某个不确定变量发生变化时，计算项目预期收益的变化大小，以此确定该不确定因素对项目收益的影响程度，使决策者确定影响项目收益的关键因素，以引起重视。这是一种半定量风险分析方法。由于这两种方法计算简便，目前我国的矿山可行性研究基本上采用这两种方法。蒙特卡洛模拟（Monte Carlo Simulation）实质上是敏感性分析的一种特殊应用，它利用计算机对众多的不确定因素，根据它们的分布规律进行随机抽样,用不确定因素的概率估计值输入模型进行分析,经过数千次的重复模拟计算,得出一组用概率表示的收益指标(如 *NPV*、*IRR* 等)。在国外,蒙特卡洛模拟被广泛应用于财务分析和经济评价中,尤其是对勘探风险和采矿工程风险的评价特别有用,因为许多关键的不确定变量,如品位、储量、金属价格、采矿投资、选矿成本、采选回收率等,可以根据工程师的经验取最好、最差、最可能三种估计值,以避免收集变量概率分布规律的困难。蒙特卡洛模拟在国内矿产工程评价中,至今未被广泛应用的原因,主要是受软件以及基础数据缺乏的限制。当前,开发适合我国实际的、实用的蒙特卡洛风险分析程序有重要意义。

9.2　盈亏平衡分析法

盈亏平衡分析法用于研究一定的市场、生产能力及经营条件下,项目产量、成本收益的平衡关系。盈利与亏损有一个分界点,称为盈亏平衡点,在盈亏平衡图上表现为总成本线与销售收入线的交点。在该点上,收入等于成本,项目既未盈利又不亏损,所以盈亏平衡分析又叫收支平衡分析。盈亏平衡分析是评价项目经济效益的一种常用的不确定性分析方法。分析收支平衡点需要的经济参数有:产品销售量、产品销售价格、单位产品可变成本、固定总成本。这些经济参数需满足下列假定条件:

(1)产品销售价格不变;

(2)产品年生产总成本中,单位产品的可变费用与产量成正比,年固定费用是常数,不随产量变化;

(3)产品年产量全部销售,没有积压。

盈亏平衡分析法的计算公式如下:

产品销售收入:$S = P \cdot Q$

产品年总成本为:$C = V \cdot Q + F$

式中:S 为年销售收入;P 为单位产品销售价格;Q 为产品产量;C 为产品年总成本;V 为单位产品可变费用;F 为年固定费用。

根据收支平衡关系:$S = C$,可推出如下三个关系式:

(1)收支平衡产量(Q_0):$Q_0 = \dfrac{F}{P - V}$

(2)收支平衡时的销售收入(S_0):$S_0 = P \cdot Q_0 = \dfrac{P \cdot F}{P - V}$

(3)收支平衡时的生产负荷率(η):$\eta = \dfrac{Q_0}{Q} = \dfrac{F}{Q(P - V)} \times 100\%$

[**例 1-9-1**]　某矿山,设计年产量 $Q = 500$ 万吨,固定费用 $F = 1\,500$ 万元/年,单位产品可变费用 $V = 10$ 元/吨,产品售价 $P = 15$ 元/吨,求收支平衡产量 Q_0、收支平衡时的销售收入 S_0 和生产负荷率 η。

解:

(1)收支平衡产量:$Q_0 = \dfrac{1\,500}{15 - 10} = 300$(万吨)

即当矿山年产量为 300 万吨时,收支平衡;小于 300 万吨时,出现亏损;大于 300 万吨时,有盈利。

（2）收支平衡时的销售收入：$S_0 = 15 \times 300 = 4\,500$（万元）

（3）收支平衡时的生产负荷率：$\eta = \dfrac{300}{500} = 60\%$

即矿山的产量不可小于设计生产能力的 60%，否则就出现亏损。

盈亏平衡分析法里的收支平衡图有很重要的经济意义。收支平衡点可以用坐标形式清晰地表示出来（图 1-9-1），销售收入线 $S = PQ$ 与生产成本线 $C = VQ + F$ 的交点 B 即为收支平衡点，B 点对应的横坐标 Q_0 为收支平衡产量，对应的纵轴 S_0 点为收支平衡收入。我们通过收支平衡点的分析，可了解到，当产品销售量等因素变化时，对预计的企业收益有何影响，目的在于考察投资项目可以承担多大程度的减产风险和滞销风险。从图 1-9-1 中可以看到，收支平衡点 B 点越接近原点，亏损区的面积就越小，项目可以承担的风险就越大，企业投产后获利的可能性就越

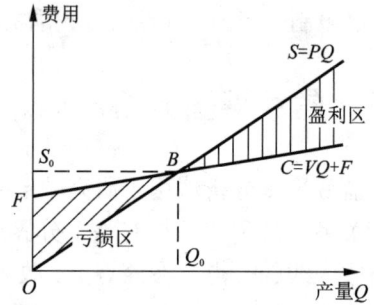

图 1-9-1　收支平衡图

大。除了上面的外，运用收支平衡分析法，还可以回答如下的经济问题：

（1）在产品成本与价格一定时，完成企业计划利润指标的最低产量为多少？

若计划利润为 S_1，则：$S_1 = Q_0 \cdot P - (V \cdot Q_0 + F)$，$Q_0 = \dfrac{S_1 + F}{P - V}$

（2）产品成本、产量和计划利润指标一定时，应如何确定销售价格 P？

由 $PQ_0 = Q_0 V + F + S_1$，得：$P = V + \dfrac{F + S_1}{Q_0}$

（3）产品价格下降了，产量不能增加，计划利润指标又要保证，产品成本应下降多少？

设产品价格下降 ΔP，则成本下降额 $\Delta C = \Delta PQ$。

（4）产品价格、产品成本和计划利润指标分别发生变化时，产量如何随之相应变化？请读者自己完成。

9.3　敏感性分析

9.3.1　敏感性分析的含义

敏感性分析（Sensitivity Analysis）是常用的一种评价投资项目风险的不确定性分析方法，它是研究不确定因素对项目经济效果的影响程度，具体地说，它是研究各种投入变量数值发生变化时，在项目进行决策中各种经济指标的变化程度。例如，矿山储量、品位、售价发生变化时，表征项目经济效果的各种指标（如 IRR、NPV 等）的变化程度如何。不同的不确定因素，它对投资项目评价指标的影响度是不同的，即投资项目的评价指标对于不同的不确定因素的敏感程度是不相同的，敏感性分析的目的就是要从这些不确定因素中，找出特别敏感的因素，以便提出相应的控制对策，供决策时参考。

9.3.2　敏感性分析的步骤

（1）确定分析指标。敏感分析指标就是指敏感性分析的具体对象。常用的指标有投资回收期、内部收益率、净现值等。

（2）确定不确定因素。影响工程项目的不确定因素很多，一般根据基础资料的可靠性确定需要分析的不确定因素。矿山投资项目中，常见的不确定因素有储量、品位、价格、生产成本、生产能力、资金构成及来源、基建期、达产期、通货膨胀率等。

（3）按敏感度的大小确定敏感性因素。首先，固定其他因素，变动其中某一个不确定因素，计算不确定因素变化对分析指标影响的具体值，依次逐个计算。其次，在计算结果的基础上，将结果加以整理，并采用表或图的形式表示出不确定因素变动与分析指标随之变动的对应数量关系。最后，通过表中的因素变动率或图中曲线斜率的大小，判断影响项目经济效果的敏感性因素，对有可能超出临界范围的敏感因素提出相应的应对措施。

9.3.3　敏感性分析的举例

[**例 1-9-2**]　某矿拟购进一台电铲，购价需 17 万美元，使用寿命为 10 年，残值为 2 万美元，其年度收入估计为 3.5 万美元，年经营费需 0.3 万美元，基准收益率为 12%，试分析该项投资的风险。

解：根据各项数据可求出投资的净现值：

$$NPV = -17 + (3.5 - 0.3) \times (P/A, 12\%, 10) + 2 \times (P/F, 12\%, 10) = 17.24 > 0$$

按确定性条件的评价方法，该项投资是可行的。

现在分析净现值分别对年收入、年支出、使用寿命、残值的敏感性，因此，可使各个因素在一定范围内变动（10% 到 30%），计算相应的净现值，计算结果见表 1-9-1。将四种不确定因素的变化与净现值的关系绘成曲线（图 1-9-2）。

表 1-9-1　方案参数敏感性计算结果

参数	-30%	-20%	-10%	0	10%	20%	30%
年收入	-42.08	-22.3	-2.53	17.24	37.02	66.79	76.57
年支出	22.33	20.63	18.94	17.24	15.55	13.85	12.16
寿命	-17.52	-4.6	6.94	17.24	26.44	34.66	41.99
残值	15.37	15.96	16.6	17.24	17.89	18.53	12.16

（1）经济效益对某一参数的敏感性大，则此曲线的斜率也越来越大，反之则小。此方案净现值对年收入和寿命两参数的敏感性大。年支出次之，残值最次。

（2）各曲线与横轴的交点称为临界值。临界值是使方案净现值发生由正到负的转折变化，图中年收入参数接近于 -10%，寿命参数接近于 -15%，决策时，可以通过临界值来估计某一参数对投资盈亏的影响。

9.3.4　敏感性分析的适应性

敏感性分析有助于找出影响项目经济效果的敏感因素及其影响程度，对于提高项目经济效果评价的可靠性有现实意义,而且这种分析方法简单、容易掌握,计算工作量尽管较大,但可以用计算机帮助。然而,敏感性分析仍然有很大的局限性,它不能明确指出某因素变动对经济效果影响的可能性多大,这是因为敏感性分析是建立在两个假设条件下进行的:

第一,当计算分析中一个不确定因素变化时,其他因素都不变。

第二,每个不确定因素在不同的时间内变化的几率是相等的。实际上无论哪种类型的项目,各个不确定因素变化对项目经济效果的影响是交叉地综合地发生的,而且各个因素变化的幅度大小及其发生的概率是随机的。

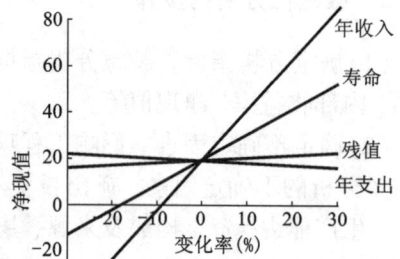

图 1-9-2　敏感性分析图

9.4　概率分析

9.4.1　概率分析的含义

风险的计量方法很多,用得较多的是所谓的概率分析方法,即用项目的预期收益或预期收益率的平均离散程度(即标准差)来度量。

概率分析的基本原理是:假定各参数是服从某种分布的相互独立的随机变量,方案的经济指标作为这些随机变量的函数自然也是一个随机变量。在进行概率分析时,先对参数值作出概率估计,并以此计算方案的经济指标。最后,通过经济指标的期望、标准差、风险度等来反映方案的风险和不确定性。

期望值是随机变量的平均值,也是最大可能值,它最接近实际事件的真实值。

期望值 $E(X)$ 可用下式计算:

$$E(X) = \sum_{i=1}^{N} x_i \cdot P(x_i)$$

其中: $E(X)$ 为期望值; x_i 为不确定变量; $P(x_i)$ 为不确定变量发生的概率。

[**例 1-9-3**] 某勘探工程,如果找到矿床,说明工程成功,找不到矿则失败。预计找到矿的概率为20%,一旦成功,可获净现值2 000万元,失败则亏损200万元。问该项勘探工程是否可行。

解:成功的概率=0.2;失败的概率=1-0.2=0.8。

勘探工程的期望净现值=2 000万元×0.2+(-200万元)×0.8=240万元,因为工程的期望净现值大于零,说明工程可以接受。

标准差表示随机变量的离散程度,也表示与真实值的偏差。标准差可用下式计算:

$$\sigma = \sqrt{E[X - E(X)^2]} = \sqrt{\sum_{i=1}^{N} [x_i - E(X)]^2 \cdot P(x_i)}$$

式中: x_i 为项目预期收益; $P(x_i)$ 为预期收益发生的概率, $\sum_{i=1}^{N} P(x_i) = 1$。

[**例 1-9-4**]　某投资项目，其投资回收期在 5~7 年之间，其中 5 年的概率为 0.2，6 年的概率是 0.5，7 年的概率是 0.3，试计算该项目的期望值和偏差。

解：该项目的期望值和均方差为：

$E(X) = 5×0.2+6×0.5+7×0.3 = 6.1（年）$

$\sigma = \sqrt{(5-6.1)^2×0.2+(6-6.1)^2×0.5+(7-6.1)^2×0.3} = ±0.7$

上述计算表明，投资项目的期望回收期为 6.1 年，前后会有 ±0.7 年的偏差。

由于均方差表示与预期收益的偏差程度，不同的方案，其期望值不同，因此，不能直接进行比较。通常，表示项目风险的大小，可以用项目预期收益的标准差除以期望值（称之为风险度）表示，它表示投资单位货币所承担的风险。

风险度：$D = \dfrac{\sigma}{E(X)}$

风险度是一个相对指标，相对风险的主要缺点是计算复杂，不能考虑资金的时间价值，且数据不易得到。但这种方法从理论上来说比较严谨，并且便于不同方案进行直接比较，还可以作为风险价值与风险报酬的计算依据，所以，具有一定的实用价值。为了便于计算和数据收集，可将相对风险分为若干个档次，如好、较好、一般、差等，通过比较直接把某个方案归入某个档次。这种方法看起来比较粗糙，但对日常经营决策很实用。

[**例 1-9-5**]　某勘探公司，有四个勘探方案，估计的收益和概率分布见表 1-9-2，试从这四个互斥方案中选择一个方案。

解：下面以 B 方案为例进行计算，其他方案的计算过程略去，结果填在表 1-9-2 中。

表 1-9-2

方案	净现值的可能值（万元）					期望值	标准差	风险度
	-4.0	1.0	6.0	11	16			
A	0.2	0.2	0.2	0.2	0.2	6	7.07	1.178
B	0.1	0.2	0.4	0.2	0.1	6	5.42	0.913
C	0.0	0.4	0.3	0.2	0.1	6	5.0	0.833
D	0.1	0.2	0.3	0.3	0.1	6.5	6.21	0.955

B 方案的期望值和标准差为：

$E(X) = 0.1×(-4)+0.2×1.0+0.4×6+0.2×11+0.1×16 = 6（万元）$

$\sigma = \sqrt{E[X-E(X)^2]} = \sqrt{E(x^2)-[E(X)]^2}$

$\quad = \sqrt{0.1×(-4)^2+0.2×1^2+0.4×6^2+0.2×11^2+0.1×16^2-6^2} = 5.417$

B 方案的风险度为：$D = \dfrac{\sigma}{E(X)} = \dfrac{5.477}{6} = 0.9133$

如果只从净现值的期望值来看，四个方案的差别不大。但若从方案风险度来看，方案 C 似乎更好。

9.4.2 概率分析决策标准

若期望值相同，标准差不同时，取标准差小的方案为好。因为，偏差愈大，风险愈高。若期望值与标准差都不相同，在这种情况下决策，往往与评价者的胆略和冒险精神有关。若乙方案的期望值和标准差都比甲方案大，胆小、怕风险者常常会挑选甲方案；胆大、敢于冒险者则可能选乙方案。较为保险的方法是按风险的大小选择。

概率分析的关键是确定不确定因素的变动概率。以大量历史数据统计为基础确定的概率，称为客观概率。建立在客观概率基础上的分析，称为客观概率分析。对于一般工程项目来说，在可行性研究阶段无法获得大量资料，因此，大部分因素都不能用客观概率来描述，只有借助于评价者或专家作出的主观估计（即主观概率）进行。但是，无论哪一种概率的确定都要有充足的资料、丰富的经验，要做艰巨的数据处理工作。

[**例 1-9-6**] 假设方案净现值服从正态分布，期望值为 1 000 元，标准差为 100 元，求方案净现值小于 875 元的概率。

解：根据标准正态分布的概率计算公式：

$$P(NPV<X) = P(Z < \frac{X-\mu}{\sigma})$$

$$P(NPV<875) = P(Z < \frac{875-1\,000}{100}) = P(Z<-1.25)$$

查正态分布表：$P(Z<-1.25) = 0.106 = 10.6\%$

9.4.3 考虑时间价值的概率分析

在长期投资中，时间因素对投资的风险有显著的影响，时间距离现在愈远，资料的可靠性愈差，预估现金流量与实际现金流量的偏差愈大。

设项目的年净现金流量是相互独立的服从正态分布的随机变量，若项目的寿命为 N 年，年净现金流量为 $X_t(t=0, 1, 2, \cdots, N)$，则：

项目的净现值：$NPV = \sum_{t=0}^{N} \frac{X_t}{(1+i)^t}$

项目净现值的期望值：$E(NPV) = \sum_{t=0}^{N} \frac{\mu_t}{(1+i)^t}$

项目净现值的方差：$\sigma^2(NPV) = \sum_{t=0}^{N} \frac{\sigma_t^2}{(1+i)^t}$

式中：μ_t 为第 t 年净现值的期望值；σ_t^2 为第 t 年净现值的方差。

[**例 1-9-7**] 假设某方案的年收入和年支出相互独立服从正态分布，年收入的期望值为 2 400 元，标准差为 400 元；年支出的期望值 2 000 元，标准差 300 元；寿命期为 3 年，最低收益率 $MARR = 20\%$，要求：①计算方案净现值的期望值；②计算方案净现值的标准差；③计算方案净现值小于零的概率；④计算方案净现值大于 1 000 的概率。

解：

① $E(NPV) = (2\,400-200) \times (P/A, 20\%, 3) + 400 \times 2.104\,6 = 824.6$

② $\sigma^2(NPV) = 300^2 \times (P/F, 20\%, 2) + 300^2 \times (P/F, 20\%, 4) + 300^2 \times (P/F, 20\%, 6)$

$$+400^2\times(P/F,\ 20\%,\ 2)+400^2\times(P/F,\ 20\%,\ 4)+400^2\times(P/F,\ 20\%,\ 6)$$
$$=250\ 000\times(0.695\ 4+0.482\ 3+0.334\ 9)=377\ 900\ (元)$$

$$\sigma=\sqrt{377\ 900}=614.7$$

③ $P(NPV<0)=P(Z<\dfrac{0-842.6}{614.7})=P(Z<-1.37)=0.085\ 3$

④ $P(NPV>1\ 000)=P(Z>\dfrac{10\ 00-842.6}{614.7}=P(Z>-0.256)=0.40$

9.5　蒙特卡洛模拟方法

9.5.1　蒙特卡洛模拟方法概述

　　蒙特卡洛模拟方法(Monte Carlo Method)是概率分析法的扩展,它不同于敏感性分析,它可以同时随机地改变全部的不确定因素,用概率估计的数据输入模式进行分析,来代替敏感性分析,预计变化数据的点估计。在实际工作中,一些大型的工程项目往往受多种随机因素影响,而其中大多数随机因素都是同时变化、相互联系的,例如,通货膨胀因素,会影响生产成本、资金成本、价格等。若有五个不确定因素,每个因素是连续分布的,则更难以处理所有的方案。蒙特卡洛方法正是为解决这一困难而设计的,这种方法可看成是实际可能发生情况的模拟,是一种试验。我们对未来的情况不能确定,但知道各输入变量按一定概率分布取值,那么,就可以用一个随机数发生器来产生具有相同概率的数值,赋值给各个输入变量,计算出各输出变量,这就对应于实际上可能发生的一种情况,是一个试验,或者是实施一个方案,如此反复试验。例如,试验 K 次便可得到 K 个试验方案数据,由这 K 组数据便可求出输出量的概率分布,K 愈大,输出量的概率分布愈接近于真实的分布。K 应选取多大,从理论上并没有完全证明。实验表明,K 选为 100~800 次,输出的分布函数就基本上收敛了,也就是说,K 再增大,分布函数也不会显著变化了。为了使用蒙特卡洛方法,就必须有一个产生一定概率分布的随机数发生器,西方赌场中用的赌具轮盘就有这种功能。蒙特卡洛是欧洲摩纳哥国的首都,是著名的赌城,所以,此法就采用了蒙特卡洛这个名称。这个术语的采用并将此法推广到科学研究中去的是数学家 John Von Neumann 的贡献,如今它已成为风险估计中的主要方法之一。

9.5.2　蒙特卡洛模拟步骤

　　(1)确定需要模拟的不确定因素(即输入随机变量),根据统计资料或主观估计确定各不确定变量的相对概率或概率分布函数;

　　(2)根据不确定变量的概率分布,利用随机数表或随机数发生器产生相应的随机数,以此确定不确定变量的数值(输入值),根据各个不确定变量的输入值计算评价指标的值(如 IRR、NPV);

　　(3)重复第(2)步,每重复一次得到一个评价指标,重复足够多的次数后,获得 n 个数值,然后分组统计这 n 个输出值的频率,绘制概率分布直方图,计算均值和方差,最终获得评价指标的概率分布曲线。

9.5.3　随机数的产生

蒙特卡洛模拟的关键是根据不确定变量的概率分布产生随机数。通常由一个均匀随机数发生器(如：BASIC 语言中的 RAN(X)随机数产生器)，产生[0,1]之间的均匀随机数，将[0,1]之间的随机数进行一定的数字转换，即可获得具有一定分布的随机数。怎样进行数字转换要视所要求的分布函数而定，下面讨论几种常用概率分布函数随机数的产生。

1. 离散分布随机数的产生与逆变换法

下面通过一个实例说明离散分布随机数的产生方法。表 1-9-3 为某矿山预测的单位矿石利润与概率的关系。

表 1-9-3　预测利润概率分布表

单位利润 x(元/吨)	10	24	40	60
概率 $P(x)$	0.28	0.14	0.30	0.28

利用累积概率分布即可进行转换计算，如图 1-9-3 所示。如果均匀随机数发生器产生了某一个数 r，如 $r=0.52$，在图 1-9-3 的纵轴上找到 0.52，根据累计概率分布曲线即可找到随机数 x 的数值 $x=40$，图 1-9-3 中的数字转换规律如表 1-9-4 所示。

表 1-9-4

r	0~0.28	0.28$^+$~0.40	0.40$^+$~0.72	0.72$^+$~1.0
x	10	24	40	60

表注：表中右上标"+"表示稍大于，如 0.28$^+$ 表示"只要大于 0.28 的数"。

具有其他累积概率分布的随机数也可参照这一规律产生，不过计算可能要复杂些。这个方法具有一般性意义，称为逆变换法(Inverse Transformation Method)，它也适用于解析连续型分布，其步骤为：

(1)画出随机变量 x 的分布函数 $F(x)$，或求出 $F(x)$ 的解析表达式。

(2)由均匀随机数发生器(或由随机数表中)产生一个随机数 r，$0 \leqslant r \leqslant 1$。

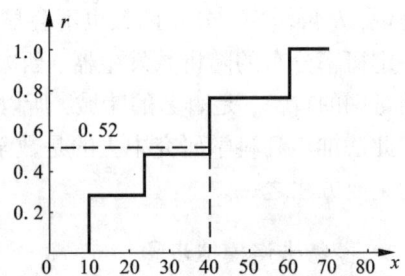

图 1-9-3　离散分布随机数的计算

(3)在 $F(x)$ 轴上确定该随机数，即令 $r=F(x)$，从该点画水平投影线直到与 $F(x)$ 不连续段相交，如果从 $r=F(x)$ 可直接求出反函数，则可用表达式计算。

(4)求得与该点相应的 x 值，即为所求的服从分布的随机变量。

2. 正态分布随机数的产生

产生服从正态分布随机数的方法很多，这里介绍一种应用中心极限定理的方法。

中心极限定理的意思是：N 个独立的相同分布的随机变量 $R_i(i=1, 2, \cdots, N)$ 之和的概率分布，当 N 很大时，接近于正态分布。若 R_i 的均值为 μ_i，方差为 σ_i^2，则 $\sum\limits_{i=1}^{N} R_i$ 服从于均值为 $\sum\limits_{i=1}^{N} \mu_i$，方差为 $\sum\limits_{i=1}^{N} \sigma_i^2$ 的正态分布。我们可以简单地选 R_i 为 N 个相互独立的 $[0,1]$ 区间内的均匀分布随机数，均匀分布的期望值和方差分别为：$\mu_i = \dfrac{1}{2}$，$\sigma_i^2 = \dfrac{1}{12}$。当 N 很大时，$\sum\limits_{i=1}^{N} R_i$ 近似地服从均值为 $\dfrac{N}{2}$，方差为 $\dfrac{N}{12}$ 的正态分布。

在风险估计中，我们常需要产生服从均值为 μ，方差为 σ^2 的正态分布随机数。利用上述原理，可推得如下公式：

$$X = \mu + \sigma \cdot \frac{\sum\limits_{i=1}^{N} R_i - N/2}{\sqrt{N/12}}$$

一般 $N = 12$ 即可满足精度要求，公式为：

$$X = \mu + \sigma \left(\sum_{i=1}^{12} R_i - 6 \right)$$

如精度要求不太高，$N = 6$ 即可，此时

$$X = \mu + \sqrt{2}\,\sigma \left(\sum_{i=1}^{6} R_i - 3 \right)$$

3. 矩形分布函数随机数的产生

设矩形分布函数的概率密度为：

$$f(x) = \frac{1}{x_2 - x_1} \quad x \in [x_1, x_2]$$

分布函数：$F(x) = \displaystyle\int_{x_1}^{x_2} f(x)\,\mathrm{d}x = \dfrac{x - x_1}{x_2 - x_1}$

均值：$\mu = E(x) = \dfrac{1}{2}(x_1 + x_2)$

方差：$\sigma^2 = \dfrac{1}{12}(x_2 - x_1)^2$

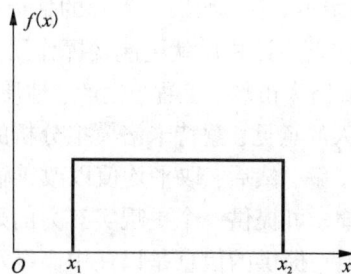

图 1-9-4　矩形分布函数

根据逆变换法，由 $[0,1]$ 分布随机数 r 可求得服从 $[x_1, x_2]$ 分布的随机数（见图 1-9-4）：

$$X = x_1 + r \cdot (x_2 - x_1)$$

4. 三角形分布随机数的产生

三角形分布是风险估计中常用的一种分布，确定一个三角形分布只需知道最可能值（m）、最小值（a）和最大值（b）三个参数。三角形分布的概率分布函数为：

$$F(x) = \begin{cases} \dfrac{(x-a)^2}{(m-a)(b-a)} & a < x < m \\[2mm] \dfrac{m-a}{b-a} + \dfrac{(x-m)(2b-m-x)}{(b-a)(b-m)} & m \leqslant x \leqslant b \end{cases}$$

均值：$\mu = \dfrac{a+m+b}{3}$

方差：$\sigma^2 = \dfrac{a(a-m)+b(b-a)+m(m-b)}{18}$

根据逆变换法，容易从$[0,1]$分布的随机数r，求得三角分布的随机数（见图1-9-5）：

$$x = \begin{cases} a+\sqrt{(m-a)(b-a)r} & 0 \leqslant r \leqslant (m-a)/(b-a) \\ b-\sqrt{(b-m)(b-a)(1-r)} & (m-a)/(b-a) \leqslant r \leqslant 1 \end{cases}$$

9.5.4 蒙特卡洛模拟的应用

蒙特卡洛模拟方法通过预先输入的不确定因素的估计概率分布的随机抽样，对项目评价指标进行计算，每抽一次样本数据，都计算一次项目的评价指标，一直重复计算，直到规定的模拟次数，其计算的结果就是用概率分布表示的评价指标值。这种概率分布，通常以不同的格式来表示：评价指标的直方图概率分布、累积概率分布曲线。如

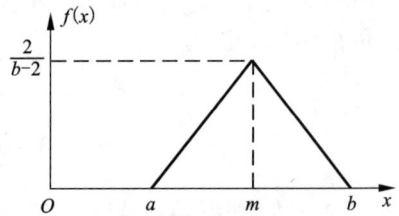

图1-9-5 三角形分布

图1-9-6、图1-9-7。蒙特卡洛模拟分析适用于工程开发的后期阶段和工程评价的中间阶段。蒙特卡洛模拟允许采用经验因素来处理过去很难确定的数值。例如，一个选矿工程师，根据他多年经验可能知道某种矿石类型最有可能的期望回收率，也可能知道它的最低回收率与最高回收率。如果工程师的估计被用作确定回收率数据三角形分布的基础，那么，他的经验与作点估计相比就更能发挥作用了。除此之外，蒙特卡洛模拟分析还可以使用综合集体的经验，因为市场、工程、生产、地质等均可以提供与他们有关的输入因素估计数据。为了减少个人的意见，蒙特卡洛模拟分析的每个输入资料数据，可以向几个对某种特殊因素有经验的人了解，然后，取平均值以改善输入数据的可靠性和减少个人的片面性。这种更详细的输入信息，可提供一个更现实有力的财务结论。虽然蒙特卡洛模拟模型输出的结果不是十分复杂，但它提供的信息是以往中高级水平的计算方法提供不了的，它比传统方法提供的信息更加完全。

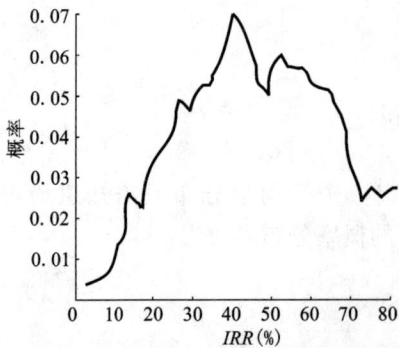

图1-9-6 *IRR* 收益率分布图

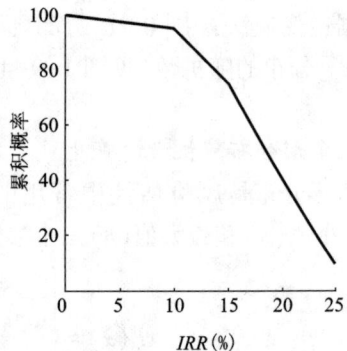

图1-9-7 *IRR* 累积概率分布曲线

由于篇幅有限,这里无法详细介绍蒙特卡洛模拟的过程及计算机程序,读者可参阅相关文献。

9.6 不确定性分析

不确定性分析与风险分析是项目经济评价中非常重要的决策分析方法,两者既有联系又有区别。本节在前面学习的基础上,对不确定分析与风险分析的有关理论和在项目评价中的实际操作进一步深化。

不确定分析与风险分析的主要区别与联系有以下几点:

(1)项目经济评价所采用的基本变量都是对未来的预测和假设,因而具有不确定性。通过对拟建项目具有较大影响的不确定性因素进行分析,计算基本变量的增减变化引起项目财务或经济效益指标的变化,找出最敏感的因素及其临界点,预测项目可能承担的风险,使项目的投资决策建立在较为稳妥的基础上。

(2)风险是指未来发生不利事件的概率或可能性。投资建设项目经济风险是指由于不确定性的存在导致项目实施后偏离预期财务和经济效益目标的可能性。经济风险分析是通过对风险因素的识别,采用定性或定量分析的方法估计各风险因素发生的可能性及对项目的影响程度,揭示影响项目成败的关键风险因素,提出项目风险的预警、预报和相应的对策,为投资决策服务。经济风险分析的另一重要功能还在于它有助于在可行性研究的过程中,通过信息反馈,改进或优化项目设计方案,直接起到降低项目风险的作用。风险分析的程序包括风险因素识别、风险估计、风险评价与防范应对。

(3)不确定性分析与风险分析既有联系,又有区别。由于人们对未来事物认识的局限性,可获信息的有限性以及未来事物本身的不确定性,使得投资建设项目的实施结果可能偏离预期目标,这就形成了投资建设项目预期目标的不确定性,从而使项目可能得到高于或低于预期的效益,甚至遭受一定的损失,导致投资建设项目"有风险"。通过不确定性分析可以找出影响项目效益的敏感因素,确定敏感程度,但不知这种不确定性因素发生的可能性及影响程度。借助于风险分析可以得知不确定性因素发生的可能性以及给项目带来经济损失的程度。不确定性分析找出的敏感因素又可以作为风险因素识别和风险估计的依据。

9.6.1 经济风险

(1)经济风险的来源。建设项目的经济风险来源于法律、法规及政策变化,市场供需变化,资源开发与利用、技术的可靠性、工程方案、融资方案、组织管理、环境与社会、外部配套条件等一个方面或几个方面的共同影响,具体内容如下:

① 政策方面:由于政府政策调整,使项目原定目标难以实现所造成的损失,如税收、金融、环保、产业政策等的调整变化,税率、利率、汇率、通货膨胀率的变化都会对项目经济效益带来影响。

② 市场方面:由于市场需求的变化、竞争对手的竞争策略调整,项目产品销路不畅,产品价格低迷等,以至产量和销售收入达不到预期的目标,给项目预期收益带来的损失。

③ 资源方面:资源开发与利用的项目,由于矿产资源的储量、品位、可采储量、开拓工程量及采选方式等与原预测结果发生较大偏离,导致项目开采成本增高,产量降低或经济寿

命期缩短，造成巨大的经济损失。在水资源短缺地区的投资建设项目，可能受水资源勘察不明、气候不正常等因素的影响。对于农业灌溉项目还可能有水资源分配问题等。

④ 技术方面：项目采用的技术，特别是引进技术的先进性、可靠性、适用性和经济性与原方案发生重大变化，导致项目不能按期进入正常生产状态，或生产能力利用率降低，达不到设计要求，或生产成本提高，产品质量达不到预期要求等。

⑤ 工程方面：因工程地质和水文地质条件出乎预料的变化，工程设计发生重大变化，导致工程量增加、投资增加、工期延长所造成的损失；由于前期准备工作不足，导致项目实施阶段建设方案的变化；工程设计方案不合理，可能给项目的生产经营带来影响等，造成经济损失。

⑥ 融资方面：项目资金来源的可靠性、充足性和及时性不能保证；由于工程量预计不足、或设备材料价格上升导致投资增加；由于计划不周或外部条件等因素导致建设工期拖延；利率、汇率变化导致融资成本升高所造成的损失。

⑦ 组织管理方面：由于项目组织结构不当、管理机制不完善或是主要管理者能力不足等，导致项目不能按计划建成投产，投资超出估算；或在项目投产后，未能制定有效的企业竞争策略，在市场竞争中失败。

⑧ 环境与社会方面：对于许多项目，外部环境因素包括自然环境和社会环境因素的影响。如项目选址不当，项目对社区的影响、生态环境影响估计不足，或是项目环保措施不当，在项目建成后，可能对社区和生态带来严重影响，导致社区居民和社会的反对，造成直接经济损失。

⑨ 配套条件方面：建设项目需要的外部配套设施，如供水排水、供电供汽、公路铁路、港口码头以及上下游配套设施等，在可行性研究中虽都作了考虑，但是实际上仍然可能存在外部配套设施没有如期落实的问题，致使建设项目不能发挥应有效益，从而带来风险。

⑩ 其他方面：对于某些项目，应考虑特有的风险因素。例如，对于合资项目，要考虑合资对象的法人资格和资信问题；对于农业建设项目，要考虑因气候、土壤、水利等条件的变化对收成不利影响的风险因素等；许多无形成本和效益的度量是分析专家个人的主观价值判断，不能量化的外部或间接效果的定性判断完全是主观的。

（2）经济风险因素。经济风险分析的任务之一，是通过对政策、市场、资源、技术、工程、资金、管理、环境、外部配套条件和其他等以上十个方面的分析找出风险因素。上述各方面经常是相互关联的，有时也难以分清。为寻找风险根源，有必要区分事件、后果和根源，如建设工期延误的原因和可能的后果，见表 1-9-5。

财务与经济分析的风险因素可归纳为六类：

① 项目收益风险：产出品的数量（服务量）与预测（财务与经济）价格；

② 建设投资风险：建筑安装工程量、设备选型与数量、土地征用和拆迁安置费、人工、材料价格、机械使用费及取费标准等；

③ 融资风险：资金来源、供应量与供应时间等；

④ 建设工期风险：工期延长；

⑤ 运营成本费用风险：投入的各种原料、材料、燃料、动力的需求量与预测价格、劳动力工资、各种管理费取费标准等；

⑥ 政策风险：税率、利率、汇率及通货膨胀率等。

表 1-9-5 建设工期延误的可能原因与后果

原　　因	事　　件	可能后果
资金短缺	建设工期延误	投资超支
建筑材料供应延误		推迟建设
熟练劳动力不足		推迟投产
恶劣的天气		还款期延长
设计变更，工程量增加		市场机会延误
管理或协调不力		项目破产

9.6.2 经济风险的识别与估计

1. 风险的识别

风险识别是风险分析的基础，运用系统论的方法对项目进行全面考察综合分析，找出潜在的各种风险因素，并对各种风险进行比较、分类，确定各因素间的相关性与独立性，判断其发生的可能性及对项目的影响程度，按其重要性进行排队，或赋予权重。

（1）风险识别方法。风险识别应根据项目的特点选用适当的方法。常用的方法有问卷调查法、专家调查法和情景分析法等。具体操作中，一般通过问卷调查或专家调查法完成，建立项目风险因素调查表。

（2）风险识别应注意的问题。

① 建设项目的不同阶段存在的主要风险有所不同；

② 风险因素依项目不同具有特殊性；

③ 对于项目的有关各方（不同的风险管理主体）可能会有不同的风险；

④ 风险的构成具有明显的递阶层次，风险识别应层层剖析，尽可能深入到最基本的风险单元，以明确风险的根本来源；

⑤ 正确判断风险因素间的相关性与独立性；

⑥ 识别风险应注意借鉴历史经验，要求分析者富有经验、创建性和系统观念。

2. 风险的估计

风险估计又称风险测定、测试、衡量和估算等。风险估计是在风险识别之后，通过定量分析的方法测度风险发生的可能性及对项目的影响程度。

（1）风险估计与概率。风险估计是估算风险事件发生的概率及其后果的严重程度，因此，风险与概率密切相关。概率是度量某一事件发生的可能性大小的量，它是随机事件的函数。必然发生的事件，其概率为 1；不可能事件，其概率为 0；一般的随机事件，其概率在 0 与 1 之间。风险估计分为主观概率（估计）和客观概率（估计）两种。

① 主观概率（估计）是指人们对某一风险因素发生可能性的主观判断，用 0 到 1 的数据来描述。这种主观估计基于人们所掌握的大量信息或长期经验的积累，而不是随意"拍脑袋"。

② 客观概率（估计）是根据大量的试验数据，用统计的方法计算某一风险因素发生的可能性，它是不以人的主观意志为转移的客观存在的概率，客观概率计算需要足够多的试验数

据作支持。

③ 在项目评价中，要对项目的投入与产出进行从机会研究到投产运营全过程的预测。由于不可能获得足够时间与资金对某一事件发生的可能性作大量的试验，又因事件是将来发生的，也不可能做出准确的分析，很难计算出该事件发生的客观概率，但决策又需要对事件发生的概率做出估计，因此项目前期的风险估计最常用的方法是由专家或决策者对事件出现的可能性做出主观估计。

（2）风险估计与概率分布。

① 风险估计的一个重要方面是确定风险事件的概率分布。概率分布用来描述损失原因所致各种损失发生可能性的分布情况，是显示各种风险事件发生概率的函数。概率分布函数给出的分布形式、期望值、方差、标准差等信息，可直接或间接用来判断项目的风险。

② 常用的概率分布类型有离散概率分布和连续概率分布。当输入变量可能值为有限个数，这种随机变量称为离散随机变量，其概率称离散概率，它适用于变量取值个数不多的输入变量。当输入变量的取值充满一个区间，无法按一定次序一一列举出来时，这种随机变量称连续随机变量，其概率称连续概率，常用的连续概率分布有正态分布、对数正态分布、泊松分布、三角分布、二项分布等。各种状态的概率取值之和等于 1。

③ 在风险估计中，确定概率分布时，需要注意充分利用已获得的各种信息进行估测和计算，在获得的信息不够充分的条件下则需要根据主观判断和近似的方法确定概率分布，具体采用何种分布应根据项目风险特点而定。确定风险事件的概率分布常用的方法有概率树、蒙特卡罗模拟及 CIM 模型等分析法。

9.6.3　风险的评价与应对

1. 风险的评价

风险评价是对项目经济风险进行综合分析，是依据风险对项目经济目标的影响程度进行项目风险分级排序的过程。它是在项目风险识别和估计的基础上，通过建立项目风险的系统评价模型，列出各种风险因素发生的概率及概率分布，确定可能导致的损失大小，从而找到该项目的关键风险，确定项目的整体风险水平，为如何处置这些风险提供科学依据。风险评价的判别标准可采用两种类型：

（1）以经济指标的累计概率、标准差为判别标准。

① 内部收益率大于等于基准收益率的累计概率值越大，风险越小；标准差越小，风险越小。

② 净现值大于等于零的累计概率值越大，风险越小；标准差越小，风险越小。

（2）以综合风险等级为判别标准。风险等级的划分既要考虑风险因素出现的可能性又要考虑对风险出现后对项目的影响程度，有多种表述方法，一般应选择矩阵列表法划分风险等级。矩阵列表法简单直观，将风险因素出现的可能性及对项目的影响程度构造一个矩阵，表中每一单元对应一种风险的可能性及其影响程度。为适应现实生活中人们往往以单一指标描述事物的习惯，将风险的可能性与影响程度综合起来，用某种级别表示，见表 1-9-6。该表是以风险应对的方式来表述风险的综合等级。所示风险等级亦可采用数学推导和专家判断相结合确定。

表 1-9-6 综合风险等级分类表

综合风险等级		风险影响的程度			
		严重	较大	适度	低
风险的可能性	高	K	M	R	R
	较高	M	M	R	R
	适度	T	T	R	I
	低	T	T	R	I

综合风险等级分为 K、M、T、R、I 五个等级：K(Kill)表示项目风险很强，出现这类风险就要放弃项目；M(Modify plan)表示项目风险强，需要修正拟议中的方案，通过改变设计或采取补偿措施等；T(Trigger)表示风险较强，设定某些指标的临界值，指标一旦达到临界值，就要变更设计或对负面影响采取补偿措施；R(Review and reconsider)表示风险适度(较小)，适当采取措施后不影响项目；I(Ignore)表示风险弱，可忽略。

落在该表左上角的风险会产生严重后果；落在这个表左下角的风险，发生的可能性相对低，必须注意临界指标的变化，提前防范与管理；落在该表右上角的风险影响虽然相对适度，但是发生的可能性相对高，也会对项目产生影响，应注意防范；落在该表右下角的风险，损失不大，发生的概率小，可以忽略不计。

以上推荐的风险等级的划分标准并不是唯一的，其他可供选择的划分标准有很多，如常用的风险等级划分为 1~9 级等。

2.风险的应对

在经济风险分析中找出的关键风险因素，对项目的成败具有重大影响，需要采取相应的应对措施，尽可能降低风险的不利影响，实现预期投资效益。

(1)选择风险应对的原则。

① 贯穿于项目可行性研究的全过程。可行性研究是一项复杂的系统工程，而经济风险来源于技术、市场、工程等各个方面，因此，应从规划设计上就采取规避防范风险的措施，才能防患于未然。

② 针对性。风险对策研究应有很强的针对性，应结合行业特点，针对特定项目主要的或关键的风险因素提出必要的措施，将其影响降低到最低程度。

③ 可行性。可行性研究阶段所进行的风险应对研究应立足于现实客观的基础之上，提出的风险应对措施在财务、技术等方面是切实可行的。

④ 经济性。规避防范风险是要付出代价的，如果提出的风险应对所花费的费用远大于可能造成的风险损失，该对策将毫无意义。在风险应对研究中应将规避防范风险措施所付出的代价与该风险可能造成的损失进行权衡，旨在寻求以最少的费用获取最大的风险效益。

(2)决策阶段的风险应对。

① 提出多个备选方案，通过多方案的技术、经济比较，选择最优方案；

② 对有关重大工程技术难题潜在风险因素提出必要研究与试验课题，准确地把握有关问题，消除模糊认识；

③ 对影响投资、质量、工期和效益等有关数据，如价格、汇率和利率等风险因素，在编

制投资估算、制定建设计划和分析经济效益时，应留有充分的余地，谨慎决策，并在项目执行过程中实施有效监控。

（3）建设或运营期的风险可建议采取回避、转移、分担和自担措施。

① 风险回避是彻底规避风险的一种做法，即断绝风险的来源。风险回避一般适用于两种情况：某种风险可能造成相当大的损失；风险应对防范风险价昂贵，得不偿失。

② 风险分担是针对风险较大，投资人无法独立承担，或是为了控制项目的风险源，而采取与其他企业合资或合作等方式，共同承担风险、共享收益的方法。

③ 风险转移是将项目业主可能面临的风险转移给他人承担，以避免风险损失的一种方法。转移风险有两种方式，一是将风险源转移出去，如将已做完前期工作的项目转给他人投资，或将其中风险大的部分转给他人承包建设或经营；二是只把部分或全部风险损失转移出去，包括保险转移方式和非保险转移方式两种。

④ 风险自担就是将风险损失留给项目业主自己独立承担。投资者已知有风险但由于可能获利而需要冒险时，同时又不愿意将获利的机会分给别人，必须保留和承担这种风险。

上述风险应对不是互斥的，实践中常常组合使用。可行性研究中应结合项目的实际情况，研究并选用相应的风险对策。

9.6.4 风险分析方法的选择

风险分析方法很多，几种常用方法的基本原理和基本操作步骤如下：

（1）专家调查法。对风险的识别和评价可采用专家调查法。专家调查法简单、易操作，它凭借分析者（包括可行性研究人员和决策者等）的经验对项目各类风险因素及其风险程度做出定性估计。专家调查法可以通过发函、开会或其他形式向专家进行调查，对项目风险因素、风险发生的可能性及风险对项目的影响程度评定，将多位专家的经验集中起来形成分析结论。由于它比一般的经验识别法更具客观性，因此应用较为广泛。

采用专家调查法时，专家应熟悉该行业和所评估的风险因素，并能做到客观公正。为减少主观性，聘用的专家应有一定数量，一般应在 10~20 位。具体操作上，将项目可能出现的各类风险因素、风险发生的可能性及风险对项目的影响程度采取表格形式一一列出，请每位专家凭借经验独立对各类风险因素的可能性和影响程度进行选择，最后将各位专家的意见归集起来，填写专家调查表。专家调查法是获得主观概率的基本方法。

（2）层次分析法。层次分析法（The Analytic Hierarchy Process）是美国著名运筹学家、匹兹堡大学教授 T. L. Saaty 于 20 世纪 70 年代中期提出的一种定性与定量相结合的决策分析方法，简称 AHP 方法。层次分析法是一种多准则决策分析方法，在风险分析中它有两种用途：一是将风险因素逐层分解识别（见图 1-9-8），直至最基本的风险因素，也称正向分解；二是两两比较同一层次风险因素的重要程度，列出该层风险因素的判断矩阵（判断矩阵可由专家调查法得出），判断矩阵的特征根就是该层次各个风险因素的权重，利用权重与同层次风险因素概率分布的组合，求得上一层风险的概率分布，直至求出总目标的概率分布，也称反向合成。运用层次分析法解决实际问题一般包括五个步骤：

① 建立所研究问题的递阶层次结构；

② 构造两两比较判断矩阵；

③ 由判断矩阵计算被比较元素的相对权重；

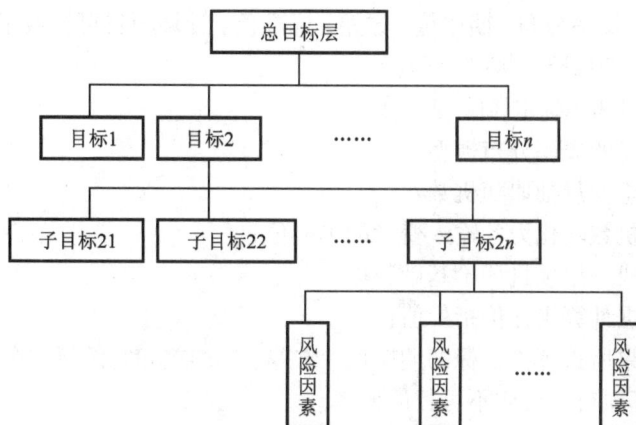

图 1-9-8　风险因素的递阶层次图

④ 计算各层元素的组合权重；

⑤ 将各子项的权重与子项的风险概率分布加权叠加，即得出项目的经济风险概率分布。

（3）CIM 方法。CIM 模型（CIM, Controlled Interval and Memory Model）是控制区间和记忆模型，也称概率分布的叠加模型或"记忆模型"。它是 C·钱伯曼（C. Chapman）和 D·库泊（D. Cooper）在 1983 年提出的。CIM 模型包括串联响应模型和并联响应模型，它们分别是以随机变量的概率分布形式进行串联、并联叠加的有效方法。

CIM 方法的主要特点是：用离散的直方图表示随机变量概率分布，用和代替概率函数的积分，并按串联或并联响应模型进行概率叠加。在概率叠加的时候，CIM 方法可将直方图的变量区间进行调整，即所谓的区间控制，一般是缩小变量区间，使直方图与概率解析分布的误差显著减小，因而提高了计算的精度。CIM 模型同时也可用"记忆"的方式考虑前后变量的相互影响，把前面概率分布叠加的结果记忆下来，应用"控制区间"的方法将其与后面变量的概率分布叠加，直至最后一个变量为止。应用 CIM 方法解决实际问题时，可参照层次分析法的应用步骤进行。

（4）概率树。概率树分析是假定风险变量之间是相互独立的，在构造概率树的基础上，将每个风险变量的各种状态取值组合计算，分别计算每种组合状态下的评价指标值及相应的概率，得到评价指标的概率分布，并统计出评价指标低于或高于基准值的累计概率，计算评价指标的期望值、方差、标准差和离散系数。可以绘制以评价指标为横轴，累计概率为纵轴的累计概率曲线。

概率树计算项目净现值的期望值和净现值大于或等于零的累计概率的计算步骤：

① 通过敏感性分析，确定风险变量；

② 判断风险变量可能发生的情况；

③ 确定每种情况可能发生的概率，每种情况发生的概率之和必须等于 1；

④ 求出可能发生事件的净现值、加权净现值，然后求出净现值的期望值；

⑤ 可用插入法求出净现值大于或等于零的累计概率。

（5）蒙特卡罗模拟法。蒙特卡罗模拟技术，是用随机抽样的方法抽取一组满足输入变量的概率分布特征的数值，输入这组变量计算项目评价指标，通过多次抽样计算可获得评价指

标的概率分布及累计概率分布、期望值、方差、标准差,计算项目可行或不可行的概率,从而估计项目投资所承担的风险。模拟过程:

① 通过敏感性分析,确定风险变量;

② 构造风险变量的概率分布模型;

③ 为各输入风险变量抽取随机数;

④ 将抽得的随机数转化为各输入变量的抽样值;

⑤ 将抽样值组成一组项目评价基础数据;

⑥ 根据基础数据计算出评价指标值;

⑦ 整理模拟结果所得评价指标的期望值、方差、标准差和它的概率分布及累计概率,绘制累计概率图,计算项目可行或不可行的概率。

9.6.5　风险分析操作过程

在具体操作过程中,经济风险分析应注意区别两种情况:

第一种情况:项目经济风险分析在敏感性分析的基础上进行,只需要分析敏感因素发生的可能性及对经济评价指标的影响程度,没有必要再进行详细的风险识别,可选择适当的方法估计风险发生的概率,然后进行风险估计、风险评价与应对研究。

进行经济风险分析时,风险因素主观概率的估计是在给定风险因素的变化区间后,由专家估计风险因素在不同区间变化的可能性,填入概率分布统计表,表格格式见表 1-9-7。各变化区间填写的数值之和应等于 1。

表 1-9-7　财务现金流量分析风险因素变化区间的概率分布统计表

序号	风险因素	−20% ~ −15%	−15% ~ −10%	−10% ~ −5%	−5% ~ 0	0	0~ 5%	5% ~ 10%	10% ~ 15%	15% ~ 20%
1	现金流入									
1.1	产出品价格			0.1	0.2	0.5	0.1	0.1		
1.2	产量	0.01	0.04	0.1	0.15	0.4	0.15	0.10	0.04	0.01
2	现金流出									
2.1	设备价格	0	0	0.05	0.1	0.2	0.3	0.2	0.1	0.05
2.2	土地价格	0	0	0	0	0.05	0.35	0.3	0.2	0.1
2.3	材料消耗量	0	0.1	0.2	0.4	0.2	0.1	0	0	0
2.4	原材料价格									

由以上调查统计表得出各个风险因素的概率分布后,可以利用蒙特卡罗模拟法计算经济评价指标的概率分布,以及相应的累计概率、期望值和标准差等指标。

第二种情况:项目需要进行系统的专题经济风险分析时,应按前述四个阶段的要求进行。采用专家调查与层次分析相结合的方法识别风险因素,建立风险因素调查统计表(表格格式见表 1-9-8),估计风险因素出现的可能性和对项目的影响程度,确定各个风险因素等级的概率分布。

表 1-9-8　风险因素专家调查统计表

序号	风险因素名称	出现的可能性				出现后对项目的影响程度			
		高	强	适度	低	高	强	适度	低
1	市场方面								
1.1	市场需求量			√					√
1.2	竞争能力		√				√		
1.3	价格		√						
	…				√				
2	技术方面								
2.1	可靠性								
2.2	适用性								√
3	资源方面								
3.1	资源储量		√				√		
3.2	开采成本				√				
	…								
4	工程地质方面								
	…								
5	投融资方面								
5.1	汇率								
5.2	利率				√				
6	投资额				√		√		
6.1	工期								
	…								
7	配套条件								
7.1	水、电、气供应								
7.2	交通运输条件								
7.3	其他配套工程								
	…								

专家姓名　　　　　　　专业　　　　　　　　　职称　　　　　　所在单位

具体分析步骤可参见表 1-9-9。

表 1-9-9　专题风险分析的流程

风险识别	步骤 1	1	设立适宜的风险分析内容和目标
		1.1	保证有足够的信息以开展风险分析
		1.2	明确分析目标、条件和要求
		1.3	确定假设条件
		1.4	确定项目成功的关键判据
	步骤 2	2	收集有关风险信息
		2.1	风险细分
		2.2	分析每个子项(或称目标、子目标)包含的内容
		2.3	分析子项之间的关系:独立性及相关性
		2.4	列出可能的风险原因
		2.5	识别每个子项的基本风险因素
		2.6	准备子项风险清单
	步骤 3	3	风险分类
		3.1	根据风险原因对风险进行分类
		3.2	定性分析影响的效果:风险发生的可能性及后果
		3.3	判断风险因素的权重
		3.4	填写子项风险清单
风险估计	步骤 4	4	风险量化估计
		4.1	确定是否需要进行定量估计
		4.2	运用 AHP、CIM、Monte-Carl。定量分析风险发生的可能性及后果,获得风险等级的概率分布、最可能发生的风险等级
		4.3	按照风险的影响程度对其进行排队
		4.4	绘制风险等级概率分布图和表
		4.5	确定项目综合风险等级
风险与对策	步骤 5	5	风险综合评价
		5.1	确定每个风险或每组风险水平
		5.2	根据风险等级的判别标准衡量其可接受性
	步骤 6	6	风险应对
		6.1	为不能接受的风险设计替换方案
		6.2	制定项目全过程风险控制方案
		6.3	建立项目实施与运营过程风险监控信息系统

习　　题

(1) 概述矿业投资风险的内容和矿产风险决策的内容。

(2) 概述矿业投资风险评价的目的及意义。

(3) 简要评述矿业投资风险评价的常用方法。

(4) 按有利、不利、最可能 3 种状态对两个方案的净现值进行了预测,其结果见表 1-9-10。试计算方案的净现值期望值与标准差,并作方案比较。

表 1-9-10

方案	有利($P=0.2$)	最可能($P=0.6$)	不利($P=0.2$)
A	900	1 000	1 100
B	400	1 000	1 600

(5) 某方案的参数预测如下:投资额 10 000 元、年净收入 3 000 元、寿命 5 年,$MARR=12\%$。这些参数的可能变化范围为 ±30%。试对年净收入与寿命作敏感性分析。

(6) 已知甲、乙两方案净现值的概率分布如表 1-9-11 所示,试作方案经济比较。

表 1-9-11

方案	净现金流及其概率				
	11	-3	5	13	21
甲	0.2	0.2	0.2	0.2	0.2
乙	0	0.4	0.3	0.2	0.1

(7) 某方案期初投资为 10 000 元,每年收入扣除支出后预估尚余 1 800 元,残值依预期寿命变动其概率,见表 1-9-12。若 $MARR=8\%$,计算净年值之期望值及标准差。

表 1-9-12

预期寿命	残值	概率
3	4 000	0.25
5	2 000	0.50
7	0	0.25

(8) 某设备的投资、运行费与年净收入均服从正态分布。投资额与运行费的期望值(以年值表示)为 12 000 元,标准差为 2 000 元;年净收入期望值为 15 000 元,标准差为 4 000 元。试求设备年值小于零的概率。

第 10 章　费用效益分析

费用效益分析是项目评价方法体系的重要组成部分，市场分析、技术方案分析、财务分析、环境影响分析、组织机构分析和社会评价都不能代替经济费用效益分析的功能和作用。它是市场经济体制下政府对公共项目进行分析评价的重要方法，是市场经济国家政府部门干预投资活动的重要手段。在新的投资体制下，国家对项目的审批和核准重点放在项目的外部效果、公共性方面，经济费用效益分析强调从资源配置经济效率的角度分析项目的外部效果，通过费用效益分析及费用效果分析的方法判断建设项目的经济合理性，是政府审批或核准项目的重要依据。矿山投资项目属于外部效果很强的项目，因此，在矿山项目评价中应重视费用效益分析法的应用。

10.1　费用效益分析的目的和范围

10.1.1　费用效益分析的目的

从资源合理配置的角度，分析项目投资的经济效率和对社会福利所做出的贡献，评价项目的经济合理性。其主要目的包括：

（1）全面识别整个社会为项目付出的代价，以及项目为提高社会福利所做出的贡献，评价项目投资的经济合理性；

（2）分析项目的经济费用效益流量与财务现金流量存在的差别，以及造成这些差别的原因，提出相关的政策调整建议；

（3）对于市场化运作的基础设施等项目，通过经济费用效益分析来论证项目的经济价值，为制定财务方案提供依据；

（4）分析各利益相关者为项目付出的代价及获得的收益，通过对受损者及受益者的经济费用效益分析，为社会评价提供依据。

10.1.2　费用效益分析的范围

（1）费用效益分析的理论基础是新古典经济学有关资源优化配置的理论。从经济学的角度看，经济活动的目的是通过配置稀缺经济资源用于生产产品和提供服务，尽可能地满足社会需要。当经济体系功能发挥正常，社会消费的价值达到最大时，就认为是取得了"经济效率"，达到了帕累托最优。

（2）在现实经济中，依靠两种基本机制来实现这种目的。一是市场定价机制，通过此种机制，厂商对由市场供求水平决定的价格作出反应，并据此从事自利的经济活动；二是政府部门通过税收补贴、政府采购、货币转移支付，以及为企业运行制定法规等，进行资源配置的决策活动，从而影响社会资源的配置状况。

在完全竞争的完善的市场经济体系下，竞争市场机制能够对经济资源进行有效配置，产出品市场价格将以货币形态反映边际社会效益，而投入品的市场价格将反映边际社会机会成本。利润最大化自然会导致资源的有效配置，财务分析与经济费用效益分析的结论一致，不需单独进行经济费用效益分析。

在现实经济中，由于市场本身的原因及政府不恰当的干预，都可能导致市场配置资源的失灵，市场价格难以反映建设项目的真实经济价值，客观上需要通过经济费用效益分析来反映建设项目的真实经济价值，判断投资的经济合理性，为投资决策提供依据。

（3）需要进行经济费用效益分析的项目：

① 自然垄断项目。对于电力、电信、交通运输等行业的项目，存在着规模效益递增的产业特征，企业一般不会按照帕累托最优规则进行运作，从而导致市场配置资源失效。

② 公共产品项目，即项目提供的产品或服务在同一时间内可以被共同消费，具有"消费的非排他性"（未花钱购买公共产品的人不能被排除在此产品或服务的消费之外）和"消费的非竞争性"（一人消费一种公共产品并不以牺牲其他人的消费为代价）特征。由于市场价格机制只有通过将那些不愿意付费的消费者排除在该物品的消费之外才能得以有效运作，因此市场机制对公共产品项目的资源配置失灵。

③ 具有明显外部效果的项目。外部效果是指一个个体或厂商的行为对另一个体或厂商产生了影响，而该影响的行为主体又没有负相应的责任或没有获得应有报酬的现象。产生外部效果的行为主体由于不受预算约束，因此常常不考虑外部效果结果承受者的损益情况。这类行为主体在其行为过程中常常会低效率甚至无效率地使用资源，造成消费者剩余与生产者剩余的损失及市场失灵。

④ 对于涉及国家控制的战略性资源开发及涉及国家经济安全的项目，往往具有公共性、外部效果等综合特征，不能完全依靠市场配置资源。

⑤ 政府对经济活动的干预，如果干扰了正常的经济活动效率，也是导致市场失灵的重要因素。

（4）从投资管理的角度，现阶段需要进行经济费用效益分析的项目可以分为以下几类：

① 政府预算内投资（包括国债资金）的用于关系国家安全、国土开发和市场不能有效配置资源的公益性项目和公共基础设施建设项目、保护和改善生态环境项目、重大战略性资源开发项目；

② 政府各类专项建设基金的用于交通运输、农林水利等基础设施、基础产业建设项目；

③ 利用国际金融组织和外国政府贷款，需要政府主权信用担保的建设项目；

④ 法律、法规规定的其他政府性资金投资的建设项目；

⑤ 企业投资建设的涉及国家经济安全、影响环境资源、公共利益、可能出现垄断、涉及整体布局等公共性问题，需要政府核准的建设项目。

（5）对于上述无法完全依靠市场配置资源的项目，往往具有下列特征：

① 项目的产出物不具有市场价格。由于公共产品和外部效果等因素的影响，无法对其进行市场定价。

② 市场价格虽然存在，但无法确切地反映投入物和产出物的边际社会效益和成本，因而在竞争性市场上提供这些服务得到的收益将无法充分地反映这些供给所产生的社会净效益。

10.2　效益和费用的识别

在费用效益分析中,应尽可能全面地识别投资项目的经济效益和费用,并需要注意以下几点:

(1)对项目涉及的所有社会成员的有关费用和效益进行识别和计算,全面分析项目投资及运营活动耗用资源的真实价值,以及项目为社会成员福利的实际增加所做出的贡献。

①分析体现在项目实体本身的直接费用和效益,以及项目引起的其他组织、机构或个人发生的各种外部费用和效益;

②分析项目的近期影响,以及项目可能带来的中期、远期影响;

③分析与项目主要目标直接联系的直接费用和效益,以及各种间接费用和效益;

④分析具有物资载体的有形费用和效益,以及各种无形费用和效益。

(2)效益和费用的识别遵循以下原则:

①增量分析的原则。项目经济费用效益分析应建立在增量效益和增量费用识别和计算的基础之上,不应考虑沉没成本和已实现的效益。应按照"有无对比,增量分析"的原则,通过项目的实施效果与无项目情况下可能发生的情况进行对比分析,作为计算机会成本或增量效益的依据。

②考虑关联效果原则。应考虑项目投资可能产生的其他关联效应。

③以本国居民作为分析对象的原则。对于跨越国界,对本国之外的其他社会成员产生影响的项目,应重点分析对本国公民新增的效益和费用。项目对本国以外的社会群体所产生的效果,应进行单独陈述。

④剔除转移支付的原则。转移支付代表购买力的转移行为,接受转移支付的一方所获得的效益与付出方所产生的费用相等,转移支付行为本身没有导致新增资源的发生。在经济费用效益分析中,税负、补贴、借款和利息属于转移支付。一般在进行经济费用效益分析时,不得再计算转移支付的影响。

(3)一些税收和补贴可能会影响市场价格水平,导致包括税收和补贴的财务价格可能并不反映真实的经济成本和效益。在进行经济费用效益分析中,转移支付的处理应区别对待:

①剔除企业所得税或补贴对财务价格的影响。

②一些税收、补贴或罚款往往是用于校正项目"外部效果"的一种重要手段,这类转移支付不可剔除,可以用于计算外部效果。

③项目投入与产出中流转税应具体问题具体处理。

④项目费用与效益识别的时间范围应足以包含项目所产生的全部重要费用和效益,而不应仅根据有关财务核算规定确定。如财务分析的计算期可根据投资各方的合作期进行计算,而经济费用效益分析不受此限制。

⑤应对项目外部效果的识别是否适当进行评估,防止漏算或重复计算。对于项目的投入或产出可能产生的第二级乘数波及效应,在经济费用效益分析中一般不予考虑。

10.3 效益和费用的计算

项目投资所造成的经济费用或效益的计算,应在利益相关者分析的基础上,研究在特定的社会经济背景条件下相关利益主体获得的收益及付出的代价,计算项目相关的费用和效益。

(1)支付意愿原则。项目产出物的正面效果的计算遵循支付意愿(WTP)原则,用于分析社会成员为项目所产出的效益愿意支付的价值。

(2)受偿意愿原则。项目产出物的负面效果的计算遵循接受补偿意愿(WTA)原则,用于分析社会成员为接受这种不利影响所得到补偿的价值。

(3)机会成本原则。项目投入的经济费用的计算应遵循机会成本原则,用于分析项目所占用的所有资源的机会成本。机会成本应按资源的其他最有效利用所产生的效益进行计算。

(4)实际价值计算原则。项目经济费用效益分析应对所有费用和效益采用反映资源真实价值的实际价格进行计算,不考虑通货膨胀因素的影响,但应考虑相对价格变动。

10.4 费用效益分析的参数计算

10.4.1 效益和费用采用影子价格计算

经济费用效益分析中投入物或产出物使用的计算价格称为"影子价格"。影子价格应是能够真实反映项目投入物和产出物真实经济价值的计算价格。

影子价格的测算在建设项目的经济费用效益分析中占有重要地位。考虑到我国仍然是发展中国家,整个经济体系还没有完成工业化过程,国际市场和国内市场的完全融合仍然需要一定时间等具体情况,将投入物和产出物区分为外贸货物和非外贸货物,并采用不同的思路确定其影子价格。

10.4.2 货物或服务的费用或效益的计算

具有市场价格的货物或服务,其费用或效益的计算应遵循的原则:

(1)若该货物或服务处于竞争性市场环境中,市场价格能够反映支付意愿或机会成本,应采用市场价格作为计算项目投入物或产出物影子价格的依据。

(2)如果项目的投入物或产出物的规模很大,项目的实施将足以影响其市场价格,导致"有项目"和"无项目"两种情况下市场价格不一致,在项目评价实践中,取二者的平均值作为测算影子价格的依据。

(3)投入与产出的影子价格中流转税按下列原则处理:

① 对于产出品:增加供给满足国内市场供应的,影子价格按支付意愿确定,含流转税;顶替原有市场供应的,影子价格按机会成本确定,不含流转税。

② 对于投入品:用新增供应来满足项目的,影子价格按机会成本确定,不含流转税;挤占原有用户需求来满足项目的,影子价格按支付意愿确定,含流转税。

③ 在不能判别产出或投入是增加供给还是挤占(替代)原有供给的情况下,可简化处理

为：产出的影子价格一般包含实际缴纳流转税，投入的影子价格一般不含实际缴纳流转税。

（4）对于可外贸货物，其投入物或产出物价格应基于口岸价格进行计算，以反映其价格取值具有国际竞争力。计算公式为：

$$出口产出的影子价格（出厂价）= 离岸价（FOB）\times 影子汇率 - 出口费用$$

$$进口投入的影子价格（到厂价）= 到岸价（CIF）\times 影子汇率 + 进口费用$$

其中：离岸价（FOB）是指出口货物运抵我国出口口岸交货的价格；到岸价（CIF）是指进口货物运抵我国进口口岸交货的价格，包括货物进口的货价、运抵我国口岸之前所发生的境外的运费和保险费。

进口或出口费用是指货物进出口环节在国内所发生的所有相关费用，包括运输费用、储运、装卸、运输、保险等各种费用支出及物流环节的各种损失、损耗等。

（5）如果可外贸货物以财务成本或价格为基础调整计算经济费用和效益，应注意以下两点：

① 如果不存在关税、增值税、消费税、补贴等转移支付因素，则项目的投入物或产出物价值直接采用口岸价格进行调整计算。

② 如果在货物的进出口环节存在转移支付因素，应区分不同情况处理。

10.4.3　无市场价格的产品或服务的计算

当项目的产出效果不具有市场价格，或市场价格难以真实反映其经济价值时，对项目的产品或服务的影子价格进行重新测算应采用的方法如下：

（1）按照消费者支付意愿的原则，通过其他相关市场价格信号，按照"显示偏好"的方法，寻找揭示这些影响的隐含价值，对其效果进行间接估算。如项目的外部效果导致关联对象产出水平或成本费用的变动，通过对这些变动进行客观量化分析，作为对项目外部效果进行量化的依据。

（2）根据意愿调查评估法，按照"陈述偏好"的原则进行间接估算。一般通过对被评估者的直接调查，直接评价调查对象的支付意愿或接受补偿的意愿，从中推断出项目造成的有关外部影响的影子价格。应注意调查评估中可能出现的以下偏差：

① 调查对象相信他们的回答能影响决策，从而使他们实际支付的私人成本低于正常条件下的预期值时，调查结果可能产生的策略性偏倚；

② 调查者对各种备选方案介绍得不完全或使人误解时，调查结果可能产生的资料性偏倚；

③ 问卷假设的收款或付款方式不当，调查结果可能产生的手段性偏倚；

④ 调查对象长期免费享受环境和生态资源等所形成的"免费搭车"心理，导致调查对象将这种享受看作是天赋权利而反对为此付款，从而导致调查结果的假想性偏倚。

10.4.4　特殊投入物影子价格的确定

（1）项目占用的人力资源，是项目实施所付出的代价。如果财务工资与人力资源的影子价格之间存在差异，应对财务工资进行调整计算，以反映其真实经济价值。

人力资源投入的影子价格 = 劳动力机会成本 + 新增资源消耗

① 劳动力机会成本是拟建项目占用的人力资源由于在本项目使用而不能再用于其他地

方或享受闲暇时间而被迫放弃的价值，应根据项目所在地的人力资源市场及劳动力就业状况，按下列原则进行分析确定：A. 过去受雇于别处，由于本项目的实施而转移过来的人员，其影子工资应是其放弃过去就业机会的工资(含工资性福利)及支付的税金之和。B. 对于自愿失业人员，影子工资应等于本项目的使用所支付的税后净工资额，以反映边际工人投入到劳动力市场所必须支付的金额。C. 非自愿失业劳动力的影子工资应反映他们为了工作而放弃休闲愿意接受的最低工资金额，其数值应低于本项目的使用所支付的税后净工资并大于支付的最低生活保障收入。当缺少信息时，可以按非自愿失业人员接受的最低生活保障收入和税后净工资率的平均值近似测算。

② 新增资源耗费是指劳动力在本项目新就业或由其他就业岗位转移到本项目而发生的经济资源消耗，而这种消耗与劳动者生活水平的提高无关。在分析中应根据劳动力就业的转移成本测算。

(2) 土地是一种重要的经济资源，项目占用的土地无论是否需要实际支付财务成本，均应根据土地用途的机会成本原则或消费者支付意愿的原则计算其影子价格。

① 生产性用地，主要指农业、林业、牧业、渔业及其他生产性用地，按照这些生产用地未来可以提供的产出物的效益及因改变土地用途而发生的新增资源消耗进行计算。即：土地的经济成本＝土地机会成本＋新增资源消耗。其中，土地的机会成本应按照社会对这些生产用地未来可以提供的消费产品的支付意愿价格进行分析计算，一般按照项目占用土地在"无项目"情况下的"最佳可行替代用途"的生产性产出的净效益现值进行计算。

新增资源耗费应按照在"有项目"情况下土地的征用造成原有地上附属物财产的损失及其他资源耗费来计算。璧地平整等开发成本应计入工程建设成本中，在土地经济成本估算中不再重复计算。

② 对于非生产性用地，如住宅、休闲用地等，应按照支付意愿的原则，根据市场交易价格测算其影子价格。

③ 在经济费用效益分析中，应根据项目计算期内未来土地用途的可能变化，合理预测项目占用土地的影子价格。对土地机会成本的计算应按以下要求进行：A. 通过政府公开招标取得的国有土地出让使用权，以及通过市场交易取得的已出让国有土地使用权，应按市场交易价格计算其影子价格。B. 未通过正常市场交易取得的土地使用权，应分析价格优惠或扭曲情况，参照当地正常情况下的市场交易价格，调整或类比计算其影子价格。C. 当无法通过正常市场交易价格类比确定土地影子价格时，应采用收益现值法或以土地开发成本加开发投资应得收益确定。D. 由于土地开发规划许可的取得，会对土地市场价格产生影响，土地价值的估算应反映实际的或潜在的规划批准情况，应分析规划得到批准的可能性及其对地价的影响。如果土地用途受到限制，其影子价格就会被压低。应分析这些限制被解除的可能性，以及解除限制对土地价值的影响。E. 项目征用农村用地，应按土地征用费调整计算其影子价格。其中耕地补偿费及青苗补偿费应视为土地机会成本，地上建筑物补偿费及安置补偿费应视为新增资源消耗。这些费用如果与农民进行了充分协商并获得认可，可直接按财务成本计算其影子价格；若存在征地费优惠，或在征地中没有进行充分协商，导致补偿和安置补助费低于市场定价，应按当地正常征地补偿标准调整计算土地的影子价格。F. 在征地过程中收取的征地管理费、耕地占用税、耕地开垦费、土地管理费、土地开发费等各种税费，应视为转移支付，不列入土地经济费用的计算。

（3）自然资源是指自然形成的，在一定的经济、技术条件下可以被开发利用以提高人们生活福利水平和生存能力，并同时具有某种"稀缺性"的实物性资源的总称，包括土地资源、森林资源、矿产资源和水资源等。项目经济费用效益分析将自然资源分为资源资产和非资产性自然资源，在影子价格的计算中只考虑资源资产。

资源资产是指所有权已经界定，或者随着项目的实施可以界定，所有者能够有效控制并能够在目前或可预见的将来产生预期经济效益的自然资源。资源资产属于经济资产范畴，包括土地资产、森林资产、矿产资产、水资产等。经济费用效益分析中，项目的建设和运营需要投入的自然资源，是项目投资所付出的代价。这些代价要用资源的经济价值而不是市场价格表示，可以用项目投入物替代方案的成本对这些资源资产用于其他用途的机会成本等进行分析测算。

10.4.5　生命健康价值的量化

如果项目的产出效果表现为对人力资本、生命延续或疾病预防等方面的影响，如教育项目、卫生项目、环境改善工程或交通运输项目等，应根据项目的具体情况，测算人力资本增值的价值、可能引起的死亡增加或减少的价值，以及对健康影响的价值，并将量化结果纳入项目经济费用效益分析的框架之中。如果货币量化缺乏可靠依据，应采用非货币的方法进行量化。

（1）对于项目的实施可能引起人力资本增值的效果，如教育项目引起的人才培养和素质提高，在劳动力市场发育成熟的情况下，其价值应根据"有项目"和"无项目"两种情况下的税前工资率的差别进行估算。

（2）对于项目的效果表现为增加或减少死亡的价值，应尽可能地分析由于死亡风险的增加或减少的价值，根据社会成员为避免死亡而愿意支付的价格进行计算。在缺乏估算人们对生命的支付意愿的资料时，可通过人力资本法，通过分析人员死亡所带来的为社会创造收入的减少来评价死亡引起的损失，以测算生命的价值，或者通过分析不同工种的工资差别来测算人们对生命价值的支付意愿。

（3）对于项目的效果表现为对人们健康的影响时，一般应通过分析疾病发病率与项目影响之间的关系，测算发病率的变化所导致的收入损失，看病、住院、医药等医疗成本及其他各种相关支出的变化，并综合考虑人们对避免疾病而获得健康生活所愿意付出的代价，测算其经济价值。

10.4.6　费用节约的效益计算

一些项目的效益表现为费用的节约，在计算中需要注意的几点：

（1）按照"有无对比"原则，分析"有项目"和"无项目"两种情况下的费用变动趋势，尤其应重视对"无项目"情况下费用变动状况进行合理预测，通过增量分析估算费用节约的效益。

（2）从整个项目周期费用的角度进行分析，既要分析初始建设投资费用，也要分析运营期费用。

（3）从广义费用的角度进行分析，既要分析项目实体付出的费用，也要分析各种间接费用、次级波及费用；既要分析货币量化的费用，又要分析非货币化的费用。

（4）在费用分析中应注意避免重复计算。

10.4.7　时间节约的效益计算

对于表现为时间节约的项目效果,应按照有无对比的原则分析"有项目"和"无项目"情况下的时间耗费情况,区分不同人群、货物,根据项目具体特点测算时间节约的价值。

(1)出行时间节约的价值是指为了得到这种节约受益者所愿意支付的货币数量。在项目经济费用效益分析中,应根据所节约时间的具体性质分别测算。

① 如果所节约的时间用于工作,时间节约的价值应为将节约的时间用于工作带来的产出增加,由企业负担的所得税前工资、保险、退休金及有关的其他劳动成本综合分析计算。

② 如果所节约的时间用于闲暇,应从受益者个人的角度,综合考虑个人家庭情况、收入水平、对闲暇的偏好等因素,采用意愿调查评估的方法进行估算。

(2)货物时间节约的价值是指应为得到这种节约受益者所愿意支付的货币数量。在项目经济费用效益分析中,应根据不同货物对时间的敏感程度测算其时间节约价值。

10.4.8　外部效果的效益计算

项目外部效果是指项目可能会对其他社会群体产生正面或负面影响,而项目本身却不会承担相应的货币费用或享有相应的货币效益。

以往经济费用效益分析对项目产生的有利影响(正面影响)的分析比较多,而对项目会带来不利影响(主要是对环境、生态和社会的负面影响)的分析较少考虑,这种做法既不利于充分认识项目外部效果以便采取成本最小措施,也不能在危害的预防与接受之间进行权衡。

外部效果计算的范围应考虑环境及生态影响效果、技术扩散效果和产业关联效果。一般计算一次性的外部影响效果。

计算外部效果应明确项目"范围"的边界。根据具体项目情况,合理确定项目扩展的边界。有条件时可将具有相互关联的项目拴在一起作为"项目群"进行评价,使外部效果的处理内部化。对无法量化的外部效果,应进行定性分析。

10.4.9　环境外部效果的定量计算

为对建设项目进行全面的经济费用效益分析,应重视对环境影响外部效果的经济费用效益分析,尽可能地对环境成本与效益进行量化,在可行的情况下赋予经济价值,并纳入整个项目经济费用效益分析的框架体系之中。对于建设项目环境影响的量化分析,应从社会整体角度对建设项目环境影响的经济费用和效益进行识别和计算。

(1)如果项目对环境的影响可能导致受影响的区域生产能力发生变化,根据项目所造成的相关产出物的产出量变化,对环境影响效果进行量化。如果产出物具有完全竞争的市场价格,应直接采用市场价格计算其经济价值;如果存在市场扭曲现象,应对其市场价格进行相应调整。

(2)如果不能直接估算拟建项目环境影响对相关产出量的影响,可以通过有关成本费用信息来间接估算环境影响的费用或效益。

① 替代成本法。分析为了消除项目对环境的影响,可采取其他方案来替代拟建项目方案,需要增加的投资作为项目方案环境影响的经济价值。

② 预防性支出法。以受影响的社会成员为了避免或减缓拟建项目对环境可能造成的危

害，所愿意付出的费用，作为对环境影响的经济价值进行计算的依据。

　　③ 置换成本法。对项目实际造成的生产性资产的损失，通过测算其置换成本，即为恢复其生产能力必须投入的价值，作为对环境影响进行量化的依据。

　　④ 机会成本法。通过评价因保护某种环境资源而放弃某项目方案所损失的机会成本，来评价该项目方案环境影响的损失。

　　⑤ 意愿调查评估法。通过对利益相关者的支付意愿或接受补偿的意愿进行调查，作为估算环境价值的依据。

　　(3) 对于无法通过产出物市场价格或成本变化测算其影响的环境价值，应采用各种间接评估的方法进行量化。

　　① 隐含价值分析法。通过对受项目环境影响的一些对象的隐含价值分析，间接地测算环境影响的经济价值。

　　② 产品替代法。对人们愿意换取某种环境质量的其他替代物品的价值进行分析，间接测算人们对环境影响价值的支付意愿。

　　③ 成果参照法。通过参照其他方面对环境影响经济费用效益分析的研究成果，作为估算本项目环境影响经济价值的参考依据。

10.4.10　影子汇率的计算

　　如果存在明显的迹象表明本国货币对外币的比价存在扭曲现象，在将外汇折算成本币时，应采用影子汇率。影子汇率应能正确反映外汇的经济价值，计算公式为：

$$影子汇率＝外汇牌价×影子汇率换算系数$$

10.5　社会折现率的选择

　　经济费用效益分析以国家公布的社会折现率作为对未来经济费用效益流量进行折现的折现率项目的所有费用和效益，包括不能货币化的效果均可根据需要予以折现。

　　社会折现率是用以衡量资金时间经济价值的重要参数，代表资金占用的机会成本，并且用作不同年份之间资金价值换算的折现率。社会折现率应根据经济发展的实际情况、投资效益水平、资金供求状况、资金机会成本、社会成员的费用效益时间偏好以及国家宏观调控目标取向等因素进行综合分析测定。社会折现率应该采用不考虑通货膨胀因素影响的实际折现率，而不应该是名义折现率。

　　在实际工作中，可根据项目产出效果的特性、项目所在地区经济发展的情况、项目投资管理的要求等因素，在国家公布的社会折现率的基础上，可适当调整社会折现率的取值，但调整幅度不宜太大。

10.6　费用效益流量表的编制

　　经济费用效益流量表的编制，可以按照经济费用效益识别和计算的原则和方法直接进行，也可以在财务分析的基础上将财务现金流量转换为反映真正资源变动状况的经济费用效益流量。

（1）直接进行经济费用效益流量的识别和计算，基本步骤如下：

① 对于项目的各种投入物，应按照机会成本的原则计算其经济价值。

② 识别项目产出物可能带来的各种影响效果。

③ 对于具有市场价格的产出物，以市场价格为基础计算其经济价值。

④ 对于没有市场价格的产出效果，应按照支付意愿及接受补偿意愿的原则计算其经济价值。

⑤ 对于难以进行货币量化的产出效果，应尽可能地采用其他量纲进行量化。难以量化的，进行定性描述，以全面反映项目的产出效果。

（2）在财务分析基础上进行经济费用效益流量的识别和计算，基本步骤如下：

① 剔除财务现金流量中的通货膨胀因素，得到以实价表示的财务现金流量。

② 剔除运营期财务现金流量中不反映真实资源流量变动状况的转移支付因素。

③ 用影子价格和影子汇率调整建设投资各项组成，并剔除其费用中的转移支付项目。

④ 调整流动资金，将流动资产和流动负债中不反映实际资源耗费的有关现金、应收、应付、预收、预付款项，从流动资金中剔除。

⑤ 调整经营费用，用影子价格调整主要原材料、燃料及动力费用、工资及福利费等。

⑥ 调整营业收入，对于具有市场价格的产出物，以市场价格为基础计算其影子价格；对于没有市场价格的产出效果，以支付意愿的原则计算其影子价格。

⑦ 对于可货币化的外部效果，应将货币化的外部效果计入经济效益费用流量。对于难以进行货币化的外部效果，应尽可能地采用其他量纲进行量化；难以量化的，进行定性描述，以全面落实反映项目的产出效果。

10.7　费用效益分析指标

（1）经济净现值（*ENPV*）是项目按照社会折现率将计算期内各年的经济净效益流量折现到建设期初的现值之和，是经济费用效益分析的主要评价指标。计算公式为：

$$ENPV = \sum_{t=1}^{n} (B - C)_t (1 + i_s)^{-t}$$

式中：B 为经济效益流量；C 为经济费用流量；$(B-C)_t$ 为第 t 期的经济净效益流量；n 为项目计算期；i_s 为社会折现率。

在经济费用效益分析中，如果经济净现值等于或大于 0，说明项目可以达到社会折现率要求的效率水平，认为该项目从经济资源配置的角度可以被接受。

（2）经济内部效益率（*EIRR*）是项目在计算期内经济净效益流量的现值累计等于 0 时的折现率，是经济费用效益分析的辅助评价指标。计算公式为：

$$\sum_{t=1}^{n} (B - C)_t (1 + EIRR)^{-t} = 0$$

式中：B 为经济效益流量；C 为经济费用流量；$(B-C)_t$ 为第 t 期的经济净效益流量；n 为项目计算期；$EIRR$ 为经济内部效益率。

如果经济内部效益率等于或者大于社会折现率，表明项目资源配置的经济效率达到了可以被接受的水平。

（3）效益费用比（RBC）是项目在计算期内效益流量的现值与费用流量的现值的比率，是经济费用效益分析的辅助评价指标。计算公式为：

$$RBC = \frac{\sum_{t=1}^{n} B_t (1 + i_s)^{-t}}{\sum_{t=1}^{n} C_t (1 + i_3)^{-t}}$$

式中：RBC 为效益费用比；B_t 为第 t 期的经济效益；C_t 为第 t 期的经济费用。

如果效益费用比大于1，表明项目资源配置的经济效率达到了可以被接受的水平。

10.8　费用效益分析的对策建议

经济费用效益分析一方面应从资源优化配置的角度，分析项目投资的经济合理性；另一方面应通过财务分析和经济费用效益分析结果的对比，分析市场的扭曲情况，判断政府公共投资是否有必要介入本项目的投资建设，并为改善本项目的财务状况、进行政策调整提出分析意见。因此，在建设项目的经济费用效益分析中，必须重视对策建议的分析。

（1）经济费用效益分析强调以受益者支付意愿原则测算项目产出效果的经济价值，对于基础设施项目，是分析建设投资的经济价值及市场化运作能力的重要依据；

（2）通过财务现金流量与经济费用效益流量的对比分析，判断二者出现的差异及其原因，分析项目所在行业或部门存在的导致市场失灵的现行政策，提出纠正政策干预失当、改革现行政策法规制度、提高部门效率的政策建议；

（3）通过项目费用及效益在不同利益相关者之间分布状况的分析，评价项目对不同利益相关群体的影响程度，分析项目利益相关群体受益或受损状况的经济合理性。

经济费用效益分析强调站在整个社会的角度，分析社会资源占用的经济效率，其分析方法应根据项目的具体情况选用。

经济费用效益分析的主要方法包括：

（1）经济费用效益比较的分析方法，如经济费用效益分析方法（CBA）、经济费用效果分析方法（CEA）；

（2）多目标分析方法（MCA）：将项目视为多目标的投资决策问题，将经济费用效益分析纳入多目标决策的框架体系中；

（3）定性分析方法，对项目的各种经济影响进行全面陈述，为投资决策提供依据。

其他还有总费用分析法、完全费用效益分析法及项目周期费用分析法等。

对于建设项目的经济费用效益分析，原则上应尽可能地采用费用效益分析方法。对于效益难以进行货币量化的项目，应尽可能地采用非货币的量纲进行量化，采用费用效果分析的方法对项目建设方案进行经济合理性评价。对于效益和费用均难以量化的项目，应进行定性经济费用效益分析。

经济费用效益分析应尽可能地对项目的产出进行货币量化，以便为政府投资决策及对企业项目的核准提供必要的依据。如果难以完全货币量化，应做到：

（1）全面列举货币化或不能货币化的各类效益和费用，对项目的经济影响进行全面评价。

（2）对于一些效益和费用虽然难以赋予其货币价值，但应尽可能地予以物理量化，以便为方案比选等其他分析提供经过量化的依据。例如卫生项目的效果，可采用项目的实施对受影响人群的健康水平的改善对其效用进行量化。

（3）对于项目效果难以进行货币量化，在项目效益一定的情况下，应采用费用效果分析的方法，计算项目寿命周期费用现值，选择费用最低的项目方案。对于费用相同而效益不同的项目，应通过计算效益的现值，选择接受效益现值最大的备选方案。

第2篇

矿业权评估理论与方法

第 1 章　矿业权概述

1.1　矿业权概念

矿业权是指自然人、法人和其他社会组织依法享有的，在一定的区域和期限内，进行矿产资源勘查和开采等一系列经济活动的权利。根据物权理论，矿业权属于限制物权。矿业权是从矿产资源所有权派生出来的，是矿产资源所有权中的使用权能，即矿产资源所有权人将矿产资源使用权能让与他人，允许他人使用，从而形成的矿业权。矿业权人对矿产资源没有完全支配权，只具有使用和收益的权利。矿产资源所有权是指所有者依法对矿产资源享有占有、使用、收益和处分的权利，是最完全的物权。在我国，国家是矿产资源所有权的唯一主体，而矿业权的主体可以是自然人、公司法人及其他社会组织。

矿业权包括探矿权、采矿权。探矿权是指探矿权人在依法取得的勘查许可证规定的范围和期限内，勘查矿产资源的权利。采矿权是指采矿权人在依法取得的采矿许可证规定的范围和期限内，开采矿产资源的权利。

1.2　矿业权市场

从人类经济发展来看，市场的概念是与商品经济联系在一起的。无论什么性质的社会，只要有商品经济，就必定存在市场，而且市场的范围和作用随着商品经济的发展而发展和扩大。矿业权市场是随着我国社会主义市场经济的发展而出现的一种特殊商品市场，属于产权市场，因而是我国市场体系中产权市场的一个重要组成部分。

市场有狭义和广义之分。从狭义层次看，市场是指进行商品交换的具体地点和场所，如商店、集市、交易所、展销会等。从广义层次上看，市场又指一定场所和领域内的商品交换关系，它包括交易场所、交换关系、交换活动的总的。

矿业权市场的概念也有狭义和广义之分。狭义的矿业权市场是指进行矿业权交易的专门具体场所，如矿业权交易所、矿业权交易中心等。广义的矿业权市场则是指因矿业权流转、交易所产生和形成的一切经济关系和行为总和，包括矿业权交易的客体或对象、矿业权交易的主体和矿业权交易的媒介等要素。

1.3　矿业权市场特征

矿业权市场作为我国社会主义市场体系中产权市场的一个重要组成部分，具有市场的一般性。但是矿业权是一种特殊形态的商品，具有区别一般商品市场的明显特征：

1. 矿业权市场交易客体的特殊性，即所交易的客体是矿业权，属于矿产资源使用权而非矿产资源所有权。根据我国《宪法》和《中华人民共和国矿产资源法》及其他有关法律、法规的规定，矿产资源属于国家所有，其所有权不能出让，只能出让使用权即矿业权，所以在我国矿业权市场交易的只能是矿产资源使用权。这种使用权不同于一般使用权，它包含了一定时期内对矿产资源使用及其收益的权利。

2. 矿业权市场中交易的矿业权具有期限性。取得采矿权或探矿权资格的矿业权人必须按照一定的开采规模、勘探进度在规定的时间内行使矿业权。

3. 交易实体的非移动性(固定性)。矿业权在交易过程中，所依附的矿产资源不能移动，只发生货币和使用者的移动，其实质是矿产资源使用资格(采矿权或探矿权许可证)的交易。因此，矿业权交易往往以矿业权的产权证书为依据，权利的取得必须以法律为依据方为有效，并按权属管理的需要进行变更登记，使用权其权属的变更得到法律确认。

4. 矿业权价值的依附性。矿业权价值是指矿业权人在一定时期内通过对矿产资源客体的活劳动和物化劳动的投入而可能产出的投资收益额(此处的矿业权价值与后面的价值评估中的矿业权价值的含义是不一样的)，矿业权(特别是采矿权)价值主要来源于矿产资源的价值。

5. 矿业权商品供给的稀缺性。由于矿业权商品依附于矿产资源，而矿产资源是一种可耗竭性资源，再加上它的天然属性以及人类科学技术(特别是勘查水平)的局限性，使得矿业权的供给弹性较小。

1.4　矿业权市场结构

矿业权市场是围绕矿业权这一特殊商品的交易行为而形成的特殊的经济关系，其市场体系的结构模式，按矿业权所有者的不同分为一级(出让)市场和二级(转让)市场。

1.4.1　矿业权一级(出让)市场

一级(出让)市场是各级国土资源主管部门依据法定权限，通过审批、招标、拍卖、挂牌出让等方式，将探矿权、采矿权出让给矿业权申请人。其实质是各级国土资源主管部门以矿产资源所有权人(国务院)的代理人资格，采用市场的方式，将矿产地的矿业权出让(即出售)给不特定矿业权申请人的各种社会关系的总和。矿业权登记管理机关向申请人、投标人出让矿业权即构成矿业权一级市场。在我国目前情况下，矿业权一级(出让)市场主要由国家垄断，这主要源于在此之前，都是由国家出资勘查而形成的矿业权，但随着矿业权市场的建立和完善，会改变目前的市场结构。由于矿业权人(地勘单位、矿业公司)主要是国有性质及计划经济时期遗留下来的问题，再加上矿业权有偿制度本身存在的一些缺陷，因而在矿业权一级市场中则一半是计划经济时期的"申请"加"行政审批"的方式，一半是以招标、拍卖、挂牌出让的市场机制出让，"申请"加"行政审批"的方式授予矿业权是目前国家出让矿业权的主要方式。因此，培育和完善矿业权一级市场，首先应解决矿业权人的性质及历史遗留问题，形成真正的市场竞争主体。另外还需完善矿业权有偿制度，使得各竞争主体在同一起跑线上公平竞争，这样，才会真正激活矿业权一级市场，带动矿业权二级市场的发展。

1.4.2　矿业权二级(转让)市场

转让是指矿业权人将矿业权转移的行为，包括出售、作价投资、合作、重组改制等方式。

矿业权一般民事主体(矿业权人和中介机构)之间转移构成矿业权二级市场。二级市场是指已经取得矿业权的单位和个人通过市场途径,将矿业权让渡给新矿业权人的各种社会关系的总和。显然,矿业权二级市场是在矿业权一级市场的基础上形成和发展起来的,因此,要培育、建立、激活矿业权二级市场,关键在于矿业权一级市场的运作是否规范、市场是否活跃。

1.5　矿业权市场要素

众所周知,构成市场的要素有:需求、供给、以价格为核心的各种市场信号,以及作为市场活动主体的企业和从事经济活动的个人。矿业权市场同样要具备这四个基本要素,才能正常有效地运转。

矿业权的市场需求不同于一般商品或劳务的市场需求。首先,矿业权这种特殊商品只适用于那些有开采或勘探资质的企业,因而消费者(或需求方)数量非常有限。其次,矿业权的价值是依附于矿产资源的,由于投资矿产资源的高风险性以及矿产品价格的极不确定性,势必会影响需求方,使他们在投资(购买)时格外谨慎。另外,影响矿业权需求的因素非常多,诸如矿业投资环境、矿业法规政策、矿产品需求状况、矿业企业的投资偏好、风险承受能力以及对未来投资收益的期望值大小等。

矿业权市场供给是指在一定时间内供给方愿意并且有能力为市场提供矿业权商品的数量。在矿业权一级市场中,矿业权的提供主要是国家这一特殊民事主体,当然也不排除非国家出资形成的矿业权的供给,这一方式的供给来自于企业或其他组织机构。矿业权市场的供给不仅取决于矿业权本身的价格水平,还取决于国家对矿产资源的宏观调控因素以及科学技术的发展水平。同时,由于矿产资源的稀缺性及天然属性,因而矿业权市场的供给会受到一定的制约。而在矿业权二级市场中,除国家明文禁止故意对矿业权进行炒作倒卖外,矿业权的供给主要受矿业权市场价格水平以及取得矿业权的成本的影响。

以价格为核心的各种市场信号包括一般商品(消费品和生产资料)的价格,以及各种生产要素商品(资金、劳动力、科学技术、信息等)的价格。这些市场信号同样对矿业权市场起作用,价格升降的信息,将直接影响到市场的需求和市场的供给。

市场活动的一般主体主要是指企业和从事经济活动的个人。而矿业权市场活动的主体就是矿业权交换关系中的行为人。矿业权市场的主体由国家、矿业权人(地勘单位、矿山企业、其他投资者)和中介机构(经纪人、储量认定机构、矿权评估机构、律师事务所等)构成,矿业权人和中介机构是一般民事主体,国家是矿业权市场中的特殊民事主体。作为特殊民事主体的国家,在矿业权市场中的行为目标主要有:其一,要达到合理开发和利用矿产资源的目的,有利于矿产资源的可持续发展;其二,在经济上真正体现矿产资源所有者的权益,为矿政管理及后续勘探投资、生态环境的保护提供经济方面的支撑。国家这个民事主体往往从全局的利益出发,既要保证自身利益,同时还要兼顾矿业权人的利益,调动其积极性,因此,它不是单纯意义上的市场主体,这是有别于其他一般商品市场的。而作为一般民事主体的矿业权人,他们往往从各自的经济利益出发,根据各种市场信号而采取相应的各种经营、投资决策。矿业权人的行为理论上应该是理性的行为,但事实上并非如此,主要原因在于在我国,他们一般不是独立的经济实体,没有独立的经营自主权,也不承担任何经济责任,因而也就造成他们不可能按市场规律采取理性的行为。因此,必须加快矿业权市场中市场主体的形成。

1.6　矿业权市场组织

矿业权交易复杂,牵涉面较广,要运用的专业技术较多,如资产评估、法律顾问、资金筹措、储量评估等,单有意向双方完不成交易,必然有众多的参与者。除交易双方作为直接的交易主体参与交易外,还离不开银行、资产评估机构及律师事务所等中介机构的参与。另外,地矿行政机关作为交易的维护者以及矿业经济有效运行、健康发展的监控者,也要通过一定的形式在一定程度上介入矿业权交易活动。

1.6.1　矿业权出让方

进入矿业权交易市场的出让方,包括普通的探矿权权利人、采矿权权利人以及特殊的矿业权人(即国家的代理人——各级国土资源主管部门),他们所处的位置不同,因而他们出让矿业权的动机也不相同。

首先,以普通民事主体身份出现的特殊矿业权人即国家(通常以各级地矿行政机关为代表),通过采取批准申请、招标、拍卖、挂牌等方式有偿出让矿业权,一方面真正体现作为矿产资源所有者的经济利益;另一方面,实现矿产资源的有效配置,改善矿业秩序,理顺矿产品价格,促进矿业经济繁荣,实现矿业乃至整个国民经济的可持续发展。所得矿业权出让价款作为政府专项基金,主要用于改善、保护生态环境以及矿业勘探开发的基础性工作。

其次,普通的矿业权人是指一般民事主体,包括矿业公司、勘探公司及其他矿业投资主体,将根据各自的发展目标,采取出售、作价出资入股、合作、重组改制等方式出让矿业权或部分矿业权,以实现"强强"联手或将所得的矿业权收益用于新的矿业开发或别的项目投资中。

此外,为了保障矿业权市场的正常运行和健康发展,实现矿产资源的合理开发和利用的目的,在充分考虑到矿业开发需具备较强的专业技术条件下,除矿政管理部门(即特殊的矿业权出让方)外,其他任何矿业权出让方均需具备相关的行业资格认证即符合国家有关矿业法规的要求,并且待转让的矿业权需符合国家规定的转让条件,方可进入市场。

1.6.2　矿业权购买方

矿业权购买方即矿业权受让人。在市场经济中,矿业权受让人主要是各种矿业投资者(矿业公司、勘探公司及其他矿业投资主体),国家有时也会因政策因素或矿产资源的战略储备而作为矿业权的购买方出现。对大多数矿业投资者,购买矿业权(投资矿业)的目的,是想通过购买矿业权进行相应的矿业开发活动,以获取投资收益,但有的则是通过购入矿业权,达到企业兼并、联合等目的,是企业战略投资的一种方式。

同样,对矿业权购买方也有严格的市场准入制度,原因同矿业权出让方一样,这是因为矿业权属限制流转物是矿业权市场所特有的。在矿业权市场中,投资主体必须符合国家有关矿业法规规定的条件,具备一定的专业技术资格方可进入市场,参与市场交易活动,而对那些不具备技术支撑的投资者将被排斥在市场之外。

1.6.3　矿业权交易的中介机构

无论是矿业权一级市场，还是矿业权二级市场，矿业权交易都必然要借助中介机构的有效服务，才能实现矿业权的交易。矿业权中介机构是指那些为矿业权出让或转让等交易活动提供各种技术、咨询服务的盈利性法人组织，如矿业权评估机构、储量认定机构、投资咨询机构、法律咨询机构、矿业权交易中心、市场监管机构等。

中介机构的发展和规范化运作，对完善和有效发挥矿业权市场的经济功能，促进矿业权交易的规范化等起着重要作用，同时也是衡量矿业权市场成熟程度的重要标志。

在矿业权市场中，矿业权评估机构和储量认定机构、矿业权交易中心及市场监管机构是其特有的，对其他中介机构的介绍在经济类文献上讨论的较多，在此不再赘述。

1. 矿业权评估机构

矿业权评估是对矿业权的价值进行评定和估算，是为矿业权市场中的交易行为提供参考依据，为市场服务的。因此，矿业权评估机构是矿业权市场中的一种服务机构，同时又是专门从事矿业权价值评估的专家咨询机构。在我国是由国土资源部认定具有探矿权、采矿权评估资格的资产评估事务所组成的。这些事务所中拥有资深的地质、采矿、选矿和经济专家，对委托的矿业权项目按现行的各种技术规定与经济指标，遵循一定的法定程序，应用适当的评估原则、方法和计价标准，对矿业权价格进行独立的评定估算，同时对评估结果的合理性与公正性承担责任。此外，在市场经济较发达的国家，这类机构还对矿业投资相关的问题向投资者提供咨询服务，即承担投资咨询机构的咨询业务。

为保证评估的公正性与规范性，国家在 1999 年 3 月专门颁布了《探矿权采矿权评估资格管理暂行办法》，以规范评估机构的行为，保证矿业权评估结果的公正，促进矿业权市场交易的顺利进行。

2. 储量认定机构

矿业权价值依存于作为实体的经济可采的矿产资源量即矿产储量。而储量认定机构就是专门对矿产储量进行评估、认定的专门组织。在矿业权市场中各矿业权项目的矿产储量必须是由储量认定机构提交的储量评估报告认定的，以此作为评估矿业权价格的重要参数和依据。储量认定机构主要应由具备矿业及经济类知识且具有丰富实践经验的专业人士组成。这些专家对委托人指定的矿区(矿山)的矿产储量，按《固体矿产资源/储量分类》国家标准进行评估认定，并对认定储量的合理性与公正性承担责任。

在我国政府机构改革时，将原来由地矿行政主管部门承担的矿产储量审批职能剥离出来，设立了专家咨询性质的矿产储量评审机构，承担矿产储量评审工作。

3. 矿业权交易中心(市场)

矿业权交易市场是在各级地矿行政机关及各级政府的宏观调控下，在国家的矿业政策指导下，发挥市场机制的作用，进行矿业权转让的交易场所，为矿业权交易双方提供一个完备的、公开的有形市场。

矿业权交易市场的出现是适应矿业权有偿制度的改革需要，是为了促进矿业权流动，优化资源配置，加快矿业公司向现代企业制度转换的进程，促进矿业经济的发展。因此，决定了矿业权交易市场的宗旨必然是集中、公开、公正、公平地为矿业权交易活动创造便利和规范运作的条件，提供合法场所和良好配套服务。要求矿业权交易市场必须提供一个公开和透明的交易环境，严格规范矿业权交易程序，采取招标、挂牌、拍卖等的方式成交，杜绝私下交易和人情交易，维护交易双方的合法权益。

矿业权交易市场是"集中、公开、公正、规范"交易的合法场所。它应承担的职责包括：(1)执行国家及国土资源部颁布的以及各级地矿行政机关制定的与矿业有关的法律、法规、规章和政策。(2)审查矿业权交易主体的资格和交易条件。在矿业权交易的准备阶段，要对矿业权进行评估，并确认企业进入矿业权交易的资格。(3)依法组织矿业权交易，维护交易双方的合法权益，并为矿业权交易提供服务。(4)收集、发布矿业权交易的信息。(5)为矿业权转让企业提供评估、法律咨询、矿业权拍卖等方面的服务。(6)负责对交易对象即矿业权的真实性、规范性和合法性进行审查。(7)制定和健全自律性管理的规章制度，接受上级主管部门国土资源部(厅)的监管。(8)其他应履行的职责。如：同全国其他的矿业权交易市场联网，互相挂牌交易，以及与其他有关部门协同配合，与关联市场如矿产品市场、矿业资本市场等搞好信息联网，实现资源、数据的共享。

4. 市场监管机构

一般是指政府、政府授权的机构或依法设立的行业性自律组织。此机构旨在维护市场交易的公平、公开、公正性，保护矿业权交易各方的利益，并依据法律、法规、条例及矿业相关政策，对矿业权市场体系和各种活动进行监督、管理和指导，它要求市场参与者的行为和各种矿业经济活动之间的联系以及各项运行机制是在法制的框架下进行，以此维护矿业权交易双方、中介机构等的权益，并营造一个良性循环、健康发展的矿业权市场环境。

1.6.4 政府或地质矿产主管部门

我国的地质矿产主管部门除了履行一般政府的行政职能即政治职能、经济职能、文化职能、社会(保障)职能外，还必须负责国家资源性资产的管理职能。在矿业权市场中，地质矿产主管部门有时代表国家参与市场交易活动，但主要实施矿业权管理的行为，以体现国家对矿产资源的所有权。目前，其管理的主要内容包括：界定矿业权的性质、时间与空间限制；设定取得矿业权的资格、条件和程序；界定矿业权人的权利和义务；矿业权的审批与授予；管理矿业权使用费的征收和使用；矿业权转让管理；矿业权人合法权益的保护等。

由于探矿权、采矿权属限制流转物，这使得矿业权市场具有与其他商品市场不同的特点，因而政府或者说地质矿产主管部门在其中就肩负着比对其他类型市场更艰巨、更繁杂的任务，监管力度更需加强。应制定与矿业权有关的法规、制度、政策，以确保国家利益不受损害，国有资产不流失，又能调动矿业权投资者的积极性，同时又使矿产资源得到合理的开发、利用。

地质矿产部门对矿业权的审批和授予的主要内容包括：审查矿业权申请人的资质条件；审查勘查计划或采矿方案，以保证矿业活动符合法律法规规定的要求和国家的矿业政策，特别是保证矿产资源得到科学合理的开发利用；审查其他申请文件和资料(如地质资料、环境影响报告等)；对审查合格者有偿授予探矿权和采矿权，变更矿业权。

地质矿产部门(代表国家)保护矿业权人的合法权益。矿产资源法规定：国家保护探矿权和采矿权不受侵犯，保证矿区和勘查作业区的生产秩序、工作秩序不受影响和破坏；探矿权人有权优先获得勘查作业区内矿产资源的采矿权；在勘查许可证有效期内和探矿权保留期内，除该探矿权人外，任何单位和个人都无权申请该勘查作业区内矿产资源的矿业权，矿业权管理机关也不得将该勘查作业区的矿业权授予他人。

习　　题

(1) 矿业权的概念是什么？

(2) 矿业权市场的概念是什么？

(3) 矿业权市场特征有哪些？

(4) 矿业权一级市场和二级市场的区别是什么？

(5) 矿业权市场的基本要素是什么？

第 2 章　采矿权评估方法

采矿权评估,发生在探矿权人放弃优先采矿权并依法转让探矿权和采矿权人依法转让采矿权之时。这时,一般都探明了矿产储量,获得的地质、技术、经济信息也比较充分,其评估方法也比较固定。采用的评估方法是贴现现金流量法和可比销售法。其中,探矿权人放弃优先采矿权并依法转让探矿权,但其评估方法则应完全按采矿权评估方法进行,即可用贴现现金流量法和可比销售法。

2.1　贴现现金流量法

贴现现金流量法,即 DCF(Discounted Cash Flow)分析法,是采矿权评估广泛利用的基本方法之一。由于采矿权是企业法人财产权,属企业资产,它具备独立的能够连续获得预期收益的能力,且资产未来的收益能够用货币来计算,资产未来的收益中包含风险收益等前提条件,所以采矿权评估可以使用贴现现金流量法。国内通常将它称为"收益现值法"。国际上也普遍采用此法对采矿权进行价值评估。但在具体应用上,由于采矿权的特殊性,在现金流量分析运用和采用参数上,与一般资产评估应用有所不同。

2.1.1　贴现现金流量法的方法原理

贴现现金流量法是指通过估算被评估资产的未来预期收益,并折算成现值,借以确定被评估资产价值的一种资产评估方法。这种方法是基于:无论谁占有该资产,都能获得一定的期望收益,而且在产权交易中,无论是买者还是卖者,所获得或支付的货币量都不会超过该项资产的期望收益折现值。那么,究竟获得或支付多少货币量才算公平,它又基于一个最基本的经营法则,即在未来经营中谁都应获得风险以外的超额收益,但都不能获得全部风险外的超额收益。这就意味着交易价值是超额收益中的一部分,如何把这部分切割分离,我们采用反算方法,即要把对方应该获得的收益(包括超额收益),都应切割过去,剩余的净收益(或称净利润)就是采矿权的价值。所以,贴现现金流量法原理也是利用现金流量的原理,反算切割剩余定价的。

2.1.2　贴现现金流量法的计算方法

根据 DCF 的计算原理,采用与国际通用的 DCF 法有所不同的贴现现金流量法评定采矿权转让价格,有三种计算公式:

(1)从剩余利润中扣除社会平均收益的方法。计算公式为:

$$W_P = \sum_{i=1}^{n} \left[(W_{ai} - W_{bi}) \cdot \frac{1}{(1+r)^n} \right]$$

其中: W_P 为采矿权转让价值; W_{ai} 为年剩余利润额($W_{ai}=E_{pi}-S_{ji}-Y_{bi}-Y_{si}-Y_{qi}$,其中, E_{pi} 为年销售收入; S_{ji} 为年经营成本; Y_{bi} 为年资源补偿费; Y_{si} 为资源税金; Y_{qi} 为其他税金); W_{bi} 为社

会平均收益额($W_{bi}=E_{pi}\cdot\delta$，其中 δ 为社会销售收入平均利润率）；r 为货币贴现率；n 为计算年限（$i=1,2,3,\cdots$）。

（2）从剩余利润中扣除投资收益的方法。计算公式为：

$$W_P = \sum_{i=1}^{n}\left[\left(W_{ai}-W_{ti}\right)\cdot\frac{1}{(1+r)^n}\right]$$

其中：W_{ti} 为投资收益额（$W_{ti}=T_{ui}\cdot\rho$，其中 T_{ui} 为矿山建设总投资，ρ 为社会平均投资收益率或国家规定的投资收益率）。

（3）交切割比例计入贴现率的方法，即贴现率除包括安全利率、风险溢价外，再计入投资收益率或社会平均收益率，直接计算净现值，计算公式：

$$W_P = \sum_{i=1}^{n}\left[W_{ai}\cdot\frac{1}{(1+r)^n}\right]$$

其中：r 为混合贴现率。

[**例 2-2-1**]　依据上述计算公式，以某金矿为例，转换成表式计算。按 1994 年评估基准日的基本参数如下：

矿石平均品位：20.48 克/吨

矿石储量（D+E 级）：14.036 吨（Au 金属量）

矿石量：68.57 万吨

年矿石生产能力：6.6 万吨/年

开采年限：12 年

年成品金产量：933.37 公斤

成品金价格：96 元/克

单位经营成本：250 元/吨

单位成本估算：390 元/吨

总投资：1.007 亿元

其中，勘探费：0.1120 亿元

流动资金：0.0950 亿元

资金收益率：10%

销售收入利润率：8%

计算结果详见表 2-2-1、表 2-2-2 和表 2-2-3。可以看出有三种不同的结果：

第一种按扣除社会平均收益计算，其金矿采矿权转让价值为 5 066.09 万元；

第二种按扣除投资收益计算，其金矿采矿权转让价值为 4 959.63 万元；

第三种按混合贴现率的方法计算，其金矿采矿权转让为 2 940.74 万元。

用上述三种方法计算的结果有差别应该说是正常的。不过从计算方法上不难看出，在评估中，虽然对投资效益做了必要的分析，但由于所选生产规模很难最优化，所以其总投资必然会偏大或偏小，最终影响收益，影响对矿业权价值的确定。采用扣除社会平均收益方法，不受投资大小的影响，也不受矿产品价格的影响（或者说影响幅度小），水涨船高，比较公平合理。所以，我们认为，按扣除社会平均收益的计算方法较为适宜。

表 2-2-1　某金矿矿业权转让价格计算表（简化）

（按扣除社会平均收益方法计算）　　　　　　　　　　　　单位:万元

项　　目	合　计	1995	1996	1997	1998	1999	2000	2001~2005	2006
1. 产品销售收入(+)	76 162.98				4 480.18	8 960.35	8 960.35	44 801.75	8 960.35
2. 经营成本(−)	14 025.00				825.00	1 650.00	1 650.00	8 250.00	1 650.00
3. 基本建设投资(−)	9 120.00	400.00	3 500.00	3 220.00	2 000.00				
4. 流动资金(−)	950.00				475.00	475.00			
5. 税前收入小计	52 067.98	−400.00	−3 500.00	−3 220.00	1 180.18	6 835.35	7 310.35	36 551.75	7 310.35
6. 增值税(−)	8 568.34				504.02	1 008.04	1 008.04	5 040.20	1 008.04
7. 所得税(−)	15 652.83				161.27	1 799.28	1 965.04	9 780.20	1 956.04
8. 资源税(−)	140.25				8.25	16.50	16.50	82.50	16.50
9. 税后收入小计	27 706.56	−400.00	−3 500.00	−3 220.00	506.64	4 011.53	4 329.77	21 648.85	4 329.77
10. 资源补偿费(−)	3 046.49				179.21	358.41	358.41	1 792.05	358.41
11. 净利润小计	24 660.07	−400.00	−3 500.00	−3 220.00	327.43	3 653.12	3 971.36	19 856.80	3 971.36
12. 社会平均收益(−)	6 093.05				358.41	716.83	716.83	3 584.15	716.83
13. 回收固定资产余值(+)	729.60								729.60
14. 回收流动资产余值(+)	950.00								950.00
15. 剩余利润小计	20 246.62	−400.00	−3 500.00	−3 220.00	−30.98	3 254.53	3 254.53	16 272.65	4 934.13
16. 折现系数($i=12\%$)		0.892 9	0.711 8	0.711 8	0.635 5	0.567 4	0.506 6		0.256 7
17. 剩余利润净现值	5 066.08	−357.16	−2 292.00	−2 292.00	−19.69	1 666.05	1 648.74	59 443.74	1 266.59

注：（1）增值税按销项税额减去进项税额折成增值税率 11.25% 计算；

（2）资源税按精矿 2.50 元/吨计算；

（3）资源补偿费按销售收入的 4% 计算；

（4）所得税按销售收入扣除生产成本、增值税、资源税、资源补偿费后利润的 33% 计算；

（5）城乡建设税、教育费附加不计入（简化）；

（6）基建投资为 9 120.00 万元（含地勘费 1 120 万元）；

（7）社会平均收益按销售收入的 8% 计算。

表 2-2-2　某金矿采矿权转让价格计算表（简化）

（按扣除投资收益方法计算）　　　　　　　　　　　　单位:万元

项　　目	合　计	1995	1996	1997	1998	1999	2000	2001~2005	2006
1. 产品销售收入(+)	76 162.98				4 480.18	8 960.35	8 960.35	44 801.75	8 960.35
2. 经营成本(−)	14 025.00				825.00	1 650.00	1 650.00	8 250.00	1 650.00
3. 基本建设投资(−)	9 120.00	400.00	3 500.00	3 220.00	2 000.00				
4. 流动资金(−)	950.00				475.00	475.00			
5. 税前收入小计	52 067.98	−400.00	−3 500.00	−3 220.00	1 180.18	6 835.35	7 310.35	36 551.75	7 310.35
6. 增值税(−)	8 568.34				504.02	1 008.04	1 008.04	5 040.20	1008.04
7. 所得税(−)	15 652.83				161.27	1 799.28	1 965.04	9 780.20	1 956.04

续表2-2-2

项目	合计	1995	1996	1997	1998	1999	2000	2001~2005	2006
8. 资源税(-)	140.25				8.25	16.50	16.50	82.50	16.50
9. 税后收入小计	27 706.56	-400.00	-3 500.00	-3 220.00	506.64	4 011.53	4 329.77	21 648.85	4 329.77
10. 资源补偿费(-)	3 046.49				179.21	358.41	358.41	1 792.05	358.41
11. 净利润小计	24 660.07	-400.00	-3 500.00	-3 220.00	327.43	3 653.12	3 971.36	19 856.80	3 971.36
12. 社会平均收益(-)	6 847.60				402.80	805.60	805.60	4 028.00	805.60
13. 回收固定资产余值(+)	729.60								729.60
14. 回收流动资产余值(+)	950.00								950.00
15. 剩余利润小计	19 492.07	-400.00	-3 500.00	-3 220.00	-75.37	2 847.52	3 165.76	15 828.80	4 845.36
16. 折现系数($i=12\%$)		0.892 9	0.797 2	0.711 8	0.635 5	0.567 4	0.506 6		0.256 7
17. 剩余利润净现值	4 757.63	-357.16	-2 790.20	-2 292.00	-47.90	1 615.68	1 603.77	5 781.62	1 243.80

注：（1）投资按10 070万元计算，收益率按8%计算；

（2）其他指标同表2-2-1。

表2-2-3 某金矿采矿权转让价格计算表(简化)

（按混合贴现率方法计算） 单位：万元

项目	合计	1995	1996	1997	1998	1999	2000	2001~2005	2006
一、现金流入									
1. 产品销售收入	76 162.98				4 480.18	8 960.35	8 960.35	44 801.75	8 960.35
2. 回收固定资产净值	729.60								729.60
3. 回收流动资金余值	950.00								950.00
现金流入小计	77 842.58				4 480.18	8 960.35	8 960.35	44 801.75	10 640
二、现金流出									
1. 基本建设投资	9 120.00	400.00	3 500.00	3 220.00	2 000.00				
2. 流动资金	950.00				475.00	475.00			
3. 经营成本	14 025.00				825.00	1 650.00	165.00	8 250.00	1 650.00
4. 增值税	8 568.34				504.02	1 008.04	1 008.04	5 040.20	1 008.04
5. 资源税	140.25				8.25	16.50	16.50	82.50	16.50
6. 矿产资源补偿费	3 046.49				179.21	358.41	358.41	1 792.05	358.41
7. 所得税	15 652.83				161.27	1 799.28	1 956.04	9 780.20	1 956.04
现金流出小计	51 502.91	400.00	3 500.00	3 220.00	4 152.75	5 307.23	4 988.99	24 944.95	4 988.99
三、净现金流量	26 339.67	-400.00	-3 500.00	-3 220.00	327.43	3 653.12	3 971.36	19 856.80	5 650.96
折现系数($r=20\%$)		0.833 3	0.694 4	0.578 7	0.482 3	0.401 9	0.334 9	1.001 6	0.112 2
净现值	2 940.74	-333.32	-2 430.40	-1 863.41	157.92	1 468.19	1 330.01	3 977.71	634.04

注：计入贴现率的切割比例可投资收益率，即8%。此时贴现率为20%。

2.1.3　贴现现金流量法的参数选取

利用贴现现金流量法评估，须选取两大类参数，一类为技术参数，包括地质、采矿、选矿各工艺环节所反映的矿床地质特征、矿体形态、矿石数量和质量、采矿和选矿生产规模及回收利用率指标；另一类为经济参数，包括相对固定的参数，这类参数是国家有关经济、金融部门发布的社会参数。此外，还包括相对可变的参数，这类参数是需要评估人员根据经验确定的。

1. 矿产资源工业指标参数

工业指标包括两个方面：一是对矿石的某些有用、有害组分含量（品位）方面的要求；二是对某些矿石或矿物物理技术性能方面的要求。采用贴现现金流量法评估时，需对下列工业指标参数进行必要的动态分析：①边界品位；②工业品位；③综合工业品位；④矿石品级；⑤伴生有用和有害组分；⑥矿区（床）平均品位；⑦有害杂质允许含量；⑧精矿质量要求；⑨矿石或矿物物理技术性能方面的要求。

上述参数中的关键指标是边界品位和工业品位（即人们常说的"双品位指标"）。就评估而言，并不需要参与对工业指标的选择。任何矿床勘查，都要选择一套工业指标，据此圈定矿体，确定储量。在过去和现在选择的工业指标，一般都是经上级主管部门或储量委员会批准及征求矿山读者论坛部门意见而确定的。但由于双品位指标较少考虑地理条件与当时的经济环境（如矿产价格、贴现率）影响，特别是早期勘探的矿床，完全没有考虑经济因素，所确定的指标，或由于未能考虑经济因素，或由于时间久远，经济情况已发生较大变化，往往不能反映现在技术经济条件下的矿产储量规模和质量要求。经常是在不同勘探阶段给出不同的工业指标，因而导致出现不同的储量规模。

[**例 2-2-2**]　山东某金矿床，在详查阶段下达的工业指标为：边界品位为 2 克/吨，单工程最低工业品位为 3 克/吨，矿体最低工业品位为 4 克/吨，最低可采厚度为 1.2 米，求得金金属储量为 50.54 吨。在勘探阶段下达的三项工业指标分别为 1.5、3.5、5.5 克/吨，求得金金属储量为 43.62 吨。后来，为了某种目的做计算时，将工业指标改为 1、2、2.8 克/吨，求得金金属储量为 74.92 吨。从而可以看出，对同一矿床确定的工业指标不同，获得可供开发利用的资源量是不一样的。随着国内外经济环境的变化，科学技术的发展，冶炼技术也在逐步提高，相对应的是提取有用组分的能力也在增强。显而易见，这些工业指标要求也会随之变化。同时，市场需求和矿产品价格的变化，由于利益驱动，也使这些指标发生变化，因而不能死搬硬套已定边界品位。也就是说，在市场经济中，矿产储量是动态的。这就使在评估时不得不考虑矿产储量可信度问题，即在哪种工业指标下，可达到最大可利用储量，这对采矿权价值评估至关重要。因此，在用贴现现金流量法评估采矿权时，要对工业指标进行认真分析，特别是对边界品位指标要作动态分析，选择最优的边界品位，确定在当前技术经济条件下最佳经济效益的资源储量。

边界品位与开采成本及矿产资源总量的关系，虽然是一个复杂的资源经济问题，但必须要求通过边际成本和边际效益分析来确定边际品位，最大限度地保证矿产储量的可靠性和矿山经济寿命，使采矿权获得合理收益，确保使用贴现现金流量法的科学性和准确性。

2. 采选指标参数

在现金流的计算中，选在矿产开发的哪一个环节上，确定流入流出量，是用好贴现现金流量法的关键。为此，需要正确选择采选业两个环节的各类参数。这类参数主要有：①原矿品位；②入选品位；③精矿品位；④采矿回收率；⑤选矿回收率；⑥贫化率；⑦设计生产规模；⑧实际生产能力；⑨共生、伴生矿石入选品位；⑩剥离比。

这些参数的内涵和计算方法早已明确，这里无须赘述。但长期以来，由于各矿、各地区、各部门的资料封锁，始终没有一个全国统一的标准，这给矿权评估工作带来了很大的困难。之所以要有统一的标准，是因为在评估中也要坚持达到保护资源和充分利用资源的目的，低于这个标准的评估是对资源的浪费，也是不允许的。

在上述参数中，生产规模的确定是应用贴现现金流量法的关键参数，因为它直接影响投资规模和销售收入的大小。为此，在评估计算中，首先要结合"工业要求指标"共同确定合理的生产规模。

3. 社会经济技术指标参数

在应用贴现现金流量法评估采矿权时，其收益能力受矿产品市场、金融市场、股票市场的影响，变化较大，因此要合理地选择社会经济技术指标参数，包括：①矿产品市场价格；②贴现率；③安全利率；④风险溢价(风险利率)；⑤行业各类利润率；⑥行业投资回报率；⑦各种税率；⑧资源补偿费率；⑨采矿投资；⑩选矿投资；⑪采矿成本；⑫选矿成本。其中安全利率、风险利率、各种税率及资源补偿费率等由国家有关金融部门和经济管理部门发布。这些指标在一定时期里具有相对稳定性，评估时不需要对其进行选取，只需注意使用有关部门发布的最新数据即可。其中投资和成本参数受时间因素、地区因素及技术方案因素影响较大，需要评估人员认真选取。因为这类参数不可能产生类似标准性的数据供评估人员套用，它需要评估人员考虑上述各方面因素，在调查研究的基础上，根据经验加以确定。目前这类经验数据没有统一的标准资料，有关科研、设计和咨询机构均依据长年的经验逐渐积累，并主要供内部使用。在当前情况下，具有一般参考意义的当属《矿床技术经济评价方法与参数》(地震出版社 1991 年版)。其中，矿产品市场价格，在我国传统计划经济时期，可以视为相对固定国家参数，但随着经济化程度的提高，其在不同地区、不同企业的价格亦有所变化。因此，此参数虽可在一定时期使用，但确定时，还要对矿山所在地价格进行具体调研。其中，贴现率反映的是资金时间价值，是对社会投资收益的预期。这个参数不可能被计算出来，在市场经济较为发达的国家，由中央银行等权威机构定期发布。在我国，该参数的选取尚无统一规定，一般认为，不能低于银行存款利息率和风险溢价之和。

2.1.4　贴现现金流量法的使用条件和适用范围

(1)具有主管机构批准的地质勘探报告和储量审批机构审批的矿产储量报告。已开采矿山还应有储量审批机构审批的矿产储量增减报告。

(2)采矿权转让和探矿权转让的目的是申请采矿权时要具备矿山建设项目可行性研究报告。

(3)具有完备的原探矿权人、采矿权人投资财务决算报表。

(4)适用范围：二级市场中的买断性转让；合资(合作)性转让(以采矿权作价作为合资股本)；破产清算、出租、抵押采矿权；探矿权在勘查工作结束后放弃优先采矿权时的探矿权转让。

2.1.5　使用贴现现金流量法需要注意的几个问题

(1)评估人员为评估需要调整矿床工业指标,并重新计算储量时,调整方案及重新计算结果应由委任方书面认可。

(2)生产规模的确定。可行性研究报告虽然确定了生产规模,在评估时要注意的问题是可行性研究确定的生产规模是否是合理规模,因为可行性研究往往受投资能力及投资决策者的主观意向影响,确定的规模未必是合理规模。一般矿山生产规模的确定,首先可采用下式计算合理的生产规模:

$$A = \frac{Q \cdot \eta}{T(1-\rho)}$$

其中:A 为矿山生产规模;Q 为矿床可采储量;η 为采矿回收率(%);T 为矿山合理服务年限(年);ρ 为矿石贫化率(%)。

在供水、供电及市场销售有保证条件下,上式确定的生产规模即为合理生产规模,不论新采矿人有多大的投资能力和投资意向,也不论未来新采矿权人按多大生产规模建设矿山,采矿权评估时,要按此规模进行。但要注意的是,既然是合理生产规模,就要进一步论证按此规模生产时,供水、供电、市场需求及运输等方面是否会成为硬约束,即事实上能否按此规模设计。因此,要以诸条件最为"瓶颈"约束的条件修正生产规模。例如,供水只能满足计算合理生产规模的二分之一,则修正后的合理生产规模就应为理论计算生产规模的二分之一。也可采用与价格和收益有关的计算公式来计算合理的生产规模:

$$A = a \cdot e^{-bC_t^{\frac{kC_t}{}}}$$

其中:A 为矿山生产规模;a 为常数(31 000);b 为价格系数;k 为收益系数;C_t 为边际品位。

(3)合理服务年限也是一个重要参数。由合理生产规模计算式可见,合理规模在可采储量等参数一定时,取决于合理服务年限。矿山生产合理服务年限是指一个矿山企业以最佳经济效益确定的矿山建设规模及保有的工业储量求得服务年限,合理服务年限可按经验公式确定,也可按建设周期确定,还可按固定资产折旧年限确定。在采矿权评估时,可以不必进行具体计算,可参考表 2-2-4 的推荐指标,结合矿床可采储量处于所属规模的上、中、下限来确定。当服务年限大于 30 年时,合理服务年限可参考表 2-2-5。

表 2-2-4　矿山合理服务年限

计算方法	矿山合理服务年限(年)		
	大型矿山	中型矿山	小型矿山
经验公式法	28	19	13
建设周期法	26	18	9
平均折旧法	25	19	11
推荐指标	25 以上	18 以上	10 以上

表 2-2-5　矿井及水平设计服务年限

矿井设计 生产能力 （万吨/年）	矿井设计 服务年限 （年）	水平设计服务年限（年）		
		开采 0°～25° 煤层的矿井	开采 25°～45° 煤层的矿井	开采 45°～90° 煤层的矿井
240 以上	>90	30～40	–	–
90～180	60～80	20～30	20～30	15～20
30～60	30～50	15～20	15～20	12～15
9～21	15～25	10	8～10	8

（4）在选择上述参数时，要区分地采、露采两种采矿方式的参数，特别是同一个经济矿床，同时采用地采、露采时，要采用两种参数同时计算。

（5）货币贴现率与混合贴现率的确定。货币贴现率是指现货币时间价值的贴现率，因为矿产资源价值的实现，需要勘查、采选等行业共同完成。在它们中间由于矿种的不同，又存在冶金、有色、建材、化工、石油等不同部门和企业，其收益率千差万别，而且较为复杂，所以，一般不管企业与行业的收益率如何，贴现率都以不低于国家债券和银行存款利率为准，都选取安全利率加风险溢价或国家规定的贴现率。混合贴现率是指由货币贴现率和计入切割比例的收益率组成的贴现率，由于计入切割比例的收益率，一般采用投资收益率或者社会平均收益率，而它们都随着国内和国际金融市场的变化而发生变化，两种贴现率也会发生变化，评估中要根据变化的利率或收益率取值。例如，在前述例子中，我们是按照 1994 年金融市场状况选择的贴现率，到 1998 年 10 月，长期（五年）存款利率 4.50%，风险溢价接近 3%，有色采选业社会平均销售收入收益率为 2.5%，投资收益率为 4.0%，而物价指数比 1994 年下降了 18 个百分点，黄金价已下降到 78.52 元/克，按前述三种方法计算，第一种扣除社会平均收益后为 7 344.69 万元，第二种扣除投资收益后为 6 336.50 万元，第三种按混合贴现率计算为 5 017.97 万元。

（6）在预期收益中，肯定有风险收益。风险收益的变化幅度大于一般资产，有时风险收益远远超出"安全"收益，所以，它有很强的投资吸引力。但是，负效益风险收益出现的概率，大于正效益风险收益出现的概率。因此，事先确定风险收益额，是应用贴现现金流量法的一个十分重要的前提条件。

2.1.6　参数柱状表

我国使用的现金流参数柱状表有财务现金流参数柱状表、技术经济评价现金流参数柱状表、投资评估（或可行性论证）现金流参数柱状表等等，虽然都是为了测算未来收益，但所采用的参数有所不同。矿业权评估的目的是为了确定矿业权转让价格，不是为项目效益及风险评价。为此，我们建议采用如下参数柱状表形式，以区别上述不同目的所采用的现金流参数柱状表形式。

销售收入：

减：经营成本（不含折旧）

基本建设投资（含贷款利息）

流动资金(含贷款利息)

税前收入小计

    减：增值税

       资源税

       所得税

税后收入小计

    减：资源补偿费(土地使用费)

净利润小计

    减：社会(投资)平均收益

    加：回收固定资产余值

回收流动资产余值

剩余净利润小计

折现系数(r, %)

剩余净利润现值

2.2   可比销售法

可比销售法与类比法、现行市价法大致相同，国际上称可比销售法。利用可比销售法评估采矿权转让价值，应该说是最接近市场价值的一种有效方法。目前，采矿权交易在我国并不普遍，寻找一对相同的采矿权交易对象还很困难，采用可比销售法时机不太成熟，所以，人们还不习惯利用可比销售法。但随着市场经济的发展，矿业产权交易会逐渐增多，当市场发育比较成熟时，大致相似的参考对象逐渐增多，利用可比销售法进行评估的条件逐渐成熟。在西方国家的矿权评估实践中，对黄金、石油、煤炭少数矿种，比较广泛地使用可比销售法。

2.2.1   可比销售法的方法原理

可比销售法是利用已知采矿权转让中的市场成交价，来评估未知采矿权转让价的评估方法。前者称"参照的采矿权"，后者称"被评估的采矿权"。评估时将被评估的采矿权所具备的经济的、地质的、采选矿的各类经济技术信息差异要素进行对比，由专家评判，得出差异要素评判值，再将评判值进行加权平均，得到差异要素调整系数(详见表2-2-6差异调整系数差异要素评判表)，然后利用调整系数计算被评估的采矿权转让价格。

2.2.2   可比销售法的计算方法

利用可比销售法评估采矿权转让价值，由于是采用差异要素对比的方式，所以，首先要寻找参照的采矿权转让的市场成交价，然后利用下列计算公式计算：

$$P_s = P_x \cdot \mu \cdot \xi \cdot \varphi \cdot \theta$$

其中：P_s 为采矿权价值；P_x 为参照的采矿权成交价格；μ 为规模调整系数($\mu = \dfrac{Q_{jb}}{Q_{js}}$，其中，$Q_{jb}$

为被评估采矿权探明储量，Q_{js} 为参照的采矿权探明储量）；ξ 为品位调整系数（$\xi = \dfrac{Q_{pb}}{C_{ps}}$，其中，$C_{pb}$ 为被评估采矿权精矿平均品位，C_{ps} 为参照的采矿权精矿平均品位）；φ 为价格调整系数（$\varphi = \dfrac{B_a}{B_s}$，其中 B_a 为被评估采矿权采用的矿产品价格，B_s 为参照的采矿权当时采用的矿产品价格）；θ 为差异要素调整系数（$\theta = \dfrac{A_b}{A_s}$，其中，$A_b$ 为被评估采矿权差异要素评判总值，A_s 为参照的采矿权差异要素评判总值）。

表 2-2-6　差异调整系数差异要素评判表

项　　　　目		被评估采矿权	参照的采矿权
交通条件 （25%）	公路类型	3	4
	与国道接距	2	5
	距火车站距离	1	5
	距市中心距离	2	4
	距公共设施	1	4
自然条件 （25%）	地形环境	3	3
	水源状况	4	2
	气候环境	3	5
	土地状况	2	2
经济环境 （20%）	劳动力状况	3	4
	供电供气状况	1	1
	农业状况	2	2
	所在地国民收入	3	3
	地方经济政策	3	3
地质采选 条件 （30%）	埋藏深度	3	5
	矿床工业类型	5	5
	矿石选冶性能	4	5
	水文、工程地质条件	3	3
	开采方式	4	4
	采选规模	8	6

注：百分数为各项要素的权重。

　　[例 2-2-3]　评估西北某铜矿资源采矿权的价格，其参照的采矿权资产为华东某铜矿。参照的采矿权资产评估价格为 6 150.25 万元，当期评估基准日（1996 年 6 月 30 日）矿产品精矿铜金属价为 16 512.00 元/（吨·铜），而被评估采矿权评估基准日（1998 年 7 月 30 日）矿产

品精矿铜金属价为 13 239.00 元/(吨·铜)。两项资产的有关参数和差异要素情况见表 2-2-7。根据两项采矿权所具有的参数项,获得:

规模调整系数(μ):1.735 8

品位调整系数(ξ):0.912 9

价格调整系数(φ):0.801 8

差异要素调整系数(θ):0.833 3

据此,西北某铜矿资源采矿权的评估价格为:6 463.89 万元。

表 2-2-7 参照和被评采矿权有关参数表

项 目	华东某铜矿	西北某铜矿
成因类型	火山中低温热液脉型矿床	火山热液似层状矿床
矿体埋深及规模	埋深 200~600 米 单矿体长 300~500 米,厚度一般 5~15 米,最大厚度 50.71 米	埋深 800 米 单矿体长 1 000 米,矿头厚度 10 米,矿体中部厚度 150 米
矿石组分及含量	伴生:Cu 平均品位 0.96% 　　　S 平均品位 7.25% 　　　Au 平均品位 0.15 克/吨 　　　Ag 平均品位 4.55 克/吨 有害组分:As 含量 0.02%~0.05%	伴生:Cu 平均品位 2.46% 　　　Zn 平均品位 2.93% 　　　S 平均品位 27.66% 　　　Pb 平均品位 0.4% 　　　Au 平均品位 0.36 克/吨 　　　Ag 平均品位 18.37 克/吨 有害组分:As 含量 0.13%
矿产储量	Cu:矿石量 6 464 万吨 　　金属量 62.29 万吨 Au:9.696 吨(金属) Ag:294.112 吨(金属)	Cu:矿石量 4 406.12 万吨,金属量 108.12 万吨 Zn:矿石量 1 493.62 万吨,金属量 43.81 万吨 Au:金属量 28.457 吨 Ag:金属量 1 466.55 吨 Ga:金属量 338.48 吨 Cd:金属量 3 541.73 吨
技术效果	浮选:Cu 精矿品位 24.99%,产率 3.39%,回收率 87.26%;Cu 精矿中含 Au 3.94 克/吨,Ag 117 克/吨,As 1.18%	浮选试验:Cu 精矿品位 22.63%,产率 2.6%,回收率 85%,Cu 精矿中含 Au 1.25 克/吨,Ag 105.16 克/吨

2.2.3 可比销售法的主要参数

在可比销售法的计算公式和差异要素评判表中,已经明确了所需的参数,实际上只有四项主要参数:

1. 规模调整系数

这里主要是指矿床规模,矿床规模大小是以矿产储量来划分的,由于矿床的成因不同,其类型也有很大区分,如沉积矿床、热液矿床、变质岩类矿床、金属矿床、非金属矿床、单一金属矿床、多金属矿床等等。在确立规模调整系数时,对单一矿种矿床而言,以其探明储量进行计算,如果是共生、伴生多金属矿床,则要以共生矿种的探明储量进行计算;如果是伴生多金属矿床, 则以主矿种探明储量进行计算。

2. 品位调整系数

矿石品位之重要, 在贴现现金流量法中已经作了充分的阐述, 这里采用品位调整系数这个参数, 是鉴于品位影响转让价值较大。为此, 将被评估的采矿权与参照的采矿权的品位之比, 作为品位调整系数。矿产开发中的矿石品位有四种, 即地质品位、原矿品位、入选品位、精矿品位, 那么应采用哪种品位作为计算参数, 则要根据评估的要求和获得的资源信息情况而定。原则上采用地质品位和精矿品位为佳。

3. 价格调整系数

矿产品价格的变化, 对矿业权评估影响之大, 是评估界公认的, 这与其他资产评估苦苦询价的道理是一致的。由于可比销售法是采用两个不同时期的矿产品价格, 为此, 要将两个不同时期、不同评估基准日时点上的矿产品价格进行对比, 找出影响评估价格的系数, 借以调整被评估采矿权价格。该系数大于 1, 说明被评估采矿权的当期矿产品价格高于早期交易的参照采矿权矿产品价格。

4. 差异要素调整系数

差异要素为四类 20 项, 每项都作为影响转让价值的参数, 但每项参数影响的幅度不是相同的, 为此将其分为四类, 每类设立权重, 其中地质采选条件权重最高。在此强调了专家评判, 其目的是用资源经济专家的智慧和经验, 来对每项参数进行评判。被评估的采矿权与参照的采矿权的各项参数, 都是相对的, 判值没有固定的标准, 当给出一项判值时, 则必然考虑同项的判值。专家专业结构越合理, 给出的判值就会越趋近实际区域值。

2.2.4　可比销售法的使用条件和适用范围

采用此法进行评估时, 关键是选择合理的调整系数, 同时还要具备如下条件:

1. 资源条件

在市场调查中, 要坚持寻找矿种相同、自然成因类型相同、工业类型大致相仿的参照采矿权, 规模可以不要求一致。同时, 为了准确对比分析被评估采矿权与参照采矿权的差异, 要求矿石品位、有用有害组分的构成、采选性能等参数清晰、准确。

2. 市场条件

参照采矿权成交价是在正常交易下形成的, 不存在任何行政干预, 也不存在不利因素支配下形成的成交价。同时要求参照采矿权的成交时间、成交地点、使用情况、预期效果以及有关资料完备、可靠。

3. 评判条件

差异要素评判是专家对被评估采矿权和参照采矿权交通条件、自然条件、经济条件、地质采选条件差异程度的主观判定。如果专家人数较少和专业结构单一, 往往做出的判断不容易接近客观实际。因此, 使用该评估方法, 应尽可能使较多的专家参加评判, 而且要充分注意专业结构、年龄结构搭配, 从长远角度看, 各评估机构都应注意人才积累, 与有关各方面专家保持联系, 逐步形成专家人才信息系统, 以备聘用。

4. 适用范围

这种方法一般适用于矿业产权转让市场比较成熟时期。但在初期阶段, 也可以使用该方法, 只是要注意把握好选择参照采矿权评估的条件。事实上, 应用该方法具有简捷、快速等特点，在具有可比案例条件下，不失为一种好的方法。采矿权评估影响因素较多，差异要素评判的主客观标准很难说是一致的，评估结果的准确性必然受一些影响，因此，采用此法要慎重。如果被评采矿权所处区域条件很好，采选性能较佳，矿产品价格变化不大，各项资源信息较多，与参照的矿业权评估基准相差不远，则利用此法，评估效果将会很好。

2.2.5　使用可比销售法需要注意的几个问题

（1）不要选用不同成因类型的矿床采矿权作参照；

（2）在不易取得地质技术参数情况下，也就是说在差异要素无法取舍的情况下，不要采用可比销售法；

（3）对所取的每项参数要给予充分的说明；

（4）要作充分的市场调查；

（5）要尽可能向评判专家提供尽可能详尽的有关资料信息。

习　　题

（1）概述贴现现金流量法定义、使用条件和适用范围。

（2）概述可比销售法的定义、使用条件和适用范围。

第 3 章　高精度勘查探矿权评估方法

高精度勘查阶段是指达到了详查和勘探阶段，探明或控制了一定的矿产储量，作过一定数量的试验室选矿试验，但还未进入可行性研究阶段。高精度勘查阶段，获得地质信息量较多，采用的评估方法层次也相对较高，除可采用采矿权的评估方法外，还可以采用重置成本法和地勘加和法。当取得的地质技术信息，可以进行可行性研究，达到采用贴现现金流量法要求时，可利用"约当投资法"切割净现值，此时与采矿权评估所采用的贴现现金流量法有所不同。

3.1　约当投资–贴现现金流量法

探矿权评估的贴现现金流量法，是利用"约当投资法"切割现金流量净现值（FNPV）的一种方法。

3.1.1　约当投资–贴现现金流量法原理

该法的基本原理与采矿权的贴现现金流量法相同。但它又考虑到：当资产成交价值等于期望收益折现值时，新探矿权人只获得折现率水平的利益；当资产成交价值低于期望收益折现值时，新探矿权人将获得多少收益，取决于资产成交价格与期望收益折现值的差距，差距越大，所获得的超额收益越大，反之越小。用贴现现金流量法评估探矿权价值，并不是直接对探矿权资产的未来预期收益进行估算，而是对新探矿权人未来开采投入的矿山建设固定资产和矿山生产的流动资产未来预期收益进行估算。这样估算并折现的现值，是新探矿权人未来投入资产的预期收益，这个折现值不是探矿权价值，但这个预期收益的获得，事实上必定也包括探矿权这个特定资产在使用过程中所带来的一部分收益。正是基于这一点，探矿权评估才得以采用约当投资–贴现现金流量法。

现在的问题是如何通过按上述方法估算并折现现值，确定客观公平的探矿权价值，由于按新探矿权人未来投入资产通过贴现现金流量法估算的现值，并没有将探矿权资产参与现金流量计算，因为探矿权资产此时尚不知价格，但有一点是肯定的，探矿权资产带来的收益的现值不可能大于估算的现值。因此，只能按原探矿权人和新探矿权人投资的比例分割估算的现值，并将原探矿权人分割的现值视为探矿权的客观公平价值，来确定探矿权评估价值。

3.1.2　约当投资–贴现现金流量法计算方法

采用约当投资–贴现现金流量法，评估探矿权转让价值，分三步计算：

（1）根据 DCF 的计算原理，计算新探矿权投入资产收益现值。计算公式为：

$$W_q = \sum_{i=1}^{n} \left[W_i \cdot \frac{1}{(1+r)^n} \right]$$

其中：W_q 为资产收益现值；W_i 为第 i 年的收益额（$W_i = E_i - S_i - Y_{bi} - Y_{si} - Y_g$，其中 E_i 为第 i

年的销售收入，S_i 为第 i 年的经营成本，Y_{bi} 为第 i 年的资源补偿费，Y_{si} 为第 i 年的资源税金，Y_g 为第 i 年的税金）；r 为贴现率（%）；n 为计算年限（年）。

（2）计算原探矿权人、新探矿权人投资现值。原探矿权人投资现值采用重置成本法，新探矿权人投资现值采用贴现法计算，计算公式为：

$$T_{px} = \sum_{i=1}^{n} T_i \cdot \frac{1}{(1+r)^n}$$

其中：T_{px} 为新探矿权投资累计现值；T_i 为原探矿权人第 i 年的投资现值；n 为投资年限（年）。

（3）计算探矿权评估价值，计算公式为：

$$P_c = \frac{T_{py}}{T_{py}+T_{px}} \times W_p$$

其中：P_c 为探矿权评估价值；T_{py} 为原探矿权人投资现值；T_{px} 为新探矿权人投资现值；W_p 为资产收益现值。

依据上述计算公式，仍以例 2-2-2 中某金矿为例，转换成表式计算（详见表 2-3-1）。

表 2-3-1　某金矿全采期剩余净现值计算表（简化）　　　　单位：万元

项　　目	合计	1995	1996	1997	1998	1999	2000	2001～2005	2006
1.产品销售收入(+)	76 162.98				4 480.18	8 960.35	8 960.35	44 801.75	8 960.35
2.经营成本(-)	14 025.00				825.00	1 650.00	1 650.00	8 250.00	1 650.00
3.基本建设投资(-)	9 120.00	400.00	3 500.00	3 220.00	2 000.00				
4.流动资金(-)	950.00				475.00	475.00			
5.税前收入小计	52 067.98	-400.00	-3 500.00	-3 220.00	1 180.18	6 835.35	7 310.35	36 551.75	7 310.35
6.增值税(-)	8 568.34				504.02	1 008.04	1 008.04	5 040.20	1 008.04
7.所得税(-)	15 652.83				161.27	1 799.28	1 956.04	9 780.20	1 956.04
8.资源税(-)	140.25				8.25	16.50	16.50	82.50	16.50
9.税后收入小计	27 706.56	-400.00	-3 500.00	-3 220.00	506.64	4 011.53	4 329.77	21 648.85	4 329.77
10.资源补偿费(-)	3 046.49				179.21	358.41	358.41	1 792.05	358.41
11.净利润小计	24 660.07	-400.00	-3 500.00	-3 220.00	327.43	3 653.12	3 971.36	19 856.80	3 971.36
12.回收固定资产余值(+)	729.60								729.60
13.回收流动资产余值(+)	950.00								950.00
14.剩余净利润小计	26 339.67	-400.00	-3 500.00	-3 220.00	327.43	3 653.12	3 971.36	19 856.80	5 650.96
15.折现系数(i=12%)		0.892 9	0.797 2	0.711 8	0.635 5	0.567 4	0.506 6	1.826 3	0.256 7
16.净现值	7 556.88	-357.16	-2 790.20	-2 292.00	208.08	2 072.78	2 011.89	7 252.89	1 450.60

注：增值税按销项税额减去进项税额折成增值税率 11.25% 计算；资源税按精矿 2.50 元/吨计算；资源补偿费按销售收入的 4% 计算；所得税按销售收入扣除生产成本、增值税、资源税、资源补偿费后利润的 33% 计算；城乡建设税、教育费附加不计入（简化）；基建投资为 9 120.00 万元（含地勘费 1 120 万元）。

（1）按表 2-3-1 计算该金矿全采期净现值，计算结果详见表 2-3-1；

（2）按重置成本法计算地勘投资现值为 1 120 万元，按贴现法计算矿山建设投资现值为：

$$T_{px} = \sum_{i=1}^{n} T_i \cdot \frac{1}{(1+r)^n}$$

$$= 400 \times 0.892\ 9 + 3\ 500 \times 0.797\ 2 + 3\ 220 \times 0.711\ 8 + 880 \times 0.635\ 5$$

$$= 5\ 998.60（万元）$$

（3）计算探矿权评估价值：

$$P_c = \frac{T_{py}}{T_{py}+T_{px}} \times W_p = \frac{1\ 120}{1\ 120+5\ 998.60} \times 7\ 556.88 = 1\ 188.92（万元）$$

3.1.3 适用范围

约当投资–贴现现金流量法只适用于探矿权评估，其前提条件是该矿应具有一定勘查程度及较详细的地勘投资财务资料。

3.2 重置成本法

在探矿权评估中，采用重置成本法是一种有效的方法。它是在充分考虑勘查成本基础上，来评估探矿权转让价格的。

3.2.1 重置成本法评估原理

重置成本法是目前国内外普遍采用的一种资产评估方法，我们将它移植到探矿权评估上来。由于探矿权不同于一般固定资产和其他的无形资产，具有较强的特殊性。探矿权评估采用重置成本法是利用重置的基本原理，在模拟现行技术条件下，按原勘探规范要求所实施的各种勘探手段，依据新的工业指标，将所投入的有效实物工作量，利用新的价格和费用标准，重置与被评估矿的探矿权有相同勘探效果的全新探矿权全价（相当于西方国家采用的"地勘费用倍数法"中的"地勘支出"），再扣除技术性贬值，以估价探矿权净值的方法。它的特点是：在已知矿体规模、形成、构造情况下，在充分调查现行矿产品市场价格后，调整最低开采品位，得出合理的矿床规模，重新按勘探规范要求，模拟新的施工控制，寻求最佳勘探方案，再充分考虑现实条件下最经济的勘探投入。这就避免了复原重置所造成的投入越多，评估价值越高的弊端，比"地勘费用倍数法"要准确得多。

3.2.2 重置成本法计算方法

根据所获得探矿权的地质勘查特点，主要采用有效实物工作量进行重置，其他投入将按分摊的办法作出处理。其计算公式：

$$P_a = P_b \cdot (1+F) \cdot (1-\xi) = \sum_{i=1}^{n} U_{bi} \cdot U_{ui} \cdot (1+\varepsilon) \cdot (1+F) \cdot (1-\xi)$$

其中：P_a 为探矿权资产净值；P_b 为探矿权资产重置全价；U_{bi} 为各类地质勘查实物工作量；U_{ui} 为相对应的各类地质勘查实物工作量现行市场价；ε 为其他地质工作，如综合研究及编写报告、岩矿实验、工地建筑等四项费用分摊系数；F 为地勘风险系数；n 为地质勘查实物工作量项数；ξ 为技术性贬值系数。

3.2.3 重置成本法参数选取

探矿权净价是由地勘实物工作量重置全价扣除技术性贬值后得出的，它的基本参数主要为重置全价和技术性贬值系数。

1. 探矿权重置全价

探矿权重置全价是由各类地质勘查实物工作量按现行市价计算出来的，而地质勘查实物工作量的各类参数，即地勘生产指标参数。四项费用分摊系数，是根据行业（部门）初步统计出来的，因为这四项费用在地质勘查中往往是由几个地勘项目共同耗费的，无法单独列出究竟归属哪个项目的具体数额，所以采用分摊的办法。但是，其中其他地质工作费用中所包含的费用项目，如踏勘、矿点检查，已在地勘风险系数中体现，工程测量探矿工作素描编录在实物工作量重置中包含在现行市价中，所以，在实际操作上应扣除该费用项目。

2. 地勘风险系数

从新发现矿点到勘探完毕全过程中还要否定一些不具备工业意义的、不能使用的矿产地。把最后提交给矿山企业的矿产地视为成功的，而那些被否定的不具有使用价值的矿产地则被视为失败的，称这些失败的偏离成功矿产地的概率分布为成功矿产地的勘查风险。勘查风险是在已知矿产地间进行勘查而形成的风险，自然风险逐渐减少，经济风险逐渐加大。由于其采用大量的各种勘查手段，投入了大量劳动，为此，应利用有效投入（成功的矿产地的勘查投入）与无效投入（失败的矿产地的勘查投入）来测算其风险系数。目前原地矿部预算及价格测算中心，已测出 60 个矿种的普查风险系数。这里选择 10 个主要矿种的全过程勘查风险系数提供给大家，见表 2-3-2。

表 2-3-2 矿产地质勘查风险系数一览表

矿种	全过程	普查	详查	勘探
铁	1.55	4.77	1.40	0.21
铜	1.13	2.92	0.96	0.30
铜、锌	0.02	2.56	0.78	0.18
金	1.74	6.13	1.55	0.07
金刚石	7.37	17.76	6.82	2.29
熔剂用石灰岩	0.58	2.55	0.44	0.03
菱镁矿	0.71	2.00	0.57	0.04
高岭土	1.29	3.20	1.10	0.39
水泥用石灰岩	0.78	2.12	0.63	0.10
玻璃用砂	0.09	0.35	0.02	0.00

3. 技术性贬值

技术性贬值是指在地质勘查技术上，造成探矿权所依托的地勘成果质量出现问题，或者探明的矿产储量，由于某种原因造成损失，从而影响探矿权持续使用，降低获利能力。因此，需要作技术性贬值处理，它主要包括：

（1）勘探工程质量差，影响确定矿体的精度。为此需根据影响的幅度来确定贬值系数，一般采用地质专家评判的方法来确定。

（2）控制精度不够。在该勘查阶段中，应使用的勘查手段并没有使用，控制程度低，造成对矿体的评价不确切，影响使用。这时可采用下式来确定：

$$\beta = \frac{U_s}{U_b + U_s}$$

其中：U_s 为应该使用的勘探手段而没有使用的实物工作量；β 为技术性贬值系数；U_b 为已使用的勘探手段的实物工作量。

（3）在勘查过程中或者在转让前已被开采了部分储量，降低了探矿权的获利能力，影响使用，其系数可采用影响使用的经济寿命来确定。计算公式为：

$$a = \frac{T_i}{T_t}$$

其中：T_i 为按现设计生产规模已被开采的矿产储量的开采年限；T_t 为按现设计生产规模原探明的矿产储量的开采年限；a 为技术性贬值系数。

（4）根据矿产储量审查报告所提出的问题，来确定技术性贬值系数。这项工作进行起来比较困难，因为可能提出很多定性的问题，无法定量，不可能用一个简单的计算公式来确定。但问题很大，影响使用的程度很高，又无办法补救，不能不考虑其贬值。这时，只有由地质专家和评估师凭实际经验来确定。

3.2.4 重置成本法使用条件和适用范围

顾名思义重置成本是在按现行市价和费用标准，保全货币时间价值，对勘查成本的重新估价。为此，采用重置成本法，适用于自置或一次性保本转让探矿权的评估，也适用于从投入成本来测算能获利的探矿权转让评估。之所以采用重置成本法，是因为在这个阶段还无法科学地设计未来矿山生产规模，储量及品位重要参数还不能作为经济效益计算的依据，无法采取贴现现金流量法。但这个阶段，毕竟是经过了详查和部分勘探工作，所获得的地质、技术、经济信息相对较多。这也是重置成本法能在这个阶段被采用的前提条件。

具体应用条件是：①具备详查地质报告，从事部分勘探的最好具备勘探工作的阶段性报告；②具备各项投入实物工作量的原始记录；③具备各项投入实物工作量的费用标准及购进各种材料费用价格的原始记录；④各类实物的工作量有明确的使用背景，具有较详细的地质状况和各项技术指标。

3.2.5 使用重置成本法需要注意的几个问题

（1）是否采用地勘风险系数，国内外都有争议，但西方国家并不是绝对不采用。他们认为："若完全不考虑前矿权人过去的勘查支出，则矿产的价值有可能被低估。"那么前矿权人的投入是否有效？如何计入？计入多少？仍然存在一个比例问题，例如在勘查费用倍数法中所采用的 1~6 的倍数就相当于这里所说的勘查风险系数。为此，合理、适当地确定勘查风险系数，是评估工作应该考虑的问题。

（2）重置成本法所采用的各类实物工作量均来自地勘成果报告或有关技术资料，是探矿权人记载地质信息的唯一载体。地勘成果报告或有关技术材料所蕴藏的地质信息质量的高低，直接影响重置成本法的应用，因此，在采用重置成本法时，首先要对地勘成果报告或有关技术材料进行核查，原则上不实的实物工作量不能参加计算。

（3）强调必须是有效投入，各项实物工作量必须是有效投入，包括各类大面积的大比例尺的地质测量。不能将具体勘查项目无效投入进行重置成本计算，这样将夸大评估值。这里所说的无效投入与考虑勘查风险时的投入是不同的。前者是不合理的无效投入，是在取得地勘成果时无效的投入，而后者虽然也定义为无效投入，但却有其合理性，风险性的投空恰恰是取得成功的基础。那么，如何确定有效投入和合理的风险性投空的投入，这是确定风险系数的关键。关于勘查风险和风险系数测算原理及方法，可参考《矿产资源资产与矿业权评估》，这里需要进一步说明的是重置的基础——有效实物工作量及其投入。首先要判断哪些是有效实物工作量，其原则上应包括：①达到可采厚度和工业要求的边界品位的探矿工程；②属于控制矿体边界（或有限外推），包括控制断层、构造的合理的投空探矿工程；③属于见矿区域内（一般定为 1/5 000 以上的大比例尺地质测量面积内的区域）的地质测量、物比探测量、地形、地质剖面测量等实物工作量。地质现象是复杂的，客观地说很难准确地判断所使用的探矿手段真正意义上的有效与无效，评估人员须认真地、科学地加以分析，恪尽职守，实事求是地尽量接近客观实际，否则就会造成较大的偏差。从这个意义上说，重置成本法并非是个好的评估方法。

（4）如果评估用了全部探矿实物工作量，则不能利用风险系数再作调整，即不准使用风险系数。

3.3　地勘加和法

在探矿权评估中，如果只考虑地勘所注入的成本，因地勘劳动投入与其效益不成正比而出现地勘投入很少，而探明矿产资源丰度高，规模大，地质构造简单，因而获利大；相反，地勘投入大，探明的矿产资源的质量很差，则获利小。所以完全以地勘投入多少定价，有失公正。但是，长期以来，我国矿产品价格严重偏低，再加上区位的影响，采用纯粹的贴现现金流量法，往往会出现评估值偏低的情况，何况其超额收益部分不完全是地勘劳动的贡献，使评估结果脱离真实的价格。为此应考虑到一项只有地勘成果的探矿的价值评估受地理环境、地质条件、工程技术管理水平、职工素质等多种因素的影响，相当于一项整体资产评估。为此，我们采用地勘加和法来确定探矿权的评估价值，以弥补单纯采用重置成本法的不足，以此显示良好的探矿权的价值潜力。在西方国家有的将此法称作成本法，我国亦称为收益法，确切地说应称之为地勘加和法。

3.3.1　地勘加和法原理

地勘加和法是利用价格的成本加利润的法则，对探矿权作价的方法。之所以采用"地勘"来定义加和法，是因为首先利用重置成本法，将地勘投入成本进行重置，再将它获得的分配利润，与重置全价加和，以区别一般加和法。

这种方法将重置成本法和贴现现金流量法科学地结合起来，既考虑了探矿权投入的成本，也考虑了探矿权未来的获利能力，是一种比较完善的评估方法。

3.3.2　地勘加和法计算方法

地勘加和法既然考虑了重置全价和合理分配利润，所以，它的计算方法，既利用了重置成本的计算方法，也利用了贴现现金流量法的计算方法，其全额计算公式：

$$P_c = P_{ax} + L_n$$

其中：P_c 为探矿权评估全价；P_{ax} 为不含勘查风险的探矿权净价；L_n 为应分配的超额利润（$L_n = M_v \times \dfrac{P_a}{P_a + G_e}$，其中，$P_a$ 为地勘总投资，M_v 为超额利润总额，G_e 为矿山建设总投资）。

在上述计算基础上，按获利能力的大小来确定探矿权的转让价格：

（1）当超额利润 >0 时

$$P_c = P_{ax} + L_n$$

（2）当超额利润 $=0 \leqslant$ 平均利润时

$$P_c = P_{ax}$$

（3）当平均利润 <0 时，则探矿权无价或从探矿净价中扣除负值平均利润额，按经济性贬值评估探矿权的转让价值。

以某勘查区探矿权转让为例。历年主要实物工作量见表 2-3-3。

表 2-3-3　某勘查区勘查实物工作量一览表

项　　目	计量单位	实物工作量
1∶50 000 地质草测	平方公里	850
1∶5 000 水文地质测量	平方公里	11.25
1∶5 000 地形地质测量	平方公里	11.25
1∶2 000 地形地质测量	平方公里	11.25
1∶1 000 实测地质剖面	米	3 523
1∶1 000 实测勘探线剖面	米	27 178
机械岩心钻探	米	111 308.04
机掘坑探	米	1 284
浅井	米	1 378
槽探	立方米	27 395
各种样品分析	件	5 589

提交了某勘查区地质详查报告，批准的矿带矿产储量为：

锌金属储量 C+D 级　　　134.96 万吨　　　平均含锌 3.36%

其中 C 级　　　　　　　28.80 万吨　　　平均含锌 3.23%

伴生银 D 级　　　　　　811.50 吨　　　平均含银品位 22.58 克/吨

金 D 级　　　　　　　　17.40 吨　　　平均含金品位 0.61 克/吨

经核查，所使用的机械岩心钻探有 5 506.69 米为无效工作量，提供的浅井与槽探资料中，30%为无效工作量。为此，浅井按 964 米计算，槽探按 19 176 立方米计算。

根据评估基准日 1998 年 5 月 31 日的实物工作进行现行市价重置，四项费用分摊比例按 30% 计算，重置全价为 7 622.29 万元。

应分配的超额利润根据资源状况，依据选矿试验结果来确定。选矿试验结果为：①锌精矿品位为 50%，选矿回收率为 95%；②锌精矿中 Ag 品位为 194.60 克/吨，选矿回收率为 80%；③锌精矿中 Au 品位为 1.66 克/吨，选矿回收率为 55%。目前锌精矿中锌金属价为 3 800 元/吨，伴生银价为 0.75 元/克，伴生金价为 64.4 元/克。参照国内银锌矿的采选成本，确定其销售成本为 142 元/吨，其中经营成本为 105 元/吨。

生产规模根据公式 $A = a \cdot e^{\frac{kC_t}{-bc_t}}$ 确定。在选矿试验中锌精矿产率为 13.55%，这样价格系数 $(b) = \dfrac{2\,152.85}{1\,047.97} = 2.054\,3$，收益系数 $(k) = \dfrac{107.64}{1\,104.88} = 0.097\,4$，所以最低生产规模 $(A) = 1\,461.79$ 吨。为此，确定地下开采日出矿石量为 1 500 吨，年生产规模为 49.5 万吨，生产年限为 15 年。投资按吨矿建设资金 350 万元计算基本建设投资为 17 325 万元，流动资金估算 3 000 万元，基本建设前期需要再投入勘探资金 6 600 万元，故总投资为 26 925 万元。

经计算总净利润现值 4 114.78 万元，详见表 2-3-4，某勘查区探矿权净利润现值计算表。应分配的超额利润 (L_n) 为 907.72 万元。扣除社会平均利润（按 5% 计算）后仍有超额利润现值 1 161.27 万元，说明超额利润 > 0，故：

$$P_c = P_{ax} + L_n = 7\,622.29 + 907.72 = 8\,530.01（万元）$$

这个计算结果与采用贴现现金流量法的计算结果 8 783.56 万元，相差 253.55 万元，误差 2.89%（或 2.97%）。

表 2-3-4　某勘查区探矿权净利润现值计算表（简化）

资产占有单位：某地勘单位   评估基准日：1998 年 5 月 31 日   单位：万元

项目名称	会　计	建　设　期			生　产　期				
		0	1	2	3	4	5~7	8~16	17
1. 产品销售收入（+）	209 461.78				7 222.82	14 445.64	43 336.92	130 010.76	14 445.64
2. 经营成本（-）	75 363.75				2 598.25	5 197.50	15 592.50	46 777.50	5 187.50
3. 基本建设投资（-）	31 547.29	14 222.29	8 662.50						
4. 流动资金（-）	3 000.00			1 500.00	1 500.00				
5. 税前收入小计	99 550.74	-14 222.29	-8 662.50	-10 162.50	3 124.09	9 248.14	27 744.42	83 233.26	9 248.14
6. 增值税（-）	20 946.15				722.28	1 444.56	4 333.68	13 001.07	1 444.56
7. 资源税（-）	1 076.63				37.13	74.25	222.75	668.25	74.25
8. 资源补偿费	489.60				144.46	288.91	866.73	2 600.52	1 946.28
9. 所得税（-）	22 382.22					2 919.42	17 516.52	1 946.28	
10. 税后收入小计	50 956.54	-14 222.29	-8 662.50	-10 162.50	2 220.20	7 440.42	19 401.84	49 447.23	5 494.14
11. 回收固定资产余值（+）	1 386.00								1 386.00
12. 回收流动资金余值（+）	3 000.00								3 000.00
13. 净利润小计	55 342.54	-14 222.29	-8 662.50	-10 162.50	2 220.20	7 440.42	19 401.84	49 447.23	9 880.14
14. 折现系数（i = 10%）		1.0000	0.9091	0.8264	0.7513	0.6830	1.6986	2.7158	0.1978
15. 净利润现值	4 114.78	-14 222.29	-7 875.08	-83 998.29	1 668.04	5 081.81	10 985.32	14 920.98	1 954.29

3.3.3　地勘加和法参数选取

在重置勘查成本时，所使用的参数与重置成本法所采用参数相同。对于应分配的超额利润参数取值，需要首先利用贴现现金流量法，计算出超额利润总额，其参数又与贴现现金流量法相同。然后确定矿山建设总投资，因为投资收益率是一致的，故采用地勘投资与矿山建设投资之比是合理的。

3.3.4　地勘加和法适用性

由于地勘加和法考虑了带有地勘成果的探矿权与矿产资源资产的内在关系，获得探矿权的目的是为了获得矿产资源，是为了获得更大的利润，所以，采用地勘加和法评估，符合探矿权的性质和特点，较为公平、合理。因此，这种评估方法更适用于单独以高精度勘查阶段探矿权资产投资为目的的评估。其应用的条件同重置成本法和贴现现金流量法。使用地勘加和法需要注意的几个问题：

(1)由于强调的是有效投入，并按勘探规范重新设计出最佳勘探方案，这就要求对前勘查设计和实施结果，由地质工程师和探矿工程师进行认真审核，凡无效工作量都不能参加计算。

(2)地勘加和法是利用重置全价参数，这里不能使用勘查风险系数参数。

(3)关于平均利润<0 而低于勘查成本转让，属于正常情况。问题是比例如何确定，在此没有作详细测算，主要依靠交易双方去确定。

(4)从计算方法上可以看出，勘查投入比例越低，应分配的超额利润越少。从这点看，地勘加和法适用于勘查精度不同的矿区的探矿权转让，问题是必须能够测出超额利润。

习　　题

(1)概述约当投资-贴现现金流量法的原理及计算方法。

(2)概述重置成本法的评估原理、使用条件和适用范围。

(3)概述地勘加和法的定义、原理、使用条件和适用范围。

第 4 章   低勘查精度的探矿权评估方法

所谓低勘查精度的探矿权评估，是相对于高勘查精度的探矿权评估而言，在此是指处于普查及普查前地质勘查阶段的矿区探矿权评估。

在矿业权评估中，低精度勘查阶段探矿权评估最困难。因为勘查精度越低，所获得的地质信息量越小，各种参数很难达到准确程度，各种假设和推测也越来越多，此时，评估方法的选择和定量计算越加困难。它的显著特点是：其一，所依托资源实体是虚的，介于有与没有的推测中；其二，是风险最大的勘查期；其三，获得的地勘成果开发潜力小，不足以吸引更多的投资者；其四，各种假设条件主观臆想多，客观实测参数少，经济因素影响大。这些特点严重地削弱了评估的准确性。因此，任何一位有经验的评估师，都感觉到低精度的阶段探矿权评估是最复杂、最困难和风险最大的，甚至于西方许多矿地产评估专家称：探矿权的评估不是一门科学，而是一门艺术。为此，低勘查精度的探矿权评估一般都是采用定性与定量相结合的办法，使定性趋于定量化。由于我国矿业权市场目前尚不发育，因此本章借鉴国际上的一些评估方法，结合我国市场经济的现状，介绍几种适合我国矿业权市场现状的评价方法。

4.1   地质要素评序法

1990 年加拿大的基尔伯恩(L. C. Kiburn)提出了"地质工程法"，在温哥华及多伦多股票交易所招股说明书中被广泛应用。1992 年澳大利亚根据基尔伯恩"地质工程法"原理，修改成"地学排序法"，在澳大利亚的证券交易所的招股说明中被应用。可见此法具有一定的实用性，结合我国矿业证券交易未来发展趋势，在此把它称为地质要素评序法。

4.1.1   地质要素评序法原理

地质要素评序法的原理，基本上遵从"地学排序法"的原理，它的基本原理是：以基础购置成本为基数，以地质技术信息为标准(亚范畴分类)，确定调整系数(价值因子)，来评估探矿权的价值。因为矿产的价值评估主要取决于四个主要地质因素，即区域地质大地构造定位、品位和矿化度、物化探异常强度及其类型、地质成因类型及规模。经济影响因素为矿产品市场、矿地产市场、财务市场、股票市场，在市场经济发达的国家里，这些都是地质勘查效果的关键要素。但在我国却不同，某些要素的影响力较差，如股票市场，目前在我国进行的风险勘查项目，基本上不能上市；而矿产资源与地面上的土地按现行的法规，还不能构成"矿地产"；地勘投资渠道单一，财务市场走势影响较弱。为此，生搬硬套国外的评估方法不切合实际，应结合我国社会主义初级阶段的基本特征，采用影响力大、与勘查效果密切相关的地质要素，使评估矿业权价值具有较强的现实意义。至于其他要素，当市场发展到一定程度后，随着风险勘查进入股票市场能力的不断提高，地勘市场将形成多元化的格局，那时经济专家判断影响力度的调整系数也就有了扎实的基础，再采用这些因素参与评估就比较恰当了,而目前不采用这些因素参与评估,并不影响现阶段评估的公正、科学和准确性。因此,提出地质要素评序法,以区别于国外的地质工程法。

地质要素评序法是将参与评估的地质要素分成三部分:第一部分,基础购置成本;第二部分,地质要素定性标志;第三部分,地质要素定量标准。将定性与定量相结合,确定综合调整系数。

4.1.2　地质要素评序法使用方法

1.基础购置成本

我国《矿产资源勘查区块登记管理办法》规定:"国家实行探矿权有偿取得的制度。"无论申请何种阶段的探矿权,均应按有偿取得制度取得,其有偿包含两种取费标准,即探矿权使用费和国家出资勘探所形成的探矿权价款,探矿权价款由评估确定。为此,基础购置成本中除包括探矿权使用费外,还应包括矿业权人承诺履行的地质基本支出,即地质勘查费。用公式表示:

$$CR = CR_a + CR_b$$

其中:CR 为基础购置成本;CR_a 为探矿权使用费;CR_b 为矿业权人承诺履行的地质基本支出或者已形成的原始地质勘查费。

探矿权使用费是按基本区域为取费单位的,第一勘查年度至第三勘查年度每平方公里缴纳 100 元/年,从第四勘查年度起,每平方公里缴纳 200 元/年,最高不得超过 500 元/年。每个区块以 1′×1′经纬面积为准。因此,区块面积由南向北,逐步减小,最大面积为 3.24 平方公里,最小面积为 2.08 平方公里,相对应的每个区块收取的探矿权使用费用也逐渐减少,具体额度视纬度而定。

2.地质要素定性标志

地质勘查所获得的矿产资源信息,由于精度不同,其地质要素标志也不相同。我们可将主要地质要素归结为几个部分,每个部分都从低精度到高精度赋予一定的标志,以此作为评判价值的依据。主要地质要素包括:成矿显示、异常显示、品位显示、成因显示、蕴藏规模显示、前景显示等六部分。每种显示可划分若干级,详见表 2-4-1。定性标准不必再按探矿权类型划分,因为无论何种类型的探矿权,已经由地质要素显示了其精度,客观地反映出了探矿权类型。

3.价值指数

地质要素定性标志只能说明地质勘查程度和所获资源信息的显示程度。在对地勘成果综合评价的基础上,由地质专家们根据以往的工作经验,赋予了它一定的量,这就是价值指数,详见表 2-4-1。

4.计算方法

对一项低精度的探矿评估,首先要查清探矿权人所获得的地质资料,按定性标准列序;其次根据标志,由专家评判该项标志的价值指数。其计算公式为:

$$P_{ea} = CR \cdot a$$

其中:P_{ea} 为低勘查精度探矿权价值;a 为各项价值指标乘积;CR 为基础购置成本。

表 2-4-1　地质要素评序分类及对应价值指数表

要素显示	分级	要素标志		价值指数
成矿显示	1	非成矿预测区		1.1
	2	Ⅲ级成矿预测区		1.2
	3	Ⅱ级成矿预测区		1.6
	4	Ⅰ级成矿预测区		2.0
异常显示	1	新圈定异常	区域异常:非叠加异常	1.1
			局部异常:两种方法以上的叠加异常	1.3
	2	工程验证异常	单一方法异常	1.5
			双叠加异常:一种物探方法,一种化探方法	1.9
			三叠加异常:包含航空遥感	2.5
			四叠加异常:多种方法的共同异常	3.0
	3	见矿异常		3.5
品位显示	1	矿化:大于异常值,低于一般边界品位,矿点检查,简单地质工作		3.5
	2	达到一般边界品位,做过地质草测、矿样验证 30 件以上		4.0
	3	达到边界品位,低于工业品位,做正规地质测量,有工程控制、矿样验证 60 件以上		4.5
	4	达到工业品位,做正规的比例地质测量,有工程控制、矿样验证 100 件以上		5.5
成因显示	1	热液交代型矿床,脉状、透镜状		1.2
	2	热液型矿床,似层状矿体		1.5
	3	沉积型矿体,层状矿体		1.8
	4	变质岩型矿床,层状、似层状、透镜状		2.0
蕴藏规模显示	1	低于小型矿床规模(按预测资源量 20% 计算)		1.7
	2	小型矿床规模(按预测资源量 20% 计算)		2.4
	3	中型矿床规模(按预测资源量 20% 计算)		3.1
	4	大型矿床规模(按预测资源量 20% 计算)		4.0
前景显示	1	单一矿种,有害组分超标,难选		1
	2	单一矿种,有害组分低于标准,易选		2.0
	3	伴生、共生多种矿产,综合利用差,难选		1.7
	4	伴生、共生多种矿产,综合利用好,易选		2.5

[**例 2-4-1**]　某地勘公司申请的探矿权准许勘查面积包括 40.68 个小区块。工作两年中,其投入地勘费 30.50 万元。根据物化探成果,划出一个成矿预测带,圈定了 10 个多金属异常区。发现见矿异常一处,见有多处 Au、Ag、Cu、Pb-Zn 矿点,其中 Au 0.8 克/吨,Ag 23.18 克/吨,Pb 1.58%。未查明矿床规模,前景难以预测。据此专家评判:

$$a = 1.5 \times 2.5 \times 4 \times 1.6 = 24$$

$$CR = 691.56 + 7\,497.5 = 8\,189.06(元/小区块)$$

不考虑矿产品价格等其他因素的影响，则该项探矿权价值：

$$P_{ea} = 8\,189.06 \times 24 \times 40.68 = 799.51(万元)$$

4.1.3　地质要素评序法参数选取

根据地质要素的构成，将应用参数划分三类：

1. 基础购置成本参数

这类参数包括两个，即探矿权使用费、承诺的地质基本支出或已形成的地质勘查费用。

探矿权使用费，可按当时申请探矿权实际缴纳的费用计算，或者按勘查登记实际区块面积计算。

承诺的地质基本支出，按勘查期间实际投入计算，低于法律规定的勘查投入，按承诺的地质基本支出计算。

2. 地质要素定性标志参数

这类定性参数共 28 个，主要是非定量标志，这些参数是否能满足评估的需要或评序定量，目前还不能作出肯定的结论，可以通过实践来确定增减或取舍。

3. 地质要素定量标志参数

这类定量标志参数与定性标志参数是一一对应的，为定性参数定量，即价值指数。重要参数为品位显示和蕴藏规模显示，它们的价值指数占总价值指数的 45.48%。为此，在评估过程中，必须具备这两项参数。值得提醒注意的是，这两项参数，虽然是定性标志，但每小项参数中却赋予了数量标志，所以资料审核中必须给予充分的界定。

4.1.4　地质要素评序法适用性

地质要素评序法适合于普查及普查前期找矿阶段的探矿权转让，勘查精度越高，评估结果越准确。其使用条件为：

(1)基本条件是在勘查区内做过见矿异常验证，并作出过成矿预测，有初步的评价。

(2)探矿权人在勘查区内必须有法律规定的最低勘查投入。即使探矿权人行使探矿权是在《矿产资源勘查区块登记管理办法》实行之前，也应利用允许勘查范围，按区块登记面积，计算探矿权使用费。

(3)要具备探矿权评估主管部门认定的有经验的地质专家系统，能够实施评序定值。

(4)构成地质要素的地质技术信息清晰，能够作出明确的定量判断。

使用地质要素评序法需要注意的几个问题：

(1)在评估参数中，没有设计诸如矿产品市场、探矿权转让市场、金融市场、财务和股票市场等其他调整系数参数。这是因为我国目前矿业市场还不具备使用这些参数的条件，随着矿业权市场不断发育和完善，使用的条件也会逐渐成熟，到那时再应用地质要素进行评序时，则应该使用这些调整系数参数。

(2)这种方法仍然存在诸多问题，如选择价值指数参数时，如何使其更加客观，更符合实际，尚有待于进一步完善。

(3)在计算基础购置成本时，可以区块为单位进行计算，也可以面积为单位进行计算，视具体情况而定。但在南北长、东西窄的区域内进行计算时，应以面积为计算单位。

4.2　联合风险勘查协议法

在市场经济条件下，矿产资源勘查将会逐渐向联合勘查开发发展，在联合勘查协议中必须体现出共同投资、风险共担、收益共享的权责利关系。联合风险勘查协议法，就是在此种关系基础上建立起来的。

4.2.1　联合风险勘查协议法原理

联合风险勘查协议法，是根据该勘查区已签订的联合风险经营协议的条款或根据类似的勘查区所签订的协议条款，按照参与公司所承诺的勘查投资及其所获得的相应的股权，评估探矿权价值。它是将一项尚未实现的产权交易，转化为正常的商业形式的现金交易，是国外常用的一种有效方法。我国在矿业制度上，虽然与国外有所不同，但在社会主义市场经济的今天，联合风险勘查的协议形式已经出现，并已具雏形。利用此法的条件逐渐成熟，为了在矿业市场中逐步与国际接轨，可以采用此法。

4.2.2　联合风险勘查协议法计算方法

联合风险勘查协议文本有多种形式，其基本特点是随着勘查工作的进展，勘查效果的提高，发现矿产的期望值也会逐渐增长，相对应的是协议中所反映的责权利内容也发生了变化。正因为这些责权利的变化，使探矿权的价值也随之升值或贬值。利用这一特性，可将联合风险勘查协议法分为具单一挣股期和多个挣股期的两种方法。

1. 具单一挣股期的联合风险勘查协议法

一般常见的联合风险性经营协议是：甲公司对乙公司的某勘查区投入一定量的勘查费用（C_{ek}），在 T_e 年挣股期内投入足够协议量后，即可取得此勘查区的一部分未分权益（I_e，%）。此时，乙公司的该勘查区探矿权价值应为：

$$V_{ea} = C_{ek} \times \frac{(100 - I_e)}{I_e}$$

其中：V_{ea} 为挣股期内勘查区探矿权价值。

若挣股期地勘费是几年之内投入的，这时必须考虑费用的时间价值。为此，以挣股期的 1/2 时间为准，采用一个平均贴现率（γ）进行调整。如果在挣股期内甲公司仅完成最低承诺地勘费，而未完成协议金额，而提出撤出或终止合同，并不保留任何股权，此时对地勘费的计入，还要按完成的概率（ρ）加以调整。这样上述公式将改成：

$$V_{ea} = C_{ek} \times (1 + \gamma)^{-T_e} \times \rho \times \frac{(100 - I_e)}{I_e}$$

[例 2-4-2]　一项联合风险勘查协议，甲公司在 3 年内投入勘查费用 300 万元，并取得公司在该探矿权准许勘查区的 30% 权益。经核实，甲公司已履行 85% 的合同数额，该勘查区的探矿权价值为：

$$V_{ea} = 300 \times \frac{100 - 30}{30} \times \frac{1}{1.10} \times 0.85 = 540.91（万元）$$

2. 具多个挣股期的联合风险勘查协议法

一个勘查区的一份协议,有时会分成两个或三个以上协议段去完成,每个协议段都是一个挣股期,并在协议中规定了不同协议段的地勘投入和应享有的股权权益。对于这种具多个挣股期的勘查协议进行评估时,是采用分期计算,然后由有经验的评估师判断采用哪一个挣股期的评估结果较为适宜。这里只介绍澳大利亚利用此法的评估实例。

[例 2-4-3]　联合风险勘查协议规定,A 公司在第一期三年内投入地勘费 80 万澳元,获得 B 公司在 W 矿地产中 51% 的权益。此后,A 公司在第二期二年内又投入 50 万澳元,又获得 24% 的权益。两个挣股期合起来,A 公司共投入 130 万澳元,取得 75% 的权益。

评估时认定,A 公司第一个挣股期履约完工的概率为 0.5~0.7,贴现率采用 10%,此时仅考虑第一挣股期,则 W 矿地平均的探矿权价值为:

$$80 \times \frac{49}{51} \times \frac{1}{1.1537} \times (0.5 \sim 0.7) = 33.31 \sim 46.64 (万澳元)$$

当把第一和第二挣股期合起来考虑时,完工的概率为 0.4~0.6,贴现率采用 10%,则 W 矿地产的探矿权价值为:

$$130 \times \frac{25}{75} \times \frac{1}{1.2691} \times (0.4 \sim 0.6) = 13.66 \sim 20.49 (万澳元)$$

评估师认为应考虑以第一挣股期的条款进行评估,为此,评估结果采用的是:33.31~46.64 万澳元。

4.2.3　联合风险勘查协议法参数选取

联合风险勘查协议法计算方法比较简单,其参数并不多,有四个:①地勘支出(C_{ek});②待分配权益(I_e);③履行协议地勘投入的概率(ρ);④贴现率。其中主要是前两个。

1. 地勘支出

一般协议中明确规定,对方(受让方)在挣股期内的地勘投入,其投入得越多,占的股权越大。但又规定,当投入增至一定程度时,其股权则保持不变。实际投入额度是由协议所规定的地勘投入的概率来调整的。

在评估应用中,要核实地勘支出对股权的影响,并按不同时期的地勘支出所产生的不同股权比例,划分出多个挣股期分别进行计算。

2. 待分配权益

联合风险勘查协议中,都明确规定了未来的权益分配,即各方面的股权比例,它是该方法中的关键参数。未来权益分配比例是各方在转让交易中讨价还价的最终结果,能够代表矿权市场交易的真实情况,因此评估结果也比较客观。

4.2.4　联合风险勘查协议法的几点说明

(1)我国目前已经出现这种类型的协议,值得考虑采用此法。但须提醒的是:协议中有关投入和权益的条款是否公平合理,在我国还没有较为成熟的经验,可能会导致评估结果误差太大。为此,评估人员必须充分考查协议中条款的公平与合理性。

(2)在评估中除采用地勘支出参数外,对其评估结果产生影响的还有现金支付、探矿权使用费、买方的税收,以及股票支付等多种因素。评估人员需要认真加以分析和对待。

（3）在我国存在联合风险勘查之前，该探矿权人就是勘查投资人，如何对待这部分地勘支出，是值得评估人员认真考虑的问题。

4.3　粗估法

在低精度勘查工作中，获得的数据很难达到理想程度，误差很大，有时资源信息量也达不到要求。此时，评估人员将根据长期积累的信息和数据，如从那些公开上市公司的地质信息报告中，定期或即将披露的地质资料中，以及对矿业市场和财务市场走势所进行的分析，包括价格与收益比、价格与现金流等比值的分析，对勘查区的探矿权粗估一个近似值，称作粗估法。这是国外经纪公司常用的一种简单评估方法。虽然简单，但也不失其所具有的实用性。

4.3.1　粗估法计算方法

1. 资源品级价值粗估法

对于金属矿产资源而言，总是可以了解到勘查区内资源的品位和质级数据的，以此与已知矿产地的品位质级价值进行比较，凭经验判断出被评估勘查区探矿权的资源品级价值。由于地下资源变化叵测，必须主观地确定一个取得比例，最后得出评估结果。国外称这种方法为"原始价值粗估法"，在此称它为"资源品级价值粗估法"。

[**例2-4-4**]　在某处推测具有 Au 矿资源量的勘查区内，某国际矿产资源公司在其招投说明书中，将推测资源的品级价值定为 4 064 元/公斤；对已查明的资源，判定为 8 128 元/公斤。另一金矿公司在招股说明书中称，金矿资源品级价值为 3 048~19 305 元/公斤，平均为 7 722 元公斤。如果我们取已查明资源品级价值的 2/3 作为评估底数，则为 5 148~5 418 元/公斤，故评估师判定为 5 238 元/公斤。该区推测资源量为 3.40 吨，该勘查区的探矿权价值为 35.92 万元（取资源毛价值的 2%）。

2. 以单位国土面积资源价值为基础的粗估法

目前国际上许多国家都在进行矿产资源核算，其中也作了净价值核算。在我国虽然没有正式开展这项工作，但在各省并不难获得单位国土面积资源净价值量。那么勘查区探矿权的价值，就可以以此来进行评估。这种评估方法缺点是：面积越大，价值也就越大，可能使人难以接受，但是在急需的时候，如果运用得好，也不失为一种有效的方法。

[**例2-4-5**]　澳大利亚的西澳洲，将"草根勘查区"的单位矿权面积的价值定为 1 750~2 750 澳元/平方公里，勘查区面积为 60 平方公里，则勘查区的探矿权价值为 10.5 万~16.50 万澳元；我国西部某省单位国土面积矿产资源净价值为 53 374 元/平方公里，一矿业公司已取得探矿权的勘查区面积为 100 平方公里，则该勘查区的探矿权价值为 533.74 万元。

4.3.2　粗估法使用条件和适用范围

粗估法适合于各种情形的矿业权转让，因为方法简单，所需要参数少，只要满足其设定的参数，均可采用。然而，对于只具有一定勘查精度的矿区进行探矿权评估，都不会采用此法。这种方法的适合条件：

（1）资源品级价值粗估法是建立在资源本身丰度基础上的估价方法，原矿产品含有用组分越高，售价越高，获得净收入越高，探矿权转让价格越高。能够利用资源品级确定价值的矿产，首先是金属矿产。为此，该方法主要适合于以金属矿产为勘查目的的探矿权评估。

（2）以单位国土面积资源价值为基础的粗估法，适合于各类矿产资源勘查的探矿权评估。从勘查精度而言，更适合于对早期勘查阶段，即地质信息量（地质资源）很少的勘查区进行探矿权评估。

（3）两种粗估法虽然很简单，但所需的参数数据取得很难。矿产品价格在不断变化，资源品级价值也随之发生变化；资源量受开发利用程度的影响，也在发生变化，也就是说单位国土资源价值与单位资源品级价值都是动态参数。为此，采用此方法需要一个十分有效的信息系统支撑，否则难以取得较好的评估效果。

习　　题

（1）概述地质要素评序法原理、使用条件和适用范围。

（2）概述联合风险勘查协议法原理。

（3）概述粗估法的定义、使用条件和适用范围。

第 5 章　矿业权评估案例

本章以某铅锌矿采矿权评估为例,说明贴现现金流量法的评估方法与评估报告的编写格式。

某铅锌矿开发公司:

我所接受贵公司委托,对贵公司拥有的某铅锌矿采矿权进行价值评估,现将有关情况报告如下:

一、资产评估机构及资质概况(略)

二、资产占有单位(略)

三、资产评估委托方(略)

四、评估目的

为了加快开发某铅锌矿,按照国家的有关规定,贵公司拟与加拿大某矿业公司共同出资组建中外合资矿业开发公司,双方已草签协议,按协议规定,贵公司以某铅锌矿采矿权作价入股,外方以资金和设备作价入股。所以本次评估的目的为确定某铅锌矿采矿权入股价格。

五、评估对象和范围

根据贵公司的委托及评估目的,本次资产评估的对象为贵公司拥有的某铅锌矿采矿权。该采矿权许可证号和坐标(略)。该采矿许可证产权归属无争议。

六、评估依据

(1)《中华人民共和国矿产资源法》;

(2)《矿产资源开采登记管理办法》;

(3)《探矿权采矿权转让管理办法》;

(4)《国有资产评估管理办法》及其《实施细则》;

(5)《资产评估操作规范意见(试行)》;

(6)组建中外合资企业协议书;

(7)某矿区地质勘探报告;

(8)某铅锌矿开发公司"资产评估委托书";

(9)某铅锌矿采矿许可证;

(10)某铅锌矿开发公司有关年份会计报表及其他有关资料;

(11)本所评估人员实地勘查和搜集的有关资料;

(12)矿山建设可行性研究报告(按规定,矿山建设应作可行性论证,因此采矿权评估应依据可行性研究报告制作);

(13)其他。

七、评估原则

本次评估除遵循独立性、客观性、科学性的工作原则以及采矿权持续经营等资产评估的一般原则之外,根据采矿权的特殊性,还坚持了如下原则:

1. 采矿权与矿产资源相依性原则

矿业权是从矿产资源所有权中派生出来的，赋予矿业权人对矿产资源进行勘查、开采、开发等一系列活动并享有因此取得的收益的权利。采矿权与矿产资源是相互依存的。

2. 尊重地质科学规律的原则

矿业开采工作有其独特的工作程序和工作方法，在采矿权的评估过程中，对评估参数、评估方法的选择、评估条件的假设等方面要充分尊重地质科学规律、遵守矿产开采客观规律。

八、评估过程

1997 年×月×日～1997 年×月×日

（1）接受委托，与委托方商签资产评估合同书，协助委托方和资产占有单位进行资产清查，核实产权；

（2）组成评估小组，制定评估方案，确定评估方法，选择合理的评估参数；

（3）评估人员核实资产数量，到矿区考察地形、地貌、社会经济状况，了解矿区供水、供电、交通设施情况，搜集、整理有关资料；

（4）评估人员按照既定的评估方法进行具体的评定估算，撰写并提交资产评估报告书初稿，1997 年×月×日将评估报告初稿送委托方；

（5）1997 年×月×日向委托方提交正式评估报告书一式四份，结束评估工作。

九、评估基准日

本次资产评估基准日为 1997 年 6 月 1 日。报告中所采用的一切取费标准也均为 1997 年 6 月 1 日有效的价格标准。

十、评估方法

根据评估目的和某铅锌矿采矿权的具体情况，确定本次评估采用贴现现金流量法。

贴现现金流量法计算公式为：

$$P = \sum_{i=1}^{n} \left[(W_{ai} - W_{bi}) \cdot \frac{1}{(1+r)^n} \right]$$

式中：P 为采矿权评估净价；W_{ai} 为年收益额；W_{bi} 为社会平均收益额；r 为贴现率；n 为矿山寿命年限。

[评述]　社会平均收益额也可选择"投资收益额"，或者采用投资收益率计入贴现率的方法，但此处采用计算公式为：

$$W_P = \sum_{i=1}^{n} \left[W_{ai} \cdot \frac{1}{(1+R)^n} \right]^n$$

十一、评估说明

1. 评估对象及范围

评估对象为某铅锌矿采矿权。该铅锌矿发现于 19××年。19××年以前通过地表揭露、物化探普查和少量钻探工作，于 19××年至 19××年对矿区开展了全面系统的普查评价工作，发现三个成矿带，19××年再次取得探矿权详细探明矿产储量，于 1996 年取得采矿权，并陆续投建，评估范围包括所取得的地勘成果。

[评述]　虽然评估对象为采矿权，但其依托的是矿产资源，而矿产资源是勘查揭露出来的，资源的变化情况需通过地勘成果来反映，因此，评估范围要包含地勘成果，并阐明地勘成果取得情况，从而说明采矿权的评估基础。

2. 地质资源概述

××~××年，某铅锌矿开发公司对某锌矿进行详查，提交了详查地质报告。该矿主要赋存于太古宇第二岩组上部角闪斜长变粒岩中。矿带东部出露于地表，西部掩盖，属半隐伏矿床，由一系列走向北西西，向南南西陡倾斜的矿体群组成。它是一个以锌矿为主体，伴生有铅、金等有益组分的多金属矿床。圈定出锌矿、富锌矿和银矿三种独立矿体。共求得：锌金属量 C 级储量 32.8 万吨，平均含锌 4.32%；C+D 级锌金属总储量 158.39 万吨，平均含锌 4.26%，其中富锌为 98.14 万吨，平均锌品位 8.91%；伴生铅 9.07 万吨，铅平均品位为 0.24%；伴生银为 914.76 吨，平均含银品位 24.89 克/吨；伴生金为 18.98 吨，平均含金品位 0.51 克/吨。上述储量已由原地质矿产部直属单位管理局地直发[199×]×××号文评审验收。储量计算结果见表 2-5-1。

表 2-5-1　某铅锌矿储量计算结果表

资产占有单位：某铅锌矿开发公司　　　　　　　　　　　　　　　　评估基准日：×××年×月×日

矿石类型	储量级别	矿石储量（万吨）	Zn		Ag		Au		Pb		S	
			品位（%）	金属量（万吨）	品位（克/吨）	金属量（吨）	品位（克/吨）	金属量（吨）	品位（克/吨）	金属量（吨）	品位（克/吨）	元素（吨）
锌矿	C	759.44	4.32	32.81	24.97	189.63			0.18	1.37		
	D	2 962.14	4.24	125.59	24.48	725.13			0.26	7.70		
	C+D	3 721.58	4.26	158.40	24.58	914.76	0.51	18.98	0.24	9.07	5.56	
（1）富锌矿	C	240.44	9.12	21.93	40.98	98.53					206.92	
	D	861.12	8.85	76.21	41.26	355.30						
	C+D	1 101.56	8.91	98.14	41.20	453.83						
（2）贫锌矿	C	519.00	2.09	10.85	17.57	91.19						
	D	2 101.01	2.35	49.37	17.60	369.78						
	C+D	2 620.01	2.30	60.22	17.59	460.97						

资产评估机构：　　　　　　　　　　　　　　制表人：

[评述]　现行法规规定：矿产储量要经储量审批机构审批，因此，矿产储量数以审批确认数为准。

3. 矿床开发建设条件

矿体分布的总体范围为南北长 1 200 米，东西宽度不一，平均宽约 600 米，分布面积约 2 平方公里，总体形态是西部偏大的纺锤形。全矿区圈出工业矿体 45 个，一般矿体长 200~900 米，各矿体平均厚度为 0.60~6.62 米，矿体延伸 200~520 米。

矿体及围岩均属块状结构的坚硬岩石，具有较高的力学强度，未来采运巷道一般稳固性良好。矿体地质构造条件简单至中等。覆盖松散沉积物厚度薄，分布面积小。矿床工程地质条件属简单类型。矿床以裂隙含水层充水为主，水文地质条件简单至中等。矿体、围岩均为弱含水岩层，风化裂隙带、断层破碎带及石英斑岩接触带裂隙水富水性相对较强，是矿床直接充水因素。矿区处于水资源匮乏的干旱地区。矿区附近某谷中的某段，地下水较丰富，水质优良,可作为矿区供水的水源地。

矿区属边远贫困区,以农业为主,牧业为辅,工业基础落后。本矿的勘查开发对地区经济的发展有较大的促进作用。

[**评述**] 这里还应包括区位条件、交通、地理位置、气象及环境保护情况的说明。

4. 有关技术经济参数选取

(1)采选方案及规模

依据某铅锌矿探明储量情况,确定以首先开采富锌矿为主的开发方案。根据公式:确定最低生产规模为 729.31 吨/日,其价格系数(b)为 2.0551、收益系数(k)为 0.0974。考虑到未来兼采贫矿,按贫矿品位 2.91% 计算,最低规模(A)为 1 919.86 吨/日,故地下开采日出矿石 1 500 吨,年规模为 49.5 万吨,生产年限为 15 年。选厂规模与采矿相适应,日处理矿石 1 500 吨。选矿采取浮选工艺,产品为锌精矿,伴生元素为银、金、硫等。

(2)采选主要技术经济指标

主要技术经济指标为采矿损失率、矿石贫化率和选矿回收率。根据本矿床的赋存条件及开采工艺,确定采矿损失率为 15%,矿石贫化率为 20%。

选矿回收率依据选矿试验,结合国内矿山的选矿技术水平,确定锌选矿回收率为 95%,银选矿回收率为 80%,金选矿回收率为 55%。具体指标见表 2-5-2。

表 2-5-2 某铅锌矿选矿指标计算表

名称	产率(%)	品位			回收率(%)		
		Zn(%)	Ag(g/t)	Au(g/t)	Zn	Ag	Au
锌精矿	13.55	50	194.60	1.66	95	80	55
原矿	100	7.13	32.96	0.41	100	100	100

(3)产品产量及产值计算

年处理矿石 49.5 万吨,年产精矿 6.71 万吨。锌精矿中锌的价格为 3 800 元/吨,伴生银价格为 0.75 元/克,伴生金价格为 64.4 元/克,则年产值 Zn 为 12 749 万元、Ag 为 979.32 万元、Au 为 717.32 万元,共计为 14 445.64 万元。

[**评述**] 这里需要说明的是在 15 年内先采富、后采贫的产量变化情况,本报告是按无变化计算的,今后评估中将不采用贫富的概念,而是采用经济可采品位或边际品位,但客观上经济可采品位确定得高可以把规模缩小,而经济可采品位确定得低时则需扩大生产规模。这需要评估人员结合科研报告作出推断,并列表说明。

对矿产品价格要说明选择的依据,详细列出产值计算式。

(4)投资测算

根据合作双方合同约定,某铅锌矿已投入地质勘查费 5 000 万元人民币。矿床开发建设已开始投资,依据扩大指标预算,吨矿基建投资 370 元,需基建投资 18 315 万元。流动资金估算 4 000 万元。需勘查及建设资金 27 315 万元。

[**评述**] 投资测算应详细列出固定资产、基础建设辅助设施等预算表,可折成吨矿基建投资计算。同时,要说明资金来源,如果需贷款,则要说明贷款比例及还本付息时间。

（5）成本与费用估算

根据国家现行政策及某铅锌矿的实际，估算未来矿山企业的成本和费用。在成本估算中，折旧费按可提折旧的固定资产在服务期内均摊。吨原矿销售成本 143 元，其中经营成本 106 元/吨。

［评述］　这里需列总成本计算表，详细说明销售成本的计算依据。

（6）税费测算

有色金属矿产品增值税率为 13%，伴生金产品按免税计算，综合税率按产值的 10% 计。矿产资源补偿费按产值的 2% 提取。资源税按每吨原矿 1.5 元计，同时根据财政字［1996］82 号财政部、国家税务总局发文从 1996 年 7 月 1 日起，对有色金属矿的资源税减征 30%，按规定税额标准的 70% 征收。所得税税率 33%，中外合资企业按"免二减三"计算。

（7）折现率的确定

根据我国有色金属矿山的一般收益水平，结合国外投资收益率，考虑 1997 年 6 月份中国人民银行公布的五年期存款利率为 6.66%，风险溢价为 3%，故选取折现率为 10%。

（8）贴现现金流量表的计算

具体计算见表 2-5-3。

十二、评估结论

本评估事务所在充分调查、了解和分析评估对象实际情况的基础上，依据科学的评估程序，选用合理的评估方法，经过周密、准确的计算和不同评估方法的验证，确定贵公司某铅锌矿采矿权评估净价为：6 370.80 万元人民币，大写陆仟叁佰柒拾万捌仟元。详见表 2-5-4。

十三、有关问题的说明

1. 评估结果有效期

本报告评估基准日为 1997 年 6 月 1 日。按现行法规规定，本评估结果有效期为一年。如果使用本评估结论的时间与本报告的评估基准日相差一年以上，本事务所对应用此评估结论而对有关方面造成的损失不负任何责任。

2. 评估基准日后的调整事项

在 1997 年 6 月 1 日至 1998 年 5 月 29 日一年时间内，如果委托评估的资产具体数量发生变化，委托方应商请本评估事务所根据原评估方法对评估价值进行相应调整；如果本次评估所采用的价格标准发生不可抗拒的变化，并对资产评估价值产生明显影响时，委托方应及时聘请本评估事务所重新确定其价值。

3. 其他责任划分

我们只对本项目评估结论本身是否合乎职业规范要求负责，而不对资产定价决策负责。本次评估结果是根据本次特定的评估目的而得出的非市场价值，不得用于其他目的。

资产占有单位：某铅锌矿开发公司　　　　　　　　　　　　　　　　　　　　　　　单位：人民币万元

表2-5-3　某铅锌矿采矿权采矿权剩余净收益现值计算表

评估基准日：1997年6月1日

项目名称	合计	建设期				生产期							
		0	1	2	3	4	5	6	7	8	9~15	16	17
1.产品销售收入(+)	209 461.78				7 222.82	14 445.64	14 445.64	14 445.64	14 445.64	14 445.64	101 119.48	14 445.64	14 445.64
2.经营成本(-)	76 081.50				2 623.50	5 247.00	5 247.00	5 247.00	5 247.00	5 247.00	36 729.00	5 247.00	5 247.00
3.固定资产投资(-)	27 315.00	8 800.00	9 257.50	9 257.50									
4.流动资金(-)	4 000.00			2 000.00	2 000.00								
5.税前收入小计	102 065.28	-8 800.00	-9 257.50	-11 257.50	2 599.32	9 198.64	9 198.64	9 198.64	9 198.64	9 198.64	64 390.48	9 198.64	9 198.64
6.所得税(-)	22 382.22						973.14	973.14	973.14	1 946.28	13 623.96	1 946.28	1 946.28
7.资源税(-)	1 076.63				37.13	74.25	74.25	74.25	74.25	74.25	519.75	74.25	74.25
8.销售税金及附加(-)	20 946.15				722.28	1 444.56	1 444.56	1 444.56	1 444.56	1 444.56	10 111.95	1 444.56	1 444.56
9.净利润小计	57 660.28	-8 800.00	-9 257.50	-11 257.50	1 839.91	7 679.83	6 706.69	6 706.69	6 706.69	5 733.55	40 134.82	5 733.55	5 733.55
10.社会平均收益(-)	10 473.09				361.14	722.28	722.28	722.28	722.28	722.28	5 055.96	722.28	722.28
11.回收固定资产余值(+)	1 365.75												1 365.75
12.回收流动资金(+)	4 000.00												4 000.00
13.剩余利润小计	52 552.94	-8 800.00	-9 257.50	-11 257.50	1 478.77	6 957.55	5 984.41	5 984.41	5 984.41	5 011.27	35 078.86	5 011.27	10 377.02
14.折现系数($i=10\%$)		1.000 0	0.909 1	0.826 4	0.751 3	0.683 0	0.620 9	0.564 5	0.513 2	0.466 5	2.271 1	0.217 6	0.197 8
15.剩余净收益现值	6 370.80	-8 800.00	-8 415.99	-9 303.20	1 111.00	4 752.01	3 715.72	3 378.20	3 071.20	2 337.76	11 381.09	1 090.45	2 052.57
16.采矿权价值	6 370.80	2 337.76											

资产评估机构：　　　　　　　　项目负责人：　　　　　　　　制表人：

注：经营成本中含资源补偿费，按销售收入2%计，年资源补偿费为288.91万元。

表 2-5-4　某铅锌矿评估净值表　　　　　　　　　　　　单位：万元

资产类型	账面原值	账面净值	重置全价	评估净值	增值额	增值率
甲	1	2	3	4	5	6
某铅锌矿采矿权				6 370.80		

4.评估报告书的使用范围

本评估报告书仅供委托方、本次评估目的所涉及的经济情形的对方当事人及报告确认部门使用。除此之外，不得向其他单位和个人提供。未经我所书面同意，报告的全部或部分内容不得发表于任何公开媒体上。

十四、附件(略)

十五、评估报告提出日期(略)

十六、评估责任人员(略)

十七、评估人员(略)

×××资产评估事务所

×年×月×日

第 3 篇

矿产资源法律法规

第 1 章　矿产资源法律法规概述

1.1　资源法概述

　　国内外历史发展表明，资源是一个历史范畴。在以传统农业为主的社会经济发展阶段，资源并未成为经济增长的瓶颈，资源问题也未显露出来。但在以工业化和后工业化为主的社会经济发展阶段，人口剧增、发展的渴望、科技现代化等强大的驱动力，导致对资源的利用达到空前的程度。资源短缺、资源枯竭、资源掠夺、资源浪费、资源破坏等一系列问题以及由此引发的环境问题接踵而来。

　　资源科学是一门研究资源的形成、演化、质量特征、与时空规律性及其与人类和社会发展之间相互关系的科学。其目的是为了更好地开发、利用、保护和管理资源，协调资源与人口经济和环境之间的关系，促使其向有利于人类生存与发展的方向演进。资源科学研究正向全球化、战略化、管理化、数量化、现代化方向发展。

　　资源可持续利用，是在不损及后代人需求的前提下，来满足当代人需要的资源利用形式。资源可持续利用是代际分配合理，部门配置得当，经济、社会和生态综合效益最佳的资源利用方式。资源可持续利用与资源配置及其机制密切相关，强调对资源供求关系的认识，强调资源稀缺观念和意识，特别注重资源利用的生态问题，同时应建立在资源代际公平分配基础上。资源法正是调整各种关系的法律条文。

　　随着我国法制建设不断完善，我国正逐步成为一个法制国家。近年来，中国资源保护立法有了长足的进展，资源保护法律框架体系已经基本形成。在现存的法律领域当中，资源保护法尽管是一个新兴的部门，但其蓬勃发展的势头足以让我们对这一部门法的未来作出乐观的预言。可以肯定，随着我国社会经济结构的转型，经济增长方式的转变，追求人与自然的和谐必将成为未来中国经济发展的主题，而要达到这个目标，充分发挥法律对社会经济结构的规制作用显然是富有效率的选择。为此，国家设立了一系列相关法律。

　　我国资源法包括的内容非常广泛，目前相关的资源法规主要有：①林业资源：《中华人民共和国森林法》；②草原资源：《中华人民共和国草原法》；③渔业资源：《中华人民共和国渔业法》；④矿产资源：《中华人民共和国矿产资源法》、《中华人民共和国煤炭法》；⑤土地资源：《中华人民共和国土地管理法》、《中华人民共和国房地产管理法》；⑥水资源：《中华人民共和国水法》、《中华人民共和国水土保持法》；⑦物种资源：《中华人民共和国野生动物保护法》；⑧气候资源：《中华人民共和国气象条例》(属行政法规)；⑨风景名胜区和自然保护区：《中华人民共和国自然保护区条例》(属行政法规)；⑩文物资源：《中华人民共和国文物保护法》。

1.2　矿产资源与矿产资源法

　　矿产资源是由地质作用形成，在当前和将来的技术条件下，具有开发利用价值，呈固态、液态和气态的自然资源。矿产资源按用途、物理性质和化学性质，可划分为能源矿产、金属矿产、非金属矿产和水汽矿产等四大类。

矿产资源是可利用而不可再生的自然宝藏。人类对矿产资源的开发和利用永远是个单向的流程，今人用之太苟，后人必然无以为用。但是，人类又不能不开发和利用矿产资源，尤其是在经济飞速发展的今天。

如何科学地开发矿产资源，如何在利用矿产资源的同时不把"遗憾"留于后人，如何促使资源开发管理立法化、科学化，已成为当今世界广泛关注的社会热点。

在我国，由于矿产资源立法起步较晚，如何全面实施矿产资源法，如何认定、区分矿产资源法中所规定的相对利益主体，如何调整相对利益主体间的利益关系，如何依法处理矿产资源方面的各类现实难题，促进矿业的持续、快速、健康发展，已是今后矿业管理部门和矿山企业的迫切任务。

1986 年 3 月 19 日第六届全国人民代表大会常务委员会第十五次会议通过，中华人民共和国主席令第三十六号公布了《中华人民共和国矿产资源法》（以下简称《矿产资源法》）。《矿产资源法》于 1986 年 10 月 1 日起施行。1996 年 8 月 29 日，第八届全国人大常委会第二十一次会议对《矿产资源法》作了修改。1998 年 2 月 12 日，国务院发布了《矿产资源勘查区块登记管理办法》、《探矿权采矿权转让管理办法》、《矿产资源开采登记管理办法》作为《矿产资源法》的补充。

矿产资源法律体系并不只是指《中华人民共和国矿产资源法》本身，而是指矿产资源法律规范的总称。

1.3　矿产资源法的产生和发展

矿产资源法成为法学的一个专门的分支学科经历了一个漫长而复杂的过程。矿产资源法的产生和发展是与工业化过程密切联系的。

1.3.1　国外矿产资源法的产生、发展

从世界范围看，矿产资源法的孕育、产生和发展，大体经历了四个历史时期：

1. 突破矿业发展限制的矿产资源法孕育期

前工业化时期，统治者为了维护自己的利益，实行禁矿政策和限矿法制，推行矿冶官营。18 世纪的英国土地法令中规定所有开采的金和银矿床，均归王室所有。在欧洲，为得到大量矿产品，实行采矿许可权政策。这些矿业的法令和政策，孕育着近代矿产资源法的萌芽。

2. 保护矿业权的矿产资源法产生期

19 世纪中叶后，英、法、比、德、美、日相继进入实现工业化过程。矿产资源需求急剧上升。为了保护矿业主利益，使工业建设有足够的矿产品保障，各国纷纷制定矿业法律。1872 年美国的《矿物探测法》是最早的矿产勘查法之一。按该法律规定，只有美国公民和那些申报其意向要成为美国公民者，才有资格取得公有矿产的权利。尔后，1878 年美国制定了《木材石料法》。在著名的《谢尔曼反托拉斯法》颁布的 1890 年，美国制定了《谢尔曼白银购买法》，连同 1900 年《金本位法》，美国成了世界最先制定的特种矿产法律的国家。1905 年美国颁布了《采矿废物倾倒法》，1920 年美国将《木材石料法》中的石料部分另行修改，形成《矿山租赁法》。

最早使用矿业法名称制定专门法律的国家是日本。日本于 1873 年颁布《矿业法》，并于 1877 年制定了《砂矿法》。这两部法律直到 1950 年 12 月 20 日才以《日本矿业法》替代。

从 19 世纪中叶到 1920 年的矿产资源法产生时期，矿产资源法主要表现在保护探矿权和采矿权，国家通过授予探矿权和采矿权等措施实施矿业管理。在这一时期不仅工业化国家制定了矿产资源法，一些农业化国家也制定了有关矿产资源法规，如 1899 年苏丹颁布了《采矿（找矿执照）条例》。

3. 保护国家矿产所有权的矿产资源法发展期

20 世纪 20~70 年代是矿产资源经济飞速发展的时期。世界经过经济、政治、社会动荡与改组，矿产资源法也经过了蓬勃发展的时期。

19 世纪末矿产资源法产生以来，发展到 20 世纪 70 年代，矿产资源法从简单的保护矿业权利发展到保护国家矿产所有权。大多数国家规定矿产资源属国家所有。例如 1938 年英国公布的《煤炭法》，其目的是实行国有化，先前开采煤炭的人，不论是否为采矿承租权的所有者，都变成英国煤炭委员会的承租人。这个时期的矿产资源法的发展分两个阶段。

第一阶段是 20 世纪 20~40 年代。该阶段强调矿产资源国家所有，例如 1938 年墨西哥的矿业法，1935 年智利的矿业法令，1934 年巴西矿业法的规定。1929 年资本主义世界经济危机和两次世界大战期间主要形成矿产管制的矿产资源法。矿产资源法发展期前 30 年的特征是规定矿产资源国家所有。

第二阶段是 20 世纪 50~70 年代。二次大战后，一批殖民地、半殖民地国家相继独立。矿产资源法中矿产所有权与国家主权联系起来，对矿业公司中的外国股份进行限制，如巴基斯坦 1958 年的《矿山及矿产管理法》限定外国人最高股份在 49% 以内。

1962 年第十七届联合国大会通过了《关于天然资源永久主权的宣言》，承认"拥有资源的国家具有为该国的发展和国民的福利使用资源的权利"。发展中国家纷纷进行国有化立法，宣布将国外控制的石油及金属矿山收归国有，成立国营采矿企业。例如 1964 年阿尔及利亚，1965 年加纳和危地马拉，1970 年赞比亚的矿产资源法均体现了强烈的国有化特征。

在此期间，不仅发展中国家制定矿产资源法，发达资本主义国家也在修改完善矿产资源法，前苏联和东欧国家的矿产资源立法工作也很活跃。1960 年匈牙利制定并于 1961 年 7 月 1 日实施了《矿产法》，1969 年 5 月 12 日原德意志民主共和国人民议院通过并于 1969 年 6 月 12 日实施了《矿产法》，1975 年 7 月 9 日原苏联制定并于 1976 年 1 月 1 日实施了《苏联和各加盟共和国地下资源立法纲要》，1968 年原南斯拉夫塞尔维亚社会主义共和国制定了《矿业法》。

原苏联和东欧国家这一时期制定和实施的矿产资源法是世界矿产资源法历史上最重要的一部分。其特点之一是规定矿产资源的国家所有属于全民所有，与西方国家的矿产资源国家所有区别开来；其特点之二是较多地规范了具体矿产资源勘查、开采行为，限制了探矿权人和采矿权人的权利；其特点之三是给国家行政管理机关规定了较大的权限，行政机关具有较大的实际决定权。

4. 保护人类环境与促进国际合作的矿产资源法新时期

20 世纪 80 年代各国矿产资源立法表现出新的生机。

首先，各国保护人类生存与发展环境纳入矿产资源立法内容。各国立法机构将矿产资源开发与环境保护包含在矿产资源法中。各国法律规定防止矿山采掘加工对环境的损害及使用矿物燃料对大气环境的损害。

其次，各国制定促进国际矿业合作法律制度。经过 60~70 年代国有化以后，发展中国家的矿业情形并没有好转，甚至恶化。世界性经济危机还使矿产品过剩，价格下降，利率上升，矿山项目成本上涨。80 年代以来，发展中国家正在寻求国际合作的立法途径，试图既能利用外国资本和技术，又能有效控制矿产资源所有权和国家主权。这段时期产生了一些新的法律，如阿根廷 1979 年制定的矿业促进法，采用一系列税收鼓励和其他矿产投资保证措施，专门鼓励国际矿产投资。

联合国开发技术合作部自然资源和能源处为发展中国家设计了一部矿产开发法样本，堪称是当代矿产资源法的典型模式。样本所列清单内容可为尚没有制定矿产资源法的国家考虑，也可为已制定矿产资源法的国家修改和完善此法时参考。

1.3.2　中国矿产资源法的产生和发展

中国矿冶历史源远流长，铁、铜、金、银、盐、石棉、煤、芒硝和制陶粘土等几十种矿产都有悠久的开发利用史。矿产资源立法成为历代统治阶级法制的重要内容。

我国矿冶立法很早。西周时期已有关于矿冶的禁令，设有专门的官吏执掌其事。春秋时期，中国已进入铁器时代。强盛的诸侯国大兴渔盐和铸铁之利，实行矿冶制盐官营，并设有铁官。至唐代，官营矿冶日趋发达，设盐铁等官吏经营官矿，禁止民采。宋朝已有大规模的炼铁工业，年产量约 125 万吨，超过英国工业化革命早期的铁产量。宋代设坑冶监，矿冶法制更趋严密。元朝至清初，统治者为防止劳动人民的反抗和对财政的冲击，对可制作武器的铁、铜和可作货币的金、银管制极严，私人开矿的则处以重刑。封建王朝长期实行矿冶官营，或民办官收和商办官督的政策。封建统治者通过法律形式对矿冶进行控制和干预，严重阻碍了我国矿业的发展。

1840 年中国闭关自守的大门被殖民主义者敲开后，矿产资源成为列强吞噬的对象。国内资本主义也开始产生萌芽。新的矿业生产关系需要立法加以调整。清光绪二十四年（1898 年）十月清政府订立路矿章程 22 条，同年六月又加修正款 4 条。我国的路矿章程仅比美国的《木材石料法》晚 20 年。后来，清政府参照英、美、德、法、澳、比、西、日等国家的矿业法规，于光绪三十三年（1907 年）颁布《大清矿务章程》，次年又加以修改。由于辛亥革命的爆发，我国第一部矿产资源法规实际并未实施。

民国三年（1914 年）农商部又仿照日本矿业法修订了矿业条例，以大总统命令颁布，实施后意见纷繁。民国五年（1916 年），农商部设修订矿法委员会，请英国律师林锡（G. G. Lind-seg）和张轶欧、丁文江、翁文灏等人参加，草拟了矿业法草案。同年，又起草了一个较前者稍佳的矿业法草案。几经搁置，一直到民国十九年（1930 年）国民党政府才正式颁布了《矿业法》。1932 年进行了第一次修订。该法规定了矿业权、国营矿业、小矿业、用地、矿税、矿业监督和处罚等内容，共 9 章 121 条。作为矿产资源的附件，1930 年到 1932 年还制定了矿产法实施细则、矿业登记规则、矿场实习规则、土石采取规则、整理全国地质调查办法、农商部征收矿业税办法。

1949 年中华人民共和国成立后，国家十分重视矿产资源法制建设。国家以宪法的形式明确规定矿藏属国家所有。最高国家行政机关制定了一系列矿产资源行政法规。1950 年 12 月 22 日政务院第 64 次政务会议通过，1951 年 4 月 18 日政务院公布了《中华人民共和国矿业暂行条例》。该条例规定了"全国矿藏均为国有，如无需公营或划做国家保留区时，准许并奖励私人经营"等基本原则，对整理旧矿区、探采新矿区、探矿人及采矿人的责任作了具体规定。1965 年 12 月 17 日国务院批转了地质部制定的《矿产资源保护试行条例》。该条例对地质勘探、矿山设计、矿山开采、选矿、冶炼、矿产加工和使用过程中的矿产资源保护和合理利用作了具体规定。该条例还规定了地下水管理事项。1980 年 4 月 24 日国务院批准，1980 年 5 月 12 日地质部等 8 个部门发布了《群众报矿奖励办法》。1982 年 2 月 13 日国务院发布了《矿山安全条例》和《矿产安全监督条例》。1984 年 1 月 23 日国务院发布了《工矿产品购销合同条例》。此外，还有大量矿产资源法律规范存在于我国的相关法律、行政法规和地方性法规等法律形式中。

法律是矿产资源法律规范的基本表现形式。当社会主义民主与法制得到加强的时候，用法律形式集中表现矿产资源法律规范的工作提上议事日程。1979 年 9 月，在国家经委领导下，由地质部牵头，冶金、煤炭、石油、化工、建材及二机部等部门派人参加共同组成《矿产资源法》起草办公室，开始矿产资源法起草工作。1981 年 9 月，由国家经委主持，有关部门负责同志参加讨论修改后，形成《矿产资源法》送审稿，报国务院审定。此后，国务院办公厅先后征求了省、自治区、直辖市人民政府，国务院有关部门以及部分法律专家的意见后又进行了修改。1984 年 10 月 30 日，经国务院常务会议讨论，同意将《矿产资源法（草案）》提请全国人大常委会审议。1985 年六届人大第十一次和第十二次常委会会议对《矿产资源法（草案）》进行了全面的研究和修改，再次提请人大常委会进行审议。1986 年 3 月 19 日第六届全国人民代表大会常务委员会第十五次会议通过，中华人民共和国主席令第三十六号公布了《中华人民共和国矿产资源法》。《矿产资源法》于 1986 年 10 月 1 日起施行。1996 年 8 月 29 日，第八届全国人大常委会第二十一次会议对《矿产资源法》作了修改。

《矿产资源法》是国家意志的体现，充分反映了我国全体人民的根本利益，体现了宪法精神。《矿产资源法》对矿产资源勘查、开发利用和保护中的重大问题都作了明确的规定。它原则性强，内容全面，语言精炼，是一部比较好的矿产资源法律规范。《矿产资源法》是用法律形式表现矿产资源法律规范中的一部，已经或可以在其他法律中表现的矿产资源法律规范，则在有关法律中表现。如与矿产资源有关的诉讼程序，则在《民事诉讼法》、《行政诉讼法》和《刑事诉讼法》中表现。与矿产资源有关的基本建设问题，则在有关基本建设法规中表现。

《矿产资源法》是矿产资源法律规范的概略性法律规范文件，它的一些条款需要具体化，《矿产资源法》条款的具体化通过制定行政法规和地方性法规，以及加强法律解释来实现。《矿产资源法》公布以后，1987 年 4 月 29 日国务院发布了《矿产资源勘查登记管理暂行办法》、《全民所有制矿山企业采矿登记管理暂行办法》、《矿产资源监督管理暂行办法》。经国务院批准，原石油部 1987 年 12 月 24 日发布了《石油及天然气勘查、开采登记管理暂行办法》。经国务院批准，1988 年 7 月 1 日原地质矿产部发布了《全国地质资料汇交管理办法》。1992 年 11 月 7 日，第七届全国人大常委会第二十八次会议通过了《中华人民共和国矿山安全法》。1993 年 7 月 19 日，原地矿部发布了《违反矿产资源法规行政处罚办法》。1994 年 3 月 26 日，国务院发布了《中华人民共和国矿产资源法实施细则》。随着改革开放的不断深入，1998 年 2 月 12 日，国务院发布了《矿产资源勘查区块登记管理办法》、《探矿权采矿权转让管理办法》、《矿产资源开采登记管理办法》。《矿产资源法》与以上的几项行政法规构成目前我国矿产资源法的基本骨架。

　　《矿产资源法》颁布实施以来，我国矿产开发秩序开始好转，依法探矿依法采矿的新秩序已经确立，矿产开发活动进一步纳入法制轨道，完善的矿产资源法规体系正在建立。

　　当前，矿产资源法的实施和完善工作正向纵深方向发展。在实施方面，国务院地质矿产主管部门已不失时机地将矿产资源监督管理提上议事日程，矿产资源监督机制正在建立。

1.4　矿产资源法律体系

1.4.1　立法依据

　　《矿产资源法》是我国调整矿产资源勘查、开采活动等各种社会关系的一项基本法律。在我国的法律体系中，《宪法》是根本法，具有最高的法律效力，是制定其他法律的立法基础。在《矿产资源法》总则的第一条就明确指出："根据中华人民共和国宪法，特制定本法。"这就表明，《矿产资源法》是以《宪法》为立法依据的。主要表现在以下几个方面：

　　1. 矿产资源属国家所有

　　《宪法》第九条第一款规定，矿藏（即矿产资源）属于国家所有，即全民所有。这是对矿产资源所有权的认定。根据这一原则，《矿产资源法》第三条规定："矿产资源属于国家所有，由国务院行使国家对矿产资源的所有权，地表或者地下的矿产资源的国家所有权，不因其所依附的土地的所有权或者使用权的不同而改变。"此外，还规定了勘查矿产资源，必须依法登记；开采矿产资源，必须依法申请取得采矿权；国家对矿产资源实行有偿开采等等。这些都是矿产资源国家所有原则的延伸。

　　2. 国家保障矿产资源的合理开发利用

　　《宪法》第九条第二款规定，国家保障自然资源的合理利用，禁止任何组织或者个人用任何手段侵占或者破坏自然资源。根据这一原则，《矿产资源法》第三条第二款规定，国家保障矿产资源的合理开发利用，禁止任何组织或者个人用任何手段侵占或者破坏矿产资源，各级人民政府必须加强矿产资源的保护工作。此外，还规定了禁止乱挖滥采，破坏矿产资源；对造成矿产资源破坏的给予制裁。

　　3. 国有矿山企业、集体矿山企业和个体采矿的法律地位

　　《宪法》第七、八、十一条规定，国有经济是国民经济的主导力量，国家保障国有经济的巩固和发展；国家鼓励、指导和帮助集体经济的发展；国家通过行政管理，指导、帮助和监督个体经济。根据这一原则，《矿产资源法》第四条规定："国有矿山企业是开采矿产资源的主体。国家保障国有矿业经济的巩固和发展。"第三十五条规定："国家对集体矿山企业和个体采矿实行积极扶持、合理规划、正确引导、加强管理的方针，鼓励集体矿山企业开采国家指定范围内的矿产资源，允许个人采挖零星分散资源和只能用作普通建筑材料的砂、石、粘土以及为生活自用采挖少量矿产。"

　　4. 环境保护

　　《宪法》第二十六条规定："国家保护和改善生活环境和生态环境，防治污染和其他公害。"根据这一原则，《矿产资源法》第三十二条规定："开采矿产资源，必须遵守有关环境保护的法律规定，防止污染环境。""耕地、草原、林地因采矿受到破坏的，矿山企业应当因地制宜地采取复垦利用、植树种草或者其他利用措施。"

5. 矿业权有偿取得和依法转让

在计划经济条件下，法律规定探矿权、采矿权是由国家行政机关无偿授予申请人的，法律还规定采矿权不得转让、抵押。原有的法律规定已不适应社会主义市场经济的需要，阻碍了矿业经济的发展。所以，1996 年国家修改了矿产资源法，明确规定了矿业权的有偿取得和探矿权、采矿权可以依法转让的原则，并制定了相应的配套法规，规定实施这一法律制度的管理原则和程序。实施这一原则，既保证了矿产资源的保值和增值，又将促使矿业权人合理利用矿产资源，保障投资者和矿业权人的经济利益，达到振兴矿业的目的。

6. 照顾民族自治地方的利益

《宪法》第一百一十八条第二款规定："国家在民族自治地方开发资源、建设企业的时候，应当照顾民族自治地方的利益。"根据这一原则，《矿产资源法》第十条规定："国家在民族自治地方开采矿产资源，应当照顾民族自治地方的利益，作出有利于民族自治地方经济建设的安排，照顾当地少数民族群众的生产和生活。""民族自治地方的自治机关根据法律规定和国家的统一规划，对可以由本地方开发的矿产资源，优先合理开发利用。"

7. 其他立法依据

《宪法》还规定了国家保护集体经济组织和个体经济的合法权益；禁止任何组织或者个人侵占或者破坏国家和集体的财产；国家保护公民合法财产的所有权；推广先进的科学技术；反对浪费；在公有制基础上实行市场经济；禁止任何组织或个人扰乱社会经济秩序；允许外商投资企业在中国投资；国家保护名胜古迹、珍贵文物等重要历史文化遗产；国家行政区域划分；公民依法纳税；国务院及国务院有关部门和地方人民政府的行政职权；司法机关的司法职权等。这些也是《矿产资源法》有关条款的立法依据。

1.4.2　矿产资源法的调整对象

《中华人民共和国矿产资源法》是国家重要的专门法，是我国统一法律体系中的一部分。矿产资源法有自己的调整对象，调整特定的社会关系。

矿产资源法是以民法为主导的法律体系。我国《民法通则》第八十一条规定了矿产资源所有权的归属和行使方式。

1. 调整国家与公民、法人及其他经济组织之间的矿产资源所有权关系

资源所有权关系是国家与公民、法人及其他经济组织之间因占有、使用、收益和处分矿产资源而发生的关系。我国矿产资源属于国家所有，国家对矿产资源具有所有权。我国经济体制改革后，国家对矿产资源所有权的行使发生了根本的变化，由直接行使矿产资源所有权向间接行使转变。这极大地丰富了我国矿产资源所有权关系的内容。大量矿产资源所有权关系的内容都是矿产资源法的调整对象。我国矿产资源法调整的矿产资源所有权关系中，以国家取得矿产资源所有权、社会经济组织行使探矿权和采矿权、国家收取矿产资源补偿费、国家保护矿产资源的经济关系为主要内容。

2. 调整社会经济组织或个人之间在矿产资源勘查和开采活动中形成的商品交换关系

20 世纪 50 年代我国对私有经济的社会主义改造完成后，矿产资源国家所有权由国家行政机关直接行使。80 年代以来，国家行政机关将矿产资源所有权中的探矿权、采矿权授予社会经济组织或者个人行使。这些社会经济组织包括全民所有制地质勘查单位、全民所有制企业、集体所有制企业，也包括外商投资组织。个人指个体工商户。这些社会经济组织或个人

行使矿产资源所有权的探矿权或开采权，进行生产经营活动，产生两种形态的商品，一种是地质资料，另一种是矿产品。地质资料和矿产品的交换必须遵循价值规律。地质资料交换关系和矿产品交换关系是我国矿产资源法的又一调整对象。

3. 调整国家机关与公民、法人或其他组织之间的矿产资源管理关系

矿产资源是关系到子孙后代的特殊财产，国家矿产资源所有权行使方式的转变是一个循序渐进的过程，矿区和勘查作业区秩序的稳定需要国家强制力做后盾。各级各类国家机关在矿产资源管理活动中负有不可推卸的责任。国家机关及其所属机构与公民、法人及其他组织之间的矿产资源管理关系仍然是矿产资源法的调整对象。在目前，国家行政机关及其所属机构与公民法人及其组织之间的矿产资源行政管理关系有着极为丰富的内容，是矿产资源法调整的重点对象之一。

1.4.3 矿产资源法的表现形式

矿产资源法的内容需要通过一定形式表现出来。矿产资源法不是指哪一部《矿产资源法》，而是指矿产资源法律规范的总称。矿产资源法律规范的表现形式，也称矿产资源法渊源。

世界各国矿产资源法的表现形式不尽一致，主要有"集中式"和"补充式"。

"集中式"也称"法典式"，即以矿产资源法典的形式表现矿产资源法律规范。矿产资源法典是指相对集中了矿产资源法律规范并对之作了系统安排的法律规范，如巴西1967年颁布的《矿业法典》。也有的不直接称法典，如美国《矿业法》。矿产资源法典的特点在于：矿产资源法律规范既集中又协调统一，人们查找具体法律规范比较方便。采用这种方式比较科学，但制定法典比较困难。

"补充式"，即以一种或几种矿产资源法律规范为主，以分散法律规范作补充的表现形式。如原苏联以一部地下资源法律规范为主，以若干分散法律法规作补充。不少市场经济国家以《矿山和矿产法》、《石油法》、《原子能法》等几部主要法律为主，以其他分散法律法规作补充。

我国目前采用"补充式"，以《矿产资源法》为主，与其他分散的法律法规一起组成矿产资源法律规范的总和。我国矿产资源法的表现形式有以下几种：

1. 宪法

宪法是国家的根本大法，它规定了我们国家和社会的基本制度，规定了国家机关、社会组织和公民的基本权利和义务等根本性问题。它同时也是我国矿产资源法的一种渊源，是矿产资源法律规范的一种表现形式。因为宪法所规定的某些内容同时也是矿产资源法的内容。例如，宪法规定了矿产资源国家所有的基本原则；规定了国有、集体、私营和个体经济的法律地位；规定了企事业单位、社会团体和公民与各级国家机关之间的关系等等。与其他法律形式相比，宪法是矿产资源法的根本渊源；宪法是矿产资源立法的最高法律依据；在矿产资源法中，宪法具有最高的适用效力。

2. 法律

法律是全国人民代表大会或它的常务委员会根据宪法或依职权制定的规范性法律文件。根据制定机关的区别，可分为基本法律和一般法律。前者由全国人民代表大会制定，后者则由全国人民代表大会常务委员会制定。法律是矿产资源法律规范的表现形式之一。我国《矿

产资源法》规定了矿产资源勘查、开发利用和保护的基本原则；规定了矿产资源勘查和开采的基本制度；规定了矿产资源主管部门的基本职责；规定了违反矿产资源法应承担的法律责任。我国还有不少矿产资源法的内容是由法律直接规定的。例如，法律直接规定了国家机关的职权、组织和工作程序，规定了国家工作人员的权利义务及其管理制度，规定了法人组织和公民在国家经济生活中的法律地位，规定了诉讼的原则、条件、范围和程序，等等。与其他法律规范形式相比，法律是矿产资源法的基本渊源。因为法律是制定行政法规和地方性法规的依据，如建立地方矿产资源管理机构的法律必须依照地方各级人民政府组织法制定。法律具有矿产资源执法的普遍适用效力。

3. 行政法规

行政法规是指国务院为领导和管理各项工作，根据宪法和法律，按照有关程序制定的政治、经济、教育、科技、文化、外事等各类法规的总称。制定行政法规是国务院领导全国行政工作的有效手段。行政法规作为矿产资源法的一种渊源，更集中规定和表现了矿产资源法律规范的内容。例如，国务院 1987 年 4 月发布的《矿产资源勘查登记管理暂行办法》、《全民所有制矿山企业采矿登记管理暂行办法》和《矿产资源监督管理暂行办法》，就是对矿产资源管理活动的直接规范。

4. 地方性法规

地方性法规是指省、直辖市、自治区人民代表大会或它的常务委员会，在不同宪法和法律抵触的前提下，根据本地区实际情况制定或批准的规范性法律文件。地方性矿产资源法律规范是地方人民政府从事矿产资源管理的法律依据，是我国矿产资源法律规范的一种表现形式。按照地方性法规的管辖范围可分为三种：

（1）省级地方法规。指省、自治区、直辖市人民代表大会或其常务委员会，在不同宪法和法律相抵触的前提下，根据本地区实际情况制定的规范性法律文件。根据我国《矿产资源法》第十六条的规定，省、自治区、直辖市人民代表大会常务委员会有权制定开办乡镇集体矿山的审查批准、颁发采矿许可证的办法和个体采矿的办法。1985 年 8 月至 1988 年 9 月，我国有 28 个省、自治区、直辖市的权力机关制定了专门的地方性矿产资源法规，其中《湖南省乡镇集体企业采矿和个体采矿管理办法》由省人民代表大会制定，湖南省第六届人民代表大会第五次会议主席团公布；《广东省矿产资源开发管理暂行条例》由广东省人民政府制定、省人大常委会批准；其他 26 个省、自治区、直辖市的地方性矿产资源法规由省、自治区、直辖市人大常委会制定。

（2）地方城市法规。指省、自治区、直辖市的人民政府所在地的市和经国务院批准的较大的市的人民代表大会或其常务委员会根据本市的具体情况和实际需要，在不同宪法、法律、行政法规和本省、自治区、直辖市的地方性法规相抵触的前提下制定的，经省、自治区、直辖市人民代表大会常务委员会批准的规范性法律文件。截至 1984 年，我国共有 13 个经国务院批准的较大的市，制定出与矿产资源相关的地方性法律文件。

（3）自治地方法规。自治地方法规是指民族区域自治地方人民代表大会依照当地民族的政治、经济和文化特点制定的自治条例和单行条例。我国法律规定，自治区的自治条例和单行条例，须经全国人大常委会批准；自治州、自治县的自治条例和单行条例，须经省或自治区人大常委会批准。自治地方法规也是矿产资源法律规范的表现形式。

5.条约

条约指两个或两个以上国家关于政治、经济、贸易、法律、文化、军事等方面规定其相互权利和义务的各种协议的总称。我国与外国签订的条约对国内的机关、组织和公民同样具有法律约束力。如我国 1982 年签署的《联合国海洋法公约》，我国机关、组织和公民在专属经济区、大陆架和"区域"内开发矿产资源必须履行该公约规定的权利和义务。因此，条约是我国矿产资源法的一种渊源。

6.法律解释

法律解释是人们对法律规范的含义以及所使用的概念、术语、定义所作的说明和解释。法律解释分有权解释和无权解释。有权解释是国家机关及其所属机构依法或依职权对法律法规的含义进行的解释，具有法律效力，是矿产资源法的渊源。无权解释又称学理解释，是理论工作者对法律法规含义的理解与解释，没有法律效力。

7.其他规范性文件

上面介绍的六种矿产资源法表现形式构成我国矿产资源法律规范的总和。还有两种不是矿产资源法律规范表现形式的规范性文件，即矿产资源行政规章和矿产资源探采技术规范。它们不属于法的范畴。由于人们常将这些规范性文件当作法来看待，特在此作些介绍，以便区别。

(1)行政规章。行政规章是指国务院主管部门和地方省级人民政府、省级人民政府所在地的市人民政府以及经国务院批准的较大的市的市人民政府，根据并且为了实施法律法规，在自己权限范围内依法制定的规范性行政管理文件。行政规章是对国家法律、行政法规和地方性法规的具体化，而不是对新的权利和义务的创制。它不是矿产资源法律规范的表现形式，不属于法的范围。我国的有关部门颁布了不少矿产资源行政规章。例如，1989 年 12 月地质矿产部发布的《矿产督察员工作暂行办法》，1988 年 2 月海南省人民政府发布的《海南省矿产资源开发分级管理暂行规定》，1990 年南京市人民政府发布的《南京市矿产资源开发管理暂行办法》等。

行政规章被法律确认后具有法律效力。但行政规章不能成为矿产资源法主体提起行政诉讼的依据，也不能成为人民法院裁判的适用条文。在不与法律相抵触的条件下，人民法院可以参照规章来断定是非曲直。

(2)技术规范。技术规范指国家技术标准主管部门或有关行政主管部门对产品和工程建设的质量、规格、检验方法以及技术文件的方法所作规定的规范性文件。我国已颁布了几十个矿种的地质勘探规范，还制定了金属、非金属地质勘探规范总则。这些规范性文件是技术活动的具体标准，不是矿产资源法律规范的表现形式。

县级以上国家行政机关为执行本级人民代表大会及其常委会的决议或上级行政机关的决议或命令而制定的各种决议、决定、命令、指令、指示、布告、通告、通知等行政措施，不是矿产资源法律规范的表现形式。

1.4.4　我国矿产资源法的基本原则

矿产资源法的基本原则是客观规律与我国社会主义经济规律在法律上的体现，是制定和实施矿产资源法的指导思想和理论根据。它贯彻了我国社会主义资源经济政策，贯穿于每一种矿产资源法律法规中。它保证我国矿产资源勘查、开发利用和保护的长期进行，保障社会主义现代化建设的当前和长远需要。

1. 矿产资源国家所有原则

在大多数国家，矿产权属于国家所有，国家将探矿权和采矿权授予本国人以及外国人。《美国矿业法》规定"矿产土地（具有矿产价值的土地）由美国政府保留，不准出售"。印度《矿山与矿产（管理与开发）法》规定所有的矿产产权属于联邦政府。仅有少数国家对外国人在取得矿产权，以及在矿产开采和出售等方面不加限制。

我国《宪法》第九条规定："矿藏、水流、森林、山岭、草原、荒地、滩涂等自然资源，都属于国家所有，即全民所有；由法律规定属于集体所有的森林和山岭、草原、荒地、滩涂除外。"矿藏就是指矿产资源。按照宪法规定，在各种自然资源中，森林、山岭、草原、荒地、滩涂等可以是集体所有的，而矿产资源只能国家所有，不允许集体所有。为了澄清土地所有权与矿产资源所有权的区别，《矿产资源法》第三条规定，矿产资源属于国家所有，地表或者地下的矿产资源的国家所有权不因其所依附的土地的所有权或使用权的不同而改变。

矿产资源属于国家所有的原则，是以我国宪法为重要依据的。我国《宪法》第十二条规定："社会主义的公共财产神圣不可侵犯。""国家保护社会主义的公共财产，禁止任何组织或者个人用任何手段侵占或者破坏国家的和集体的财产。"矿产资源是经济建设的重要物质基础。在工业化社会，70%以上的工业原料，95%以上的能源来自矿产资源。矿产资源法规确保国有资源不受任何侵犯，保护国家充分实现对矿产资源的占有、使用、收益和处分的权利，采取强有力的措施保障这一原则的充分实现。

矿产资源国家所有并不是矿产资源勘查、开发利用和保护活动全由国家直接进行，矿产资源法中规定社会经济组织或个人可以依法行使采矿权和探矿权。

2. 国家对矿产资源勘查和开发实行统一管理

要充分体现矿产资源国家所有的原则，国家必须对矿产资源勘查和开发利用实行统一管理。我国矿产资源按照统一管理、分工负责的原则，规定对矿产资源勘查和开采实行统一登记制度，对地质勘查资料实行统一汇交制度，对矿产资源储量实行统一审批、核销制度，对矿产资源勘查和开发实行统一监督制度。

对矿产资源的统一管理，按不同部门的不同职责明确分工负责。我国《矿产资源法》第十一条规定："国务院地质主管部门主管全国矿产资源勘查、开采的监督管理工作。国务院有关主管部门协助国务院地质矿产主管部门进行矿产资源勘查、开采的监督管理工作。"矿产资源法还对地方人民政府的矿产资源管理职责作了原则规定。

3. 正确处理不同类型矿业经济组织之间的相互关系

根据国有、集体、个体和外商投资四种经济类型的不同地位和作用，充分发挥它们在各自范围内的优势和积极性，是管好矿产资源的关键。我国《矿产资源法》明确规定："国有矿山企业是开采矿产资源的主体，国家保障国有矿业经济的巩固和发展。""国家对集体矿山企业和个体采矿实行积极扶持、合理规划、正确引导、加强管理的方针。"国家允许外商投资企业勘查、开采除国家规定禁止和限制的矿种外的其他矿产资源。

我国矿产资源勘查以全民所有制地质勘查单位为主，除国家规定禁止或限制的矿种外，允许外商投资企业参加。为了调动广大群众找矿报矿的积极性，以利于发现更多的矿产资源，我国还对群众报矿制定并实施奖励办法。

我国矿产资源法保护国家地质勘查单位、国有矿山企业、集体所有制矿山企业、个体采矿户以及外商投资企业勘查或开采矿产资源的合法权益。

4. 国家对矿产资源的勘查开采实行统一规划、合理布局

社会主义经济建设对矿产资源的需求是有规律的。在工业化过程中，矿产品的生产量和消费量存在从缓慢增长到迅速增长，又转入缓慢增长的过程。不同矿种矿产品的需求增长也有先后次序，例如金属，从黑色金属到有色金属，乃至稀有金属；能源，从煤到石油、天然气至核能。社会主义市场经济有可能按照经济规律进行矿产资源勘查开发的统一规划。按国民经济的需要规划地质勘查事业，规划矿业基本建设和矿业结构的变化。

矿产资源具有区域分布不均匀性，不同分布区的矿产资源开发利用条件也不一致。矿产业是高耗能、高耗水、大运量的产业。能源和水源的供给，运力的调配，对国民经济具有深远的影响。合理布局矿产资源勘查和开发，有利于优化资源配置，实现矿产资源开发利用的长期社会效益最大化，减少因缺乏规划和布局不合理对经济造成的损失。

5. 国家对矿产资源实行综合勘查、合理开采和综合利用

矿产资源具有共生、伴生的特点。往往在同一地区有多种矿产富集，形成共生或伴生矿床。我国矿产资源法规定综合勘查矿产资源的原则，要求在一个地区内找到并评价出所有客观存在的矿产。如在煤田勘查时，同时综合勘查煤系地层中的铝土矿、硫铁矿、建筑用砂和耐火粘土等。勘查金属矿时，对与主金属伴生的金属元素作出综合评价。

我国矿产资源法规定的合理开采原则也称作综合开采原则。开采矿产资源时，在尽最大可能采出主要矿产的同时，将所有有用组合，尽可能分离出来，为经济建设服务。

6. 加强矿产资源保护

矿产资源是可耗竭性不可更新的自然资源。我们勘查、开发、利用矿产资源不仅要为当前经济服务，还要为子孙后代的长远利益着想。我国《宪法》中规定，"国家保障自然资源的合理利用"，"禁止任何组织或个人用任何手段侵占或者破坏自然资源"。"国家保护社会主义的公共财产，禁止任何组织或者个人用任何手段侵占或者破坏国家和集体的财产。"我国矿产资源法也十分强调矿产资源的保护。矿产资源的保护原则主要体现在矿产资源勘查、开采和矿产品使用等活动中。在矿产资源勘查活动中，不能漏掉有益的找矿信息、有益的矿物组分和有益组合的评价。在采矿中要提高回采率，降低贫化率。在选矿中要提高回收率和综合利用水平。在矿产品使用中要尽可能节约，提高矿物资源利用率和能源加工转换效率。要回收利用废旧金属及其他可二次利用的矿产品。

7. 鼓励矿产资源勘查和开发技术进步

对于一座矿山的资源量评价取决于矿产品市场价格和矿业技术进步。矿产资源勘查技术进步，可降低找矿成本，使有限的经费找到更多的矿床。矿产资源开采或选矿技术进步，可使同一座矿山产出更多的矿产品，降低开采工业品位可使资源量按级数增长。矿产品利用技术进步，可节约同一用途中的矿产品，使一定数量的矿产品生产出更多的加工产品。矿产资源保护的技术进步，可降低保护成本，提高保护效益。

我国矿产资源法鼓励技术进步，规定对在勘查开发和保护矿产资源的科学技术研究中成绩显著的单位和个人给予奖励。

8. 加强环境保护

矿产资源的勘查和开发活动可能会对人类生存和发展的各种环境产生影响。我国矿产资源法对占用和防止损害其他自然资源的活动作了明确规定，例如对土地的复垦及对重要保护区采矿的限制等。我国矿产资源法还对开发矿产过程中"三废"的排放、海洋石油勘探开发中防止污染作了具体规定。

9. 供矿山建设设计使用的勘探报告审批

建设矿山的主要依据是勘探报告。勘探报告的可靠程度，直接影响到矿山建设和生产的经济效益。经过严格审批的勘探报告，可以减少矿山建设的风险性，增加可靠性。过去，有些单位盲目追求建设的高速度，使用未经审批的勘探报告进行矿山建设设计，带来了重大失误，给国民经济造成巨大损失。在总结我国矿山建设经验、教训的基础上，《矿产资源法》第十三条规定："勘探报告未经批准，不得作为矿山建设设计的依据。"

10. 矿产资源的有关资料实行统一管理

矿产资源法的有关资料是指《矿产资源法》第十四条规定的矿产资源勘查成果档案资料和各类矿产储量的统计资料。这些资料是运用地质理论，进行勘查工作后，用文字、图表、数字等表现的，反映一定时期、地区矿产资源客观情况的物质工作成果和智力成果。这些资料也是国民经济建设所需的重要基础资料，应予以保存、保护。同时，它们是国民经济各行各业进行规划工作时需要经常利用和参考的依据，应该便于借阅、摘抄、交流、复制和使用。所以，法律规定对这些资料实行统一的管理制度，按照国务院规定汇交或者填报。

11. 矿业权有偿取得和依法转让

对矿产资源实行有偿开采的原则，是矿产资源国家所有的财产权的重要体现。长期以来，由于矿产资源基本处于无偿开采的状态，采矿者因无偿使用矿产资源而不加珍惜；少数私营"窑主"因无偿占有国家资源而暴富；国家宝贵财富转化为单位和个人所有，国家却得不到补偿；地勘产业的发展因资金不足而难以形成良性循环；矿山企业资源综合回收水平低的问题也因缺少资金而受到影响；随着外商投资开采矿产资源形势的发展，矿产资源"大锅饭"面临被外国人分享的局面。以上种种情况，都导致资源加速耗竭。矿产资源是不可再生的自然资源，随着开采过程不断消耗。矿产资源耗竭后不能靠自然过程恢复、补充，只能靠异地资源接续。而寻找接替资源必须投入矿产资源勘查劳动，即必须投入勘查资金。因而有必要建立以货币形式来实现资源耗竭的"补偿"制度。采矿者开采国家所有的矿产资源，都必须承担国有资源"耗竭"的经济责任。为此，《矿产资源法》第五条规定："开采矿产资源，必须按照国家有关规定交纳资源税和资源补偿费。"

在计划经济条件下，法律规定探矿权、采矿权是由国家行政机关无偿授予申请人的，法律还规定采矿权不得转让、抵押。原有的法律规定已不适应社会主义市场经济的需要，阻碍了矿业经济的发展。所以，1996 年国家修改了矿产资源法，明确规定了矿业权的有偿取得和探矿权、采矿权可以依法转让的原则，并制定了相应的配套法规，规定实施这一法律制度的管理原则和程序。实施这一原则，既保证了矿产资源的保值和增值，又将促使矿业权人合理利用矿产资源，保障投资者和矿业权人的经济利益，达到振兴矿业的目的。

12. 矿床勘探报告及其他有价值的勘查资料实行有偿使用

矿床勘探报告及其他有价值的勘查资料是国家投入大量的人力、物力和资金进行矿产资源勘查工作后取得的重要成果。这些资料虽不直接形成物质产品，但以文字、图表、图像等形式反映了矿产资源的全貌，是矿产资源的综合信息载体。采矿者只有通过这些资料才能利用矿产资源这个劳动对象，生产矿产品。因此，这些资料具有一定的商品性，《矿产资源法》第二十八条规定对这些资料实行有偿使用。另一方面，由于矿产资源隐藏在地下，因此勘查工作具有较大的风险性，往往勘查许多地区，才能探明一个具有工业价值的矿床。所以，这些勘查资料的价值实际上应比勘查一个矿床的成本高几倍。

13. 对勘查、开采矿产资源进行监督管理

为了满足经济建设对矿产资源持续、稳定的需要，国家通过法律手段授予勘查者和采矿者以探矿权和采矿权，由他们进行矿产资源的勘查开采活动。同时，国家对矿产资源的勘查、开采制定了有关的法律制度。为了保证这些法律制度的实施，《矿产资源法》第十一条规定地质矿产部门代表国家负责对我国的矿产资源勘查、开采进行监督管理工作，有关主管部门协助地质矿产主管部门进行监督管理工作。通过监督管理，促使矿产资源的勘查、开采活动依法进行。

1.4.5　矿产资源法与其他法律法规的关系

矿产资源法是管理矿产资源方面的基本法，具有独立性。但作为我国社会主义法律体系的一个组成部分，它又和其他有关法律相互配合，为实现国家和人民利益的共同目的服务。因此，有必要阐述一些在执行《矿产资源法》时，与之关系密切的相邻法律与法规。

1. 矿产资源法与行政法的关系

行政法是有关国家行政管理活动法律规范的总和。它包括国家管理机关的职权和责任，国家管理机关在执行指挥活动中与公民、社会团体、国家机关彼此之间的权利义务，国家管理机关指挥活动的方式方法，国家管理机关设立和撤消程序等。行政法主要调整在行政管理活动中国家机关相互间、国家机关与企业、事业单位及个人之间发生的关系。

在执行《矿产资源法》时，有些违法活动适宜按照行政法的规定处理。例如：《矿产资源法》第四十二条规定："买卖、出租或者以其他形式转让矿产资源的，没收违法所得，处以罚款。违反本法第六条的规定将探矿权、采矿权倒卖牟利的，吊销勘查许可证、采矿许可证，没收违法所得，处以罚款。"这里所指的"没收违法所得"、"罚款"、"吊销许可证"都是行政处罚。执行机构不是司法部门，而是由地质矿产主管部门代表国家行使权力；其法律依据不是刑法，而是行政法。可见，在执行《矿产资源法》的同时，要与执行行政法紧密相联。

《矿产资源法》中的第三十九条、第四十条、第四十四条、第四十五条和第四十六条都涉及行政法的有关内容，贯彻执行《矿产资源法》必须与行政法相联系。

2. 矿产资源法与刑法的关系

刑法是规定犯罪和刑罚的法律。即它是规定什么是犯罪和处罚的方法的法律。历来刑法法典中都有经济犯罪的条款，如我国刑法就规定有"破坏社会主义经济秩序罪"。这是从刑法所负担的任务和犯罪类别来定的，是刑法的重要组成部分。在贯彻执行《矿产资源法》时，有时也涉及刑事责任问题。例如，盗窃、抢夺矿产企业和地质勘查单位的矿产品和其他财物，破坏采矿、勘查设施的，扰乱矿区和生产作业区的生产秩序、工作秩序的，就应按照《刑法》第一百五十一条的法律规定，追究其刑事责任。

3. 矿产资源法与环境保护法的关系

我国于1979年9月公布、实施《中华人民共和国环境保护法》。其任务是规定合理地利用自然资源，防止环境污染和生态破坏，保证人民健康，促进经济发展。矿产资源勘查、开采，经常涉及环境污染问题，《环境保护法》第十二条专门为此作出明确的法律规定，指出"开采矿藏资源，必须实行综合勘探、综合评价、综合利用，严禁乱挖乱采，妥善处理尾矿矿

渣,防止破坏资源和恶化自然环境。"认真贯彻上述规定,强调综合治理的原则,并配合采用其他有效措施,以达到既开采了矿床,又保护了自然环境的双向要求。在《矿产资源法》中有许多处提到环境保护的要求,所以,在执行《矿产资源法》的同时,要与执行《环境保护法》相联系。

4. 矿产资源法与文物保护法的关系

我国于 1982 年 11 月公布、施行《中华人民共和国文物保护法》。在《文物保护法》第四条中指出:"中华人民共和国境内地下、内水和领海中遗存的一切文物,属于国家所有。"在矿产资源的勘查、开采过程中时常见到历史文物和遗迹,《矿产资源法》为保护罕见地质现象和文化古迹,在条文中也作出了相应的规定。所以,在执行《矿产资源法》的同时,也要与执行文物保护法相联系,以利于开展科学研究和保护国家文化遗产。

5. 矿产资源法与其他有关的法律法规、条例的关系

(1)《矿产资源法》与《矿山安全条例》的关系

矿山安全是关系到对职工生命安全负责,保护国家财产和保证生产建设正常进行的重大问题。国务院于 1993 年 5 月 1 日实施的《中华人民共和国矿山安全法》,要求各有关部门认真贯彻执行。

在《矿山安全法》中明确规定:"在中华人民共和国领域和中华人民共和国管辖的其他海域从事矿产资源开采活动,必须遵守本法。"可见,在矿产资源勘查和开发过程中必须坚持安全第一,在执行《矿产资源法》的同时,也要贯彻《矿山安全法》。

(2)《矿产资源法》与《治安管理处罚条例》的关系

《治安管理处罚条例》是我国行政法规范的一个重要法令,1980 年 2 月我国重新公布施行《中华人民共和国治安管理处罚条例》。在这一条例第二条中明确规定:"扰乱公共秩序、妨碍公共安全、侵犯公民人身权利、损害公私财产、情节轻微,尚不够刑事处分,依照本条例应当受到处罚的行为,是违反治安管理的行为。"严格实施这一条例能有效地约束和制裁那些"大法不犯,小法不断"的分子,保障公民安全,维护社会秩序。《矿产资源法》第四十一条规定,对盗窃、抢夺矿山企业和勘查单位的财物,破坏采矿、勘查设施,扰乱矿区可勘查作业区生产秩序和工作秩序,其情节显著轻微的,可依照《治安管理处罚条例》有关规定予以处罚。

《矿产资源法》同其他许多的法律部门之间常存在着密切的关系,而不是孤立存在的,因此,在贯彻《矿产资源法》时,必须注意联系其他法律。尽管相邻法律部门的阐述不是本书所含内容,但重视与它们之间的关系,对贯彻执行《矿产资源法》更有效。

习 题

(1)我国主要的资源法有哪些?

(2)矿产资源法立法依据及调整对象是什么?

(3)矿产资源法的表现形式是什么?

(4)概述矿产资源法在中国的产生。

(5)名词解释:矿产资源及矿产资源分类、条约、法律解释等。

第 2 章　矿产资源勘查法律制度

2.1　概述

探矿权是指权利人根据国家法律规定在一定范围、一定期限内享有对某地区矿产资源进行勘查并获得收益的权利。《矿产资源法》第三条规定：勘查矿产资源必须依法提出申请，经批准取得探矿权，并办理登记。探矿人依法登记，取得勘查许可证后，就可以在批准的勘查范围和期限内，进行勘查活动，并取得地质勘查资料。探矿权是根据《矿产资源法》及有关法规的规定，通过法定程序，由国家授予设定的。按照民法物权分类，属于用益权，是在他人之物基础上，以对物的使用、收益为目的的权利，是建立在国家所有的矿产资源之上的一种权利，是就矿产资源进行勘查，并以获取其存在的状态、数量和质量等为目的的权利。它是一项与矿产资源所有权相分离的相对独立权能，是一种占有、支配权，核心内容是从勘查矿产资源本身获取利益或收益。

探矿权的主体是依法申请登记，取得勘查许可证的独立经济核算的单位。中外合资经营企业、中外合作经营企业和外资企业也可以依法申请探矿权。目前，作为探矿主体的地质勘查单位主要是全民所有制企业。

探矿权的客体是权利人依探矿权进行地质勘查的矿产资源及与其有关的其他地质体。客体的范围、种类等都是由探矿权规定的。

探矿权的内容包括探矿权主体所享有的权利和应承担的义务两个方面。

1. 权利

(1)权利人在勘查工作范围内，以地质勘查活动方式，来占有、使用该区域内的矿产资源，并以获取矿产资源储量及有关的其他地质资料为目的。如果权利人是集体、私营或股份制的地质勘查单位，且勘查投资自己承担，那么它就取得了地质勘查成果的所有权。

(2)有权征用或占用为勘查矿产资源所必需的工地。

(3)有权依法转让地质勘查成果。

(4)有权请求排除对其探矿权的非法侵害，并有权请求赔偿损失。

2. 义务

(1)必须依照法定程序取得探矿权；

(2)必须在探矿权规定的期限内进行勘查施工，且完成勘查施工的最低工作量；

(3)按法律规定向有关机关报告勘查工作的情况；

(4)按照探矿权规定的工作范围、对象和阶段进行勘查，若需变更，应申请办理变更登记；

(5)在探矿权规定的期限内勘查，若勘查需要延长时，须办理延期手续；

(6)在探矿权规定的范围内施工、勘查所申请的地质项目，不得越界勘查；

(7)按照法律规定汇交地质勘查资料；

(8)对有共生或伴生矿产资源的地区，应进行综合勘查和评价。

2.2　矿产资源勘查

2.2.1　矿产资源勘查的任务

矿产资源勘查，是指依靠地质科学理论，以大量野外地质观察和室内地质资料的整理、研究为基础，利用地质测量、地球物理勘探、地球化学探矿、钻探工程、采样试验、加工试验等手段和方法，取得地质矿产资料，探明矿产储量及其采、选、冶条件和进行矿床技术经济评价等的工作。

矿产资源勘查工作一般可以分为普查、详查、勘探三个阶段。普查阶段之前，为区域地质调查；勘探阶段之后，是矿山开发地质工作。

矿产资源为人类社会的生产发展提供最基本的天然原料，是必不可少的物质基础。矿产资源(包括金属、非金属矿床、油气田、水等)是在特定的地质历史条件下形成的。人们为了寻找和开发矿产资源，必须进行矿产资源勘查。

矿产资源勘查的主要任务是：在选定地区的范围内，在充分研究和运用已有资料的基础上，采用必要的手段，进行全面系统的综合性的地质调查研究，以取得基本地质特征及其相互关系的资料，为研究矿产的形成条件和分布规律，为经济建设、国防建设、科学研究和进一步开展地质工作，提供资料和依据。具体任务包括：为国民经济各物质资料生产部门，提供所需的多种矿产地质、矿产资源及其他有关地质资料；为国民经济各部门、各地区提供生产建设项目所需的水文地质、工程地质、环境地质资料；为河流及航道整治、水土保持、土壤改造、道路、港口、机场和城市建设、国防工程，以及其他国土开发项目和建设规划等提供地质资料；为防止和治理地质灾害，进行有关地震、泥石流、滑坡、崩塌等方面的地质调查；为发展旅游事业，协助有关部门开发旅游资源；为充分合理地开发利用及保护矿产资源，保护自然环境等，进行必要的地质论证。

2.2.2　矿产资源勘查的特点

矿产资源的勘查过程，是一个调查研究的过程，具有很强的探索性、风险性，属于知识密集型劳动，而它所获得的"产品"也属于知识形态的劳动成果，而不是具有具体物质形态的劳动成果。矿产资源勘查的特点主要表现在：

1.*矿产资源勘查成果具有潜在价值*

矿产资源勘查成果虽不具有直接的、具体的使用价值，但却具有特殊的潜在价值，应用这种特殊的潜在价值，能为国家创造巨大的物质财富和精神财富奠定一定的基础，满足人们日益增长的物质和文化的需要。

2.*矿产资源勘查是矿山建设的前期工作*

矿产资源勘查的成果是直接为社会物质资料的生产服务的。因为，人类社会任何一种物质资料的生产过程，都可以划分为生产前的准备、生产工艺、产品销售三个主要阶段。在生产准备阶段，要为生产工艺阶段准备各种生产工具、原材料和能源等，否则就无法进行生产。而矿产资源勘查工作的主要任务之一，就是为矿山生产服务。譬如，要新建一座矿山，就要为矿山开发准备和提供足够的、符合矿石品位和质量要求的矿产储量，为此就必须在矿山建设前就进行矿产资源的勘查。所以，矿产资源勘查是矿山建设及矿山生产的前期工作，是矿山建设和矿山生产整个过程中不可缺少的一个组成部分。

由于矿产资源勘查是矿山建设和矿山生产的先行步骤，所以，它的劳动成果首先直接为矿产开发利用，它的价值也随着矿产品的销售而得以实现和补偿。其次矿产资源勘查既具有一般科学调查研究的性质，同时又具有生产劳动的性质，是社会物质资料生产过程中的必要劳动。

3. 矿产资源勘查过程是一个不断深化认识的过程

矿产资源勘查的全部过程，是一个调查研究的过程，是对客观的地质体及其成矿规律的认识过程。由于矿产资源一般是生成于地下，经历亿万年的地质作用，它是在人类出现以前，就已随着地球的产生和发展而形成的自然物质。矿产资源的这个漫长的形成过程，是人类不曾经历，也不可能经历的过程。因此，人们要了解矿产资源的形成规律，查明它的赋存状态，只能通过一系列的矿产资源勘查实践，通过"实践、认识、再实践、再认识"这一认识事物的基本过程，进行反复的调查研究。另外，由于各种各样矿产的生成规律各不相同，即使是相同的矿种，也还有各自的生成时间、生成环境、生成条件等等的差异；至于各个矿床的地质特征、矿床形态、产状、厚度、埋藏深度、空间分布以及储量的多少、品位的高低等等，更是千差万别。不仅如此，各种矿物还具有各自的物理、化学的特征。所有这些都决定了矿产资源勘查工作的难度较大，需要使用多种勘查技术方法和投入必要的工作量，经过一定时间，才能获取成果。

4. 矿产资源勘查工作具有很大的风险性

由于矿产资源是客观存在的，不是人类智慧和劳动凝结的产物，其特点和规律性是不以人的意志为转移的，而人们认识其特点和规律，又只能从前人总结的工作经验、理论和自身的技术水平，结合分析判断能力来认识研究。因此，寻找和探明矿产资源，一般需要做大量的地质调查和勘查工作，甚至需要经过多次工作才能发现和评价出一个具有开发价值的矿床，有的往往在矿山开发时期还常遇到预想不到的变化，所以矿产资源勘查工作常具有很大的风险性。为减少这种风险性，必须严格按照勘查工作阶段顺序进行，不断提高勘查人员自身的认识及判断水平，来提高调查研究程度和认识程度。随着勘查程度的提高，可相应提高勘查工作精度，也能相应提高地质工作质量和技术经济评价程度，其风险性就可以相应减小。

5. 矿产资源勘查是一项产业活动

一个矿床，从普查、详查、勘探到开发利用是一个连续认识、不断深化的过程。而整个过程按照各个时期或阶段的不同任务和要求，选择使用各种不同的勘查方法和勘查手段，以达到并完成寻找发现矿产、评价矿区和勘探矿床，为国民经济建设提供可供开发利用的矿产储量和地质资料的目的，这些矿产储量和地质资料有其经济价值和使用价值。另外由于矿业是现代工业的基础，地质勘查工作是发展矿业的先行，是基础的基础，切实加强地质勘查工作，使它同能源原材料等基础设施的建设协调发展。目前这方面又比较薄弱，必须切实加强，要加快地质勘查的步伐，为实现第二步战略目标和新世纪初经济的持续发展准备矿产资源和地质资料。国家统计局《关于国民经济行业分类划分的国家标准（GB4754—84）》，将地质勘查划属第Ⅲ门类第 67 大类"地质普查和勘探业"。确定地质勘查是一个行业，从其活动形式与方法看，矿产资源勘查是既有不同阶段工作的目的、任务和要求，又是密切衔接具有生产性质的活动，所以说，矿产资源勘查是一项产业活动。

6.矿产资源勘查必须严格按照勘查阶段进行工作

由于矿产资源勘查工作具有周期长、探索性强、投资大和风险度高的特点，因此，在矿产资源勘查过程中，必须严格按照勘查程序进行工作，按不同工作阶段提高阶段勘查报告，以避免盲目勘查、盲目施工造成的损失和浪费。各阶段的任务及其相互之间的关系将在以后进行介绍。

2.2.3　矿床勘查的阶段

1.区域地质调查

区域地质调查是指在选定的区域范围内运用现代地质科学理论和技术方法，在充分研究和运用已有资料的基础上，按规定的比例尺进行系统的区域地质填图、找矿和综合研究，阐明区域内的岩石、地层、构造、地貌、水文地质等基本地质特征及其相互关系；研究矿产的形成条件和分布规律，为经济建设、科学研究和进一步的地质找矿工作，提供基础地质资料。

区域地质调查是地质工作的先行步骤，又是一项综合性的基础地质工作。区域地质调查主要通过地层和岩体划分、对比，矿物和岩矿鉴定，地质构造分析等工作，发现和检查矿点、矿化点，为进一步找矿和评价矿产提供基础资料。在区域地质调查中，常常运用区域物化探测量来发现物化探异常，然后进行地质解释和异常检查验证，来指导找矿。

区域地质调查工作的范围，一般按经纬度进行分幅（按国际统一地形图分幅原则划分的地质图幅），或按工作任务要求划分。区域地质调查按比例尺不同可分为：小比例尺区域地质调查，又称概略地质调查，是指在大面积的地区内，采用1:100万或1:50万比例尺进行的综合性地质调查研究工作，初步阐明调查区内的地质特征，预测矿产远景，为较大比例尺的地质调查或矿产普查以及其他工作提供资料依据；中比例尺区域地质调查，是指采用1:20万或1:10万比例尺进行的综合性地质调查研究工作，阐明调查区内的基本地质特征，初步查明各种矿产的分布规律，指出找矿远景区，为工农业建设、国防建设和科学研究等提供基本的综合性地质调查资料；大比例尺区域地质调查，又称详细区域地质调查，一般是在中比例尺区域地质调查的基础上，根据国民经济建设布局，选择在成矿远景区带、国家重点项目区、重要经济建设区和中心城市及其周围地区，采用1:5万或1:2.5万比例尺进行的综合性地质调查研究工作，系统地查明工作地区的地质特征，寻找矿产，研究成矿规律，圈定进一步详细普查的地段或提供矿床勘探基地。

区域地质调查工作应该按统一规划进行，保证区域调查工作质量，取得区域地质调查报告，调查成果须得到有关部门验收。

2.矿产资源普查

矿产资源普查，亦称普查找矿，是指在一定的地区内，为寻找和评价国民经济发展所需要的矿产而进行的地质调查研究工作。矿产资源普查是整个矿产资源勘查工作的一个中间阶段，即寻找、发现矿产并作出初步评价的工作阶段，它是在区域地质调查的基础上开展的，又是转入矿床（区）勘探的基础和依据。

矿产资源普查是在区域地质调查或成矿远景区划的基础上，综合运用地质科学理论，使用必要的技术方法，对已知的或初步认定的具有工业远景的矿点或矿床进行地表地质调查研究及深部工程控制，大致了解矿床的地质构造、矿体产状、空间分布、矿床类型、矿床规模、矿石有益及有害物质组分、矿石加工技术性能、矿区水文地质和工程地质等情况，进行概略的技术经济评价，提交矿产资源普查评价报告。对于经过地表地质综合研究和一定的地下工程控制，确认具有工业开发利用价值的矿床，还应阐明转入矿床(区)勘探的可靠性程度。

矿山普查分为两个阶段：

——普查阶段：根据国家的要求，对已发现的矿点和地质、物化探异常进行普查工作，查明是否有进一步工作的价值，提交普查报告，一般探求 D+E 级储量，为是否进行详查阶段工作提供依据。普查找矿通常采用较小比例尺的地质填图及其他方法在较大地区范围内进行找矿。其主要任务是：大致查明普查区内地质构造情况；对矿体(层)的形状、产状和分布情况，矿石品位、物质成分、结构构造、自然类型等的研究程度，应达到探求相应储量级别的要求；对矿产的加工选冶性能进行对比和研究，作出可否作为工业原料的评价；大致了解矿床水文地质、工程地质和其他开采技术条件；对矿床进行概略的技术经济评价。

——详查阶段：根据国家需要对经过普查阶段工作证实具有进一步工作价值的矿床，作出是否具有工业价值的评价，提交详查报告，一般探求 C+D 级储量。其中 C 级储量，一般金属矿山应占 10%～20%，非金属矿山则占 20%～50%。详查阶段，一般是在普查阶段工作基础上用较大比例尺的地质填图及其他方法，在较小范围内进行找矿。其主要任务是：基本查明详查区内地质构造情况；对矿体(层)的形状、产状和空间位置，矿石品位、物质成分、结构构造、工业类型和品级等的控制和研究程度，达到探求相应储量级别的要求；对矿产的加工选冶性能进行对比研究；基本查明矿区水文地质、工程地质和其他开采技术条件；对矿床进行初步的技术经济评价。

在详查阶段，对矿产资源普查必须注意综合研究、综合评价，注意共生矿和伴生矿的勘查研究。我国有色金属矿床，大多伴生有多种有用元素，有的伴生元素的价值甚至超过了主元素的价值。共生矿是指同一矿区(床)内，由于成矿地质条件相近，或由多次成矿作用的叠加，在不同部位或不同层位，可以分别单独圈定出两种或两种以上的矿床或矿体。伴生矿是指同一矿区(床)内，有些矿产与主要矿产有共同的物质来源和相同的地球化学性质，但在当前的选冶开采技术和技术经济条件下，在经济上尚不具单独开采的价值，但能与其伴生的主要矿产同时被开采提取出来，供工业综合利用的矿物或元素。

在矿产资源普查时，在对矿床中主要矿床进行研究和评价的同时，应查明邻近部位的共生矿或矿体中的伴生矿产，进行综合评价，提高矿床的工业综合利用价值，提高矿产资源普查的效益，为充分合理地开发和利用矿产资源提供地质依据。

3. 矿床勘探

矿床勘探是对经过详查阶段工作证实具有工业价值，并拟近期开采利用的矿床进行的调查研究和其他必需的工作，并按全国储量委员会制定的有关规范探求各级储量，提交勘探报告等项工作。

矿床勘探一般要求详细探明勘探区内的地质构造情况；对矿体(层)的形状、产状和空间位置、矿石的品位、结构构造和工业类型、品级的种类及其比例等的控制和研究程度，达到探求相应的储量级别和矿山建设设计的要求；对矿产加工选冶性能进行研究，作出是否具有可供工业建设设计价值的评价；详细探明水文地质、工程地质和其他开采技术条件，对矿床进行详细的技术经济评价，作为矿山建设可行性研究和设计的依据。

固体矿床的勘探一般分为：初步勘探、详细勘探和开发勘探三个阶段。

初步勘探是对确定具有工业意义的矿床，为了进一步的详细勘探提供地质、技术、经济依据而进行的调查研究工作。其主要任务是初步查明矿床的赋存条件、规模大小、依附矿产的有益、有害成分及储量，论证开采利用的技术条件及经济条件是否可行，指出进一步详细勘探的方向，提供需要的各种资料。

详细勘探是对列入国家近期建设规划的矿床或矿体进行比较全面、深入的研究工作，其主要任务是查明矿山建设范围内矿体总的分布情况、矿体形态及内部结构，研究矿石的物质成分和加工技术性能，研究和评价可供开采、综合利用的共生矿产或伴生有用组分，研究矿床的水文地质条件和开采技术条件，进行矿床的技术、经济论证和评价，从而为矿山建设设计提供各种地质、技术、经济资料。

开发勘探按其任务可以分为矿山基建勘探和生产勘探。它们是指为矿山基本建设的顺利进行和矿山持续、正常的生产，以及为合理开发和充分利用矿产等目的，由矿山地质部门对矿床所进行的深入研究和探矿工作。其主要任务是要为矿山建设和采矿生产提供更加准确、可靠的地质资料及矿产储量。

矿床资源勘查工作一般应按规定的研究程度和工作阶段循序渐进，不允许超越地质研究程度和阶段工作的要求进行工作。

4. 特殊矿床的勘查

特殊矿产是指那些易损坏的特种非金属矿产、流体矿产、易燃易溶矿产、含有放射性元素的矿产等。

由于特殊矿种具有易损坏、易燃烧、易爆炸、易溶解流失、有放射性等特点，不按作业规定勘查、开采会给国家和社会造成严重的损失和危害。为确保勘查工作人员的身体健康、防止环境污染和对国家宝贵矿产资源的破坏，《矿产资源法》第二十六条规定："普查、勘探易损坏的特种非金属矿产、流体矿产、易燃易爆易溶矿产和含有放射性的矿产，必须采用省级以上人民政府有关主管部门规定的普查、勘探方法，并有必要的技术装备和安全措施。"

矿床勘探是与矿山建设直接衔接的工作，其最终成果是编制矿山建设项目建议书，是矿山总体规划的依据。矿床勘探成果的质量直接影响矿山企业的社会效益和经济效益，直接影响对矿产资源的开发、利用和保护，必须遵守《矿产资源法》第二十五条关于"矿产勘探必须对矿区内具有工业价值的共生和伴生矿产进行综合评价，并计算其储量。未作综合评价的勘探报告不予批准"的规定。"综合评价"是地质勘查单位必须遵守的行为准则。综合评价包括：地质评价及在其基础上的详细技术经济评价。综合评价又是根据矿床的地质水文条件、技术条件和经济条件对探明的和预测的储量，在未来一定时期内进行工业开发的经济效益、资源效益和环境效益的预估。详细技术评价是在详细收集、分析该矿产资源形势、市场条件、产品方向与前景，并根据矿山总体规划的具体要求以及未来矿山设计、建设与生产经营等具体条件的基础上，并根据有关主管部门正式批准的工业指标，结合矿床具体技术、经济条件，采用符合矿区实际情况的计算参数和标准，按照国家有关文件，计算矿床未来工业开发的企业的经济效益。对某些具有多种用途的矿产，按不同工业要求进行综合评价。如不同的水晶矿等。在矿山建设前，对未作综合评价的勘探报告不予批准。未经批准的勘探报告，不能作为矿山建设设计的依据。

2.3　勘查登记制度

2.3.1　实行勘查登记制度的目的和意义

　　长期以来，由于法制不健全，勘查工作管理体制不合理，矿产资源勘查缺乏比较完善的、统一的规划和布局，因此经常产生一些问题，特别是矿产资源勘查工作分由几个部门进行，形成了部门分割管理，各行其是的局面，从而容易造成矿产资源勘查工作布局的不合理。如有的一个完整的矿区被几家分割进行工作，资料互相封锁；有些工作程度较高，成矿远景较好的地区，往往会出现几个部门的勘查队伍挤在一起，互相争抢地盘或矿点，不仅谁也不能很好地开展工作，而且还互相妨碍。对另外一些工作程度较低，需要进一步勘查的边远地区，却很少或没有队伍去进行勘查工作。这些情况容易造成国家投资的严重浪费，降低找矿效果，甚至影响部门之间的团结。由于我国矿产资源的一个重要特点是共生、伴生矿多，一些单位或部门进行矿产资源勘查时，只强调本行业的任务和需要，只勘查对口矿种，形成勘查工作的"单打一"现象，既造成投资的浪费，又延误了共生、伴生矿产的勘查开发时间。这些问题的存在，不利于我国矿业及勘查事业的发展。因此，我国必须实行矿产资源统一的登记制度，以法律手段调整好勘查工作和勘查单位之间的关系。

2.3.2　矿产资源勘查登记的必要性

　　矿产资源是国家的宝贵财富，是社会主义现代化建设的物质基础和不可缺少的物质保证。矿产资源属于国家所有，而且不因其所依附的土地的所有权或者使用权的不同而改变其国家所有权的性质。实行矿产资源勘查登记管理制度，就是国家行使矿产资源国家所有权的具体体现。实行勘查登记许可制度，就是运用法律手段对矿产资源和矿产资源勘查进行宏观控制的重要措施。同时也有利于对矿产资源勘查进行监督管理。因此既要保证合理地为国家多找矿，保证国民经济建设对矿产资源的需求，又需要提高勘查效果和勘查工作的社会经济效益，防止国家的人力、财力、物力及矿产资源的浪费，并有效地保护合法探矿权不受侵犯，就要对矿产资源勘查进行统一登记，加强矿产资源勘查工作，协调各个勘查队伍，同时防止各类非法勘查活动及侵犯他人合法探矿权的行为，防止各种对国家勘查工作计划的干扰和破坏。

2.3.3　矿产资源勘查登记管理机关

　　1. 矿产资源勘查登记的管理机关

　　按照《勘查登记办法》的规定，国务院地质矿产主管部门和由其授权的各省、自治区、直辖市人民政府地质矿产主管部门是矿产资源勘查登记工作的管理机关。矿产资源勘查实行两级管理，其管理权限是：

　　——国务院地质矿产主管部门负责国家地勘计划的一、二类勘查项目和我国领海及管辖海域勘查项目的登记工作，并签发勘查许可证。

　　——省、自治区、直辖市人民政府地质矿产主管部门负责本行政区除上述规定以外的其他勘查项目的登记工作，并签发勘查许可证。

2. 特定矿种勘查登记的管理机关

根据《矿产资源法》第十二条规定：“特定矿种的矿产资源勘查登记工作，可以由国务院授权有关主管部门负责”，《勘查登记办法》规定由“国务院石油工业、核工业主管部门分别负责石油、天然气、放射性矿产的勘查登记、发证工作，并向国务院地质矿产主管部门备案”。

3. 地方各级人民政府在矿产资源勘查工作中的监督作用

对矿产资源勘查工作进行监督管理是勘查工作的一项重要措施，也是为保障合法探矿权益不受干扰和破坏、维护勘查工作秩序的主要法律保证。《矿产资源法》第三条规定：“各级人民政府必须加强矿产资源的保护工作。”“国家保护合法的探矿权不受侵犯、保障矿区和勘查作业区的生产秩序、工作秩序不受影响和破坏”。由于我国幅员辽阔，进行地质勘查工作的部门有十几个，从事地质勘查工作的单位有 900 多个，每年实施的勘查项目达数千个，加上矿山企业和地方地质队的数量和勘查项目就更多。因此勘查登记工作非常繁重复杂，仅靠两级登记管理机关进行监督检查是难以发现勘查工作中的许多问题和违反法律、法规的行为的。各级地方政府负有保护探矿权的责任，同时也必须有效地监督矿产资源勘查工作的正常进行。

2.3.4　勘查登记工作的范围和办法

1. 勘查登记工作的范围

矿产资源勘查登记的空间范围与我国矿产资源法的空间效力范围一致，即在我国领域及管辖海域内从事的各项勘查工作必须申请探矿权，经登记，取得勘查许可证。

我国探矿权申请实行先计划后登记的原则。在勘查工作的初级阶段项目和专门方法项目虽然不提交矿产的储量，但含有明显的探矿目的。因此，我国矿产资源勘查登记范围不仅包括附录中所列出的矿种的勘查，也包括 1∶20 万和大于 1∶20 万比例尺的区域地质调查，矿产的地球物理、地球化学勘查，航空物探、航空遥感地质调查以及国家另有规定的其他矿产资源勘查。

对于附录中所列矿种的矿产资源勘查，根据国务院有关部门制定的行政规章，可划分成普查、详查和勘探三个阶段；石油、天然气勘查按《石油及天然气勘查、开采登记管理暂行办法》分盆地评价勘查和区带工业勘探两个阶段进行登记。国家还可以另外规定其他矿产资源勘查项目的登记范围。虽然目前没有具体规定，但有的勘查项目已经摆在立法机构和矿产资源法研究工作者的面前。例如，申请国际海底资源勘探。国际海底“区域”及其资源是人类的共同继承财产。我国政府作为《联合国海洋法公约》的缔约国可以向联合国海底管理局申请探矿权。在国家担保下我国的自然人和法人也可申请国际海底探矿权。

对已设定较低阶段勘探权的区域，能否设立较高阶段的探矿权；对采用一种方法的勘查（如航空遥感地质），能否进行另一种方法的勘查等事项需要国家作出更明确的规定。

2. 不进行勘查登记的范围

我国有关矿产资源法规不仅规定了必须设定探矿权的范围，而且明确规定了不需设定探矿权的范围。不进行勘查登记的范围主要包括两类：

一类是“在已取得采矿权的开采范围内，采矿权人为矿山生产的需要进行的勘探工作”。这是为了防止探矿权和采矿权设立的重复，也表明在我国采矿权设定的范围内存在着无条件的探矿权。经核准登记取得采矿权区域的采矿权人具有在该区域的探矿权。

另一类是"在未设立探矿权的地区，从事不实施勘探工程的地表地质观察和矿点踏勘，不进行重型勘查工程或系统轻型工程"。

3. 勘查登记办法

按照《勘查登记办法》规定，在我国进行勘查登记工作实行的是先计划后登记的原则。申请勘查登记由独立经济核算的勘查单位，凭批准的地质勘查计划或者承包合同的有关文件，分勘查项目填写勘查申请登记表，由该勘查单位或者由其主管部门，到登记管理机关办理登记手续，领取勘查许可证。

按照勘查登记管理权限，分别由国务院地质矿产主管部门或者省、自治区、直辖市人民政府地质矿产主管部门办理申请登记手续。对于跨省级行政区的勘查项目，申请单位在向登记机关申请登记手续之前，应当向相关的省征求意见，只有取得相关省签署的书面意见后才能办理申请登记手续，并将该意见附文件资料一起交登记管理机关，否则只能取得本省辖区内的探矿权。

关于与外方合资、合作勘查项目及外资企业在我国领域及管辖海域的勘查项目的申请办理登记手续，按照国家计委要求，这类项目首先应报国家计委立项，经批准后按《勘查登记办法》第 29 条规定："在签订合同前，应当由登记管理机关按照本办法的规定进行复核并签署意见，在签署合同后，由中方有关单位向登记管理机关办理登记手续。"

登记机关对申请登记的勘查项目，按规定进行复核。登记机关除特殊情况外，一般应在办理登记手续之日起 40 天内，根据复核情况作出准予登记或不予登记的决定。对符合规定准予登记的勘查项目，发给勘查许可证；对不予登记的，登记管理机关应向有关部门或单位提出调整或撤消该项目的建议。对有争议的项目，登记管理机关应当会同有关部门协商解决；协调不成的报国务院或省（区、市）人民政府的计划部门裁决，登记管理机关根据裁决执行。

4. 勘查许可证的管理

勘查许可证是体现探矿权的法律凭证。为便于进行统一管理，维护执法的严肃性，《勘查登记办法》规定勘查许可证由国务院地质矿产主管部门代表国家统一印制。

勘查单位在领取勘查许可证后，应当将许可证和有关文件提送有关建设银行办理拨款或贷款手续，以利于银行实行监督。勘查单位在获得勘查许可证后 6 个月（高寒地区 8 个月）内应当进行施工，如有特殊情况不能按期施工，应向登记管理机关申报理由。勘查单位施工后，应及时将开工情况报告登记管理机关。

勘查许可证的有效期一般以勘查项目工作期为准，但最长不超过 5 年；需延长工作时间的，应当在有效期满前 3 个月内办理延续手续。勘查单位因故要求撤消勘查项目，应当向登记管理机关报告项目撤消原因，办理注销勘查许可证；如勘查已经完成任务，应填报项目完成报告，并办理注销登记手续。

2.4　探矿权人的权利与义务

经核准登记或受让的矿产资源勘查项目，取得勘查许可证，探矿权申请人或受让人成为探矿权人，探矿权人的权利和义务得到确认。矿产资源法规定国家保护探矿权不受侵犯，保障勘查工作区的生产秩序、工作秩序不受干扰和破坏。矿产资源法也规定了探矿权人必须履行的义务。探矿权人应当享有法律规定的矿产资源勘查权利，同时承担法律规定的矿产资源勘查义务。

1. 探矿权人的权利

（1）按照勘查许可证规定的区域、期限、工作对象进行勘查；

（2）在勘查作业区及相邻区域架设供电、供水、通讯管线，但是不得影响或者损害原有的供电、供水设施和通讯管线；

（3）在勘查作业区和相邻地区通行；

（4）根据工程需要临时使用土地；

（5）优先取得勘查作业区内新发现矿种的探矿权；

（6）优先取得勘查作业区内矿产资源的采矿权；

（7）在完成规定的最低勘查投入后，经依法批准，可以将探矿权转让他人，获得应有的收益；

（8）自行销售勘查中按照批准的工厂设计施工回收的矿产品，但国务院规定由指定单位统一回收的矿产品除外。

探矿权人行使上述权利时，有关法律、法规规定应当经过批准或者履行其他手续的，应当遵守有关法律、法规的规定。

2. 探矿权人的义务

（1）在规定的期限内开始施工，并在勘查许可证规定的期限内完成应当投入的勘查资金，其投入的数量平均每平方公里不得少于法规规定的最低勘查投入标准；

（2）向勘查登记管理机关报告勘查进展情况、资金使用情况、逐年交纳探矿权使用费情况；

（3）按照探矿工程设计施工，不得擅自进行采矿活动；

（4）在查明主要矿种的同时，对共生、伴生矿产资源进行综合勘查、综合评价；

（5）按照国务院有关规定汇交矿产资源勘查成果档案资料；

（6）遵守有关法律、法规关于劳动安全、土地复垦和环境保护的规定；

（7）勘查作业完毕，及时封、填探矿作业遗留的井、硐或者采取其他措施，消除安全隐患。

2.5　探矿权的终止

探矿权的终止是指依法确定的国家与探矿权人之间的权利义务关系因一定的法律事实而归于消灭。引起探矿权终止的法律事实包括实现、放弃和撤消探矿权等等。不论以什么样的法律事实终止探矿权，探矿权人都必须履行探矿权终止时的义务。这些义务的履行对于保护矿产资源、保护人类环境、保护人民群众安全与卫生具有重要作用。

1. 探矿权终止的种类

探矿权终止的种类主要包括探矿权人实现探矿权、探矿权人放弃探矿权和国家撤消探矿权。另外，矿床类型符合国家允许边探边采规范要求的项目和石油、天然气滚动勘探开发的项目，是特殊的探矿权终止类型。探矿权人依法申请取得边探边采的采矿权和石油天然气滚动勘探开发权，亦视为探矿权终止。勘查许可证的收缴方式因探矿权终止的种类而异，实现和放弃探矿权的办理勘查许可证注销手续；撤消探矿权的，吊销勘查许可证。

（1）因探矿权人实现探矿权而终止。探矿权人的探矿权利已经实现，与设定探矿权有关的义务已经履行，探矿权的设定目的已经达到，探矿权也随之终止。探矿权可以在规定期限内实现，也可以提前或延期实现。需要延期实现的办理变更登记手续。按期或提前实现的办理终止手续。探矿权人应当在勘查工作完成后三个月内向原勘查登记机关提交项目完成报告书，附具勘查工作区的实际材料图。大多数探矿权都以实现探矿权设定的目的而终止。

（2）因探矿权人放弃探矿权而终止。探矿权人的探矿权利实现后经济效益低下，探矿权人遭受自然灾害无力继续探矿，探矿权人资金供应不足等原因不能继续进行探矿活动的，可以在勘查许可证有效期内放弃探矿权。

（3）因国家撤消探矿权而终止。国务院或省级人民政府的勘查登记管理机关代表国家设定探矿权。探矿权人违反矿产资源法律规范，勘查登记管理机关有权代表国家吊销勘查许可证，撤消探矿权。吊销勘查许可证是一种行政处罚行为。这种行政处罚的效果是解除国家与探矿权人因该探矿权而产生的权利义务关系。这种行政处罚的执行，即表示探矿权的终止。国家撤消探矿权的主要原因有：已经登记的勘查项目，探矿权人无正当理由满六个月未开始施工，或施工后无故中断施工超过规定期限；探矿权人不按探矿工程设计施工，擅自扩大探矿工程断面，以赢利为目的进行边探边采；探矿权人不按规定向勘查登记机关办理勘查许可证变更、延期手续和如实报告有关情况，擅自印制或涂改勘查许可证等等。

（4）因边探边采或滚动勘探开发而终止的探矿权。自然界有许多赋存条件很复杂的矿床，主要是勘探类型属于四、五类的矿床。它们不适于矿山进行正规开采，只适用于边探边采在勘探中回收矿产品，如水晶矿、宝石等。一些砂金矿床也是这样。有些国家规定一些允许边探边采的矿床类型。当探矿权人有了一定的勘探工作基础后，可以边探边采。我国矿产资源法将边探边采活动划分在采矿权范围内，探矿权人准备进行开采，必须事先提交边探边采的论证材料，经勘查登记管理机关审批同意后，办理采矿登记手续，探矿权终止。国务院批准石油部 1987 年 12 月发布的《石油及天然气勘查、开采登记管理暂行办法》规定，有充分的勘查资料证实该地区是复杂断块、岩性或者裂缝性油气藏等复杂地质条件，已进行过盆地评价并获得一部分石油天然气赋存条件，基本探明和控制储量的区域可以申请滚动勘探开发登记。在我国石油开发中，滚动勘探开发区范围视同矿区范围。探矿权人的勘查工作区被批准为滚动开发区域，并进行采矿登记，原探矿权终止。

2. 探矿权终止时探矿权人的义务

探矿权终止时探矿权人的主要义务有如下几方面：

——探矿权人应当提交项目完成或项目终止报告书。项目完成报告书或项目终止报告书应表明探矿权利实现和义务履行情况，提出勘探工作区今后工作建议，并附具勘查工作区的实际材料图。项目完成报告书应表明探矿权利实现和义务履行情况，提出勘探工作区今后工作建议，并附具勘查工作区的实际材料图。

——探矿权人应当保护为以后阶段勘查、开采矿产资源可利用的建、构筑设施和各种勘查标志。在国家规定的期限内将这些设施和标志保持在可利用状态。可以拆除的勘查设施不应影响以后探矿权利和采矿权利的实现。

——探矿权人应及时向地质矿产档案机关移交勘查档案。完成勘查项目，取得勘查成果的探矿权人应当依法及时提交审批，汇交勘查成果资料。

——探矿权人应当对可利用的探矿设施设立标志，及时封填探矿工程不可利用的井、硐或其他设施，消除安全隐患。

　　无论以何种原因引起探矿权终止，探矿权人都应履行上述义务。这些义务的履行不以是否实现探矿权利为条件，即使是被吊销勘查许可证，撤消探矿权的地勘单位，也应严格履行上述义务。对于拒不履行上述义务或履行不当的，除按有关法律法规追究法律责任外，勘查登记管理机关可以不受理其新的勘查登记申请。

　　3. 探矿权终止程序

　　探矿权终止程序目前尚待制定，一般按引起终止的原因分简单和复杂两种。

　　因实现探矿权利而终止的探矿权，终止程序比较简单。一般由探矿权人履行设定探矿权的各项义务。向勘查登记管理机关提交项目完成报告书和勘查工作区所在地县级人民政府矿管部门出具的探矿权人履行义务情况的证明，办理勘查许可证注销登记手续，探矿权终止。

　　其他原因终止探矿权的，终止程序往往比较复杂。主要包括探矿权终止的提出、终止探矿权的决定、探矿权人履行终止时的义务、注销登记等程序。

　　——终止探矿权的提出。放弃探矿权，申请边探边采的采矿权和申请石油天然气滚动勘探开发权等情形，由探矿权人提出终止探矿权。撤消探矿权，由县级以上人民政府矿产资源主管部门或其他有关部门提出终止探矿权。

　　——终止探矿权的决定。终止探矿权的决定由设定探矿权的机关作出。在我国应由中央和省级人民政府勘查登记管理机关作出。由于我国探矿权审批和发证在人民政府内分别管理，因此终止探矿权要由审批和发证机关共同决定，如放弃探矿权须持探矿权人上级主管部门签署的批准文件。对于以探矿任务为标的的承包合同的解除，须经原合同审批机关批准。终止探矿权的具体决定，在经有关部门批准后，由原勘查登记管理机关作出。

　　——履行探矿权终止时的义务。对放弃探矿权和被撤消探矿权的勘查单位，一般应由勘查工作区所在地的县级以上人民政府矿管部门监督其履行终止探矿权时的各项义务。勘查单位有关义务履行完毕，县级以上人民政府矿管部门应出具证明。

　　——注销登记。注销登记由探矿权人向勘查登记管理机关提交项目终止报告书和县级以上人民政府矿管部门出具的证明，办理勘查许可证注销登记手续，探矿权终止。

　　勘查登记机关应将注销勘查许可证，终止探矿权的情况告知其开户银行。

习　　题

　　(1) 概述矿产资源勘查的阶段及特点。

　　(2) 概述矿产资源勘查登记的目的、意义及必要性。

　　(3) 什么是矿产资源普查与矿床勘探？

　　(4) 特殊矿床包括哪些矿床？

　　(5) 概述勘查登记工作及不进行勘查登记工作的范围。

　　(6) 概述探矿权人的权利和义务。

　　(7) 概述探矿权终止的种类。

　　(8) 概述探矿权终止时探矿权人的义务。

　　(9) 名词解释：勘探权。

第 3 章　矿产资源开采法律制度

3.1　开采许可证的发放

3.1.1　采矿权

采矿权是权利人依法律规定，经国家授权机关批准，在一定范围和一定的时间内，享有开采已经登记注册的矿种及伴生的其他矿产的权利。取得采矿许可证的法人、组织和公民称为采矿权人。采矿权人依法申请登记，取得采矿许可证，就可以在批准的开采范围和期限内开采矿产资源，并获得采出的矿产品。

采矿权是根据《民法通则》《矿产资源法》及有关法规的规定，通过法定程序，由国家授予而设定的。它属于用益权中的财产使用权，是使用权人(采矿权人)根据法律享有对矿产资源的使用并获得收益的权利。它是建立在国家所有的矿产资源之上的一种他物权，是一项与所有权相分离的独立财产权，而不是指国家对自己的矿产资源直接享有的使用、收益权能。它是一种以直接占有矿产资源为前提，对其直接支配，并从被支配的矿产资源本身获得利益或取得使用价值为最终目的的权利。

1. 采矿权的主体

国有矿山企业、乡镇集体矿山企业和个体采矿者可以依法申请登记取得采矿许可证，成为采矿权的主体。中外合资经营企业、中外合作经营企业和外资企业也可以依法申请取得采矿权。

《矿产资源法》确立了不同采矿权主体的法律地位：

(1)国有矿山企业是开采矿产资源的主体，这是《矿产资源法》第四条所规定的。它确立了这样的原则和方针：①国有矿山企业是开采矿产资源的基本组织，应予大力发展；②国有矿山企业应是采矿权的主要拥有者，保障全民经济成分在矿业经济中的绝对比重。之所以这样规定，首先基于《宪法》对全民所有制经济在国民经济中的地位的规定，国有企业是社会主义经济的主体；其次，现阶段从总体而言，国有矿山企业是我国矿山企业先进生产力的代表，由这些单位占用矿产资源更有利于提高矿产资源的经济、社会效益，是一种相对的资源优化配置。总之，国有矿山企业的地位、资金、技术、设备、管理水平、劳动力素质等条件决定了它是开采矿产资源的主体。

(2)乡镇集体企业和个体采矿者也可以成为采矿权的主体。《矿产资源法》对乡镇集体企业和个体采矿者总的原则是限制的。与国有矿山企业相比，它们是受限制的主体。这主要体现在申请采矿的矿区、矿种的范围受到限制：乡镇集体企业只能申请开采国家指定范围内的矿产资源，个体采矿者只允许采挖零星分散资源和仅能用做普通建筑材料的砂、石、粘土以及为生活自用采挖少量矿产。

（3）外商投资企业可以成为采矿权主体，但它们在矿种、矿区上受到一定的限制，如黄金、宝石等矿产资源是不允许其独立开采的。

由于我国是社会主义国家，在赋予采矿权主体权利能力时，既要考虑采矿技术、资金、设备等条件以及集体、私营和个体经济发展不能危及国有矿山企业的地位，又要考虑国家、集体、个人利益的分配和矿产资源赋存状态的差别，还要兼顾对外开放政策。因此，首先从立法上就已把集体、个体采矿限制在一个很小的范围内，不能与国有矿山企业享有同等权利能力或同等地位的权利。这种法律规定既照顾到了不同采矿主体的生产力水平，也照顾到了我国社会主义生产关系的特殊性。另外，从目前的立法实践上，为了贯彻对外开放政策，利用国外的雄厚资金、先进技术和管理经验开发矿业，国家允许并鼓励外商投资企业开办矿山企业，但也考虑到了这种形式是社会主义经济必要的补充的特性，作了适当的限制。

2. 采矿权的客体

采矿权的客体是依采矿权得以采掘的矿产资源。客体的范围、种类等都是由采矿权规定的。以其物质构成讲，它与所有权客体是相同的，都是矿产资源。

3. 采矿权与矿产资源所有权的关系

采矿权是国家在其所拥有的矿产资源所有权上设定并分离出的一种他物权。采矿权决定并来源于矿产资源所有权，矿产资源所有权的实现依赖于采矿权的行使。国家虽对矿产资源的使用、收益委托于采矿权人，但自己仍然是所有人。采矿权人取得采矿权，获得对矿产资源的占有、开采、销售、收益的权利，但也受到国家所有权权能限制；当采矿权消灭（或依法被剥夺或终止）时，限制也就被消除，国家所有权恢复到其绝对的全面支配状态。

随着采矿权人行使采矿权，采矿权的客体——矿产资源作为采掘的劳动对象不断转化为矿产品，使得作为所有权客体的矿产资源相应消失或减少，这使采矿权与所有权的关系复杂化了。这里需要搞清两个问题，一是取得采矿权，是否就取得了对该矿产资源（采矿权的客体）的所有权；二是如果不取得所有权，对采出的矿产，采矿权人是否拥有所有权。采矿权与土地使用权不同，后者权利的行使不会使客体消失，而采矿权行使的结果使客体消失。由于矿产资源的这一特殊性，一些资本主义国家矿业法中所用的采矿权的概念，意味着通过采矿权的取得，也可以申请矿业所有权。在我国，取得采矿权，并不当然取得对该矿产资源的所有权。矿产资源所有权归国家所有，取得采矿权只是取得了对矿产资源的使用权。在实践中，采矿权人对依法批准开采矿区采出的矿产品拥有所有权。首先，从其与国家财产所有关系上看，是独立于国家所有权的，采矿权人可将采出的矿产品依法销售或作其他处分；其次，他们将采出的矿产品销售或加工成其他产品销售后，除向国家缴纳各项税费外，所得全部归己所有。矿产资源在其采出之前，国家对其拥有所有权，随着采矿权的行使，资源被采出，其所有权就丧失了。因为该矿区的矿产资源采出后采矿权的客体就随之消失，同样，作为所有权的客体也随之消失。由于客体不存在，所有权也自动消灭。采出的矿产品既不是国家所有权的客体，也不是采矿权的客体，而是采矿权人财产权的客体。

可见，矿产资源所有权的丧失与否的界限是矿产资源采出与否。这是因为，采矿权并非所有权，国家转让了对矿产资源的开采权，但并未转让所有权。矿物只有在其处于未被采出，处于天然状态时，才被称为矿产资源。按照我国法律规定，它不能进入民事流转中。开采出来后，成为矿产品，就可以进入商品流通领域。国家对已取得采矿权的矿产资源拥有所有权，使之不但可以以国家身份，而且可以以所有权主体的身份，对所有采矿权人开采矿产资源征收资源补偿费和资源税，并对矿产资源的开发、利用进行监督管理。

国家授予采矿权人采矿权后，对矿产资源的所有权主要体现在以下几个方面：

(1)国家对矿产开采范围、方法、矿种、标准、用途、销售等的规定；

(2)国家对矿产开采年限的规定；

(3)开采矿产资源必须由国家有关主管行政机关监督管理；

(4)国家对采矿征收资源补偿费和资源费；

(5)国家拥有对矿产资源的最后处置权。

3.1.2 开采许可证的发放

国家对开办国有矿山企业、集体矿山企业、私营矿山企业和个体采矿实行审查批准、颁发采矿许可证的制度，是指国家对提出的采矿申请，通过审批、发证的法定程序，将国家所有的矿产资源交给具体矿山企业经营管理，是行使其所有权的一种重要形式。

我国《宪法》和《矿产资源法》都明确规定，矿产资源属于国家所有。只有国家有权对矿产资源行使占有、使用、收益和处置权。世界上许多国家的法律在确保矿产资源国家所有的同时，都规定任何单位和个人只要履行申请采矿登记手续，即可取得采矿权，进行合法采矿。在我国，目前开采矿产资源的主要有国有矿山企业、集体矿山企业和个体采矿者、私营矿山企业四种形式。外国的公司、企业和其他经济组织以及个人也可成为采矿权人。上述采矿者要想取得采矿权，都必须执行矿产资源法规定的计划审批、登记发证制度，履行申请采矿登记手续。

计划审批是国家主管部门和政府依法代表国家对申请开办的矿山进行统一的计划和审查批准。登记发证是采矿登记管理机关依照法律授予的职权代表国家对申请开办的矿山企业进行复核、登记、发证。在总结我国几十年来矿业开发的经验教训，借鉴外国矿业管理中先进经验的基础上，在《矿产资源法》中规定了开采矿产资源实行统一审批、发证制度。这个制度既体现了矿产资源属于国家所有这个前提，又确保了国家对矿产资源的统筹规划、综合开发、合理布局。同时，国家还可以通过这一制度，用法律手段理顺采矿活动中的各种关系。

实行统一审批、发证制度具有以下作用：

(1)可以加强矿产资源开采的宏观管理。国家可以根据国民经济建设发展的要求，通过对矿山企业的审查批准，优先开发经济建设迫切需要的矿种。同时，从国家利益出发，经过对矿山企业的统筹规划，合理布局，正确处理好当前和长远开采矿产资源的关系，使我国的矿业开发事业同经济建设协调一致地发展，切实保障国家建设对矿产资源的长远需要。

(2)可以保障国有矿山企业的主导地位。《矿产资源法》规定："国有矿山企业是开采矿产资源的主体。国家保障国有矿山企业的巩固和发展"。通过办理采矿登记手续，有关审批机关批准开办矿山企业时，对于国家规划矿区、对国民经济具有重要价值的矿区和国家规定实行保护性开采的特定矿种，就可以根据国家计划的需要，批准由国有矿山企业开采，限制集体矿山企业、私营矿山企业和个体开采；有关主管部门和地方人民政府在核定或规定矿区范围时,可以根据《矿产资源法》和《采矿登记管理暂行办法》的有关规定,对影响和危害国有矿山企业正常生产和安全的小矿令其关闭或搬迁。这样,就可以确保国有矿山企业采矿的主导地位。同时,对集体矿山企业、私营矿山企业和个体采矿,按照《矿产资源法》的规定,划出一些适合他们开采的矿产资源,发挥他们应有的作用。这样就可以使国有、集体、私营、个体矿业生产协调发展。

(3)减少采矿权属纠纷。当前产生采矿权属纠纷的主要原因有二:一是矿区范围不清;二是没有依法取得采矿权,致使采矿权属不确切。通过统一审批、发证制度,就在法律上保证了矿山企业的合法采矿权和矿区范围,妥善处理了与周围毗邻的关系,防止了其他采矿者对其生产、工作秩序进行干扰,减少了采矿权属纠纷。

(4)促进矿产资源的综合利用。对矿产资源进行综合开发、综合回收、综合利用,这是《矿产资源法》规定的重要原则之一,也是我国矿业开发的基本方针。通过统一审批、发证制度,对申请单位的矿山建设项目的可行性研究报告进行复核,可以保护和促进矿产资源的综合利用,有效地防止环境污染。

对于矿产资源勘查、开采的监督管理,《矿产资源法》第十一条和《矿产资源法实施细则》第八条对矿产资源勘查、开采的监督管理机构及其职责范围和上级地质矿产主管部门对下级地质矿产主管部门的行政监督关系作了明确的规定。

(1)国务院地质矿产主管部门主管全国矿产资源勘查、开采的监督管理工作。国务院有关主管部门按照国务院规定的职责分工,协助国务院地质矿产主管部门进行矿产资源勘查、开采的监督管理工作。

(2)省、自治区、直辖市人民政府地质矿产主管部门主管本行政区域内矿产资源勘查、开采的监督管理工作。省、自治区、直辖市人民政府有关主管部门,协助同级地质矿产主管部门进行矿产资源勘查、开采的监督管理工作。

(3)设区的人民政府、自治州人民政府和县级人民政府及其负责单位管理矿产资源的部门,依法对本级人民政府批准开办的国有矿山企业和本行政区域内的集体所有制矿山企业、私营矿山企业、个体采矿者以及在本行政区域内从事勘查施工的单位和个人进行监督管理,依法保护探矿权人、采矿权人的合法权益。

上级地质矿产主管部门有权对下级地质矿产主管部门违法的或者不适当的矿产资源勘查、开采管理行政行为予以改变或者撤消。

3.2 矿山企业的设立与审批

3.2.1 矿山企业的设立

企业是依法自主经营、自负盈亏、独立核算的从事商品生产和经营的单位。

矿山企业是工业企业中一类基础性企业,是专门为采掘、加工、经营矿产资源而组织起来的,实行独立经济核算的经济组织。

矿山企业具有以下特征:

(1)矿山企业是从事采矿经营活动的经济组织。矿山企业所从事的经营活动,是采掘、加工矿产资源，为社会经营提供各种矿石、矿物原料和矿产品。它同商业企业、交通运输企业等是有区别的。它是工业内部以采掘加工自然物质资源为业的生产和管理单位，是工业企业的重要组成部分。

（2）矿山企业是企业性的经济组织。矿山企业所从事的是以创造利润和讲究社会经济效益为目的的经济活动。它同行使国家职能的政府、法院等国家机关、学校、科研机构等事业单位以及群众性社会团体都有很大区别。

（3）矿山企业是实行独立经济核算的经济组织。矿山企业实行独立核算、自负盈亏，可以对外发生经济往来，进行生产技术协作，签订经济合同，具有法人资格。它同下属的只搞生产而不搞经营，不进行独立核算的矿井、采区等也是不同的。

矿山企业按其生产资料所有制形式的不同，可分为全民所有制矿山企业、乡镇集体矿山企业和个体矿山企业等。

矿山企业的设立，亦称为矿山企业的建立或开办。它是指矿山企业设立人为取得矿山企业生产、经营的资格，依照法律规定的程序，所实施的法律行为。

矿山企业设立的原则通常有：自由设立原则、特许设立原则、行政许可设立原则、准则设立原则、强制设立原则。

我国矿山企业的设立一般采用国家行政许可证设立原则。其行政申请、审批程序，因矿山企业的所有制性质和规模大小而异。除此之外，开办矿山企业，应依照《矿产资源法》、《工商企业登记管理条例》及配套法规的有关规定进行审查批准。经审批之后，才能开办矿山企业，进行采矿经营活动。

3.2.2　开办矿山企业的审查

在我国，国家对矿产资源的所有权，是国家通过对探矿权、采矿权的授予和对勘查、开采矿产资源的监督管理来实现的。因此，任何组织和个人要开采矿产资源，都必须依法登记，依照国家和法律有关规定进行审查、批准，取得采矿许可证后才能取得采矿权。这是矿山企业从国家获得采矿权所必须履行的法律手续。

开办矿山企业的审查内容主要包括：

——矿区范围：一般包括一个或几个矿山以及破碎、选矿、烧结和保证生产、生活需要的各种辅助车间、尾矿场、生活区等。开采范围是矿区范围内的主要生产部分，在批准开办矿山企业前，应由地质矿产主管部门对其进行复核并签署意见。

——矿山设计：是指为矿山建设和生产而进行的技术经济论证和全面规划工作。它是根据矿区开发规划、经批准的地质勘探报告、计划任务书和批准的基本建设计划而编制的。经国家计划部门、矿业主管部门、地质矿产主管部门、环境保护部门、矿山劳动安全监察部门等审查，由审批机关批准，作为矿山建设和开采的指导性文件。其主要方面包括：确定矿山企业的生产能力和规模；就开采范围、开采对象、开拓方法、采矿方法、主要矿山设备、地面及地下工程布置、动力工艺、给水、排水、交通运输、通讯联络、施工组织、矿山环境保护评价等选择合理的方案。

在矿山基建初期或开采初期，地质勘探报告要为矿床高级储量的首采区开拓和采准工程的设计提供可靠的图件及资料。因此，承担矿山设计的地质人员，应认真审查供矿山设计使用的矿床勘探报告的完整性和可靠性，对能否作为矿山设计的依据作出合理的评价，评定其能否满足矿山设计的开拓基建工程布置的需要，矿山生产规模和服务年限的确定是否合理等。经过全面审查验收工作，评定矿床勘探报告的质量，有关上级主管机关对报告书作出审批决议书，肯定其勘探成果，同时，提出开采设计及开采期间地质工作的要求。最后，由上级有关领导部门审查批准，并作为矿山开采设计的依据。

矿床勘探报告一经审批，上级领导机关下达矿山设计任务书后，即可以开始矿山设计工作。一个矿山的完整的开采设计，一般由专门的设计机构承担，只有老矿区的新采区的设计工作由老矿区自行承担。矿山设计的程序，一般可以分为：初步设计、技术设计、施工设计三个阶段。

对某些小型矿山和国家亟须投产的矿山，可将初步设计与技术设计两个阶段合并，称为扩大初步设计，以利于缩短设计周期，加速矿山投产。

——生产技术条件：是指影响矿山企业基本建设和矿山生产的各种自然因素和技术经济因素。它包括：矿床或矿体的开采地质条件；地面崩落的可能性；矿山建设条件；矿石加工条件；企业的年设计生产能力；矿山企业技术管理水平。

国家各主管部门除对矿山设计程序和主要内容进行全面会审外，还应进行专题性的对口分项审查。如环境保护主管部门着重对矿山设计中的环境保护设计方案和所采取的环境保护措施进行审查；国家矿山安全卫生监察部门则对矿山设计中的有关矿山安全生产和卫生防护部分进行重点审查。对审查不合格的部分，要根据审查会议会审意见，由设计部门进行补充、修改。设计修改后再进行审查，直至通过，由审查部门签字后生效，方可列入矿山基本建设计划。

3.3 采矿权申请与登记法律制度

采矿权是矿产资源所有权的部分权能。采矿权的申请与登记也是矿产资源所有权能分离的法律形式。以下以全民所有制矿山企业为例，介绍采矿权申请与登记法律制度，集体企业、个体私营企业的申请办法基本类似，可参考有关资料。

3.3.1 采矿权申请

1. 采矿权申请及其构成要素

国务院批准并下达矿山建设项目设计任务书后，全民所有制企业就可以提出采矿权申请，具备采矿权申请人基本条件的全民所有制企业或其他全民所有制组织，应当明确采矿权的工程要素，充分准备采矿权申请文件。在有两个或两个以上采矿权申请人同时申请时，应当争取申请优先权。

申请人应当具有法人资格，并按照国务院1988年6月发布的《企业法人登记管理条例》的规定办理企业法人登记，领取企业法人营业执照。企业法人的内部机构不能单独申请采矿权。全民所有制企业采矿权申请按独立矿山分别提出，全民所有制企业可以提出并依法取得若干个采矿权。我国近年来横向经济联合不断加强，具有法人资格的联营企业成为独立的采矿权申请人，不具法人资格联营组织的联营各方可以共同成为采矿权申请人。全民所有制企业与集体所有制企业等其他类型经济组织联营时，全民所有制成分超过 50% 时，联营组织按全民所有制企业采矿权申请人申请采矿权。

国家对不同经济类型组织申请采矿权的构成要素作了具体规定，全民所有制企业采矿权的构成要素包括：

(1)矿区范围。指矿山生产活动范围，包括开采范围、与生产直接关联的工业广场、主要附属建筑物和构筑物所在地。开采范围是指矿山开采活动所能达到的最终开采深度、最终边界及其崩落区的平面范围。矿区范围包括采选设施所在地、堆置矿石的工业场地，但不包括成片住宅、娱乐场所等生活服务设施所在地。自然赋存的独立矿体，不得分割成若干个采矿权。两个或两个以上互不关联的矿山也不得合并成一个采矿权。进行地下采矿的矿区范围以垂直地面边界为限。矿区范围不涉及土地、森林、草原等权属问题。

正在建设和正在生产的矿山企业补办采矿登记手续时，核定或划定全民所有制企业矿区范围应先于集体所有制等其他经济组织或个体工商户；国务院、国务院有关部门批准开办的矿山企业矿区范围的核定或划定，应先于地方政府批准开办的矿山企业的矿区范围。

对于石油、天然气矿产，滚动勘探开发区域视同矿区范围。

(2)开采期限。开采期限，也就是采矿权的期限，根据矿山服务年限确定。一般的，大型矿山应不超过 30 年，中型矿山不超过 20 年，小型矿山不超过 15 年。采矿权自颁发采矿许可证之日起，至有效期届满之日起终止。

对于石油、天然气，滚动勘探开发许可证有效期为 15 年。储量已探明的区块，应当办理采矿申请登记手续。在石油、天然气勘查登记管理机关允许的各类探井试采期需要延期的，全民所有制企业或其他全民所有制组织凭勘查许可证和有关文件，申请有效期不超过一年的采矿权。

(3)开采矿种。开采矿种是指主要开采的矿产名称，具有综合利用价值的矿种是开采矿种的副产品。

(4)开采方法。开采方法包括露天开采和地下开采两种方法。不同开采方法直接影响采矿回采率和采矿贫化率，影响矿山成本和效益。

(5)选矿方法。选矿方法是指用物理或化学方法将矿石中的有用矿物和无用矿物或有害矿物分开的方法，如重选、浮选、磁选、电选等。选矿方法及选矿工艺直接影响选矿回收率，影响矿产资源利用率。

2. 申请文件

全民所有制企业采矿权申请文件是采矿权构成要素的文字表现形式。采矿登记申请书反映申请人对采矿权构成要素的要求。为了更好地表达申请人对采矿权的要求，全民所有制企业采矿权申请人除应填写采矿登记申请书外，还应当附具其他相关文件。这些相关文件有的是依据我国基本建设程序形成的文件，有的是反映采矿权要素的构成图件，有的是国家控制采矿权的批准文件。新建、扩建矿山与正在建设、正在生产矿山采矿权申请的文件不尽相同。

（1）新建、扩建矿山的采矿权申请文件

全民所有制企业申请新建、扩建矿山的采矿权，应当附具下列文件：

①矿山建设项目设计任务书及其批准文件。矿山建设项目设计任务书的批准和下达机关应当具有国家规定的权限。

②矿区范围等图件。矿区范围图是以国家统一坐标标绘的矿区范围地质地形图，图中应标明设置界桩点的位置。开采范围图是以国家统一坐标标绘的含崩落区的开采范围地质地形图。矿区范围图和开采范围图中应当标明矿区所在行政区和已有地物特征。全民所有制企业采矿权申请人还应具备供发布公告用的矿区范围示意图。矿区范围示意图上应标明行政区名称、矿区范围轮廓线、界桩位置，不用标出矿区地理坐标和界桩点坐标。

③在国家规划矿区、对国民经济具有重要价值的矿区范围内申请采矿权，应有设立这两类矿区的国务院有关部门或国务院授权的有关主管部门的批准文件。

④申请开办国家规定实行保护性开采的特定矿种，应附具国务院有关主管部门的批准文件。

⑤申请在《矿产资源法》第二十条规定的范围（机场、港口、铁路、公路两侧、保护区等）内开采矿产资源，应当附具国务院授权的有关部门同意的批准文件。

⑥申请在我国内海、领海及管辖海域开采矿产资源的，应当附具海洋行政主管部门同意的证明文件。

⑦探矿人申请对所勘查的矿床实行边探边采的，应当附具原勘查登记管理机关批准的边探边采论证材料和经省、自治区、直辖市人民政府有关主管部门批准的边探边采的设计方案。

（2）石油天然气滚动勘探开发采矿权申请文件

《石油及天然气勘查、开采登记管理暂行办法》第十、十一条规定了办理滚动勘探开发和采矿登记应呈报有关文件。申请滚动勘探开发项目应附具以下文件：

①国务院有关主管部门或省、自治区、直辖市人民政府计划部门批准的项目建议书。

②由主管部门指定的地质研究单位认可的地质技术论证书。

③经国家矿产储量审批机关批准或部、省级储量机构认可的不同级别的储量报告。

④主管部门对滚动勘探开发项目总体规划方案的审查意见书。

（3）新建油气田采矿权申请文件

①国务院有关主管部门或者省、自治区、直辖市计划部门批准的计划任务书。

②国家矿产储量审批机构批准的石油、天然气储量报告。

③油气田建设可行性研究报告（对具有工业价值的共生、伴生矿产，可行性研究报告应当有综合利用专题论证内容）。

④有关主管部门对油气田开发建设设计方案的审查意见书。

由于石油、天然气的办矿审批和登记发证都由国务院石油工业主管部门负责，所以，申请石油、天然气采矿权的复核文件和申请文件可以一并呈报。

3.申请的提出

（1）申请优先权

在同一地区，对相同的采矿权由两个或两个以上申请人申请时，全民所有制企业享有优先权。全民所有制企业采矿申请优先权分法定优先和选择优先两种。

法定优先是指依照法律、法规规定所享有的优先权。国家按所有制形式和矿山审批层次规定优先次序：

①按照采矿权申请人的所有制形式，全民所有制企业的采矿申请优先，其后依次为集体所有制企业、其他经济成分的采矿权申请人和个体工商户的申请；

②按矿山审批层次，同是全民所有制企业申请人，国务院、国务院有关主管部门批准开办的矿山企业优先登记。

选择优先是在法定优先的前提下，择优选定采矿权申请人，确定采矿权人。一般择优登记的条件是：更科学、更合理地开采，更充分地利用矿产资源的采矿申请项目优先；预期经济效益、社会效益、环境效益好的采矿申请项目优先。

(2)申请的提出

全民所有制企业或其他全民所有制经济组织以采矿权申请人的名义按独立矿山提出采矿权申请，并按规定缴纳采矿登记费。采矿登记申请书一式七份。跨省级行政区开办的矿山和在内海、领海及管辖海域内开采矿产资源的应当增加相应的份数。

在我国基本建设程序中，全民所有制企业采矿申请在矿山建设项目设计任务书下达后，矿山设计编制前提出。没有批准的项目设计任务书，采矿登记管理机关不受理采矿申请。没有采矿许可证，矿山设计单位不得编制矿山设计。全民所有制企业提出采矿权申请时，应按规定缴纳采矿登记费。

3.3.2　采矿权登记

采矿登记管理机关收到全民所有制企业提出的采矿权申请文件，进行认真审核，决定是否颁发采矿许可证。全民所有制企业采矿申请登记，是在办矿审批基础上进行的，具有较高的获准率。

采矿权登记实行一矿一证。一家全民所有制企业开办若干座矿山的，可以申请取得若干个采矿许可证。几家全民所有制企业合办一座矿山，只能取得一个采矿许可证。合办矿山的各全民所有制企业享有的采矿权及承担的义务，由联营协议或合作合同规定。

全民所有制企业按照管辖范围向采矿登记管理机关提出采矿权申请后，采矿登记管理机关按程序进行审核、登记，并通知矿区范围所在地的县级人民政府，由矿区范围所在地县级人民政府发布采矿权公告并设立有关矿区范围标志。

1.登记范围

采矿登记机关的管辖范围包括：

(1)全民所有制企业申请开办由国务院有关主管部门批准开办的矿山、跨省级行政区开办的矿山、在领海及管辖海域内开采矿产资源，由国务院地质矿产主管部门登记发证。

(2)全民所有制企业申请开采石油、天然气和放射性矿山，由国务院主管石油天然气工业和核工业的主管部门发证。

(3)全民所有制企业申请开采上述管辖范围以外的矿产资源，由省级人民政府地质矿产主管部门登记发证。

(4)军办企业是我国全民所有制经济的组成部分，也是全民所有制企业。《军队矿山企业采矿登记和资源管理暂行规定》提出，中央军委和军委总部批准开办的矿山，由国务院地质矿产主管部门登记发证；部队办的其他矿山由省级人民政府地质矿产主管部门登记发证。

2. 审核

采矿登记管理机关对采矿权申请的审核应当在收到采矿权申请书之日起，在规定期限内进行。对全民所有制企业采矿权申请的审核，是在矿山建设项目可行性研究报告审批阶段复核的基础上进行的。大量的具体工作已通过提出复核意见书的过程完成。审核阶段多为文件格式审查，即审查开办矿山所需的各种文件是否齐全、完整。同时也要进行内容的最后把关。

3. 登记

经采矿登记管理机关审核，全民所有制企业采矿权申请符合各项基本条件的，由采矿登记管理机关予以登记，颁发采矿许可证。全民所有制企业采矿权申请获准登记，取得的采矿许可证具有法律效力，全民所有制企业采矿权人的采矿权利受到保护。

经审核不符合登记条件的采矿权申请，由采矿登记管理机关作出不予登记的决定，并通知采矿权申请人。申请人对不予登记的决定有异议的，可以于收到决定之日起 15 日内，向国务院地质矿产主管部门申请复议。

依法取得采矿权的矿山企业之间的采矿权属争议，由当事人协商解决；协商不成的，由矿产资源所在地的县级（含县级）以上人民政府矿产资源管理机构根据依法确定的矿区范围提出处理意见，报本级人民政府依法裁决；对裁决不服的，可以在裁决书送达之日起 15 日内，向人民法院起诉；跨省、自治区、直辖市的采矿权属争议，由有关省、自治区、直辖市人民政府协商解决；协商不成的，由国务院地质矿产主管部门按照依法确定的矿区范围提出处理意见，报国务院裁决。

4. 采矿权通知

县级以上人民政府具有保护合法采矿权不受侵犯的义务。全民所有制企业取得采矿权后，应当由采矿登记管理机关向矿区范围所在地的县级以上地方人民政府发出采矿权通知书。采矿登记管理机关发出的采矿权通知书，主要起通报情况的作用。采矿权通知书是县级人民政府发表公告和设置地面标志的依据，也是县级以上地方人民政府依法保护采矿权的依据。采矿登记管理机关发给县级以上人民政府的通知，应包括矿山名称、采矿权人名称、采矿权人的法定代表人、开采矿种、矿山地理位置、办矿审批机关、批准时间、批准文号、采矿登记管理机关、发证时间、采矿许可证号、有效期、矿区范围四至坐标点、界桩编号及坐标、矿区范围图、矿区范围示意图。省级人民政府采矿登记管理机关，应将全民所有制企业采矿权登记情况报国务院采矿登记管理机关备案。

5. 采矿权公告及矿区范围标志

全民所有制企业取得采矿权应进行公告。公告包括新闻媒介公告和张榜公告两种形式。

新闻媒介公告是指利用报纸、电视、广播、期刊等新闻传播媒介将已设置的采矿权告知公众。目前采用由采矿登记管理机关统一组织公告的方法在报纸上公告。国务院采矿登记管理机关登记的采矿权，在全国性报纸上公告；省级人民政府采矿登记管理机关登记的采矿权，在矿区范围所在地的省级报纸上公告。

张榜公告是以布告的形式在矿区范围边界或矿区范围内交通要道旁张贴公布，也称矿区范围公告。张榜公告由县级人民政府发布。张榜公告的内容包括矿山名称、采矿权人名称、采矿权人法定代表人或矿山负责人、开采矿种、矿山地理位置、审批机关、批准时间、批准文号、采矿登记管理机关、发证时间、采矿许可证号、有效期、矿区范围示意图。公告榜应当醒目，并能保留一段时间不被破坏。

全民所有制企业采矿权人获准登记、公布周知后，公民、法人或其他经济组织可以到采矿登记管理机关、县级以上地方人民政府或采矿权人办公所在地查询已设置采矿权的矿区范围。任何个人或组织不得擅自印刷、伪造采矿许可证，不得破坏、擅自移动和私立界桩或其他地面标志。

3.3.3　采矿权人的权利和义务

全民所有制企业或其他全民所有制经济组织取得采矿许可证，成为采矿权人。在采矿权申请与登记过程中，采矿权人的权利义务以法律形式确定下来。《矿产资源法》规定，国家保护合法的采矿权不受侵犯，保障矿区的生产秩序、工作秩序不受影响和破坏。《矿产资源法》还规定了采矿权人必须履行的义务。

1. 全民所有制企业采矿权人的权利

依照矿产资源法规定，全民所有制企业采矿权人享有下列主要权利：

(1) 有权在批准开采范围和开采期限内，开采被许可开采的矿产及共生、伴生矿产。

(2) 有权在矿区范围内，为矿山生产需要进行勘探工作。

(3) 有权按国家规定使用地质矿产资料，报销矿产资源储量。

(4) 有权按国家规定使用土地以及使用部分地上物权(如道路通行权和设置供电、供水、输油和通讯线路权)。

(5) 有权按国家规定向金融机构开设账户，向爆破器材管理机关申请购买爆破器材。

(6) 有权按国家规定销售矿产品。

(7) 有权按国家规定确定矿产品价格。

(8) 有权按国家规定放弃采矿权或提出关闭矿山的申请。

(9) 有权设置地质测量机构，配备专职地质测量人员。

2. 全民所有制企业采矿权人的义务

依照法律规定，全民所有制企业采矿权人应当承担下列义务：

(1) 必须根据批准的项目设计任务书和矿产储量计算工业指标，在兼顾资源效益和经济效益的前提下，采用合理的开采方法和选矿工艺进行矿山设计，确保充分、合理和综合开发利用矿产资源。

(2) 必须在批准的矿山设计基础上，编制中段(阶段)、块段(盘区)开采设计和选矿流程设计，并严格按照设计组织生产。

(3) 应当按矿山具体情况建立开发利用和保护矿产资源的管理制度。矿山的开采回采率、采矿贫化率和选矿回收率应当达到设计要求。

(4) 在开采主要矿产的同时，应当分别情况，区别对待共生伴生矿产、中低品位矿、薄层矿、难选矿、尾矿和废石。对可行性研究论证和生产实践证明能够经济合理地开采利用的共生、伴生矿产，必须统筹安排，综合开发利用；对中低品位矿、薄层矿、难选矿、尾矿和废石应当加强管理，通过技术改造提高利用水平；对暂时不能综合利用的共生、伴生矿产及中低品位矿、薄层矿、难选矿、含有有用组合的尾矿和废石,应当在节约土地的原则下,妥善堆放保存,防止流失和环境污染。

(5)应当按照国家规定审批和登记矿产资源储量的增减变化。

(6)应当于颁发采矿许可证之日起的两年内开始基建施工;由于不可抗力或其他特殊原因不能按期施工的,需向原采矿登记管理机关申报,批准中断期限。

(7)必须按国家规定采取环境保护、劳动安全卫生防护和土地复垦措施。

(8)必须按国家规定支付矿产资源补偿费和土地使用费,交纳矿产资源税等税收。

(9)必须按时办理年检和注册手续,为依法进入矿山进行现场检查的矿产督察员等国家工作人员提供便利条件。

(10)必须按国家规定填报矿产资源开发利用等统计报表,保护矿山档案资料安全。

(11)应当按照积极支持、有偿互惠的原则向乡镇集体矿山企业和个体采矿者提供地质资料和技术服务。

3.4　关闭矿山的规定和程序

3.4.1　基本概念

矿山(包括露天采场)经过长期生产,因开采矿产资源已达到设计或设计任务书的要求后,或者因采矿过程中遇到意外的原因而终止一切采矿活动并关闭矿山生产系统成为关闭矿山。

关闭矿山应具备以下条件:

(1)矿产资源已经地质勘探和生产勘探查清,其地质结论或地质勘探报告已经储量委员会审查批准;

(2)所探明的一切可供开采利用并应当开采利用的矿产资源已经全部开采利用;

(3)因技术、经济或安全等正常原因而损失的储量,经有关主管部门批准核销;

(4)矿山永久保留的地质、测量、采矿等档案资料收集、整理及归档工作已全部结束;

(5)对采矿破坏的土地、植被等已采取复垦利用、治理污染等措施。

关闭矿山要向有关主管部门提出申请,在矿山闭坑批准书下达之前,矿山企业不得擅自拆除生产设施或毁坏生产系统。

3.4.2　关闭矿山规定

首先,由于建设矿山,尤其是大中型矿山,是国家的重点基本建设项目,为此,国家要投入大量的人力、财力、物力。矿山关闭,就意味着矿山设施或工程将失去作用,矿山职工和家属就要转移到其他矿山或地方,而且还要国家花费大量的财力、物力重新建设矿山。所以,在关闭矿山时要采取慎重态度。如果可采资源未采尽或其他资源未探明时,随意决定关闭矿山,就可能会给国家造成经济损失。因此,关闭矿山必须有充分的理由和依据,对关闭矿山要做法律规定。

其次,由于在矿山生产后期,开采难度增大,经济效益降低,有些矿山企业为了单纯追求本单位的经济利益，就容易产生"采易弃难，采富弃贫，采厚弃薄，采主弃副"的现象；还有的无视对资源的综合利用，采矿实行"单打一"，然后随意闭坑。这样将造成矿产资源的极大浪费。同时，还要考虑防止矿区的污染，搞好矿区的环境保护。因此，对关闭矿山要作出法律规定，这样才能做到对关闭矿山进行严格审查，加强管理和监督，保障矿产资源的合理开发利用。

再次，通过关闭矿山，可以对矿山建设、矿山生产和矿山地质研究工作进行总结。通过总结，积累矿产资源开发利用的经验和资料。这些都可以为正在生产的或今后计划建设的矿山提供借鉴。所以，对关闭矿山要作法律规定。

3.4.3 关闭矿山程序

《矿产资源法》第二十一条规定："关闭矿山，必须提出矿山闭坑报告及有关采掘工程安全隐患、土地复垦利用、环境保护的资料，并按照国家规定报请审查批准。"

1. 矿山闭坑报告及有关资料

(1)矿山闭坑报告。矿山闭坑报告是终止矿山生产和关闭矿山生产系统的申请报告，也是矿山建设、矿山生产发展简史和经验、教训的总结。该报告应由矿山总工程师或技术负责人组织专门人员编写，并在计划开采结束一年前提出。

(2)采掘工程资料。指为满足采矿工艺要求而挖掘的一切井巷、沟道及硐室等工程。

(3)安全隐患资料。安全隐患是指由于采矿所引起的隐藏在矿山或露天采场中危害职工工作、人民生活安全和人体健康的不良因素。如未处理采矿区可能产生的地面下沉、冲击地压、地下突水等隐患；煤层中可能存在的瓦斯气体等。

(4)土地复垦利用资料。土地复垦利用是指将因采矿而占用、破坏或污染的土地，进行各种各样的有目的的恢复、利用工作。土地的复垦利用通常包括两个阶段。一是矿山技术复垦，主要包括废石场填平、修整边坡、修筑排水沟及改良土壤等工作；二是种植复田，即在第一阶段基础上，进行与农业、林业、牧业、渔业、旅游业等有关的改造措施。

(5)环境保护资料。采矿过程中，可能会将地下的有害元素排至地表，污染矿区及其下游地区的空气、土壤及水体。因此，为了防治污染，保护矿区环境，在关闭矿山时，必须提出污染源、环境污染的范围、程度、防治情况等有关环境保护资料。

2. 对关闭矿山报请审查批准的规定

对关闭矿山实行审查批准制度，是保护矿产资源的合理开发利用、防止国家人、财、物力的浪费和矿区的环境保护的法律程序。它可以起到加强闭坑的管理和依法监督、防止造成资源的浪费和环境污染的作用。因此，关闭矿山时，除提出闭坑报告和有关资料外，还要履行国家规定报请审查批准的法律手续。

(1)开采活动结束前一年，向原批准开办矿山的主管部门提出关闭矿山申请，并提交闭坑地质报告。

(2)闭坑地质报告经原批准开办矿山的主管部门审核同意后，报地质矿产主管部门会同矿产储量审批机构批准。

(3)闭坑地质报告批准后，采矿权人应当编写关闭矿山报告，报请原批准开办矿山的主管部门会同同级地质矿产主管部门和有关主管部门按照有关行业规定批准。

3. 关闭矿山报告批准后, 矿山企业应当完成下列工作

(1)按照国家有关规定将地质、测量、采矿资料整理归档, 并汇交闭坑地质报告、关闭矿山报告及其他有关资料。

(2)按照批准的关闭矿山报告, 完成有关劳动安全、水土保持、土地复垦和环境保护工作, 或者缴清土地复垦和环境保护的有关费用。

矿山企业凭关闭矿山报告批准文件和有关部门对完成上述工作提供的证明, 报请原颁发采矿许可证的机关办理采矿许可证注销手续。

习　题

(1)概述采矿权的含义。

(2)不同采矿权主体的法律地位是什么?

(3)采矿权与矿产资源所有权之间的关系是什么?

(4)施行统一审批、发证制度的作用是什么?

(5)采矿权人的权利和义务是什么?

(6)全民所有制企业的法律地位以及采矿权申请与登记的特征是什么?

(7)全民所有制企业办矿审批的内容包括哪些?

(8)全民所有制企业采矿权的构成要素是什么?

(9)全民所有制企业采矿权人的权利和义务是什么?

(10)关闭矿山的基本概念、应具备的条件以及关闭矿山的程序是什么?

第 4 章　矿产资源税费管理

4.1　资源税基本概念

资源税是以资源为征税对象的税种。资源一般指自然界存在的天然物质财富。它包括的范围很广，如矿产资源、土地资源、动物资源、植物资源、海洋资源、太阳能资源、空气、阳光等。而矿产资源又包括：能源矿产、金属矿产、非金属矿产、水汽矿产及其他呈固态、气态、液态的矿产资源，再细分能源矿产本身又包括煤、石油、天然气、铀等。

作为征税对象的资源必须是具有商品属性的资源，即具有使用价值和价值的资源。我国资源税目前主要是就矿产资源进行征税。

由于矿产资源是不可再生的，它对人类的总供给量为大自然所大致固定，消耗一点少一点，造成矿产资源在全球范围内都十分紧张。而随着社会的发展，科技的进步，矿产资源对世界经济的发展和人类社会的进步越来越起着至关重要的作用，矿业目前已成为整个工业体系乃至整个国民经济的重要支柱，是人类社会赖以生存和发展的物质基础。正是由于矿业的重要和资源的稀缺性以及开采不同资源级差收入的存在，引起了资源开发利用中的种种问题，为了解决这些问题，必须保护和合理开发资源。我国及世界各国相继开始对资源开采者收取一定的税费。

目前，各国对矿产资源征收税费的名称各异，有的叫地产税，有的叫开采税，有的叫采矿税，有的叫矿区税，也有的叫矿业税，自然资源租赁税等。除以税的形式命名外，也有的叫地租缴款、权利金、红利或矿区使用费的。

总之，一般说来，发展中国家对开采矿产资源征收税(费)的收入占财政收入的比重比发达国家对矿产资源征收税(费)的收入占国家财政收入比重大。联合国的有关专家认为，资源税是发展中国家稳定地取得财政收入且名正言顺的一个好税种。

4.2　资源税的征收

4.2.1　征收原则

资源税是既体现资源有偿使用，又体现调节资源级差收入，发挥两种调节分配作用的税种。在实际实施中，其主要征收原则为："普遍征收，级差调节。"

普遍征收就是对在我国境内开发的纳入资源税征收范围的一切资源征收资源税。1984年10月1日《资源税条例(草案)》颁布实施时，考虑我国当时矿产品价格不够合理，采掘业困难较大，征收资源税的经验不足等因素，对原油、天然气、煤炭三种矿产品先行开征了资源税，对其他非金属矿产品和金属矿产品暂缓征收；1992年1月1日，对在金属矿产品中具有代表性的矿种——铁矿石开征了资源税；1994年1月1日起实施的资源税新税制取消了对尚未开征资源税的其他金属和非金属的缓征照顾，从而对矿产资源全面征收资源税，以进一步体现普遍征收的原则。普遍征收原则的具体实施还另有一层含义，就是每一资源税应税产品的所有开采和使用者都要依法交纳资源税。1984年资源税刚开征初期采用按率征税的办法，还规定了具体的起征点，没有体现出完整意义上的普遍征收原则；1986年资源税改按率征收为从量定额征收办法后，使资源税向着贯彻有偿开采、普遍征收的原则迈出了坚实的一步；1991年1月对煤炭资源税定额进行调整后，对煤炭资源开采者全面征收资源税；1992年1月1日开始征收的铁矿石资源税，将所有铁矿石开采者纳入了资源税的征收范围，更进一步地体现了普遍征收的原则。

级差调节就是运用资源税对因资源条件上客观存在的差别而产生的资源级差收入进行调节。我们知道，自然资源的好坏、贫富、赋存状况、开采条件及分布的地理位置等，客观上存在着很大差别，加之某些自然资源的有限性，尤其是优等资源的有限性，使得较优的资源只能被某些企业和经营者占有开发，其他企业和经营者只能占用中等或劣等资源。为使资源产品能够满足社会的需要，要求资源产品的价格水平必须能使开发经营劣等资源者从其取得收入中补偿生产成本，并获得社会的平均利润来维持和发展生产，这就使得那些占有中、优等资源的企业和经营者在按同等价格销售产品时，就可以获得一部分超额利润，即资源级差收入。资源税对应税产品普遍征收的同时，根据各种矿产品及同一矿产品各矿山的资源状况确定相应的税额，一般的说，对资源级差小的确定低税额，对资源级差大的确定较高税额。

4.2.2 征税特点

我国现行资源税主要具有以下几个特点。

1. 我国资源税只对特定资源征税

资源是指自然界存在的天然物质财富。因此，它包括的范围十分广泛，如矿产资源、海洋资源、土地资源、水利资源、动物资源、植物资源、太阳能资源、空气资源等。但我国现行的资源税既不是对各种自然资源都征税，也不是对所有具有商品属性的资源都征税，而是主要选择对矿产资源进行征税。在矿产资源中，还采取了根据矿产品价格和采掘业的实际状况选择品目分批分步实施征收资源税的办法。1984年10月开征资源税到1994年1月1日实行新税制，对所有的矿产资源征收资源税，具体操作时对矿产资源的绝大多数主要矿种采取列举品目的办法征收。未列举品目的矿种税源不大，不具代表性，因此，对这部分品目征收资源税或者缓征资源税的权限适当下放。《中华人民共和国资源税暂行条例实施细则》规定："未列举名称的其他非金属原矿和其他金属原矿，由省、自治区、直辖市人民政府决定征收或缓征资源税，并报财政部和国家税务总局备案。"

2. 我国资源税具有受益税的特点

从自然资源的所有权关系分析，若课税资源非国家所有，则这类资源课税属于国家单纯凭借政治权力的课税，因而属于严格意义上的税；反之，若课税资源属于国家所有，则这类资源课税虽然形式上也是国家凭借政治权力的课税，但具有资源有偿使用性质，作为国家，它可以凭借对自然资源的所有权向资源开发的经营者收取占用费或租金，它也可以凭借政治权力征税。二者作为财政分配方式都是以国家为主体的，只是分配的依据不同，前者是以资源的所有权为依据，后者以政治权力为依据。在我国这两种权力互不排斥，国家既是自然资源的所有者，又是政治权力的行使者，国家把两种权力结合起来作为分配的依据，代表国家或全民的意志,征收一种名副其实的资源税,实施"普遍征收,级差调节"的原则,使资源税兼有国家政治权力和所有权双重职能,一方面体现了对国有自然资源实行有偿占有,另一方面,体现了税收强制性、固定性的特征。因此说,我国资源税具有受益税的特点。

3. 我国现行资源税具有差别税的特点

众所周知,自然资源各品种之间,同一品种各地区之间,同一地区、同一品种各矿山之间,资源自身贫富和赋存状况、开采条件、选矿条件、地理位置等各因素千差万别,造成各资源开发占用者的资源丰瘠和收入的多寡相差悬殊。一些占用开发优等资源的企业和经营者在按同等价格销售资源产品时,就可以获得由于客观资源级差状况造成的除社会平均利润以外的超额利润,即级差收入。因此,资源税除对资源占有、使用课税外,还对资源开发取得的级差收入课税。根据各矿山的资源级差状况,对资源条件好、开采条件优越、资源级差大的,相应确定较高的数额,对资源条件差、开采条件恶劣、资源级差小的,相应确定低税额。因此说,我国现行资源税具有差别税的特点。

4. 现行资源税实行从量定额征收

《资源税条例(草案)》规定,资源税实行超额累进税率,以产品的销售收入为计税依据。但在实际执行过程中,根据客观经济情况的变化和完善资源税制的要求,根据六届全国人大四次会议批准的《关于1985年国家预算执行情况和1986年国家预算草案的报告》的精神,财政部于1986年6月发出通知,决定将原油、天然气和煤炭三种资源税应税产品由按率征收改为按差别定额税率从量计征。也就是按资源品种的不同和资源条件及开采条件的不同,确定不同的单位税额标准计算征收。1992年开征的铁矿石资源税也采用这种方法。采用这种方法,增利不增税,有利于调动企业加强经营管理,降低开采成本,增加利润的积极性;有利于减税,有利于暴露矛盾、鞭策落后,稳定国家与企业的分配关系,稳定国家财政收入,简化经营手续,减少税企矛盾。

4.2.3　征税范围

资源税的征收范围应当包括一切开发和利用的国有资源。但考虑到我国开征资源税还缺乏经验,所以,《中华人民共和国资源税暂行条例》第一条规定的资源税征税范围,只包括具有商品属性(也即具有使用价值和价值)的矿产品、盐等。

1. 矿产品

矿产品包括:原油、天然气、煤炭、金属矿产品和其他非金属矿产品等。

原油,指开采的天然原油,不包括以油母页岩等炼制的原油。

天然气指专门开采和与原油同时开采的天然气,暂不包括煤矿开采的天然气。

煤炭,指原煤,不包括以原煤加工的洗煤和选煤等。

金属矿产品和其他非金属矿产品均指原矿。金属矿产品原矿指纳税人开采后自用、销售的,用于直接入炉冶炼或作为主产品先入选精矿、制造人工矿,在最终入炉冶炼的金属矿石原矿。

2. 盐

盐指固体盐、液体盐。具体包括:海盐原盐、湖盐原盐、井矿盐等。

矿产品及盐的具体征收范围及税目详见《中华人民共和国资源税暂行条例实施细则》所附"资源税税目明细表"。

这里需要强调说明的是盐税作为一个独立的税种已被取消，将盐税作为资源税的一个目，纳入了资源税的征收范围内，同时对盐加征增值税。

结合金属、非金属矿产品及其深加工产品实施增值税和规范增值税以后，有些产品一部分原有的税负要用资源税拿回来的要求，将黑色金属矿产品、有色金属矿产品、非金属矿产品甩转下来的收入，分别用征收铁矿石、有色金属矿石、非金属矿资源税的形式拿回来，从而扩大了资源税征收范围。

4.2.4 纳税人

根据《中华人民共和国资源税暂行条例》的规定，资源税的纳税人应包括从事应税资源开采或生产而进行销售或自用的所有单位和个人。《中华人民共和国资源税暂行条例实施细则》对《条例》所说的单位和个人作出了具体解释，《条例》所说的单位是指国有单位、集体企业、私有企业、股份制企业、其他企业和行政单位、事业单位、军事单位、社会团体及其他单位；所说的个人，是指个体经营者和其他个人。这里需要强调的是，其他单位包括"三资"企业，也就是说除国务院另有特殊规定以外，"三资"企业也一律按规定征收资源税。同时对1994年以前仍缓征、减征的天然气和几个小油田的原油全部按《资源税税目税额明细表》规定的税额标准征收资源税。

此外，取消盐税，将盐税纳入资源税的征收范围后，将分配销售盐的运销单位、国家指定的盐收购单位、改变减免盐税用途的单位、动用储备盐的单位、进口盐的单位，统统从盐资源税的纳税人中剔除出去，确定了以盐场为盐资源税的唯一纳税义务人，改变了以往缴纳盐税与盐场脱节的状况，为真正实现盐资源税的就场征收和调动盐场纳税的积极性创造了有利条件。同时，从税制上能够确保盐资源税的源泉控管，而不必再专门指定单独的盐的稽征管理办法，来对盐的生产、运销、储存、使用等诸多环节进行税收监督和管理，从而大大简化了日常征管工作，堵塞了偷漏盐税的漏洞。

4.2.5 税额

1. 税额确定

资源税实行从量定额征收的办法，贯彻"普遍征收，级差调节"的原则。由于资源税具有调节资源级差的作用，因此，应税品种之间和主要品种开采者之间税额应体现出差别，资源条件好的，税额高些，条件差的，税额低些。

《中华人民共和国资源税暂行条例》第二条规定，资源税的税目、税额依照本条例所附的《资源税税目税额明细表》执行。税目、税额的调整，由国务院确定。《条例》第三条规定，纳税人具体适用的税额，由财政部根据纳税人的资源状况在规定的税额幅度内确定。

现实中，不同矿产品之间和同一矿产品不同开采者之间的资源级差相当大。如铁矿石，采出品位从百分之十几到百分之六十几，百分之六十几的矿石一吨半原矿选一吨精矿，百分之十几品位的矿石六吨多原矿选一吨精矿，可见相同品种间价值也相差悬殊。又如钨矿石原矿品位是百分之零点几，几百吨原矿才能选一吨精矿，而金矿石品位才几克每吨，上万吨原矿才能选一吨精矿。由此可见，由于金属含量高低的不同、稀缺程度及采选条件的不同，使不同品种间的资源级差也相当悬殊。

应税品种之间和主要品种不同开采者之间的差别，除组织专家根据资源的赋存状况、条件、资源自身的优劣、稀缺性、价值的高低等多项经济、技术因素划分矿山资源等级，并根据等级相应确定差别税额外，其税额高低还考虑了一部分金属和非金属矿产品的深加工产品实施增值税或规范增值税后转移过来的税负。有些深加工产品的税负前移到了矿产品上，有些还过多，考虑其矿产品税负承受能力，将其前移的部分税负转由同类的其他矿产品来负担，深加工产品的税负前移到矿产品，以征收矿产品资源税的形式，推动矿产品价格的提高，拿回深加工产品降低的税负。但矿产品税额的确定有一个原则，那就是矿产品的市场价格加上资源税税额，不高于进口同类产品的价格。

此外，取消盐税，将盐税纳入资源税后，用两碱产品税改征增值税后转移过来的税负，适当提高了工业用盐的税额，统一了工业盐与食盐的税额，并大大简并了税额，将原来盐税的几十个税额档次简并到盐资源税的三个税额档次，克服了以往多税额和工业用盐与食用盐税差大带来的一系列弊端。

资源税实施细则所附《资源税税目税额明细表》(见表 3-4-1)和《几个主要品种的矿山资源等级表》，对各品种各等级矿山的税额作了明确规定。对《资源税税目税额明细表》未列举名单的纳税人适用的税额，由各省、自治区、直辖市人民政府根据纳税人的资源状况，参照《资源税税目税额明细表》中确定的邻近矿山的税额标准，在上下浮动 30% 的幅度内核定。

为支持独立铁矿的发展，经国务院批准，从 1994 年 1 月 1 日起对独立铁矿应纳的铁矿石资源税减征 40%，按规定税额标准的 60% 征收。

表 3-4-1　资源税税目税额明细表

税　目		税额幅度
一、原油		8~30 元/吨
二、天然气		2~15 元/千立方米
三、煤炭		0.3~5 元/吨
四、其他非金属矿原矿		0.5~20 元/吨或者立方米
五、黑色金属矿原矿		2~30 元/吨
六、有色金属矿原矿		0.4~30 元/吨
七、盐	固体盐	10~16 元/吨
	液体盐	2~10 元/吨

2. 课税数量

《中华人民共和国资源税暂行条例》第六条对资源税的课税数量作了规定：

(1)纳税人开采或者生产应税产品销售的，以销售数量为课税数量；

(2)纳税人开采或者生产应税产品自用的，以自用数量为课税数量。

《中华人民共和国资源税暂行条例实施细则》和《资源税若干问题的规定》对《条例》第六条所规定的资源税数量作了具体明确：

(1)纳税人不能准确提供应税产品销售数量或移送使用数量的，以应税产品的产量或主管税务机关的折算比换算成的数量为课税数量。

（2）原油中的稠油、高凝油与稀油划分不清或不易划分的，一律按原油的数量课税。

（3）煤炭，对于连续加工前无法正确计算原煤移送使用量的，可按加工产品的综合回收率，将加工产品实际销量和自用量折算成原煤数量作为课税数量。

（4）金属和非金属矿产品原矿，因无法准确掌握纳税人移送使用原矿数量的，可将其精矿按选矿比折算成原矿数量作为课税数量。

（5）纳税人以自产的液体盐加工固体盐，按固体盐征税，以加工的固体盐数量为课税数量。纳税人以外购的液体盐加工固体盐，其加工固体盐所耗用液体盐的已纳税额准予抵扣。

3. 应纳税额

资源税应纳税额的计算公式为：应纳税额＝课税数量×单位税额，即资源税的应纳税额等于资源税应税产品的课税数量乘以规定的单位税额标准。

[**例3-4-1**] 某钨矿山开采的钨矿石原矿，开采品位0.3%，除外销50 000吨外，大部分移送入选钨精矿，选出钨精矿3 000吨，精矿品位68%，选矿回收率85%。根据《几个主要品种的矿山资源等级》的规定，该钨矿资源等级属于一等，按《资源税税目税额明细表》的规定，其适用的单位税额为每吨0.6元，则该钨矿应纳的资源税额为：

（1）外销钨矿石原矿应纳的资源税额为：

$$50\ 000×0.6＝30\ 000(元)$$

（2）税务部门因特殊原因无法准确掌握移送入选的钨矿石原矿量，则自用入选钨精矿的钨矿石原矿应纳资源税额为：

$$3\ 000×68\%/0.3\%/85\%×0.6＝480\ 000(元)$$

（3）该钨矿外销加自用钨矿石原矿共应纳资源税的合计额为：

$$30\ 000+480\ 000＝510\ 000(元)$$

4.2.6 其他

1. 资源税纳税义务发生时间

《中华人民共和国资源税暂行条例》第九条对资源税的纳税义务发生时间作了规定：纳税人销售应税产品，其纳税义务发生时间为收讫销售款或者索取销售款凭据的当天；自产自用纳税产品，其纳税义务发生时间为移送使用的当天。

《中华人民共和国资源税暂行条例实施细则》对《条例》第九条所规定的纳税人的纳税义务发生时间作了具体规定：

（1）纳税人销售应税产品，其纳税义务发生时间分三种情况：① 纳税人采取分期收款结算方式的，其纳税义务发生时间为销售合同规定的收款日期的当天；② 纳税人采取预收货款结算方式的，其纳税义务发生时间为发出应税产品当天；③ 纳税人采取其他结算方式的，其纳税义务发生时间为收讫销售款或者取得索取销售款凭据的当天。

（2）纳税人自产自用应税产品的纳税义务发生时间为移送使用应税产品当天。

（3）扣缴人代扣缴税款的纳税义务发生时间为支付货款的当天。

2. 资源税纳税义务发生地点

资源税旧条例将纳税地点规定在核算盈亏的企业所在地。矿务局内部以矿、场为单位核算盈亏的，在矿、场所在地纳税；矿务局统一核算盈亏的，在矿务局所在地纳税。上述规定在贯彻执行中发现存在以下弊端：

——矿务局统一核算，使得好矿劣矿级差收入相互抵消，起不到资源税的调节作用，能不能征到税，征税多少被企业核算单位范围的变化所左右。

——许多矿山企业不仅仅是在一个行政区域内，而往往是跨省或虽在一个省内但跨市或跨县，在财政"分灶吃饭"的体制下，企业在盈亏核算地纳税，使得一些核算地不在开采地的企业和当地的关系紧张，因为开采矿产资源要对当地的土地、水源、环境、农业、商品供应、电力等方面造成一定的影响和负担，而地方得不到丝毫利益，就会影响地方同企业建立良好的关系，影响其爱矿护矿的积极性。

1992 年 1 月 1 日开始征收的铁矿石资源税，将纳税地点规定在资源开采地，执行的情况良好。

1994 年 1 月 1 日实施的《中华人民共和国资源税暂行条例》对纳税地点作了规定：纳税人应纳的资源税，应当向应税产品的开采或者生产所在地税务机关缴纳。纳税人在本省、自治区、直辖市范围内开采或者生产应税产品，其纳税地点需要调整的，由省、自治区、直辖市人民政府确定。

《中华人民共和国资源税暂行条例实施细则》又对资源税纳税地点作了具体规定，即纳税人应纳的资源税，向应税产品的开采或生产所在地税务机关缴纳。具体实施时，跨省开采的矿山或油(气)田(独立矿山或独立油(气)田、联合企业)其下属生产单位与核算单位不在同一省、自治区、直辖市的，对其开采的矿产品，一律在开采地纳税，其应纳税款，由独立核算、自负盈亏的单位(如独立矿山或油(气)田、联合企业)，按照采掘地各矿井的实际销售量(或自用量)及适用的单位税额计算划拨。

《条例》将矿产资源纳税地点规定在开采地，克服了旧条例规定纳税地点在企业所在地存在的弊端，照顾到了开采地的利益，调动了开采地爱矿、护矿、支持生产的积极性，解决或者缩小了由于财政体制的"分灶吃饭"与资源税纳税地点不一致的矛盾。同时又考虑到了各省的实际情况。《条例》规定，纳税人在本省、自治区、直辖市范围内开采或者生产应税产品，其纳税地点需要调整的，由省、自治区、直辖市人民政府确定。

由于矿产品和盐的资源税在开采或生产地缴纳，并按销量或自用量征收，对应税产品出口的一律征税。

3. 资源税的减免

近年出台的其他税收条例，按国务院财政收支两条线的要求，均取消了对纳税人进行的困难减免及因意外事故、自然灾害等不可抗拒原因遭受损失的减免税照顾。但资源税条例的减免税条款仍规定了"纳税人因意外事故、自然灾害等不可抗拒的原因遭受重大损失，需要减税、免税的，可由省、自治区、直辖市人民政府酌情给予减税或者免税照顾"；可根据"国务院规定的其他减税、免税项目"，给予减免税照顾。这是因为资源税的纳税人基本上是矿山和盐场，容易受自然界因素影响，经常发生矿井塌方、冒水、瓦斯爆炸、火灾、海潮袭击等灾害，且小矿众多。但除《条例》明确的，开采原油过程中用于加热油井的原油免税外，取消其他一切照顾性和困难性减免。

4. 资源税的扣缴义务人

《中华人民共和国资源税暂行条例》对资源税的扣缴义务人做了规定，《细则》也对其做了具体规定。

《条例》第十一条所指的扣缴义务人，系指独立矿山、联合企业及其他适用收购未税矿产品的单位。

对此,《条例》、《细则》和《资源税若干问题的规定》对扣缴义务人的适用税额、计税依据、代扣代缴税款的纳税义务发生时间、纳税地点、税款的结缴期限等作了明确规定,并进一步明确了对矿产品扣缴义务的确定,主要是为了加强征管,堵塞漏洞。这里所说的扣缴义务,是指扣缴义务人对其使用收购的未税矿产品进行代扣代缴。关键强调的是"未税"两字,资源税的课税量是纳税人的销售量或自用量"未税"的部分,主要指征管漏掉的或税务部门认为对零散的小税源不便管理,规定由上述扣缴义务人代扣代缴为宜。扣缴义务在收购时如何区分已税、未税的应税产品,是否由纳税人在扣缴义务人收购时,提供完税凭证或其他办法以及税务部门如何查验扣缴义务人收购未税矿产品的情况等,由各地根据本地的实际情况,确定具体的实施、操作、管理办法。

4.3 资源补偿费

根据 1994 年 2 月 27 日国务院第 150 号令《矿产资源补偿费征收管理规定》:"为了保障和促进矿产资源的勘查、保护与合理开发,维护国家对矿产资源的财产权益,根据《中华人民共和国矿产资源法》的有关规定,制定本规定。"

1. 征收范围

在中华人民共和国领域和管辖海域开采矿产资源,应当依照《规定》征收矿产资源补偿费。

2. 征收办法

矿产资源补偿费按照矿产品销售收入的一定比例计征。企业交纳的矿产资源补偿费列入管理费用。

采矿权人对矿产品自行加工的,按照国家规定价格计算销售收入;国家没有规定价格的,按照征收该矿产品的当地市场平均价格计算销售收入。

$$征收矿产资源补偿费金额=矿产品销售收入×补偿费率×回采率系数$$

其中:回采率系数=核定开采回采率/实际开采回采率;

补偿费率为 1%~4%,部分矿产品补偿费率如下:

石油、煤、天然气	1%
铁	2%
金银、稀土、宝石	4%

矿产资源补偿费由地质矿产部门会同同级财政部门征收。

3. 征收时间

采矿权人应当于每年 7 月 31 日前交纳上半年的矿产资源补偿费,于下一年度 1 月 31 日前交纳上一年度下半年的矿产资源补偿费。

4. 资源补偿费的使用

矿产资源补偿费纳入国家预算,实行专项管理,主要用于矿产资源勘查。

5. 矿产资源费的减免

采矿权人有下列情形之一的,经省级人民政府地质矿产主管部门会同财政部门批准,可以免缴矿产资源补偿费:

(1)从废石(矸石)中回收矿产品的;

(2)按照国家有关规定经批准开采已关闭矿山的非保安残留矿体的;

(3)国务院地质矿产主管部门会同国务院财政部门认定免缴的其他情形。

采矿权人有下列情形之一的,经省级人民政府地质矿产主管部门会同财政部门批准,可以减缴矿产资源补偿费:

(1)从尾矿中回收矿产品的;

(2)开采未达到工业品位或者未计算储量的低品位矿产资源的;

(3)依法开采水体下、建筑物下、交通要道下的矿产资源的;

(4)由于执行国家定价而形成政策性亏损的;

(5)国务院地质矿产主管部门会同国务院财政部门认定减缴的其他情形。

习　　题

(1)什么是矿产资源税? 征收矿产资源税的目的是什么?

(2)概述矿产资源税的征收原则。

(3)概述矿产资源税的特点。

(4)概述矿产资源税的计税方法。

(5)概述矿产资源税与矿产资源补偿费的区别。

第4篇

矿业生产监督管理

第 1 章　矿产监督管理概论

矿产资源开发监督管理是国土资源管理的重要内容，是根据《中华人民共和国矿产资源法》和其他相关法律、法规的规定，在国务院赋予的职能范围内，由各级政府对矿产资源开发依法进行的监督管理。其监督管理的主体是政府管理部门或机构。

矿产资源开发、监督管理的任务是维护矿产资源国家所有权、保障矿业权人的合法权益；控制矿产资源的消耗速度，阻止浪费甚至破坏矿产资源的开发行为，保证矿产资源的合理开发与利用。矿产资源开发监督是法律赋予的权力，是对矿产开发行为的单向监督，是一项政策法律性强、技术含量高、难度大的管理工作。

1.1　矿产监督管理的主体与职能

矿产监督管理是由法律形式规定下来的一种管理行为，其监督管理的主体是政府管理部门或机构，并具有全社会参与管理的特点。法律法规规定了矿产监督管理机构的组织形式，并在政府与企业中形成管理网络，赋予主管部门、协管部门的不同管理职能。

根据我国管理体制，体现矿产监督管理职能的主体主要有三种：

1.1.1　矿产监督行政管理机关

矿产监督行政管理机关有三个层级：①国家国土资源主管部门；②省、自治区、直辖市国土资源主管部门；③县、地(市)矿管机构。不同级别的矿产监督部门负责的范围不同，监督管理内容也有所区别。

1. 国务院国土资源主管部门

国务院国土资源主管部门是国家最高层级的矿产资源监督管理行政机构。其主要职责为：制定有关矿产资源开发利用和保护的监督管理规章，监督检查矿产资源法律、法规和规章的执行情况，受理对违反矿产资源法律、法规行为的检举、控告，依法执行违反矿产资源法律、法规行为的行政处罚，会同有关部门建立矿产资源开发利用考核指标体系等。

2. 省、自治区、直辖市国土资源主管部门

省、自治区、直辖市人民政府国土资源主管部门的主要职责为：根据国家法律、法规要求，制定本行政区内矿产资源开发利用和保护的监督管理制度，监督法律、法规和规章执行情况，指导市县级人民政府管理部门的监督管理工作，依法处置违反矿产资源法律、法规行为的案件等。

3. 县、地(市)矿管机构

市县级人民政府矿产资源管理部门的主要职责为，根据法律、法规与上级主管部门制定的规定要求，制定本行政区矿产资源开发利用和保护的监督管理制度，监督检查全民所有制矿山企业、非全民所有制矿山企业和个体采矿户合理开发利用和保护矿产资源的行为，依法处理违反矿产资源法律法规行为的案件等。

1.1.2　矿产督察员

矿产督察员是国务院国土资源主管部门和省级人民政府国土资源主管部门的派出人员。矿产督察员有权以自己的名义实施监督,其行为效力与其派出政府部门相同。依照《矿产资源监督管理暂行办法》,矿产督察员主要向重点矿山企业或矿山企业集中的地区派出。

矿产督察员依法具有采矿监督的职权。矿产督察员有权监督检查矿业权人执行矿产资源法律法规的情况、监督检查矿山企业合理开发综合利用矿产资源的情况、对违反矿产资源法规的行为依法制止和处置。

1.1.3　矿山企业地质测量机构

《矿产资源监督管理暂行办法》规定,矿山企业的地质测量机构是本企业矿产资源开发利用和保护工作的监督管理机构。矿山企业的地质测量机构业务上接受人民政府国土资源主管部门或管理部门的指导。

矿山企业的地质测量机构在矿产资源开发利用和保护监督中,依法履行下列职责:①做好生产勘探工作,提高矿产储量级别,为开采提供可靠地质依据;②对矿产资源开采的损失、贫化以及矿产资源综合开采利用进行监督;③对矿山企业的矿产储量进行管理;④对违反矿产资源法律法规的行为及其责任者提出处理意见并可越级上报。

1.2　矿产监督管理内容与程序

根据《中华人民共和国矿产资源法》规定,矿产资源监督管理的基本内容包括产权监督和行为监督。产权监督就是监督国家矿产资源所有权、合法的探矿权和采矿权是否得到有效保护,是对矿业权权益的管理。行为监督就是监督矿产资源开发利用行为是否依法实施,以及开发工作秩序、生产秩序是否有可靠保障。

矿产资源监督管理内容是法律赋予的,未经法律确定的矿产资源监督管理内容不具法律效力。

1.2.1　矿产监督的任务

矿产监督管理的主要任务概括起来有如下几个方面:

(1)监督矿业权人履行法定义务,包括依法缴纳资源税和资源补偿费,定期提交工作报告,投入最低工作费用,保证矿山安全和职工健康等。

(2)监督矿业权人在矿业权赋予的权利范围(包括时间、空间范围等)内从事矿业活动。

(3)检查矿业权人是否按批准的勘探计划或采矿计划进行矿业活动,以保证矿产资源得到合理的开发利用。

(4)监督检查矿业权人执行经批准的环境保护计划方案情况。

(5)监督检查矿业权人执行经批准的矿地复垦计划和复垦效果。

(6)对不依法缴纳资源补偿费和矿业权使用费、不执行矿业环境保护计划和矿地复垦计划义务的矿业权人,依法扣除违约保证金。

(7)查处非法矿业行为。

　　矿产监督管理工作的重点是对矿产资源合理开发利用的监督管理,应以制定与考核"开采回采率"、"采矿贫化率"和"选矿回收率"为中心,能反映矿山企业资源效益、经济效益和社会效益的综合性指标。

1.2.2　矿产监督管理范围

　　矿产监督管理的范围包括监督的地域范围和监督的业务范围。

　　1. 监督的地域范围

　　凡在中华人民共和国领域和管辖海域内从事矿产资源开发活动的国有矿山、集体矿山和个体采矿者,他们的矿产资源开发活动都要受到各级矿产行政管理部门和矿产督察员的监督检查。

　　2. 监督的业务范围

　　按照《矿产资源监督管理暂行办法》的规定,探采矿产资源必须依法登记,探矿权人和采矿权人应当综合勘查、合理开采和综合利用矿产资源,同时履行环境保护与治理的相关责任。

1.2.3　矿产监督管理的形式

　　根据工作方式、手段和时序的不同,可将矿产监督管理分为如下几种形式:

　　(1)事前监督:是指在矿产资源的开发利用行为发生之前,进行相关法律、法规、政策和规定的学习。

　　(2)事后监督:是对各种既成事实的矿产资源开发利用行为的监督检查,包括对正当行为的肯定和对各类造成资源损失破坏、浪费、矿权纠纷等违法案件的查处等。

　　(3)日常监督:经常性的监督检查工作,如各种报表、巡回年度检查等项工作,体现对矿产资源开发利用行为的跟踪监督管理,利于及时纠正不正当的开发行为,及时发现和消除事故、违法隐患。

　　(4)瞬时监督:根据需要对资源开发利用情况的即时性抽检或临时调查等,是对矿山企业和矿业权人遵纪守法真实性的有效监督手段。

　　(5)立法监督:制定起草各项监督管理的法律、法规,以法律形式,强制性地规范矿产开发活动。

　　(6)执法司法监督:对违反法律的矿产资源开发利用行为,依法进行查处、起诉,用法律的手段进行矿产监督管理。

　　(7)依法行政监督:通过行政干预等方式推动监督工作的开展。通过政府设置的专门机构,配备专职的管理和督察人员,代表国家,依照有关法律、法规和政策,实施对矿产资源开发的监督管理。

1.2.4　矿产监督管理的阶段及工作内容

　　矿产监督工作的对象是开采矿产资源的矿山。按照矿山的形成、发展和消失过程,矿产监督工作可分为初期监督工作阶段、中期监督工作阶段和后期监督工作阶段,而按矿产监督工作自身的发展过程来分,矿产监督工作可分为监督试点阶段、正常监督阶段和终结期监督阶段。各个阶段的监督工作有其不同的内容和要求。在同一内容下,对于不同经济所有制的矿山企业，其监督工作形式亦有所不同。

1. 初期矿产监督工作阶段

初期矿产监督工作是随着矿山企业的孕育和形成而出现的。在矿山地质报告和储量报告提交的基础上，拟建矿山企业的可行性研究阶段是矿山企业的孕育阶段，而矿山企业的设计、建设则是矿山企业的形成阶段。初期矿产监督是对一个矿山企业矿产监督工作的开始，主要包括以下内容：

（1）参与对拟建矿山的地质报告和储量报告的审查；

（2）参与对拟建矿山的可行性研究论证和设计的审查。

初期矿产监督管理工作的方式为参与式，即参与对拟建矿山的地质报告和储量报告审查，参与对拟建矿山的可行性研究的论证和设计的审查。在参与过程中了解有关的基础资料和原始数据，听取专家的意见，从矿产监督管理角度提出建议。

2. 中期矿产监督工作阶段

中期矿产监督工作阶段，是整个矿产监督工作的中心阶段，是矿产监督工作的主体，也是经常性的、工作量最大的监督工作阶段。该阶段矿产监督工作的主要内容如下：

（1）监督矿山企业是否达到设计的"三率"指标和综合开发、合理利用指标；

（2）督促检查矿山企业制定、完善矿产资源开发和保护制度，以及矿山开发中的环境保护制度；

（3）制止破坏、浪费矿产资源的行为；

（4）适应新的技术条件和新的经济形势的需要，督促矿山企业进一步提高矿产资源的开发、利用程度；

（5）帮助被监督矿山企业解决困难和问题。

3. 后期与终结期矿产监督工作阶段

矿山企业在完成所登记范围内的矿产资源开发后即进入终结期。与之相适应，对该矿山企业的矿产监督工作也进入了后期的终结期阶段。

后期与终结期矿产监督工作阶段的主要内容为：

（1）对即将关闭的矿山企业矿产开发利用全部情况进行了解、核实（特别是对地质储量消耗情况的核实），并对该企业的"闭坑地质报告"进行审批；

（2）对矿山开发中的环境保护计划与矿地复垦计划的执行情况进行监督，并根据需要在矿山关闭后的规定时限内对两计划的完成实行监督管理。

1.2.5　矿产监督管理的程序

程序法律制度是实施法律制度的保证。在实践中，我国矿产监督管理程序包括检查、处置、报告、处理等步骤。

1. 检查

矿产监督管理机构对探矿权人、采矿权人或其他经济组织的检查应当依法进行。检查前须书面通知被检查单位，个别检查项目需要停产的，应当告知停产期限和区域。监督检查人员执行任务时，应当出示证件，佩带公务标志。被检查单位应当提供检查必需的工作条件和有关文件资料。检查人员应当对被检查物承担保密义务。检查必须公开进行，检查时应当有被检查单位人员到场。对被检查物需要采样分析测试的，应由检查人员和被检查单位代表共同采样并编号登记，送国家技术监督主管部门认可的理化检测单位检测。检查的目的是收集证据，分清是非。有些项目要求单位自查的，应当提出具体要求，按时验收。

2. 处置

矿产资源管理机构经过检查，发现损害矿产资源的行为，矿管人员可以采取临时处置措施，通知被检查单位限期改正，暂停开采，暂停供应爆炸物品，暂停销售矿产品等。临时处置是对被检查人的暂时约束。可以由检查人员现场作出，最终处理应由有关机关决定。

任何单位或个人不得以检查为借口，擅自确定处置措施，损害探矿权人或采矿权人的利益。矿产资源监督机构在决定或实施处置措施时，一定要以事实为依据，以法律为准绳，防止处置不当，侵害当事人的合法权益。尤其应当注意的是矿产监督管理不要损害探矿权或采矿权以外的权益，避免陷入行政诉讼事务之中。

3. 报告

检查人员应就检查情况及临时处置情况提出报告，送交有关机关。例如，矿产督察员或矿管人员应将检查矿山企业执行矿产资源法律法规情况向所在矿管机构报告，矿山企业应当每年向矿管机构报告矿产资源开发利用情况，各级人民政府矿管机构应当将本地区矿产资源开发利用情况向本级人民政府报告。在报告中，对违反矿产资源法的行为，应当提出处理建议。

4. 处理

有关机关根据监督检查报告，依照法律进行处理，应当行政处罚的，由有关机关决定行政处罚办法；应负刑事责任的，由检察机关提起公诉；应负民事责任的，由当事人双方协商达成协议或由有权机构裁决。

1.3　矿产监督管理制度

1.3.1　矿产监督管理工作制度

矿产资源开发监督管理工作制度，包括矿山企业矿产资源开发利用情况统计年报制度、"三率"指标制定与考核制度、矿山企业矿产开发监督年度检查制度等。

1. 年报制度

矿山企业矿产资源开发利用情况统计年报制度，简称为"年报制度"，是要求矿山企业每年定期向国土资源主管部门上报矿产资源开发利用情况的制度，目的是为了全面掌握矿产资源开发利用情况及存在的问题。

统计年报要求矿山企业填报的内容有：矿种、矿山企业名称、主管机关名称、设计生产能力、核定生产能力、设计服务年限、尚可服务年限、职工人数、地质测量机构人数、年产矿石量、产品方案、企业年利润、企业现价总产值、矿床开采方法、开拓方式、采矿方法、年度开采矿段位置、矿体赋存状态及开采技术条件、选矿方法及选矿流程、资源开发利用存在的问题及建议、设计利用储量、年末保有储量、开采回采率、采矿贫化率、选矿回收率、原矿品位、入选品位、精矿品位、尾矿品位、年产精矿量、年现价产值等内容。

年报表中统计数字要求合理、准确，达到三个基本平衡。

（1）储量平衡

年初保有储量-当年采出储量-当年损失储量+当年增加储量=年末保有储量

（2）精矿量平衡

年开采矿石量、出矿品位、选矿回收率、精矿品位及年精矿产量之间关系要基本平衡。

$$年精矿产量×年精矿品位=年开采矿石量×年开采矿石品位×选矿回收率$$

（3）损失量平衡

$$年损失量=年设计损失量+年开采损失量$$

$$年开采损失量=年开采正常损失量+年开采非正常损失量$$

2．"三率"指标制定与考核制度

"三率"指标制定与考核是衡量、监督矿山企业对矿产资源开发利用水平的最主要考核制度。"三率"指标的制定，首先由矿山企业论证并提出方案，报省（自治区、直辖市）国土资源主管部门复核、确认后，即作为各级地矿主管机构监督检查企业"三率"的依据。

"三率"指标是一种符合每个矿山开采实际的阶段性指标。每个矿山都有自己的一种要符合。由于矿山开发的对象以及条件各异，我们不可能提出一个适合某矿种各类矿山统一的、趋同的考核标准。即使是针对性很强的矿山设计，也只能推荐一个原则的控制指标或参考指标供矿山生产设计时参考。特别是随着开采技术的进步，采、选装备的改进以及采选人员素质的提高，"三率"指标要相应地变化。所以，在这项制度中规定，当矿床开采技术条件发生变化和采矿方法改变时，矿山企业应按照规定程序重新制定"三率"指标，再报国土资源主管部门复核、确认。

3．年检制度

矿山企业矿产开发监督年度检查工作制度，简称为"年检制度"。根据矿产资源法及有关法规的规定，对在中华人民共和国领域及管辖海域内的各类矿山企业和个体采矿实行年度检查制度。年检工作在各级人民政府的领导下，由各省、自治区、直辖市国土资源主管部门和市（地）、县人民政府负责国土资源管理工作的部门组织实施。年检制度可以加强对矿山企业矿产开发的监督管理，督促矿山企业做好工作，促进矿业开发活动的健康发展。

（1）年检的主要内容：包括矿山企业是否依法取得采矿许可证，按照采矿许可证批准的内容从事采矿活动；是否按照批准的设计要求进行采矿、选矿作业；开采回采率（油、气田采收率）、采矿贫化率、选矿回收率指标制定及定期考核情况；矿产资源开发利用统计年报的填报情况；增减情况，损失量的构成、报销情况及存在的问题；对具有工业价值的共生、伴生矿产的综合开采、综合回收和综合利用情况；矿山地质测量机构的建立及地质测量工作规程制度的制定、执行情况；依法缴纳开采矿产资源的有关税、费的情况；有无违反矿产资源法律、法规的其他情况。

（2）年检的工作方法：年检采用书面审查与实地抽样检查相结合的方法。矿山企业和个体采矿都要填报"矿产开发监督管理年度检查登记表"，要求携带有关资料到发证机关办理年检。资料包括：矿山企业开发利用矿产资源监督管理登记表、采矿许可证及登记表、本年度矿石生产量（持销售发票）、年度生产情况、违法行为和安全事故记录、本年度缴纳税费情况（持税费收据）等。对受检不合格的矿山企业和个体采矿业主，应通知其限期改正，并进行复查。复查仍不合格的，矿管机构不得办理采矿许可证注册。对发现有违反矿产资源法律、法规行为的，由有关部门依法进行处理。

矿管机构要及时将检查情况报告本级人民政府和上级矿管机构，并向矿山企业主管部门通报。

1.3.2　督察员制度

根据《矿产资源法》和《矿产资源监督管理暂行办法》，为了切实保护矿产资源，合理利用矿产资源，治理矿山环境，依法进行经常性的监督管理，1989 年原地质矿产部颁发了《矿产督察员工作暂行办法》。

1. 矿产督察员的工作范围

矿产督察员是政府部门向企业派出的人员，分为国家级和省(区、市)地方级。国家级督察员负责所在省(区、市)的矿产资源开发利用和保护的监督管理工作，重点是国有大型矿山企业，受聘任或委托还可以进行跨省(自治区、直辖市)巡回督察。

地方级矿产督察员负责所在省(区)、所在市(地)管辖区内除国有大型和矿山企业以外的其他国有矿山企业、乡镇集体矿山企业、私营矿山企业和个体采矿业主的监督管理工作。

督察的对象是矿山企业采矿的全过程。即从检查有无采矿许可证到开采设计、施工建设、生产活动、储量增减、闭坑以及矿山环境保护与复垦情况。

2. 矿产督察员的职权

矿产督察员依法具有以下职权：

(1)监督检查矿山企业(含石油、天然气、放射性矿产的矿山企业和地下水开采单位)、其他采矿单位、个人，执行矿产资源开发利用和保护法规的情况；

(2)督促检查矿山企业制定并完善矿产资源开发利用和保护的制度，制止无证采矿、越界采矿等违法行为；

(3)有权参加矿山企业有关资源开发利用和保护的会议，进入采矿、选(洗)矿工作现场及其他与采、选矿有关的生产活动场所，调阅有关的文件、图纸、资料和技术报告；

(4)有权调查、纠正和制止破坏、浪费矿产资源的行为，要求矿山企业领导采取措施加强管理、改进工作、提高矿产资源的利用程度；

(5)有权参与矿山企业非正常储量报销、储量转出和即将关闭矿山的矿产资源开采利用情况报告的审批；

(6)监督检查矿山企业"三率"考核指标及考核管理办法的制定和执行情况，指导督促矿山企业准确、及时上报"矿山企业矿产资源开发利用情况统计年报表"；

(7)监督检查矿山企业矿产资源综合开发、综合利用的情况；

(8)建议有关部门表扬和奖励保护矿产资源成绩显著的单位和个人，通报违反矿产资源法规的重大案件；

(9)派出单位授予的矿产资源合理开发利用和保护的其他监督工作；

(10)深入实际，调查研究，每季度向聘任部门报告工作情况，每年末向聘任部门和有关主管部门报告全年情况，遇有亟待解决的重大问题，要及时向国土资源主管部门提出报告。

3. 督察工作程序

矿产督察员一般按下列程序进行工作、行使职权：

(1)深入现场听汇报、查阅资料，到采矿、选矿现场，按设计要求检查开采方法、选矿工艺、采矿施工、"三率"指标以及矿产储量管理情况；

(2)若发现问题，书面通知矿业权人限期改正，追踪监督检查改正情况；

(3)逾期不改正，造成资源严重破坏、损失的，对企业或企业主管部门有关负责人提出行政、经济、直至吊销采矿许可证的处罚意见，报各级人民政府、国土资源主管部门实施处罚。

习　　题

(1)概述矿产监督管理的内容、任务以及形式。

(2)概述矿山企业年检的主要内容。

(3)概述矿产督察员的职权与工作范围。

第 2 章　矿山设计的监督管理

矿山设计是在可靠的地质勘探的基础上进行的，它是整个矿山建设和生产过程的第一步，为保证提出技术上先进、经济上合理的设计方案，贯彻矿产资源的"合理开发、综合利用"原则，在矿山设计阶段就应该纳入监督管理的范围，从设计依据、设计程序、设计内容等诸方面实施监督。

2.1　矿山设计基本知识

2.1.1　矿山设计的基本要求

矿山设计应满足下列基本要求：

(1)设计单位和设计人员应具有与所承揽设计规模相适应的设计资格。

(2)所采用的设计程序、设计与预算内容、篇幅及建设程序，应符合国家的矿山设计和建设项目的规定、编写设计及预算的文件、标准、建筑定额和规范。

(3)设计中要特别注意对矿产、土地和其他自然资源及劳动资源合理利用的论证。设计中应考虑超前建设和运营某些试验车间和试验室、测试工程项目、企业群的公共建筑以及环保设施等。

(4)在设计中要采用先进工艺、设备、材料、构件，合理劳动组织及科学管理方法，以保证项目投产时能采用科学与技术的最新成就，并在劳动力、原料、材料、能源消耗上都能达到国家有关部门规定的合理定额。

(5)设计应在规模计划、结构设计及工艺决策、部件、结构件及成品件通用化的基础上，广泛采用标准设计，使设计程序标准化。

(6)矿山设计应具有完备的安全生产和保护环境措施。

2.1.2　矿山设计的任务

设计单位参加建设项目的决策，其主要工作任务是根据主管部门或委托单位提出的委托，承担和参加建设前期工作，包括矿床地质勘探工业指标的制订，项目建议书和可行性研究报告与设计任务书的编制，以及参加厂(场)址选择和工程设计所需的科学试验等。

1. 矿床地质勘探工业指标的制订

制订矿床地质勘探工业指标的目的是为评价矿床工业价值、固定矿体和计算储量提供依据和标准，矿床地质勘探工业指标要经有关主管部门的批准。

2. 项目建议书的编制

项目建议书是根据国民经济和社会发展的长远规划、行业规划、地区规划等要求，经过调查、预测而编制的。大、中型项目的项目建议书需要国家审批。批准的项目建议书是长期计划或建设前期工作计划的基本依据。

3.可行性研究报告和设计任务书的编制

在批准项目建议书之后,应编制可行性研究和设计任务书。可行性研究报告和设计任务书是项目决策的依据。大、中型建设项目的设计任务书需要国家审批。利用外资项目、引进技术和进口设备项目的审批,按国家有关规定办理。矿山工程项目的设计建设程序如图4-2-1所示。

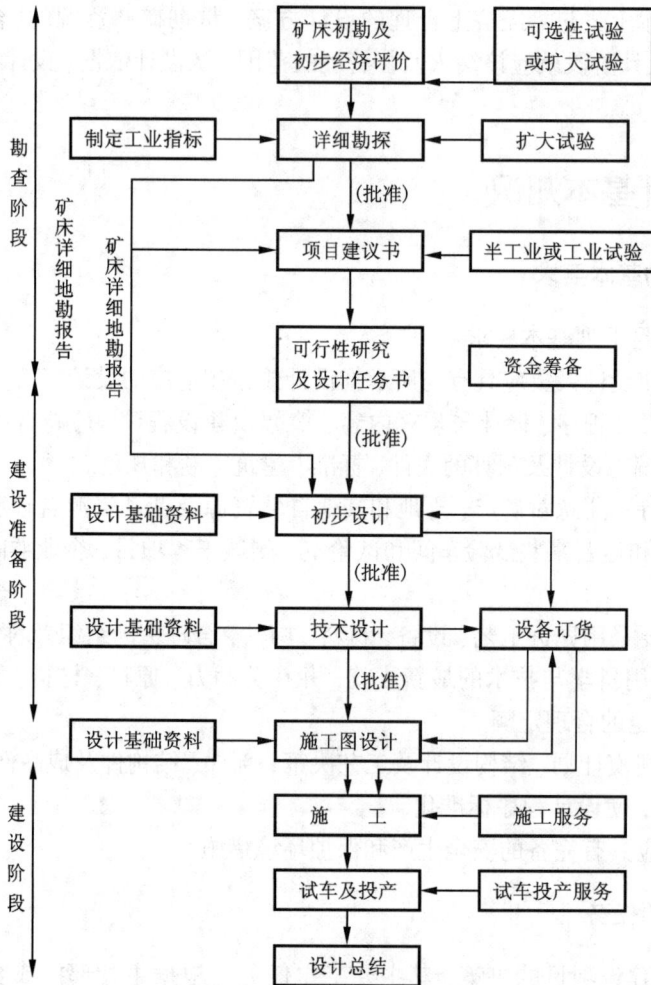

图 4-2-1　矿山项目设计建设程序图

2.1.3　矿山设计的内容

矿山设计是依据批准的项目建议书,从批准可行性研究和设计任务开始,对矿山进入建设准备阶段进行的矿山建设分阶段设计的总称。其主要设计内容如下:

1.可行性研究报告和矿山设计任务书

可行性研究报告和矿山设计任务书的主要内容包括:

(1)矿山的资源条件和建设条件,包括矿产资源的储量、主要成分的含量、矿体的产状和赋存情况、矿石加工冶炼试验的情况、开采利用的条件、交通运输及供水、供电等建设条件。

（2）建设规模及产品方案，包括开采的方法、开采的规模、产品的品种、数量和质量，以及产品用户的研究和推荐意见。

（3）主要工艺和设计方案，包括采矿方法、开拓运输方法、矿石加工方法、装备水平、主要厂（场）址，以及矿山设备修理、供水、供电等主要设施的方案研究和意见等。

（4）原材料、燃料等的落实情况和节约能源的主要措施。

（5）项目建设对环境的影响，以及保护环境的主要措施等。有文物保护的地区，还应提出保护要求和措施方案。

（6）矿山组织、劳动定员和人员培训设想。

（7）建设进度安排，包括需要的建设时间、可能的建成投产时间和达产时间等。

（8）投资估算和资金筹措办法。

（9）生产成本的估计和市场价格的分析。

（10）经济效益和社会效益分析。

2. 初步设计

矿山设计任务书批准后，进行初步设计编制。设计包括说明书及图件。

（1）设计说明书应包括设计原始资料，拟建矿山简要特征，布局方案，矿山生产能力，矿床储量、矿石质量及其工艺性质，矿石损失与贫化指标；主要及辅助性生产组织，专业化及协作的决定；燃料、水、热、电能、劳动资源的需求及保证需求的可能性；对设计基本决策的先进性及经济性的评价，企业组成，建设程序，工程量的资料；技术经济计算结果及对确定各期工程总技术经济指标的评价；关于各种应用技术的协调及有关定额、规程、条例及国家标准的情况；关于建设地区及场地情况，总图、内外运输及货物周转，以及运输设备选择的决策，关于工程线路、交通的决策，土地复垦及耕地利用的措施，有用矿物、生产废料、二次能源的综合及合理利用措施；劳动力、材料、能源的合理与经济利用；标明单位产品、单位生产能力及建筑安装工程量的各单项消耗指标。

（2）主要图件：①矿山位置图，图上标明原有的和设计的外部交通及工程线路、居民建筑地区、设计的建筑设施、天然水及污水的净化装置、废气净化设施；②总平面图，图上标明原有设计的及拟搬迁的建筑物及构筑物、福利及绿化设施、交通线路、基本电力线路。同时，在总图中应划分出分期建设及投产的工程项目、交通及工程线路，并标出平面标高，以便确定土方工程量。

（3）矿山初步设计的工艺部分：地质、采矿、机电等。

3. 施工图设计

施工图设计是在初步设计基础上进行的施工设计。

企业或其分期建设工程的施工图设计，应采用标准设计。尽可能利用结构、巷道、工艺过程、井口建筑物或各种部件的标准设计，甚至采用全套矿井的标准设计。根据规定，施工图设计由绪言、技术经济附表及下列部分组成：地质、工艺、采矿、矿机、选矿、能源、总图运输、施工、环保、预算、经济、施工组织等。

施工图设计总说明书应给出：设计原始资料；建设场地选址的论证资料；关于矿山生产能力、矿床储量、矿石质量、矿产资源利用指标、生产组织、配套工程的论述；关于燃料、供水、供暖、供电、劳动资源需求的资料，以及保证需求可能性的论述；关于企业组成、建设分期及投产总工程、设计矿山的主要技术经济指标；材料、能源及劳动资源的单位年产量消耗，建筑安装工程的单位消耗；关于总图、场内外运输、土地复垦与土地肥沃层利用的论述；自动化管理、供电及电气设备、供暖、供排水、环保的决策，民用及公用建筑需求资料及计算结果。

施工图设计的主要施工图件有：矿床平面图及断面图；矿山企业及选矿厂布置平面图；总平面图，其上标明原有的、设计的及将搬迁的建筑及设施、福利及绿化工程、场地内工程线路及运输线路；建筑安装工程及矿山基本巷道掘进工程的图件；工艺、运输、能源设备安装平面图及断面图；矿石采掘及选矿工艺过程自动化系统图；采掘及运输主要设备配套及配置系统图；工艺过程、供电、供暖自动化系统图；工艺设备及管道的防腐蚀及绝热措施图；给出巷道掘进及支护的施工决策，专门设计的建筑物及设施的平面图、断面图及透视图；矿山综合设备及其他技术装备结构系统图；区段土地复垦措施的装备设施图；非标准建筑结构元件图；非标准工艺、能源、其他设备装置结构以及非标准化设备总体图；拟按标准设计及复用设计施工的巷道、建筑和设施目录，简述其技术特征，附平面及断面示意图。根据审批设计的决定，建筑施工图还包括复杂的非标准临时建筑物及交通施工图件。

施工图设计预算说明书用来确定新建矿山或改建矿山的费用，应给出矿山建设费用综合预算、各建设项目费用预算、设备购置及安装费、各类工程的单价等。

（1）按建设份额，分别计算费用及回收金额。

（2）在确定上述全部费用基础上，编写综合财务概算书，其中包括建设时期的研究费用，以及未预见事项的备用费用。根据预算中的资料，确定建设总费用及每吨矿石产量费用，即单位基建投资。

（3）给出企业基建费用（综合预算）分析，职工数量及工资基金计算表，每吨矿石成本、利润，利润率计算表。论证该矿床建矿及所用开采工艺的经济合理性。分析基建投资的经济效益及生产的利润率。

（4）给出所需职工定员编制表（工人、干部及工程技术人员）、工资基金及劳动生产率。根据工艺部分按工种及级别计算职工人数。

2.2 矿山设计的监督管理

矿山设计阶段是整个矿山建设和生产过程的第一步，矿山设计的好坏是矿山建设和生产成败的关键，是决定矿产资源开发利用效果的重要环节。因此，应该充分重视矿山设计阶段的监督管理，为以后矿山生产各阶段、各环节的监督管理打下良好的基础。

国家矿产资源管理方面的法律法规和政策对矿山设计阶段监督管理的环节和内容做了许多规定：

（1）采矿权人应当委托具有相应矿山设计资格的单位进行设计。开采小矿床的零星分散资源和建筑材料用砂、石、粘土的，应当编制开采方案。

（2）承担矿山设计的单位必须根据批准的设计任务书和矿产储量计算工业指标，在兼顾资源效益和经济效益的前提下，采用合理的开采方法和选矿工艺，确保充分、合理和综合开发利用矿产资源。矿山设计需要改变工业指标的，必须提出论证资料，报原下达工业指标的部门批准。

　　(3)在矿山设计或开采方案中,应当选择合理的采矿方法和选矿方法,推广先进工艺技术,提高矿产资源利用水平。矿山设计中应当明确规定开采回采率、采矿贫化率和选矿回收率。

　　(4)矿山设计的审批,应当报请国务院国土资源管理部门或省级人民政府主管部门参加。开采零星分散资源和建筑材料用砂、石、粘土的开采方案应当由市县人民政府国土资源管理部门批准。没有批准矿山设计或开采方案的矿山建设工程不得施工。

2.2.1　矿山设计应有可靠的基础

　　为了使设计建立在切实可靠的基础上,在矿山设计之前,必须取得全面可靠的基础资料。矿山设计阶段的监督管理首先要监督矿山设计的基础,具体包括:

　　(1)经过矿产储量委员会审查批准的矿床详细勘探地质报告。对于水文地质条件比较复杂的矿床,应有有关主管部门的审查意见。

　　(2)矿石加工试验研究报告。对于选冶性能和工艺比较复杂的矿石,其加工试验研究报告应经有关主管部门的审查批准。

　　(3)边坡状况比较复杂及大型露天矿山的边坡设计,要有经过审定的露天边坡稳定性研究报告。

　　(4)工程地质资料。初步设计时,要有主要工业场地工程地质初步勘探资料。施工图设计时,需要各个主要建筑物和构筑物的工程地质详细勘探资料及主要井筒和硐室的工程地质资料。

　　(5)权威、主管机构出具水文、气象、地震资料。

　　(6)水、电、交通运输、机修、燃料供应、征地拆迁等的外部协作协议书或意向性协议书。

　　(7)经环保部门批准的环境评价报告。

2.2.2　矿山设计应认真执行有关的法律政策

　　设计工作的基本任务是要做出能体现国家有关方针、政策,切合实际,安全适用,技术先进,经济效益好的设计。因此,设计要遵守国家的法律、法规,认真执行国家经济建设的各项有关方针、政策,是设计阶段矿产监督管理的重要内容。

2.2.3　矿山设计应重视资源的综合开发利用

　　矿产资源是国家的宝贵财富。矿山设计工作要认真贯彻执行已颁布的《矿产资源法》和其他有关法规的规定,认真研究确定合理的开采顺序,尽可能提高矿产资源开发的回采率,降低贫化率和提高矿石加工对有用成分的回收率。

　　(1)根据当前的采矿技术成就,露天开采的矿石回采率一般应在95%以上(开采范围以内),贫化率一般应控制在5%以内。地下开采的矿石回采率,当采用大量崩落方法时,一般应在75%~80%,采用其他采矿方法时,一般应在85%以上;地下开采的贫化率,当采用大量崩落采矿方法时,应在30%以下,当采用充填采矿方法时,应在10%以下,当采用其他采矿方法时,应在15%以下。

（2）对于具有工业价值的共生矿产和伴生有用组分，必须综合开采利用。在目前技术经济条件下暂时不能综合开采利用的，应采取有效的保护措施。

（3）对于设计开采范围以内的表外矿石，要通过必要的试验研究，尽量考虑利用。在目前技术经济条件下暂不能利用的，应当分别堆置，为以后考虑利用创造条件。

（4）对于矿山生产产生的废石和尾矿，设计中应考虑多种利用方案。

2.2.4 矿山设计应重视安全生产

安全生产是企业生产的一个重要方针。矿山的安全生产更是关系到对职工生命安全，保护国家财产和保证生产建设正常进行的一个重大问题。矿山设计必须重视安全生产，认真贯彻执行《矿山安全条例》及其他有关的安全规程的规定。对矿山生产所必需的劳动保护和安全设施，设计中要认真研究落实。在建设项目的设计中，对尘毒、噪声、高温等危害职工身体健康的治理措施和防止发生伤亡事故的安全设施，必须与主体工程同时设计、审批，同时施工，同时验收、投产使用。所需材料、设备一并列入概算。

2.2.5 矿山设计应重视环境保护

保护和改善生活环境与生态环境，防止自然环境的破坏和污染，是我国现代化建设中的一项基本国策。在矿山设计中要重视环境保护，要认真贯彻执行《中华人民共和国环境保护法》以及其他有关规定，采取行之有效的技术措施，防治粉尘、矿毒水以及废气、废水、废渣、噪声、放射性物质和其他有害因素对环境的污染。矿山选址、设计和生产，都必须充分注意防止环境的污染和破坏，在进行新建、改建和扩建工程时，必须提出对环境影响的报告书，报环境保护部门和其他有关部门审查，其中防止污染和其他公害的设施，必须与主体工程同时设计，同时施工，同时投产；各项有害物质的排放、矿山环境保护和土地复垦等必须达到国家规定的标准。

习 题

（1）概述矿山设计的基本要求。

（2）概述矿山设计的主要内容。

（3）矿山设计中必须重视哪些问题？

第 3 章 矿山生产的监督管理

矿山生产的监督管理，由于其监管过程贯穿矿山企业建设、矿产资源开发的全过程，涉及面广、工作量大、技术性强，因而成为矿产资源监督管理的最重要环节。

3.1 矿山生产勘探的监督管理

矿山在基建和生产过程中，对矿体所作的进一步勘查工作叫生产勘探。在地质勘探阶段，只是对矿体的上部或初期开采区域提供了比较可靠的可供开采储量，而对矿床的深部区段地质勘探往往不够详细。因此，在矿床开采过程中，利用生产坑道接近或进入矿体的有利条件，进一步进行勘探，以便为采矿提供更准确可靠的资料，探明矿区过去未发现的隐伏矿体，扩大矿山开发远景，是十分经济、有益的。

生产勘探贯穿在整个矿床开采阶段，主要是在开拓和采准阶段。生产勘探的手段，主要是掘进坑道和在坑道内钻孔，通过必要的采样和图件编制，进一步掌握矿体空间赋存变化规律。

合理选择勘探技术手段是决定生产勘探效果的重要因素。由于勘探常需要与采掘生产交叉进行，必须考虑探、采工程的相互利用，生产勘探工程必须依据矿体的地质、技术和经济条件综合选用。生产勘探工程布置时应尽可能与地质勘探形成的总体工程系统保持一致，即在原地质勘探线上加密工程或者在原地质勘探线间加密新的勘探线，以便利用原地质勘探提供的资料。生产勘探工程构成的系统应当尽可能与采掘工程系统相结合。

3.2 采选技术和综合利用的监督管理

《矿产资源法》第二十九条规定："开采矿产资源，必须采取合理的开采顺序、开采方法和选矿工艺。"第三十条规定："在开采主要矿产的同时，对具有工业价值的共生和伴生矿产应当统一规划，综合开采，综合利用，防止浪费；对暂时不能综合开采或者必须同时采出而暂时还不能综合利用的矿产以及含有有用组分的尾矿，应当采取有效的保护措施，防止损失破坏。"对这方面的监督管理，不仅体现在矿山设计阶段，而且在矿山企业发展的全过程中要执行监督管理，同时对监督管理的内容、方式还需要根据矿山开采中地质情况的变化，科学技术水平的提高，进行适时的调整，以取得更好的技术经济效果。

3.2.1 确定合理的开采顺序

合理的开采顺序，是指保证回采作业安全、资源充分采收和开采效益好的开采顺序。违背合理的开采顺序，人员、设备的安全将受到威胁，资源就要受到破坏和损失，甚至使回采作业无法进行，严重影响企业的经济效益。

3.2.2　采用合理的开采方法

开采方法是指开采矿床的方法，一般分为露天开采和地下开采两大类。

露天开采是指用一定的开采工艺，按一定的开采顺序，从地表直接剥离岩石和采出矿石的方法。

地下开采亦称为坑采，是采用地下坑道采矿的总称。

采用合理的采矿方法必须满足下列要求：

(1)安全。所选择的采矿方法必须保证工人在采矿过程中能够安全生产，有良好的作业条件，能使繁重的作业实现机械化。

(2)矿石贫化小。要选择使矿石贫化小、矿石质量高的采矿方法，满足加工部门对矿石质量的要求。在一般情况下，矿石贫化率要求在15%~20%以下。

(3)矿石回采率高。矿产资源是有限的并且是不能再生的，因此要求选择回采率高的采矿方法，以充分利用地下资源。一般要求矿石回采率在80%~85%以上。

(4)生产效率高。采矿活动要尽可能选择生产能力大和劳动生产效率高的采矿方法。

(5)经济效益高。采矿活动要降低成本，提高采矿的综合效益。

(6)遵守有关法规要求。采矿方法选择必须遵守矿山安全、环境保护和矿产资源保护等法规的有关规定。

3.2.3　选择合理的选矿工艺

选矿是用物理或化学的方法将矿物原料中的有用矿物和无用矿物(通常称脉石或矸石)或有害矿物分开，或将多种有用矿物分离开，以获得冶炼或适用其他需要矿物的工艺过程。经过选矿，可以得到品位较高的精矿，使贫矿或低品位矿石能够得到充分利用，大大提高有用组分的回收率。

选矿工艺主要由三个作业阶段构成：①选前矿物原料准备作业，包括粉碎(破碎或磨碎)、筛分、分级和洗矿；②选别作业，包括重选、浮选、电选、拣选和化学选；③选后产品处理作业，包括精矿、中矿、尾矿的脱水、尾矿堆置和废水处理。

合理的选矿工艺是指能够满足设计要求的产品质量并符合技术选矿工艺，是充分回收、综合利用矿产资源的一个重要环节。同时能够获得最好的技术经济效果、节省经营费用、提高劳动生产率和选别指标，并保护生态环境。

3.2.4　矿产综合开采利用

我国的矿产资源具有共生、伴生多的特点。因此，对共生、伴生矿产的综合开采利用是我国矿产资源合理开发利用和保护的重要措施之一。

1. 对具有工业价值的共生和伴生矿产应当统一规划，综合开采，综合利用

综合开采是在统一规划的前提下，对不同矿床或同一矿床的共生、伴生矿产进行同时开采；综合利用是指对多种有用组分共生、伴生的矿石，在选、冶过程中，除按设计回收主要矿产外，还必须在技术可行、经济合理的条件下，充分回收有用的共生、伴生矿产。在开采和选冶过程中，所产生的废水、废气、废渣要进行处理，尽量回收一切可能回收的可利用物质。

对共生和伴生矿产资源实行综合开采、综合利用，是一项重大的技术经济政策，是为了

把采矿、选矿过程中的资源损失减少到最低限度，既充分合理利用资源，增加社会财富，又取得较好的生态效益、经济效益和社会效益。

2. 对暂时不能综合开采、采出而暂时还不能综合利用的矿产以及含有有用组分的尾矿，应当采取有效的保护措施

对暂时不能综合开采或者必须同时采出而暂时还不能综合利用的矿产，以及含有有用组分的尾矿，应当采取的保护措施可归纳为以下几个方面：

(1) 对暂时不能综合开采的矿产可以留有必要的保安矿柱并维护好巷道，待以后开采；采用充填法等采矿方法开采下部矿体不破坏上部暂不综合开采的矿体；对可以用同一开采系统开采的暂不开采的矿石，在主采矿种采完后，必须保留和维护必要的巷道和井巷设施。

(2) 矿山企业应当执行综合利用与治理污染相结合的方针，加强对滞销矿石、粉矿、中矿、尾矿、废石和煤矸石的管理，积极研究其利用途径。对已经采出但暂时不能回收利用的矿产要妥善保存。如对含有多种有用组分的尾矿用尾矿库存好；对暂时不能利用的矿产，应在节约土地的原则下，集中堆存，并要防止水流冲刷流失、矿石氧化及环境污染。

(3) 要引导矿山企业，依靠科技进步抓好技术改造，实行科学管理，采用正规采矿方法、适用的选矿工艺和设备，提高生产技术水平，做到贫富兼采、优劣并用，充分利用矿产资源。

目前，我国矿产资源综合开采利用的水平普遍较低，矿山企业应贯彻"综合勘探，综合评价，综合开采，综合利用"的方针，加强对矿产资源综合开发利用研究，加快技术改造，以提高综合开发利用水平。

3.3　矿山储量管理

随着矿山开采活动的进行，矿山的储量在不断消耗、变化，开采地段的地质条件也在不断变化。矿山储量管理工作对保证矿山正常生产、确保矿产资源得到最大限度的开发利用，具有十分重要的作用。

3.3.1　矿量管理基本内容

矿山的矿石储量，是国家专门机构审查批准的通过地质勘探探明的，列入矿山开采计划的矿石蕴藏数量。生产矿山的矿石储量由地质储量和生产储量两部分组成。各级储量的平衡与管理，即称矿量管理。

1. 三级矿量

按传统方法生产矿量一般分为开拓矿量、采准矿量和备采矿量 3 个等级，称为三级矿量。

(1) 开拓矿量：在划定的矿田范围内，在已经完成的主要井巷工程及中段水平运输巷道、通风排水巷道的开采水平以上区域所控制的矿量称为开拓矿量。

(2) 采准矿量：在开拓范围内，已经按采矿方法设计要求，做完规定的采准工程，划分了开采块段，各采准巷道中已取样，安装了必要的设备，这一范围内的矿量称为采准矿量。

(3) 备采矿量：在做好采准工程的采场内，按采矿方法的要求，已经完成各种切割工程，安装了各种工作管线及放矿设施，对采场矿石数量、质量、夹石分布情况已经彻底了解，可以立即进行矿石的回采，此采场范围内控制的矿量称为备采矿量。

2. 储量变动的统计

生产矿山随着矿石的采出、矿石的开采损失以及生产勘探中对矿体边界及品位的修改、新矿体的发现等,矿量经常处于变动之中。因此,应做好矿石储量变动的统计工作。该项工作主要包括以下几项内容:

(1)储量升级:由于生产勘探或采准工程加密控制了矿体,提高了勘探研究程度,从而将原有勘探储量提高了级别,将开拓矿量提高为采准矿量或将采准矿量提高为备采矿量。

(2)增加储量:由于生产勘探,修正并扩大了原有矿体边界和矿体厚度,或提高了矿石品位,找到了断失矿体和新矿体等,从而增加了矿量。

(3)储量报销:与采矿方法有关的开采损失或由于采矿技术、地质及水文地质等原因造成的矿体缩小、厚度变薄、品位降低等而造成的储量损失。

3. 三级矿量保有期

为了使矿山生产保证正常的采掘比例,使开拓、采准、回采工作正常衔接,保证矿山正常持续生产,每个矿山的三级矿量应有一定的保有期,即三级矿量的储备应该保证满足矿山企业正常生产的一定期限。

地下矿山开拓矿量的保有期应为3年左右,采准矿量的保有期为1年以上,备采矿量的保有期为半年以上。

4. 矿石质量管理

矿石质量管理是保证矿产资源充分利用,确保选矿、冶炼对矿石质量要求的重要措施。矿石质量管理主要有以下内容:

(1)做好取样化验工作,及时指导矿山生产;

(2)正确选择采矿方法,进行回采工艺的研究,以减少矿石的损失与贫化;

(3)采取配矿措施减少矿石质量的波动,保持质量稳定。

3.3.2 矿石损失与贫化的管理

1. 矿石损失与贫化

在矿床开采过程中,由于种种原因,未能采出或丢失的工业矿石数量称为矿石损失。工业矿石的损失程度,称为损失率,用百分数表示为:

$$矿石损失率 = \frac{损失的工业矿石数}{计算范围内矿石的工业储量} \times 100\%$$

在开采过程中,由于废石或非工业矿石的混入,使工业矿石品位降低,导致矿石贫化。废石或非工业矿石的混入程度称为废石混入率,用百分数表示为:

$$废石混入率 = \frac{开采时混入的围岩数量}{计算范围内实际采出的矿石量} \times 100\%$$

采出矿石量与矿石的工业储量的百分比,叫做矿石的开采回采率。用百分数表示为:

$$开采回采率 = \frac{采出的矿石量}{动用的可采储量} \times (1-废石混入率) \times 100\%$$

在开采过程中,使工业矿石品位降低,称矿石贫化,用百分数表示为:

$$采矿贫化率 = \frac{经济可采储量平均品位-出矿品位}{经济可采储量平均品位} \times 100\%$$

矿石损失过大和贫化过大,都将影响国家对资源的充分利用,因此,开采过程中必须加强管理,降低损失率和贫化率。

2. 降低矿石损失与贫化的措施

为降低矿石的损失与贫化,应采取以下措施:

(1)加强生产勘探,掌握矿体赋存情况;

(2)选择正确采矿方法和采矿顺序;

(3)选择合理的开拓方法,尽可能避免保留保安矿柱,及时回收矿柱,及时处理空场;

(4)加强放矿管理,防止围岩、充填物混入矿石中;

(5)加强矿石运输管理,减少损失;

(6)处理贫矿,提高矿石品位;

(7)严格矿石管理制度。

3.3.3　矿产储量动态管理

矿山企业开采活动是以拥有矿产储量为基础的,矿山企业生产过程中要时时注意储量的均衡保障。

1. 矿产储量的工业指标不得随意变动

矿山企业对矿产储量的固定、计算及开采,必须以批准的计算矿产储量的工业指标为依据,不得随意变动。若因实际情况确实需要变动,应当上报实际资料,经主管部门审核同意后,报原审批单位批准。

矿产储量工业指标,是根据矿山企业开采技术条件、地区工业发展协作条件、开采技术工艺条件、国家矿业开发政策、国际国内矿产品市场情况等多方面因素决定的综合指标,并且随着上述条件变化而相应变化。因此,矿山企业的储量工业指标不可能永远不变。但在进行指标调整时,要避免矿山企业一味提高工业指标,片面追求产量、产值的倾向。各级矿管部门要积极参与工业指标变动审批,要严格把关,采取慎重的态度。

2. 加强报销矿产储量的监督

矿山企业报销矿产储量,应先由矿山企业地质测量机构检查鉴定;符合报销规定的,再由矿山企业向主管部门提出申请。属正常报销的矿产储量,要根据开采设计、工艺要求、年矿石产量、每年正常消耗的矿产储量,从保有储量中核减报销。这属每年正常进行的工作,由矿山企业主管部门审批,并报国土资源管理部门,从矿产储量表上注销。属非正常报销和转出的矿产储量,由矿山企业的主管部门会同同级国土资源主管部门审批。这也是各级矿管部门在矿产开发中监督检查的重点。

3.4　矿山"三率"指标的监督管理

矿山"三率"指标是:开采回采率、采矿贫化率和选矿回收率。矿山"三率"指标的监督管理就是监督"三率"达到设计要求。

3.4.1　"三率"指标考核的重要性

"三率"是衡量矿山企业回采、洗选技术水平和管理水平、资源利用程度最主要、最基本的技术经济指标。过去，人们对矿产采掘业的特点认识不足，仅用考核一般企业的经济技术指标考核矿山企业，对"三率"不够重视，监督管理薄弱，其结果是导致企业经营者采富、弃贫，采易、弃难，忽视资源的合理开采和综合利用，片面追求产量、产值和利润。有的矿山企业甚至采取破坏性的掠夺式的方式采矿，使资源损失浪费十分惊人。由于目前我国采、选矿的技术水平、经济条件和管理水平的制约，矿产资源回收水平仍然偏低。据统计，全国地下开采矿山的开采回采率一般为60%~80%，选矿回收率一般为70%~86%，总资源回收率一般到50%；有色金属矿山的矿井回采率平均为53%，采选综合回收率只有33%；煤炭矿井回采率为39%。集体矿山企业和个体采矿的资源回收水平更低。依法考核矿山企业的"三率"水平，提高资源利用率，保护资源，是矿产监督管理的重要任务之一。《矿产资源监督管理暂行办法》把矿山的开采回采率、采矿贫化率和选矿回收率，列为考核矿山企业的重要年度计划指标。

矿山企业各级领导，对"三率"的考核负有直接的领导责任。要积极支持地质测量人员对"三率"完成情况进行现场检查和监督；要督促统计人员按照国家统计局批准的《矿产资源开发利用情况统计年报》的规定如实填写，按时上报。要采取一切可行措施，不断提高"三率"水平，挖掘矿山资源潜力，充分利用资源，延长矿山寿命，提高企业经营的经济、社会效益。对矿山企业的"三率"指标长期达不到设计要求，造成矿产资源严重破坏的，应当依法追究其责任。

3.4.2　规范"三率"指标的制定

1. "三率"指标制定的程序

"三率"指标的制定分为提出方案、复核、确认、备案等几个阶段。

(1)提出方案。由矿山企业根据自身的储量、原矿品位、赋存情况、目前的开采技术条件、采选装备水平等因素，综合分析后，提出可行的"三率"指标方案，由矿山企业法人批准。

(2)复核。国土资源主管部门要对矿山企业提出的"三率"方案进行复核。首先是检查指标的制定程序是否符合实际，再检查矿山提出的采选方案是否有利于资源的充分合理利用；检查计算、分析、综合过程是否全面合适，即对"三率"指标制定全过程的系统检查。

(3)确认。这是国土资源主管部门在复核基础上的结论性意见。如经复核的"三率"指标符合制定程序，反映矿山生产实际，方案合理，指标数字达到平均先进水平，由国土资源主管部门确认后，指标具有法律效力。

(4)备案。在"三率"指标经复核、确认以后，国土资源主管部门对最终确认的结果要存档备案。备案应有三个层次的内容，首先是全面了解确认后的"三率"指标制定情况与确认的数字，其次是建立技术档案，归档立卷，再次是作为深入现场履行法定考核检查的依据。

2. "三率"指标的制定方法和要求

"三率"指标的制定要综合考虑储量、原矿品位、赋存情况、开采技术条件、采选装备水平、生产人员和管理人员素质等各方面的因素，只有这样才能制定出符合实际的、各方都能接受的"三率"指标。

(1)有正规设计的矿山：要依据生产实际资料、开采技术条件的变化情况，结合设计推荐指标，制定全矿山阶段性的"三率"指标。

(2)无正规设计的矿山：应由本企业根据具体生产条件并参考类似矿山的"三率"指标，

结合本矿采矿、选矿设计实际，制定本矿的"三率"考核指标。

（3）无地质报告及缺乏地质资料的生产矿山：应根据采矿许可证批准的开采范围计算出采矿工程控制的储量，按年消耗的储量与采出矿石量计算出年开采回采率。应结合多年生产实际，在技术可行、经济合理等前提下确定采矿贫化率指标。采、选联合企业，应根据选厂实际工艺流程确定选矿回收率指标。

由国土资源主管部门确认并正式下达的"三率"考核指标，是对矿山企业的法定考核内容和企业升级的必备条件。在制定"三率"指标的同时，矿山企业要建立和健全相应的考核、测定、计算、台账、报表等管理办法，由矿山企业地质测量机构进行监督检查，确保"三率"指标的完成。

3.4.3　"三率"指标考核的内容

"三率"指标是最能体现生产矿山企业资源效益、经济效益和社会效益的综合性指标。制定"三率"考核指标，是我们对矿山进行监管的一项重要基础工作。

"三率"考核的重点是考核开采回采率。开采回采率分工作面（矿块）回采率、采区（阶段）回采率和全矿井回采率。我们重点考核的是全矿井回采率。通过计算矿井设计范围内每年动用多少储量，采出多少储量，产出多少矿石量来计算每年矿井的回采率。

"三率"考核时，各级矿管监察人员、矿产督察员要亲临现场进行调查，要紧紧围绕矿山开发监督这个核心实施考核，把资源开发利用情况的年检工作、矿山调查、查处资源破坏、浪费、损失工作等紧密地联系起来。"三率"考核是体现按矿业经济规律来监督管理的矿产开发活动，它是贯彻《矿产资源法》在社会主义市场经济条件下国家对矿山企业健康发展的宏观控制手段。

各级矿管机构要把"三率"考核作为对矿山企业合理开发利用资源的日常监督措施，定期发布考核通报。

"三率"考核的内容包括：

（1）"三率"指标是否作为本矿山法定考核指标和企业升级必备条件；

（2）制定的"三率"指标是否符合本矿山实际生产情况，是否已列入生产计划并分解到班、组；

（3）"三率"指标的执行和完成情况，其计算是否正确，考核结果是否符合实际；

（4）要监督检查对非正常损失矿量的定性、定量分析情况，监督检查改进措施的落实情况。

3.5　矿山安全监督管理

《矿产资源法》第三十一条规定："开采矿山资源，必须遵守国家劳动安全卫生规定，具备保障安全生产的必要条件。"

3.5.1　矿山安全监督管理要求

安全生产是我国经济工作中的一项基本方针。矿山安全生产具有特殊重要性。矿山生产的劳动对象是赋存在地表或地下的矿产资源，矿山开采作业过程中由于各种岩体、水、火、瓦斯、地压等自然灾害，以及机电、运输、爆破、器材等技术或管理因素，常常引发威胁作业人员的安全事故，造成人身伤亡和财产的重大损失。我国矿山生产的安全事故比例很高，尤其是乡镇矿山企业和个体采矿，由于技术设备差、人员素质低、管理不严等因素，事故率更高。

为了保证矿山企业的生产安全，我国制定了一系列相关的法律、法规，主要有：《矿产资源法》、《矿山安全法》、《矿山安全条例》、《矿山安全法实施条例》、《矿山安全监察条例》、《民用爆炸物品管理条例》及《乡镇煤矿安全生产若干暂行规定》等。对矿山企业安全生产提出了以下基本要求：

(1)地质勘探报告必须为矿山设计提供涉及安全生产的技术资料。如较大的断层、破碎带、滑坡、泥石流的性质和规模；含水层和隔水层的岩性、层厚、产状，地表水和地下水之间的水力联系；小窑和老硐的分布范围、开采深度和积水情况；对人体有害的矿物组分、含量和变化规律；沼气、二氧化碳、硫化氢等赋存情况，矿物自然发火倾向和爆炸性；地温异常和热水矿区情况及封孔资料等。

(2)矿山设计必须符合安全生产要求，必须按国家规定的程序和权限进行审批，必须有劳动、卫生、环保等部门和工会参加审批设计。

(3)每个生产矿井至少有两个独立的能上下出入的直达地面的安全出口。

(4)在建和生产矿井必须建立井口管理制度，煤矿严禁携带烟草和点火用具下井；有自然发火、瓦斯突出、瓦斯煤尘爆炸危险的矿井，下井人员必须携带自救器。

(5)井巷断面应当满足通风、运输和行人的需要，敷设管道、缆线和风筒，不得妨碍人的行走。正在使用的井巷必须经常维护，保持支架完好，水沟通畅，不得堆积杂物。报废井巷必须及时封闭。

(6)有自然发火、瓦斯突出、瓦斯煤尘爆炸和透水危险的矿井，每年要由矿井总工程师组织编制矿井灾害预防和处理计划，每年至少组织一次矿井救灾演习。

除了上述基本要求外，《矿山安全条例》和有关保安规程对开采、通风、防护、机电、运输、爆破、工业卫生标准和检测、职工安全与健康管理等都作了具体规定。

3.5.2　矿山安全管理制度

安全管理是指管理者对安全生产工作所进行的计划、组织、指挥、协调和控制的一系列活动。它是企业管理的一个重要组成部分，包括生产全过程、全部门和全员的管理。其目的在于保护矿业职工在生产活动中的安全与健康，保护国家、集体、个人财产不受损失，促进矿业发展。

1. 安全管理工作的内容

矿山安全管理工作应完成如下内容：

(1)组织学习、宣传、贯彻、执行有关安全生产的政策、法令和法规，制定、实行安全生产责任制及各项有关安全生产的规章制度。

(2)建立健全安全管理机构，配备安全管理人员，对生产全过程进行监督检查，对职工进行安全教育，开展安全技术培训、安全检查、总结评比表彰等活动。

(3)组织编制与实施企业安全技术措施计划，不断提高矿山技术、装备水平，改善劳动条件。

（4）抢救、调查、分析、处理与统计事故，对职业危害进行监测、治理。

（5）建立与保存有关安全生产的各类记录及档案材料。

2. 矿山的安全管理机构与安全工作制度

为了有效地开展矿山安全管理工作，确保党和国家安全生产方针、政策、法令、法规在矿山企业的贯彻落实，达到安全生产的目的，各矿山企业必须建立健全安全管理机构，并设专职人员，从组织上落实企业安全工作。

同时，矿山企业还需建立完善的安全工作制度：

（1）矿长安全例会制度。矿长应定期（如旬或月）召开专门会议，研究解决安全生产问题，总结前一时期的安全工作，部署下一时期安全工作。

（2）安全检查制度。定期（如旬或月）组织对全矿的安全制度的执行情况和安全工作进行检查，促进全矿安全生产。

（3）安全奖惩制度。矿山企业中各级机构和各作业人员须制定安全工作指标，签订安全生产责任状，依安全指标的完成情况进行奖惩。

（4）交接班制度。各区队、各班组在交接班时，必须交接安全生产问题。

3. 安全生产责任制

《矿山安全条例》规定：矿山企业及其主管部门都必须建立安全生产责任制，各级领导干部在管理生产的同时，必须负责安全管理工作，在计划、布置、检查、总结、评比生产的时候，同时计划、布置、检验、总结、评比安全工作。

安全生产责任制，是企业实行责任制的一个重要组成部分，是企业中最基本的安全制度。矿山企业各职能机构的人员和各工种的工人，都必须在各自的业务范围内对实现安全生产的要求负责。

矿山企业法人是本企业安全生产的第一责任者，对本企业安全生产负全面责任。

矿山企业技术负责人对企业安全生产上的技术工作负全面责任：根据国家的技术政策和安全法规，进行新技术、新工艺和革新项目的试验；指导组织制定、审批各种安全技术规章制度和安全、防尘、防毒的技术措施；负责指导安全技术部门开展工作；参加伤亡事故和重大未遂事故的调查，并研究确定防范措施。

矿山生产、技术、机电、财务、供应、劳资、教育、保卫、生活和卫生等部门应分别订出各自业务范围内安全生产的相关职责。生产工人也应根据工种的不同建立岗位安全生产责任制，制订安全操作规程。

3.5.3　矿山安全监管职责和手段

根据《矿山安全法》的规定，各级劳动行政主管部门和矿山企业行政主管部门负责矿山安全监督管理，并明确各自的责权范围。

1. 劳动行政主管部门的职责

劳动行政主管部门在矿山安全工作中起着统帅和监督的作用。

（1）劳动行政主管部门负责检查矿山企业和管理矿山企业的主管部门贯彻执行矿山安全法律、法规的情况。对矿山企业和管理矿山企业的主管部门是否履行了《矿山安全法》和其他法规中的各项义务职责，劳动行政主管部门有权进行检查。

（2）劳动行政主管部门要参加矿山建设工程安全设施的设计审查和竣工验收，以保证矿山建设工程的设计和竣工的安全设施符合矿山安全规程和行业技术规范。

（3）劳动行政主管部门负责检查矿山劳动安全条件和安全状况。促使矿山企业采取各种有效措施改善劳动条件和安全状况，消除事故隐患，防止事故发生；对不具备安全生产条件而强行开采的，劳动主管部门会同管理矿山企业的主管部门有权责令限期改进，以至提请县级以上人民政府决定责令停产整顿或由有关主管部门吊销其采矿许可证和营业执照。

（4）劳动行政主管部门负责检查矿山企业职工安全教育、培训工作。检查矿山企业是否给职工进行过教育和培训，特种作业人员是否经考核合格取得操作资格证书；对未经培训的，劳动行政主管部门有权依法作出处理。

（5）劳动行政主管部门有权监督矿山企业提取和使用安全技术措施专项费用情况，纠正各项违法行为。

（6）劳动行政主管部门参加并监督矿山事故的调查和处理。

（7）劳动行政主管部门行使法律法规的其他职责。

2. 矿山企业行政主管部门的职责

管理矿山企业的主管部门，对所管辖的矿山企业应当积极做好安全管理工作，采取各种有效措施防止矿山事故发生，保障矿工人身安全。其职责包括：

（1）检查矿山企业贯彻执行矿山安全法律、法规情况。

（2）审查批准矿山建设工程安全设施的设计。

（3）负责矿山建设工程安全设施的竣工验收。对未经验收合格擅自投入生产的，有权会同劳动行政主管部门责令其停止生产。

（4）组织矿长和矿山企业安全工作人员的安全培训工作。

（5）调查和处理重大事故。

（6）法律和行政法规规定的其他安全管理职责。

3. 监督管理的手段

主管部门通过安全检查实施对矿山企业的安全监督管理。安全检查形式多样，通常可分为一般安全检查（经常性安全检查、定期安全检查）、专项安全检查、季节性安全检查和节假日前后的安全检查以及夜间安全检查等。

习　　题

（1）矿产开采监督管理的主要内容有哪些？

（2）概述三级矿量的定义及保有期。

（3）概述矿石损失率、贫化率的定义及降低矿石损失和贫化的措施。

（4）矿山"三率"指标指什么？制定"三率"指标的重要性是什么？

（5）概述矿山安全管理工作的内容及安全工作制度。

第4章　矿山环境监督管理

保护和改善生活环境与生态环境,防止污染和其他公害,是探矿权人、采矿权人应当履行的基本义务。探矿权人、采矿权人以及与矿业活动有关的经济组织或个人都必须遵守矿产资源开发中环境保护法律、法规。

我国《宪法》第二十六条规定"国家保护和改善生活环境和生态环境,防治污染和其他公害"。《矿产资源法》第三十二条规定"开采矿产资源,必须遵守有关环境保护的法律规定,防止污染环境"。《环境保护法》第十九条规定"开发利用自然资源,必须采取措施保护生态环境"。

开发利用矿产资源,既生产大量的财富,也对环境带来大量的不良影响,甚至造成环境破坏。矿产开发的环境保护问题,已引起人们的高度关注。如采、选矿过程中生成的有毒、有害气体、矿渣、尾矿、废水、粉尘及噪声、振动等因素,对矿区周围的大气、水质、土壤造成危害;废石堆、尾矿库挤占大量土地、农田;污水和烟尘的排放,污染水源、江河和大气;露天矿边坡的崩落,井下采空区造成地面塌陷以及爆破形成的飞石和冲击波,直接威胁着矿区地面建筑物和人员安全。

要解决采矿与环境保护的矛盾,除了有针对性地治理以外,更重要的是变被动治理为主动预防,从根源上解决问题。

根据《环境保护法》《矿产资源法》及有关法律、法规规定,我国保护环境的基本原则是经济建设与环境保护协调发展;以防为主、防治结合、综合治理;谁开发谁保护,谁污染谁治理及依靠群众保护环境。矿产资源开发利用过程中的每一个环节都要采取措施防治与保护环境。要改变传统的矿业开发模式,探索科学合理的矿山开发途径,达到既能生产出宝贵的矿产品来满足人们的物质文明需要,又能保护环境以追求最佳的经济效益和社会效益的目的。

4.1　矿山生产对环境的影响

4.1.1　露天采矿场对环境的影响

露天采矿场一般可分为薄矿层少剥离的小型露天采场、厚矿层少剥离的深露天采场及薄矿层多剥离的深露天采场和透水露天采场。

露天开采时往往导致采区的水文地质条件的变化。土地地下水位下降可能造成土壤生态的恶化。露天开采排放的净化矿坑水可导致地表水和地下水发生酸化。露天开采大爆破形成的粉尘和有害气体,对矿区及其邻近地区造成污染,是巨大的周期性污染源。

采矿作业的噪声会恶化矿山附近居民区的劳动、生活条件。

4.1.2　排土场对环境的影响

排土场可分为内部排土场和外部排土场。内部排土场基本上不破坏土地,对水系的影响与露天采场情况相似。外部排土场除了占用和破坏土地、污染大片土地外,含硫岩石的氧化和自然产生的一氧化碳、二氧化碳、碳氢化合物和大量的粉尘、细粒的岩硝,经过空气扩散,破坏大气质量,对人体、牲畜、植物都有一定影响,岩土中含有铝、砷、铅、硫化铁、可溶性盐等经雨水淋滤后析出,污染水系,危害可能是十分严重的。此外,在年降雨量大的地区还会造成"人工泥石流",引发人为灾害。

4.1.3　地下开采塌陷对环境的影响

开采导致的土地塌陷是造成土地资源破坏的主要形式之一。据统计,山西省仅采煤造成的塌陷地即达 6 万多公顷。随着采矿活动的进行,地下采空区的塌陷,常常导致上部采区乃至地面、影响范围的建筑物和构筑物、道路等受到损害,如竖井偏斜、井壁剥落、房屋出现裂缝甚至倒塌;若导水裂隙带扩展到水体下面,将使得水井干枯,河流、水库渗漏,井下涌水急剧增加,甚至出现溃水、淹井事故。

4.1.4　固体废弃物对环境的影响

矿业是产生工业固体废弃物的主要行业之一。每年约有 2 亿吨由采矿活动造成的固体废弃物,其数量约占工业固体废弃物总量的 30%,大部分有毒有害的危险废物被贮存和直接排放到环境中,综合利用率很低。由于矿山废弃物的大量堆积排放,甚至引发严重的水土流失、人为灾害等环境问题导致矿山与周围社区关系紧张、矛盾激化。

4.1.5　矿山开发对土地的占用和破坏

矿山开采必然要占用和破坏大量土地。以我国露天开采金属矿床为例,平均每采 1 亿吨矿石需要剥岩 2 亿~2.5 亿吨,每堆置 1 亿吨废石的排土场约占地 100 公顷。目前,我国矿山占地面积已达 400 万公顷。

采掘工业的不断发展,不仅直接占用和破坏了大量的土地,同时还严重破坏了生态平衡和自然环境。

4.1.6　矿山生产设备的噪声污染

矿山生产设备大多为大型、重型的机械设备,这些设备操作运转会发出强大的噪声,对矿山生产作业区和矿山附近地区产生严重的噪声污染,严重危害矿山工作人员的身心健康,并危及矿山周围居民区的工作和生活,扰乱附近居民的正常生活和工作秩序。

矿山设备噪声的治理包括消声、隔离、吸声等措施。

4.1.7　矿山废水对环境的影响

矿山废水,一是矿坑内及露天排出物经大气降水浸溶后产生的废水,另一是选矿厂排出的含有残余矿溶性选矿有机药物的尾矿水。我国的矿山不论黑色矿山、有色矿山,其废水排放量都相当大。大部分矿山废水,都程度不同地含有有害重金属和其他有害物质,如 Pb、Cr、Zn、Cd、Hg、氰化物、重铬酸钾(钠)、硅氟酸钠、硼酸钠、硼酸锌、硫代化合物类捕收剂等,进入水体后,导致江湖水质恶化,水产品产量、质量下降,水系两岸农田植被土壤生态恶化,农业生产遭到破坏;进入地下还能造成地下水的严重污染。

4.2 矿产开发环境监管机构和制度

4.2.1 矿产开发环境监督管理机构

《环境保护法》第十六条规定"地方各级人民政府，应当对本辖区的环境质量负责，采取措施改善环境质量"。

国务院和地方各级人民政府的环境保护主管部门统一实施对矿产资源开发环境的监督管理。各级人民政府国土资源主管部门依照有关法律规定或人民政府的授权对矿产资源开发与环境保护实施监督管理。其主要职责是贯彻执行国家关于矿产资源开发与环境保护的法律、法规，在职权范围内拟定矿产资源开发与环境保护法规、规章和有关标准，组织地质环境监测，协助调查、评价开发环境质量状况和趋势，监督检查矿产资源开发与环境保护法律法规的执行情况等。

4.2.2 矿产开发环境监督管理制度

矿产资源开发环境监督管理制度，包括制定环境标准，组织环境监测，评价环境状况，现场检查监督等。此外还有采矿权人、探矿权人及其他有关组织或个人实施的环境保护制度，如矿山建设项目环境影响评价、防治污染设施等。

1. 制定和实行环境保护标准

环境质量标准是国家为了保护人体健康、社会财富不受损害和维护生态平衡而对有害物质或国家在环境中的最高容许范围所作的规定。国务院环境保护行政主管部门制定国家环境质量标准，适用于全国范围。省、自治区、直辖市人民政府对国家环境质量标准中未作规定的项目，可制定地方环境质量标准，并报国务院环境保护行政主管部门备案。

污染物排放标准是对污染源在单位时间内的污染物容许排放量和排放浓度所作的规定。国务院环境保护行政主管部门根据国家环境质量标准和国家经济、技术条件，制定国家污染物排放标准。省、自治区、直辖市人民政府对国家污染物排放标准中未作规定的项目，可制定地方污染物排放标准，对国家污染物排放标准中已作规定的项目，可制定严于国家污染物排放标准的地方污染物排放标准。

排放污染物的探矿权人和采矿权人，必须依照国务院环境保护行政主管部门的规定申报登记。在实践中，有的地方人民政府开始实行污染物排放许可制度。探矿权人和采矿权人获取了许可证，才能排放污染物。探矿权人和采矿权人排放污染物超过国家或地方规定的排放污染物标准的，依照国家规定缴纳超标准排污费，并负责治理。

2. 建立环境监测制度

环境监测是运用物理、化学、生物等方法，对环境质量在性质上和数量上作出测定和描述。国家环境保护部门监测机构进行的监测主要包括环境质量监测和污染源监测。国家环境保护部门监测机构对矿产资源开发污染源进行现场监测，对采矿人提供的监测数据进行核对、抽查，对污染处理设施进行验收监测，对污染事故中的泄漏污染物进行监测。建立环境监测制度，对于加强污染管理、监督矿产资源开发项目、减少污染数量具有重要意义。

我国已初步形成以大中城市为中心的大气监测网络，以水系和海域为中心的水质监测网络，并着手建立以地下水和地质灾害防治为中心的地质环境监测网络。

3. 评价环境状况

县级以上人民政府环境保护主管部门可以会同有关主管部门对管理范围内开发矿产资源后的环境状况进行调查和评价，定期向同级人民政府和上级有关部门报告情况。

4. 现场检查

县级以上人民政府环境保护行政主管部门或者当地依法行使环境监督管理权的部门，有权对管辖范围内开采矿产资源的排污情况进行现场检查。检查人员应当为被检查的单位保守技术和业务秘密。

4.3　矿山地表与岩层移动的监测与管理

地下埋藏的矿体被采出后，就会形成采空区，在自重的作用下其围岩，特别是上部岩层，就会产生下沉、变形，乃至破坏和移动。岩层内部的移动最终将导致地表的变形和移动，形成由采空区顶板直至地表的整个移动过程。在岩层和地表的移动区域内，各种建筑物，如井筒、房屋、铁路等及河流、湖泊等地表水体将遭受到变形和破坏，造成经济上的重大损失或由于水体渗入矿井而引起事故。如果因开采顺序不当而在移动区内留有未开采的矿体，这些矿体将因受到破坏而无法再进行开采。因此，深入研究由采矿引起的岩层及地表移动的规律，寻求保护建筑物和减少矿石损失的合理措施，探讨矿区环境治理及进行土地复垦的有效方法，都是采矿企业中必须解决的课题，也是矿产资源监督管理的内容。

4.4　矿山环境监测的内容和制度

4.4.1　监测内容

矿山环境监测内容：

(1)矿区环境大气；

(2)矿区内各车间及生活区外排污水的排放口；

(3)矿山用水水源；

(4)烟道气(含锅炉)中的烟尘和烟气；

(5)环境噪声。

4.4.2　监测项目

矿山环境监测项目：

(1)环境大气的监测项目：悬浮颗粒物、降尘、二氧化硫、氮氧化物、一氧化碳；

(2)矿区内各车间及生活区外排污水的排放口监测项目：流量、pH悬浮物、COD、硝基苯类、氰化物、酚、汞、铅、砷、油、BOD、电导率、碱度、硬度、溶解氧、大肠杆菌等；

(3)矿山用水水源的监测项目：用水量、pH悬浮物、总硬度、COD、酚、氰、油、六价铬、氟、硝基苯类；

(4)烟道气(含锅炉)的监测项目：烟尘浓度、二氧化硫、一氧化碳、氮氧化物烟气流量；

(5)噪声的监测项目：85dB 以上的设备噪声、生产区噪声、生活区噪声。

4.4.3　监督制度

矿山环境监测制度一般如下：

(1)环境大气监测：降尘每月一次，其余均为每季一次，每次连续 5 天，每天间隔 6 小时采一次样，每日采 3~4 次。一般在每季的第一个月中旬进行。

(2)各种外排污水每月监测 3 次，每次 1 天，间隔采样不少于 3 次。

(3)水源监测每月一次，每次 1 天，间隔采样不少于 3 次。

(4)烟道气每季监测一次，每次 1 天，间隔采样不少于 3 次；连续稳定污染源每半年监测一次，每次 1 天，间隔采样不少于 3 次。

(5)噪声：生产区和生活区噪声每年监测一次。85dB 以上设备和厂房噪声第一次彻底查清以后只测治理或增加设备的噪声。

4.5　矿山土地复垦

4.5.1　土地复垦基本要求

(1)首先要根据采矿地质条件、发展远景及当地具体情况，制定出矿山土地复垦规划。土地复垦规划要纳入矿山设计，其内容包括利用土地的复垦方式、采矿复垦方法、回填岩石顺序等内容。

(2)复土与修坡工作要保持与开采、排弃顺序相协调。

(3)保持良好的土壤质量，必要时原有的表土层须预先剥离、储存。对有毒物料必须埋掉，其埋深不小于 1.0 米。

(4)铺垫表土要保证植物的种植深度。

4.5.2　复垦方式

矿山的土地复垦必须结合具体情况，充分考虑社会经济效益，选择未来土地的复垦及使用方式。其主要方式有：

(1)农业复垦：将土地恢复供农业使用；

(2)林业复垦：恢复专门用于营造人工林、用材林的土地；

(3)牧业复垦：将土地恢复供种植牧草和植被绿化，恢复生态平衡；

(4)其他用途：例如可将采场改造成水库养鱼池或者尾矿池，以及恢复土地供建筑和其他生产用。

土地复垦植物的选择要适应复垦土地的土质和当地的气候条件，即栽培植物要因地制宜地优先选择与复垦土地生态相适应的最佳植物种群。

4.5.3　土地复垦基本步骤

1. 表土的采集、储存和复用

在被破坏的土地上采集和保存土壤，是矿山土地复垦成功的关键，也是影响其成本的重要因素之一。一般情况下，首先将露天开采范围内的表土剥离，堆放在选定的位置储存起来，供以后复土用；或在其他地区，如剥离物堆放场、工业场地等有土壤资源的地方采集或储存土壤。

2. 按合理的顺序进行排弃、回填

根据岩、土的物理机械性质及农业化学特征，按照岩土种类、性能和块度大小顺序排序。一般为上土下岩；大块岩石在下，小块岩石在上；酸性岩石在下，中性岩石在上；不易风化岩石在下，易风化岩石在上；不肥沃的土壤在下，肥沃的土壤在上。

3. 场地的整备

场地整备要有良好的稳定性，控制地面水源，搞清土地未来的用途，地表必须修坡。

4. 铺垫表土

场地经修坡后，表土应均匀铺垫。原则上应在农业调查的基础上，按照各地区的植物种植和翻土深度要求确定复土厚度。表土覆盖以后，应设置供、排水系统以减少雨水对表土的冲刷，旱时能及时浇灌。

4.5.4　排土场土地复垦

1. 外部排土场的土地复垦

对生产周期长、占地面积大的永久性外部排土场，应该在排土过程中根据排土场的土地复垦的要求安排生产。应先将未来的排土场范围内的表土采集起来，为未来复垦准备土壤。排土场的堆置工艺，应尽量使其表面平坦。排土场复垦用于种植作物时，其表面坡度不宜大于1°~2°；用于植树造林时，不宜大于2°~3°；用于工业场地或其他建筑施工时，不宜形成四周高中间低的地形。

堆置多层排土场时，为了尽早开始复垦，缩短排土场的占地时间，可先强化堆置废石至设计高度，以便分阶段复垦。

2. 内部排土场的复垦

内部排土场复垦土地表面绝对标高应高出地下水最高水位1~2米，以防止地下水回升淹没复垦的土地使其沼泽化。必要时，可以留出部分采空区用于储存地下水和蓄积地表水。

4.5.5　尾矿场土地复垦

尾矿是选矿过程中所分离出的在当前技术经济条件下难以利用的部分。由于我国的矿产资源贫矿比例较大，随着我国矿业开发规模的不断加大，矿山排弃的尾矿越来越多，尾矿场的占地比例也越来越大。因此，尾矿场的土地复垦显得越来越重要。

对尾矿场进行复垦，需要因地制宜地根据当地的水土条件，选择最佳的复垦方式，使土地得到充分合理的恢复利用。

4.5.6　露天采矿场的土地复垦

闭坑后的露天采矿场进行工程处理后可以具有新的用途，应根据其地理位置、采场状况和社会需要等综合考虑其用途。

根据露天开采的工艺过程，其土地复垦的程序如下：

1. 土壤的剥离与储存

土壤是矿山复垦最重要的不可缺少的重要的自然资源。我们要像对待矿藏一样来保护矿区内的肥沃土壤层，有计划地剥离和存储土壤。

土壤的剥离和掘取应分别掘取沃土层和潜在沃土层，在设计的堆放场将其分别储存起来，以留待复垦使用。

2. 采矿场回填

露天采矿场的回填是土地复垦工程的重要环节，采矿场的回填是根据复垦设计说明将采矿过程中的废石回填至采空区。回填时应考虑到充填材料的沉降量，回填后形成的地表应避免大气降水不合理地积聚。

3. 场地整平和铺垫表土

露天采矿场岩土回填后需要进行场地平整，然后均匀地铺垫一层适当厚度的沃土。不同的复垦目的，对场地的坡度和沃土层的厚度有不同的要求，视具体情况确定。复垦土地垂直剖面应类似自然状态组成。在剖面最上部应为沃土层，往下依次为潜在沃土层、隔水层和回填的岩石。

4.5.7　地下开采塌陷区的土地复垦

(1)对于丘陵山地，由于其塌陷区的地形地貌明显变化，不积水，因此只需将局部的漏斗式陷坑和裂缝进行填堵后，然后对土地加以平整后即可耕种。

(2)在其潜水位高，地表塌陷后大部分变为水面，可因地制宜地开辟为鱼塘，或作其他用途。

(3)对于季节性积水的塌陷区，可以种植季节性强的作物，在有水季节种植喜水作物，在枯水季节种植其他作物或者开辟为苇塘。

(4)对城镇附近的地下矿山，为了避免地表塌陷引起严重损失。在可能的情况下，应该尽量采用充填法防止地表塌陷。

(5)根据采空区的实际地质构造、岩层情况和水资源等情况，可以将地下开采采空区改造成地下储水库或用于堆放废料。

习　题

(1)矿山生产对环境存在哪些影响？

(2)矿山环境监测的内容及对应的监测项目是什么？

(3)矿山土地复垦的基本要求、主要方式及基本步骤是什么？

(4)露天采矿场的土地复垦的程序是什么？

(5)地下开采塌陷区的土地复垦的主要内容有哪些？

第5章　矿业权监督与管理

5.1　矿业权的来源

矿业权(探矿权、采矿权)是矿产资源所有权分离的基本形式。我国实行矿产资源国家所有权制度，国家对全民所有的矿产资源享有的占有、使用、收益和处分的权利，是矿产资源全民所有制在法律上的表现，体现了全体人民的意志和利益。

5.1.1　矿产资源所有权的特征

矿产资源国家所有权具备如下特征：

1. 矿产资源国家所有权的绝对性

国家可以独立地按自己的意志，依照法律规定对矿产资源占有、使用的时间期限、地点范围和方式方法。矿产资源国家所有权不依附于任何其他权利而独立存在，也不需要第三者的协助取得和实现。

《矿产资源法》第三条规定："矿产资源属于国家所有，由国务院行使国家对矿产资源的所有权。地表或者地下的矿产资源的国家所有权，不因其所依附的土地的所有权或者使用权的不同而改变。"此即表明地表或者地下的矿产资源，无论是否探明，不管由谁发现，以及探明过程中的人、物、资金投入多少，都不能改变国家对矿产资源的所有权。

2. 矿产资源国家所有权决定了矿产资源具有主体的排他性

矿产资源无论以什么方式开发与利用，矿产资源始终归国家占有、使用和处置。矿产资源国家所有权是全面的、完整的物权。

第一，国家通过矿产资源补偿费、资源税等得到矿产资源损耗的补偿；

第二，国家保留对矿山、矿产品的终极处置权；

第三，探矿权、采矿权等矿业权不改变对矿产资源国家所有权的权属关系，企业与探、采矿权人只是享有矿产资源所有权中国家允许享有的部分权利，矿产资源的主、客体关系不会改变。

5.1.2　矿产资源所有权的行使方式

矿产资源所有权关系是财产的法律关系，其根本是对矿产资源实体的占有权。

1. 探矿权、采矿权的管理

我国实行多种经济成分共同开发矿产资源的矿业体制，在国家享有整体矿产资源所有权、矿产资源法律处分权和矿产资源受益权的情况下，让地质勘查单位、各类经济成分的矿山企业依法享有探矿权或采矿权。这样做，有利于社会主义市场经济体制的建立和矿业的发展。

探矿权、采矿权是矿产资源所有权分离的形式。国家进行勘查、采矿登记，是行使矿产资源所有权的法律处分权能。社会经济组织或个人行使探矿权、采矿权是行使矿产资源所有权的占有权能、使用权能以及事实处分权能。国家矿产资源所有权的代表机关依法对探矿权人、采矿权人和授权关系实施监督和保护。《矿产资源勘查区块登记管理办法》、《矿产资源开采登记管理办法》以及相关的法规是国家对探矿权、采矿权行使矿产资源所有权的重要依据。

2. 矿业权流转管理

国务院颁布的《探矿权采矿权转让管理办法》对矿业权流转管理给出了法律上的依据。此办法肯定了探矿权、采矿权的财产属性，建立了探矿权、采矿权有偿取得和经批准依法转让的制度。《探矿权采矿权转让管理办法》的目的之一就是引导建立一种公平竞争的矿业权市场，吸纳多方社会资金，用于矿产资源的勘探和开采，以适应社会主义市场经济体制的要求。对探矿权、采矿权管理是行使矿产资源所有权管理的重要内容。

3. 实施矿产资源开发利用的监督管理

为了维护国家的权益，保护和合理开发利用矿产资源，避免国家资产的损失与流失，国家有权对矿产资源的开发与利用实行全面的监督管理，这是体现矿产资源国家所有权的重要手段和方式。

《矿产资源监督管理暂行办法》赋予矿产资源国家所有权代理机关的权利与职责，规定了矿业权人的义务与法律责任。其核心是矿产资源的保护与利用以及在矿产资源的保护与利用上的国家和矿业权人的关系。

矿产资源国家所有权代理机关的主要职责是：制定有关矿产资源开发利用与保护的监督管理规章；监督、检查矿产资源管理法规的执行情况；对矿山企业的矿产资源开发利用与保护工作进行监督管理和指导；建立矿产资源合理开发利用的考核指标体系及定期报表制度；负责矿山企业的矿产储量管理，严格执行矿产储量核减的审批规定；组织或者参与矿产资源开发利用与保护工作的调查研究，总结交流经验；向矿山企业派出矿产督察员或巡回矿产督察员。

4. 收取矿产资源补偿费

国家收取矿产资源补偿费是行使矿产资源所有权的收益权。通过收取矿产资源补偿费将耗损的实物财产——矿产资源转化为资金财产，维护了国家对矿产资源的财产权益。

《矿产资源补偿费征收管理规定》对矿产资源补偿费征收办法有明确规定，对矿产资源补偿费征收的减免有严格的规定，确定了不同矿种的矿产资源补偿费征收费率。

采矿人不在规定的期限内足额交纳矿产资源补偿费，可视为侵害矿产资源国家所有权。对侵害矿产资源国家所有权的行为，《矿产资源补偿费征收管理规定》制定了惩罚条例，最高可至吊销采矿许可证。

5.2　探矿权管理

探矿权是矿产资源所有权的一种分离形式，是指依法申请，经批准登记，交纳探矿权使用费和探矿权价款，取得勘查许可证，在批准的范围、期限内，按照批准的工作对象、工作内容进行勘查工作的权利。

5.2.1　探矿权的登记

探矿权的申请与登记制度有两方面的作用，一是确立申请人探矿权，即拥有对批准区域内的规定矿种的探矿权；二是国家通过探矿权的登记审查，以维护其矿产资源所有权不受侵害，对勘查工作实施调控和监督管理。

1. 探矿权申请文件

探矿权申请人向勘查登记管理机关申请探矿权时，必须按照《矿产资源勘查区块登记管理办法》第六条规定提交合法的资料、文件。这些资料和文件包括：

（1）申请登记书和申请的区块范围图；

（2）勘查单位的资格证书复印件；

（3）勘查工作计划、勘查合同或者委托勘查的证明文件；

（4）勘查实施方案及附件；

（5）勘查项目资金来源证明；

（6）国务院国土资源主管部门规定提交的其他资料。

登记管理机关也可以根据登记当时的形势下对探矿权申请人提出其他资料要求。

对于石油、天然气矿产，申请勘查需要有特别的资质条件。规定还应当提交国务院批准设立石油公司或者同意进行石油、天然气勘查的批准文件以及勘查单位法人资格证明。

2. 申请在先原则

探矿权申请与登记是市场经济条件下国家出让矿业权的一种主要方式。登记管理机关优先审批登记申请时间在先的探矿权申请，这是一种维护探矿权人合法权益，有利于避免探矿权属纠纷，维护正常的勘查秩序的审批登记顺序的法律制度，称为申请在先原则。根据这一原则，登记管理机关将探矿权授予第一位符合申请条件的申请人。

申请在先原则并不是适用于所有的勘查区块或矿种的惟一原则。按照《矿产资源勘查区块登记管理办法》的规定，适用申请在先原则的例外包括两种情况：

（1）国家地质勘查计划优先。我国现处于社会主义初级阶段，国民经济和社会发展对矿产资源有较强的依赖性，一些关系到国民经济发展和人民生活需要的矿产资源仍应当按照国家计划进行勘查、开发。根据这一国情，《矿产资源勘查区块登记管理办法》第八条规定登记管理机关应当保证国家地质勘查计划一类项目登记。

（2）探矿权通过招标投标的方式有偿取得。登记管理机关依照《矿产资源勘查区块登记管理办法》第四条规定的权限确定招标区块，发布招标公告，提出投标要求和截止日期；对境外招标的区块由国务院国土资源主管部门确定。

根据公平、公正、公开、竞争的社会主义市场经济法则，探矿权也可通过招标投标方式取得。招标投标方式按允许参加的对象不同，可分为面向国内招标和面向国外招标两种。

5.2.2　探矿权管理制度

确认探矿权的排他性，即在同一勘查工作区范围内，同一期限内，不能设立两个或两个以上的探矿权。按照"禁止任何单位和个人进入他人依法取得探矿权的勘查作业区内进行勘查或者采矿活动"的规定，探矿权人享有对矿产资源进行勘查并获得收益的权利。法律将保障探矿权人能够对其特定的工作范围进行勘查作业，并排除他人的干扰和妨害。探矿权的监

督管理实施如下制度:

1.探矿权公告制度

探矿权公告指探矿权设立的公告,包括探矿权延续、变更、保留、注销(废止)、吊销等变动情况的公告。登记管理机关在探矿权申请人领取勘查许可证之后 10 日内,应当以公函或其他形式将所颁发的勘查许可证的主要事项,即:登记发证项目名称、探矿权人、区块范围、勘查许可证期限、勘查许可证编号、从事勘查的单位等,通知勘查项目所在地的县级人民政府负责国土资源管理工作的部门。国土资源行政管理部门据此负责对勘查项目的监督管理,并维护探矿权人的合法权益。

探矿权公告的目的在于表明特定探矿权的界区,明确相关当事人的权利与义务。登记管理机关应根据勘查项目登记发证的情况,定期(每季度或每半年)将本登记管理机关所颁发的勘查许可证通过特定媒体向社会公告。公告的主要内容应当包括:勘查许可证编号、探矿权人名称、区块范围、勘查许可证期限等。

2.勘查许可证有效期限

勘查许可证载明探矿权的有效期限。《矿产资源勘查区块登记管理办法》第十条规定勘查许可证的有效期最长为 3 年,石油、天然气资源勘查许可证有效期最长不超过 7 年;《矿产资源勘查区块登记管理办法》第十八条规定探矿权人从勘查许可证规定的生效日期起 6 个月内,必须组织勘查人员到勘查现场开始勘查工作。勘查许可证的有效期的规定和现场勘查工作开始日期的规定的目的是促使探矿权人尽早完成勘查工作。

勘查许可证有效期届满,探矿权人必须办理延续登记手续或办理勘查许可证注销登记手续。有效期届满的 30 日前向登记管理机关提交要求延续的书面申请。办理延续登记次数不限,但每次延续的时间最长不得超过 2 年。石油、天然气滚动勘探开发许可证有效期最长为15 年,一般不允许延长,探明储量后应当转入采矿,申请采矿权。探矿权人不依法办理延续登记手续,勘查许可证则自行废止。

3.探矿权使用费

《矿产资源法》第五条规定:"国家实行探矿权、采矿权有偿取得制度;具体办法和实施步骤由国务院规定。"

探矿权人勘查矿产资源,必须按年度向国家缴纳以探矿权所占面积为计算基础的探矿权使用费。探矿权使用费是国家运用经济手段对矿产资源勘查进行管理的一种方式。

"探矿权使用费"是探矿权有偿取得的费用之一。申请勘查矿产资源,要按矿区面积逐年缴纳一定的探矿权使用费。其具体收费标准是:第一至第三个勘查年度,每平方公里每年100 元;从第四个勘查年度起,每平方公里每年增加 100 元,但是最高不超过每年每平方公里500 元。即从第七个勘查年度开始为每平方公里每年 500 元,不再递增。勘查年度是指,以勘查许可证生效之日起每过 365 天,计为一个勘查年度。

4.探矿权价款

新中国成立以来,国家投入了大量资金进行地质勘查工作,形成了众多勘查工作程度不同的矿产地。随着社会主义市场经济体制的建立,多种经济成分、多种经营方式的矿山企业逐步出现,尤其是私营企业、外商投资企业参与地质勘查和矿业开发后,如果不加强对国家出资已形成的探矿权的管理,国家前期地质勘查投入面临被包括私营和外商投资企业在内的各类企业无偿使用的局面,国家利益将受到严重侵害。因此,为保护国家这一特定出资人的权益，探矿权申请人申请勘查国家出资已经探明矿产地的区块时，不仅要缴纳探矿权使用费，还要缴纳国家出资已形成的探矿权价款。探矿权价款按国家有关规定，可以一次缴纳，也可以分期缴纳。

探矿权价款须经过具有国务院国土资源主管部门会同国务院国有资产管理部门共同认定的资格的评估机构的评估。评估结果主要取决于对该已探明矿产地的区块是否有可能升值的认识，评估结果最终由国家即国务院国土资源主管部门确认。

国家对探矿权使用费和探矿权价款的减免做了规定。探矿权使用费和探矿权价款减免的情形包括：

（1）对国民经济紧缺的矿种采取减免，鼓励投资勘查；

（2）为了促进某些区域经济的发展，对该地区矿产资源的勘查，采取减免政策；

（3）国务院国土资源主管部门和国务院财政部门根据矿产资源勘查的工作实际，对暂时经济困难的企业，可确定予以减免。

探矿权使用费和探矿权价款减免由探矿权人依照探矿权使用费和探矿权价款减免办法，向登记管理机关提出书面申请。登记管理机关依据探矿权使用费和探矿权价款减免办法进行审查，对符合减免条件的，予以批准。

5. 最低勘查投入制度

最低勘查投入标准是按勘查年度计算的，每个勘查项目的第一个勘查年度每平方公里需投入不低于2 000元的费用，第二个勘查年度每平方公里不低于5 000元，第三个勘查年度每平方公里不低于10 000元。如勘查还在继续，以后每个勘查年度每平方公里不低于10 000元的标准不变。

最低勘查投入要实施考核。每一个勘查年度的勘查投入如果高于当年的最低勘查投入，其高出部分可以计入下一年度的勘查投入之中。

最低勘查投入是指直接用于勘查的费用，包括：人员工资、各类探矿工程、取样、各类岩矿鉴定测试、化学分析、测绘、制图、编写文字报告等费用，与勘查有关的交通费等等。但是，管理费用及其他与勘查工作无关的费用不能计入勘查投入。仅发生人员工资，没有任何实际工作量投入的，也可以视为没有完成最低勘查投入。

探矿权人在进行勘查工作时遇到了地震、泥石流、洪灾、雪灾、冰灾等不可抗拒的自然灾害事件，致使勘查工作不能正常进行时，允许申请核减当年度的最低勘查投入。申请核减最低勘查投入，应由探矿权人在恢复正常勘查工作之日起30日内提出申请，报告核减的事由。登记管理机关根据受损情况酌情核减，并在收到申请核减报告30日内，予以书面答复。

6. 探矿权变更制度

探矿权变更是指在探矿权的存续期间，由于发生一定的法定事由，引起探矿权有关内容的变化，由探矿权人提出申请，报经登记管理机关批准登记，并改变探矿权相应内容的过程。探矿权变更后，探矿权人的权利义务相应改变。

引起探矿权变更的法定事由包括：

（1）扩大或者缩小勘查区块范围；

（2）改变勘查工作对象；

（3）经依法批准转让探矿权；

（4）探矿权人改变名称或者地址。

7. 探矿权注销制度

探矿权注销是指探矿权人由于一定的法定事由，经登记管理机关批准，放弃探矿权。

探矿权注销可分为：

(1)因探矿权有效期届满或探矿权保留期届满而注销；

(2)因完成勘查工作而注销；

(3)因故需要撤销勘查项目而注销。

8. 探矿工作汇报与检查制度

探矿权人从勘查许可证规定的生效日起 6 个月内，组织勘查人员到勘查现场开始勘查工作时，应及时到勘查项目施工现场所在的县级人民政府负责国土资源管理工作的部门报告，交验勘查许可证，填写"开工报告"，并向原发证登记管理机关报送开工报告，自觉接受国土资源管理部门的监督检查。

探矿权人在勘查许可证有效期届满，不拟办理延续登记探矿权，即不保留探矿权或撤销勘查项目，探矿权人应当在勘查许可证有效期内，向登记管理机关递交勘查项目完成报告或者勘查项目终止报告，报送资金投入情况报表和有关证明文件，由登记管理机关核定其实际勘查投入后，办理勘查许可证注销登记手续。登记管理机关有权对探矿权人在行使探矿权过程中的行为和事实进行调查。

9. 处罚制度

(1)无证勘查。所谓无证勘查，是指地质勘查企业、事业单位或个人未经国务院国土资源主管部门或者省、自治区、直辖市人民政府国土资源主管部门的审查批准并登记，未取得勘查许可证，擅自进行勘查工作或者超越批准的勘查区块范围进行勘查工作的行为。

处罚由县级以上人民政府国土资源管理部门按照国务院国土资源主管部门规定的权限执行。对无证勘查违法行为的单位或个人责令停止违法行为、警告或处以 10 万元以下的罚款处罚。

(2)擅自进行滚动勘探开发、边探边采或者试采。此类行为是未经有关行政机关的审批并登记，非法进行矿产资源开采活动而获取矿产品，通过销售、转让或者以其他方式处分矿产品而获得经济利益。

此类违法行为由县级以上政府国土资源管理部门按照国务院国土资源主管部门规定的权限执行如下处罚：① 责令停止违法行为，予以警告；②对非法采出的矿产品，应予以没收；③已经销售的，应当追缴其所得的收入；④根据违法行为的情节，对行为人处以最高限额为 10 万元的罚款。

(3)擅自印制或者伪造、冒用勘查许可证。勘查许可证是国务院国土资源主管部门统一印制，并由它和它授权的省、自治区、直辖市人民政府国土资源主管部门颁发，是探矿权人得以进行勘查活动、履行法定义务、维护合法权益的惟一合法凭证。擅自印制或者伪造、冒用勘查许可证，直接危害国土资源行政机关的管理活动，也是造成勘查秩序混乱的原因之一。

对此类违法行为，县级以上人民政府国土资源管理部门有权按照国务院国土资源主管部门规定的权限，没收违法所得，可以并处 10 万元以下的罚款；对已构成犯罪的，移送有关司法机关追究违法行为人的刑事责任。

(4)不按照《矿产资源勘查区块登记管理办法》的规定备案，报告有关情况，拒绝接受监督检查或者弄虚作假。探矿权人必须履行《矿产资源勘查区块登记管理办法》规定的义务,包括在勘查活动中报告有关情况,接受监督检查。对该项规定违反的形式包括:探矿权人不如实向登记管理机关提供有关资料,或者弄虚作假应付检查,甚至以各种方式拒绝检查;中外合作勘查矿产资源的中方合作者(探矿权人)不将合作勘查合同报原发证机关备案;未向登记管理机关备案,就开展各种区域性调查工作等。

对于上述违法行为,县级以上人民政府国土资源管理部门有权按照国务院国土资源主管部门规定的权限,责令违法行为人限期改正;逾期不改正的,可以处以5万元以下的罚款。对前述行政处罚拒不执行的,勘查许可证的原发证机关还可以吊销违法行为人的勘查许可证。在被吊销勘查许可证之日起6个月内不得再申请探矿权。

(5)未完成最低勘查投入。探矿权人的勘查投入没有达到最低标准,处罚办法同(4)。

(6)已经领取勘查许可证的勘查项目,满6个月未开始施工,或者施工后无故停止勘查工作满6个月的。处罚办法同(4)。

(7)不办理勘查许可证变更登记或者注销登记手续。此类违法行为包括两类:第一类是不办理变更登记手续的违法行为;第二类是不办理注销登记手续的违法行为。

以上两类违法行为属于无证勘查行为,县级以上人民政府国土资源管理部门按照国务院国土资源主管部门规定的权限,责令停止违法行为,予以警告,可以并处10万元以下的罚款;责令探矿权人在规定的期限内到登记管理机关补办变更或注销登记手续。

违法行为人对处罚拒不执行,在登记管理机关规定的期限内不办理变更登记或注销登记手续,则吊销勘查许可证。

(8)不按期、按标准缴纳探矿权使用费。国家实行探矿权有偿取得制度,探矿权人应当按期缴纳的费用有探矿权使用费和探矿权价款。不按期、按标准缴纳探矿权使用费的两种违法行为有:①在规定的期限内未缴纳探矿权使用费的违法行为;②未按规定缴纳探矿权价款的违法行为。

处罚种类有二:①登记管理机关可以限定一个期限责令探矿权人在规定的期限内缴纳,并从应当缴纳探矿权使用费和探矿权价款而没有按规定和标准缴纳之日起,到补缴探矿权使用费和探矿权价款之日止,每日加收应缴费用2%的滞纳金。②拒不执行登记管理机关的责令与处罚,由登记管理机关报请勘查许可证发证机关,吊销探矿权人的勘查许可证。

(9)违反勘查石油、天然气矿产的特别规定。石油、天然气是国家重要的战略资源,因此,国家对石油、天然气矿产勘查作了一些特别的规定。违反勘查石油、天然气矿产的特别规定的违法行为,均由国务院国土资源主管部门按有关规定进行行政处罚。

(10)登记管理机关工作人员徇私舞弊、滥用职权、玩忽职守,构成犯罪的,依法追究刑事责任,尚不构成犯罪的,依法给予行政处分。

5.3 采矿权管理

采矿权是矿产资源所有权派生出来的一种他物权,是指依法申请、批准登记,取得采矿许可证,在批准地域范围和规定的期限内,对批准许可开采的矿产及其伴生、共生矿种进行开采的权利。采矿权的基本权能为:占有权、使用权、探矿优先权、采矿优先权和有限制的矿产品处置权。

5.3.1　采矿权登记

采矿权的登记管理是加强矿产资源开采管理的重要内容,目的就在于用法律形式来实现采矿权的排他性,确认采矿权人开采行为的合法性,保护和合理开发利用矿产资源。

1. 采矿权登记申请文件

采矿权申请人申请办理采矿许可证时,应当向登记管理机关提交下列资料:

(1)申请登记书和矿区范围图;

(2)采矿权申请人资质条件的证明;

(3)矿产资源开发利用方案;

(4)依法设立矿山企业的批准文件;

(5)开采矿产资源的环境影响评价报告;

(6)国务院地质矿产主管部门规定提交的其他资料。

《矿产资源法》第十七条规定,申请开采国家规划矿区或者对国民经济具有重要价值的矿区内的矿产资源和国家实行保护性开采的特定矿种的,应经国务院有关主管部门批准;未经批准,任何单位和个人不得开采。

考虑到开采石油、天然气所要求的技术、装备水平较高,石油、天然气在国民经济中的地位的特殊,《矿产资源开采登记管理办法》第五条规定:申请开采石油、天然气的采矿权申请人除了应提交申请开采一般矿产所应提交的资料外,还应该提交国务院批准设立石油公司或者同意进行石油天然气开采的批准文件以及采矿企业法人资格证明。

2. 采矿权的招标投标

采矿权可以通过招标投标的方式有偿取得。登记管理机关依照《矿产资源开采登记管理办法》第三条规定的权限确定招标的矿区范围,发布招标公告,提出投标要求和截止日期;对境外招标的矿区范围由国务院国土资源主管部门确定。

3. 采矿权申请登记程序

采矿权申请登记程序是一个完整的过程,采矿权申请人必须按照国家的规定办理有关手续,进行采矿权申请登记。采矿权申请登记程序由下列步骤组成:

(1)向登记管理机关申请划定矿区范围。

(2)办理企业审批或企业设立的有关手续。

(3)向登记管理机关提出申请,办理申请手续,提交有关资料。

(4)登记管理机关审查提交的有关资料。

登记管理机关在收到申请之日起 40 日内,作出准予登记或者不予登记的决定,并通知采矿权申请人。

(5)采矿权申请人修改与补充提交的资料。

(6)缴纳采矿权使用费、采矿权价款,办理登记手续,领取采矿许可证。

5.3.2　采矿权管理制度

1. 采矿权公告制度

采矿许可证公告,目的是为了让全社会知道某一区域已设定了采矿权,避免其他单位和个人因不知情而重复申请;同时也是为了保护采矿权人的合法权益,确保采矿权的排他性,任何单位和个人不得进入已设立采矿权的矿区范围内进行采矿活动。

在颁发采矿许可证后，矿区范围所在地县级人民政府在收到登记管理机关的通知之日起 90 日内，公告矿区范围。

公告是以张贴布告的形式将矿区范围用国家标准的直角坐标公之于众。县级人民政府可以根据采矿权人的申请，组织埋设界桩，发生的费用由申请人提供。埋设界桩可以明确标定矿区范围在地面上的平面位置，使当地群众和相邻采矿权人能明确了解到其他采矿权人的合法矿区范围，便于避免不必要的采矿权属纠纷，同时也有利于登记管理机关维护矿业秩序。

依法吊销的采矿许可证也要进行公告。公告应在报纸、广播、宣传栏等辐射面较广的媒体上进行，以达到公告目的。

2. 许可证期限

采矿许可证有效期，按照市场经济优化配置资源的原则，按照矿山建设规模确定：

(1)大型以上的，采矿许可证有效期最长为 30 年；

(2)中型的，采矿许可证有效期最长为 20 年；

(3)小型的，采矿许可证有效期最长为 10 年。

矿山建设规模的大、中、小标准由国务院国土资源主管部门专门制定。

采矿许可证有效期满仍需继续采矿的，可申请办理延续登记手续，以保证矿山设计服务年限的需要。延续的次数没有限制。

3. 采矿权使用费、采矿权价款

采矿权使用费缴纳标准在《矿产资源开采登记管理办法》第十条至第十二条有明确规定，这是《矿产资源法》第五条"国家实行探矿权、采矿权有偿取得的制度"的具体实现。

采矿权使用费缴纳标准由矿区范围的面积和缴费标准两方面构成，我国确定为每年每平方公里 1 000 元。

国家调拨地勘费进行地质勘查活动，发现的并已提交了可供开发利用矿产资源储量的矿产资源分布区域，已形成的财产权益归国家所有。申请这种矿产资源分布区域的采矿权，必须缴纳采矿权价款。采矿人价款必须经过评估缴纳经确认的采矿权价款。

法人或者自然人出资勘查并探明矿产地，采矿权权利归出资人所有，享有充分的占有、使用、收益和处分的权利，国家没有规定此类采矿权价款，也没有规定此类采矿权价款是否要经过评估而确定。但在此类采矿权流转过程中，国家将对此类采矿权的合法性、行使方式和过程加以监督，以保证国家在矿产资源上的权益。因此，采矿权价款一般指国家出资形成的采矿权价款。

采矿权使用费和采矿权价款可以减缴、免缴。其情形有：

(1)开采边远贫困地区的矿产资源；

(2)开采国家紧缺的矿种；

(3)因自然灾害等不可抗力的原因，造成矿山企业严重亏损或者停产的；

(4)国务院国土资源主管部门和国务院财政部门规定的其他情形。

具有以上情形之一的，由采矿权人提出申请，经省级以上人民政府登记管理机关按照国务院国土资源主管部门会同国务院财政部门制定的减免办法审查批准，减缴、免缴采矿权使用费和采矿权价款。

4. 变更制度

采矿权登记时明确规定了包括采矿权主体、资质、从事采矿活动所开采的矿产资源对象、采矿活动范围、获取矿产品所采用的方式和方法等具体内容。采矿权人取得了采矿权后必须真实地履行其义务，同时享有相应的权利。法律确认并固定下来的内容采矿权人在行使权利、履行义务中是不能随意更改的，这是设立采矿许可证登记制度的根本原因之一。需要更改时，应根据采矿许可证变更制度规定，办理变更手续，换领新的采矿许可证。

《矿产资源法》第六条第二项、第十八条第二款规定了两种变更采矿许可证的情况：

（1）变更企业资产产权；

（2）变更矿区范围。

《矿产资源开采登记管理办法》第十五条列举了五种需要变更采矿许可证的情形：

（1）变更矿区范围的；

（2）变更主要开采矿种的；

（3）变更开采方式的；

（4）变更矿山企业名称的；

（5）经依法批准转让采矿权的。

5. 注销制度

采矿许可证有效期内，有以下情况应办理采矿许可证注销登记：

（1）停办矿山。停办矿山是指采矿权人合法持有的采矿许可证中所标定的矿区范围内的矿产资源尚未完全开采完毕的情况下，因某种原因停止生产，终止采矿活动的一种行为。

（2）关闭矿山。关闭矿山是指采矿权人合法持有的采矿许可证中所标定的矿区范围内的矿产资源开采完毕，终止采矿活动的行为。

根据《矿产资源开采登记管理办法》第十六条规定：采矿权人不论是停办矿山还是关闭矿山，均需要在其决定停办或者关闭矿山之日起 30 日内向原发证机关申请办理采矿许可证注销登记手续。考虑到在停办矿山时，可能存在矿区范围内仍保有一定的矿产储量，即存在将来重新或恢复生产的可能，《矿产资源法实施细则》第三十二条规定"停办矿山而矿产资源尚未采完的，必须采取措施将资源保持在能够继续开采的状态"，因此采矿权人在停办矿山时必须采取措施将资源保持在能够继续开采的状态。为更好监督采矿权人履行全部义务，《矿产资源法》第二十一条、《矿产资源法实施细则》第三十三条、第三十四条均对采矿权人全面履行义务提出了要求，采矿权人关闭矿山必须履行全部法定义务。

6. 汇报检查制度

汇报检查制度是监督检查采矿权人法律责任、享有权利和履行义务的制度。采矿权人必须接受登记管理机关的监督检查，不得弄虚作假。

《矿产资源开采登记管理办法》第十四条和第十八条规定，采矿权人应如实报告以下情况，并提交年度报告：

（1）矿产资源开发利用情况；

（2）环境保护情况；

（3）其他法定义务如采矿权价款、采矿权使用费和矿产资源补偿费的缴纳等。

如采矿权人不按规定提交年度报告，拒绝接受监督检查或者弄虚作假，将受到警告、罚款，直至吊销采矿许可证的处罚。

7. 处罚制度

《矿产资源法》、《矿产资源开采登记管理办法》均对违法的矿产资源开采法律责任作出明确规定。只有维护矿产资源的有序开采，才能保护采矿权人的合法权益。而规定明确的法律责任是保证矿产资源有序开采的有力措施。

(1)无证采矿。无证采矿，是指未取得采矿许可证擅自开采矿产资源的行为。其表现有：①擅自进入国家规划矿区、对国民经济具有重要价值的矿区采矿；②擅自开采国家规定实行保护性开采的特定矿种；③擅自开采除上述以外的所有矿产资源的行为；④越界采矿行为即获得采矿权的主体或采矿权人擅自超出采矿登记管理机关批准的矿区范围，开采矿产资源。

根据《矿产资源法》第三十九条、《刑法》第三百四十三条和《矿产资源法实施细则》第四十二条的规定，无证采矿行为应承担民事责任、行政责任和刑事责任。

民事责任规定为停止开采和赔偿损失。

行政责任规定为没收采出的矿产品和违法所得，并处罚款，直至吊销采矿许可证。

刑事责任规定为非法采矿罪。该罪一般处三年以下有期徒刑、拘役或者管制，并处罚金；造成矿产资源严重破坏的，处二年以上七年以下有期徒刑，并处罚金。

(2)违反报告制度、拒绝接受监督检查或者弄虚作假。不按规定提交年度报告，拒绝接受监督检查或者反映的情况与实际不符，责令停止违法行为，予以警告，可以并处 5 万元以下的罚款；情节严重的吊销采矿许可证。

(3)破坏或者擅自移动矿区范围界桩或者地面标志。矿区范围界桩或者其他地面标志是有关县级人民政府根据采矿权人的申请设置的，其目的是为了保护采矿权，维护矿业秩序。破坏矿区范围界桩或地面标志和擅自移动矿区范围界桩和地面标志，是无视国家的管理秩序，损害了国家维护矿业秩序的管理目标，必须予以处罚。处罚有两种，一种是责令限期恢复被破坏或被移动的界桩或地面标志，一种是对违法行为人处以 3 万元以下的罚款。

(4)伪造或冒用采矿许可证。采矿许可证是采矿权人合法进行矿产资源开采行为的惟一法律凭证，由国务院国土资源主管部门统一印制，并由国务院、省、市(地)、县等四级国土资源行政机构在其职权范围内予以颁发。擅自伪造、冒用采矿许可证，直接危害国土资源行政机关的管理活动，是造成采矿秩序混乱的原因之一。

冒用采矿许可证，是指持他人采矿许可证，假冒采矿权人从事采矿活动或其他影响第三人权益的行为。

擅自印制或者伪造、冒用采矿许可证处以没收其全部违法所得，可以并处 10 万元以下的罚款。行为严重，构成犯罪的，依照《刑法》第二百八十条第一款"伪造、变造、买卖国家机关的公文、证件、印章的，处三年以下有期徒刑、拘役、管制或者剥夺政治权利；情节严重的，处三年以上十年以下有期徒刑"的规定处理。

(5)不按规定缴纳矿业权费用。不按规定缴纳矿业权费用有两种违法行为：①在规定的期限内未缴纳采矿权使用费的违法行为；②未按规定缴纳采矿权价款的违法行为。

《矿产资源开采登记管理办法》第九条规定，采矿权使用费，按照矿区面积逐年缴纳，采矿权申请人在接到准予登记的通知之日起 30 日内必须缴纳采矿权使用费方能领取采矿许可证，成为采矿权人。以后每年必须按年度和标准在当年缴纳。

不按期、按标准缴纳采矿权使用费的，则构成违法行为。

不按照规定的时间和标准缴纳采矿权价款的，也构成违法行为。

上述违法行为处罚种类有：①对采矿权人不按规定和标准缴纳采矿权使用费和采矿权价款的违法行为，登记管理机关可以限定一个期限责令采矿权人在规定的期限内缴纳。②没有按规定和标准缴纳的，从其应当缴纳之日起，到其实际缴纳采矿权使用费和采矿权价款之日止，每日加收应缴费用2%的滞纳金。③无视上述处罚，在规定的期限内仍不履行缴纳采矿权使用费和采矿权价款的，无视国家的法律规定，破坏了国家的管理秩序构成严重的违法行为，可由采矿许可证的原发证机关吊销该采矿权人的采矿许可证。

（6）不办理采矿许可证变更登记或者注销登记手续。在采矿许可证有效期内，发生变更矿区范围（如扩大或缩小）、改变主要开采矿种（如开采煤矿改为开采铝土矿）、变更开采方式（如露天开采变为地下开采）、改变矿山企业名称及将采矿权转让他人采矿等情形时，而不向登记管理机关申请变更登记，办理变更登记手续，构成不办理采矿许可证变更登记手续的违法行为。

不办理注销登记手续的违法行为的情形有：①在采矿许可证有效期内或有效期届满，停办矿山的，应到登记管理机关办理采矿许可证注销登记手续而不办理。②在勘查许可证有效期内或有效期届满，关闭矿山的，采矿权人亦应到登记管理机关办理采矿许可证注销登记手续而不办理。

上述违法行为处罚形式有两种：①责令限期改正。由登记管理机关规定一个期限责令采矿权人在规定的期限内到登记管理机关补办变更或注销登记手续。②无视登记管理机关的责令，可吊销采矿许可证。

（7）违法开采石油、天然气矿产。违法开采石油、天然气的行为包括从申请到开采出石油、天然气的全部过程可能产生的违法行为，可以概括为以下几种：①无证开采；②越界开采；③其他不履行法定义务的行为，包括未缴费、未办理许可证延续变更注销等手续、不提交年度报告、拒绝接受监督检查等等。

对违法开采石油、天然气的行为，按开采石油、天然气的处罚规定处罚。

只有国务院国土资源主管部门具有对石油、天然气的违法行为的行政处罚权，其他各级国土资源行政机关没有这方面的行政处罚权。

（8）登记管理机关工作人员徇私舞弊、滥用职权、玩忽职守，构成犯罪的处罚。《刑法》第三百九十七条规定，滥用职权、玩忽职守，情节严重的可处三年以下有期徒刑或者拘役；情节特别严重的，处三年以上七年以下有期徒刑。若伴有徇私舞弊情节，将依照《刑法》第三百九十七条第二款的规定加重处罚，处五年以下有期徒刑或者拘役；情节特别严重的，处五年以上十年以下有期徒刑。不构成犯罪的，应依照有关规定，给予行政处分。

5.4　矿业权流转

我国有关法律法规已明确肯定了探矿权、采矿权的财产属性，并依次建立了探矿权、采矿权有偿取得和经批准依法转让制度。

矿业权流转是指探矿权、采矿权进入交易市场的运作，具体形式又包括矿业权的出让、转让、出租、抵押。目前国际上探矿权和采矿权流转均在两级市场中进行，我国的矿业权交易，是效仿这种两级市场运行模式，建立的探矿权和采矿权的流转制度。

5.4.1　矿业权流转及管理

1.矿业权市场管理

在我国市场经济的模式下,矿业权市场已趋定式的供需构成有两种:

(1)国土资源管理机构代表国家是供方,矿业权申请人或矿山企业是需求主体,我们称之为一级市场。

(2)一些矿业权拥有企业是该市场的供给主体,其他企业则是该市场的需求主体,我们称之为二级市场。

由于矿产资源归国家所有的特殊财产属性,决定了在矿业权流转中一级市场是基本市场,是矿业权的源头,决定着整个矿业权的基本供给。国土资源管理机构代表国家向矿山企业包括国有、集体、个体、合资和外资矿山企业提供探矿权和采矿权,收取探矿权和采矿权使用费、国家出资的探矿权和采矿权价款。

二级市场是自一级市场派生出来的次级市场,供需双方都是矿山企业。经合法申请、登记获得并拥有合法矿业权的矿山企业,在行使矿业权一定时期后或取得了规定的最低成果,不再从事矿产资源的开发利用,依照《探矿权采矿权转让管理办法》的规定,经国土资源管理机构批准,将其矿业权在二级市场上转让他人。

无论是一级市场还是二级市场,矿产资源归国家所有的财产属性不变,维护国家在矿业权流转中的权益,是矿业权转让管理的重要内容。矿业权转让监督管理可从两个方面涉入。其一,制定或依据相应的法律法规直接进行干预管理;其二,建立国家或地区宏观调控体系,形成计划、金融、财政部门间的协调机制,实现统筹规划。通过调控体系,对矿业权的两级市场进行调控,使矿业权市场交易有序进行。

2.矿业权转让管理

(1)关于转让申请的受理。转让一个探矿权的部分勘查区域或采矿权的部分开采区域时,须先征得原登记机关同意,并办理相应的探矿权或采矿权的变更分立登记后,再向转让审批机关提交转让申请。

转让申请人在提交转让申请材料的同时,应提交受让人申请的全部材料。在审查转让申请时,也同时审查受让人的登记申请。

(2)关于审查与签批。审批程序包括审查、审核和签批三个程序。审查的内容主要是转让条件、探矿权人或采矿权人义务的履行情况、转让合同书的关键条款及受让人的资质条件等。转让申请人或受让人有一方不符合全部规定条件的,均不能获准转让。

(3)关于通知与变更发证。①转让审批机关完成转让审查后,向转让申请人和受让人同时发出探矿权或采矿权转让审批通知书,并抄送原发证机关。②获得批准转让的,转让申请人与受让人根据法规规定的管辖权限,向相应的登记管理机关申请变更登记,重新发证。

转让审批机关对每一项探矿权或采矿权转让审批的有关资料,均应妥善存档备查。省级转让审批机关应于每年1月份将上年的探矿权或采矿权转让审批情况向国土资源主管部门上报。

5.4.2　矿业权流转评估

由于矿业权的特殊性质,矿业权价格评估成为矿业权流转的重要内容。矿业权价格评估的组织，有由国家矿业权行政主管部门组织和由矿业权人自主组织两种评估组织形式，并委托具有矿业权评估资格的资产评估机构进行评估。

矿业权评估通常基于对矿产地未来收益的期望，所以重点在于将来的收益，而非过去的历史资料。对探矿权来说，是其找矿远景和发现经济矿化资源潜力，对采矿权来说是开采这些矿产资源的未来的收益。同时，矿业权的价格在一定程度上取决于矿业权市场的供求关系。矿业权的市场价格不是固定不变的，影响因素很多，而真正公平的市场价格只有在市场中才能形成。

1. 采矿权评估方法

采矿权评估，发生在探矿权人放弃优先采矿权并依法转让探矿权和采矿权人依法转让采矿权之时。这时，一般都探明了矿产储量，获得的地质、技术、经济信息也比较充分，其评估方法也比较固定，通常采用的评估方法是贴现现金流量法和可比销售法。

(1)贴现现金流量法。贴现现金流量法，即 DCF(Discounted Cash Flow)分析法，是指通过估算被评估资产的未来预期收益，并折算成现值，借以确定被评估资产价值的一种资产评估方法，是采矿权评估广泛利用的基本方法之一。

根据 DCF 法的计算原理，采用与国际通用的 DCF 法有所不同的贴现现金流量法评定采矿权转让价格，有三种计算公式：①从剩余利润中扣除社会平均收益的方法。②从剩余利润中扣除投资收益的方法。③贴现率除包括安全利率、风险溢价外，再计入投资收益率或社会平均收益率，直接计算净现值。

(2)可比销售法。可比销售法与类比法、现行市价法大致相同，是利用已知采矿权转让中的市场成交价，来评估未知采矿权转让价的评估方法。利用可比销售法评估采矿权转让价值，应该说是最接近市场价值的一种有效方法。

利用可比销售法评估采矿权转让价值，由于是采用差异要素对比的方式，所以，首先要寻找参照的采矿权的市场成交价，然后以采矿权的市场成交价为基价，从规模、品位、价格、差异要素上进行调整，估算采矿权转让价值。

2. 高勘查精度的探矿权评估方法

所谓高勘查精度勘查阶段，是指达到了详查和勘探阶段，探明或控制了一定的矿产储量，做过一定数量的选矿试验，但还未进入可行性研究阶段。高精度勘查阶段，获得地质信息量较多，采用的评估方法层次也相对较高，除可采用采矿权的评估方法外，还可以采用重置成本法和地勘加和法。

(1)重置成本法。在探矿权评估中，采用重置成本法是一种有效的方法。重置成本法是利用资产评估的重置原理，模拟现行技术条件，按原勘探规范要求实施的各种勘探手段，依据新的工业指标，将所投入的有效实物工作量，利用新的价格和费用标准，按照被评估矿产的探矿权已有勘探成果重新计算确定探矿权全价，扣除技术性贬值后，得到探矿权净值的办法。

根据地质勘查特点，主要采用有效实物工作量进行重置，其他投入将按分摊的办法作出处理。首先进行探矿权资产重置计算全价，再考虑地勘风险和技术性贬值因素调整。

(2)地勘加和法。在探矿权评估中，如果只考虑地勘所注入的成本，就会出现地勘劳动投入与其效益不成正比的现象，出现地勘投入很少，而探明的矿产资源丰度高、规模大、地质构造简单，因而获利大；探明的矿产资源的质量很差，则获利小。所以完全以地勘投入多少定价，有失公正。地勘加和法是利用价格构成的成本加利润法则，对探矿权作价的方法。这种方法将重置成本法和贴现现金流量法科学地结合起来，既考虑了探矿权投入的成本，也考虑了探矿权未来的获利能力，是一种较完善的评估方法。

地勘加和法考虑了重置全价和合理分配利润。所以，它的计算方法，既利用了重置成本的计算方法，也利用了贴现现金流量法的计算方法。探矿权全价由两部分组成：不含风险探矿权净价、超额利润。超额利润可正可负，为负时探矿权全价等于扣除超额利润后的探矿权评估价。

3. 低勘查精度的探矿权评估

所谓低勘查精度的探矿权评估，是相对于高精度勘查的探矿权评估而言，在此是指处于普查及普查前地质勘查阶段的矿区的探矿权评估。在矿业权评估中，低勘查精度的探矿权评估最困难，因为勘查精度低，所获得的地质信息量小，各种参数很难达到准确的程度，各种假设和推测也越来越多。此时，评估方法和计算方法选择越加困难. 低勘查精度的探矿权评估采用的方法有地质要素评序法、联合风险勘查协议法和粗估法。

(1)地质要素评序法。地质要素评序法的原理，基本上遵循"地学排序法"的原理：以基础购置成本为基数，以地质技术信息为标准，确定调整系数(价值因子)，来评估探矿权的价值。矿产权的价值评估主要取决于地质因素和经济因素，地质因素主要有区域地质及大地构造定位、品位和矿化度、物化探异常强度及其类型、地质成因类型及规模。经济影响因素为矿产品市场、矿产权市场、财务市场、股票市场。

(2)联合风险勘查协议法。在市场经济条件下，矿产资源勘查将会逐渐向联合勘查开发发展，在联合勘查协议中必须体现出共同投资、风险共担、收益共享的权责利关系。联合风险勘查协议法，就是根据该勘查区已签订的联合风险经营协议的条款或根据类似的勘查区所签订的协议条款，按照参与公司所承诺的勘查投资及其所获得的相应的股权，评估探矿权价值。分为单一股期和多个股期的两种方法。

(3)粗估法。在做精度勘查工作中，获得的数据很难达到理想程度，误差很大，有时资源信息量也达不到要求。此时，评估人员将根据长期积累的信息和数据，如从那些公开上市公司的地质信息报告中，或即将披露的地质资料中，以及对矿业市场和财务市场走势所进行的分析，包括价格与收益比、价格与现金流等比值的分析中，对勘查区的探矿权粗估一个近似值，称作粗估法。这是国外经纪公司常用的一种简单评估方法。

5.4.3 矿业权评估管理

国家为了加强和规范矿业权评估工作的管理，国土资源部于1999年3月发布了《探矿权采矿权评估管理办法》和《探矿权采矿权评估资格管理办法》。这两个办法对评估的经济行为、矿业权评估的程序、适用的方法、评估报告的编写、评估结果的确认以及评估机构和评估人的资格作了明确规定，使矿业权评估管理有法可依，纳入了法制化管理的轨道。

1. 评估行为管理

(1)需要进行评估的矿业权流转行为：国家出资形成的探矿权、采矿权，必须依法进行评估，并由国务院国土资源部门或其委托的各省、自治区、直辖市人民政府国土资源主管部门对其评估结果依法确认。

原国有企业无偿占有的国家出资形成的探矿权、采矿权，因企业合并、分立、重组需变更民事主体而又未改变国有独资性质的，可以不进行探矿权、采矿权价值评估，但需依法办理主体变更手续。

探矿权人或采矿权人拟办理一个探矿权或采矿权的部分勘查或开采区域的转让，需要办理分立变更登记，并进行评估。

（2）对矿业权评估行为的管理：探矿权、采矿权评估，必须以矿产资源储量报告或与评估有关的其他地质报告为依据。矿产资源储量报告中的矿产资源储量必须符合国家矿产资源储量评审认定有关办法的规定。

评估委托人与评估机构存在直接评估利害关系的，应予以回避。

探矿权、采矿权评估，应由评估委托人与评估机构签订评估委托合同书。评估委托合同书应包括评估项目名称、评估目的、评估对象、评估范围、评估期限、收费方式和金额、双方权利义务、违约责任等内容。

评估委托人应向评估机构提供完整真实的评估背景资料，并对其负法律责任。评估机构应依据评估委托人提供的资料和资产状况进行现场实地核查，选择使用《探矿权采矿权评估管理办法》的评估方法及合理的参数，独立地进行科学、公正的评估，提出评估报告。

2. 评估结果管理

（1）评估报告须有评估机构的法定代表人签章，并加盖评估机构印章后生效。评估机构应对其评估报告的客观、公正、真实性承担法律责任。

（2）国土资源主管部门对探矿权、采矿权评估结果进行确认，对评估报告编写机构的资格、评估方法的合法性以及评估参数选取的合理性、评估有效期等方面进行核定。

（3）评估结果确认应由评估委托人向国务院国土资源主管部门提出申请。评估结果确认申请应在评估基准日起半年内提交，并须提交以下材料：①评估结果确认申请书；②评估报告原件；③原发证机关负责核实的勘查许可证或采矿许可证范围无争议、无重叠的证明材料；④国务院国土资源主管部门要求的其他材料。

（4）国务院国土资源主管部门收到符合要求的评估结果确认申请书及有关材料，方能予以受理。国务院国土资源主管部门可以根据审查的情况要求评估委托人和评估机构补充材料、补充说明或修改报告，并及时做出确认或不予确认的决定。

（5）不按照法律规定进行探矿权、采矿权评估或探矿权、采矿权评估结果确认的，登记管理机关不得批准其探矿权、采矿权转让和办理变更登记。违反法律的，按国家有关法律追究其法律责任。

（6）确认后的评估结果是探矿权、采矿权申请人缴纳探矿权、采矿权价款的重要依据，也是探矿权、采矿权转让人与受让人成交价格的重要依据。确认的探矿权、采矿权价款自确认日起一年内有效。

3. 评估资格管理

（1）矿业权评估资格的取得。①探矿权采矿权评估资格，须通过国务院国土资源主管部门的审查批准，并领取探矿权采矿权评估资格证书后取得。②取得探矿权采矿权评估资格须具备以下条件：第一，取得从事中介服务的法人资格；第二，评估业务人员中专职高级地质（工程）师不少于 2 人，专职高级采矿工程师不少于 2 人，专职高级选矿工程师不少于 1 人，专职注册会计师不少于 2 人，专职注册资产评估师不少于 2 人；第三，评估业务人员须取得国务院国土资源主管部门颁发的探矿权采矿权评估资格证书；第四，经考核具有独立完成探矿权、采矿权评估的能力。③申请取得探矿权采矿权评估资格,应向国务院国土资源主管部门提交以下材料:第一,探矿权采矿权评估资格申请书;第二,法人证明或企业营业执照(验原件,交复印件);第三,法定代表人证明文件(验原件,交复印件);第四,评估业务人员清单(包括专职、兼职人员)及身份证复印件、专业职称证书和专业培训结业证书等有关证明材料(证书验原件,交复印件);第五,能够反映具有独立评估能力的探矿权、采矿权评估案例材料各一份;第六,机构章程;第七,机构内部设置情况及管理制度;第八,审批机关要求的其他材料。④经审查批准的,由国务院国土资源主管部门颁发探矿权采矿权评估资格证书。

(2)矿业权评估机构的管理。①评估机构中从事探矿权采矿权评估业务的人员须保证每年有40%的业务人员接受探矿权采矿权评估业务培训。②评估机构的评估收费应执行国家有关规定。③评估机构和评估业务人员从事探矿权、采矿权评估业务,应遵守如下规则:第一,遵守国家法律、法规;第二,坚持评估过程的独立、客观、公正性;第三,对评估委托人和评估结果确认机关诚实、守信;第四,不与评估委托人、评估结果确认机关工作人员串通作弊;第五,不采用不正当手段承揽业务。④探矿权采矿权评估机构名称、注册资金、法定代表人有变动的,应在10天内报告国务院国土资源主管部门,并申请换领探矿权、采矿权评估资格证书。⑤评估机构应在每年的第一季度内向省、自治区、直辖市人民政府国土资源主管部门提交上一年度的评估工作报告,接受评估资格监督管理机关的年度审查。监督管理机关每年可抽查一定数量的评估机构的执业情况。⑥评估机构有下列情况之一的,由国务院国土资源主管部门取消其探矿权采矿权评估资格:第一,连续2年未从事探矿权、采矿权评估业务的;第二,有30%以上的探矿权、采矿权评估结果未被确认的;第三,因其资金、业务人员等发生变化,已不具备法定的条件的;第四,违反有关法律法规的有关规定,国务院国土资源主管部门认为评估机构不再具有探矿权采矿权评估资格的。⑦国务院国土资源主管部门定期统一公告探矿权采矿权评估资格认定和年审情况。⑧评估机构以欺骗手段获取探矿权采矿权评估资格或伪造探矿权采矿权资格证书均属违法行为,一经发现,将依法追究其相应的法律责任。⑨被取消探矿权采矿权评估资格的评估机构,12个月内国务院国土资源主管部门不再受理其新的探矿权采矿权评估资格申请。

习　　题

(1)矿产资源所有权的主要特征和行使方式有哪些?

(2)探矿权申请必须提交哪些资料?

(3)探矿权的管理制度的内容有哪些?

(4)采矿权登记申请必须提交哪些资料?

(5)采矿权管理制度的内容有哪些?

(6)矿产资源补偿费的征收程序有哪些?

(7)名词解释:探矿权、采矿权、矿产资源补偿费。

附录一 复利系数表

$i = 6\%$

N	$(F/P,i,N)$	$(P/F,i,N)$	$(A/P,i,N)$	$(P/A,i,N)$	$(A/F,i,N)$	$(F/A,i,N)$	$(A/G,i,N)$
1	1.0600	0.94340	1.0600	0.9434	1.0000	1.0000	0.0000
2	1.1236	0.89000	0.54544	1.8333	0.48544	2.0599	0.4852
3	1.1990	0.83962	0.37411	2.6729	0.31411	3.1835	0.9610
4	1.2624	0.79210	0.28860	3.4650	0.22860	4.3745	1.4269
5	1.3382	0.74726	0.23740	4.2123	0.17740	5.6370	1.8833
6	1.4185	0.70496	0.20337	4.9172	0.14337	6.9751	2.3301
7	1.5036	0.66506	0.17914	5.5823	0.11914	8.3936	2.7673
8	1.5938	0.62742	0.16104	6.2097	0.10104	9.8972	3.1949
9	1.6894	0.59190	0.14702	6.8016	0.08702	11.491	3.6130
10	1.7908	0.55840	0.13587	7.3600	0.07587	13.180	4.0217
11	1.8982	0.52679	0.12679	7.8867	0.06679	14.971	4.4210
12	2.0121	0.49698	0.11928	8.3837	0.05928	16.369	4.8109
13	2.1329	0.46884	0.11296	8.8525	0.05296	18.881	5.1917
14	2.2608	0.44231	0.10759	9.2948	0.04759	21.014	5.5632
15	2.3965	0.41727	0.10296	9.7121	0.04296	23.275	5.9257
16	2.5403	0.39365	0.09805	10.105	0.03895	25.617	6.2791
17	2.6927	0.37137	0.09545	10.477	0.03545	28.212	6.6237
18	2.8542	0.35035	0.09236	10.827	0.03236	30.904	6.9594
19	3.0255	0.33025	0.08962	11.158	0.02962	33.759	7.2864
20	3.2070	0.31181	0.08719	11.469	0.02719	36.784	7.6048
21	3.3995	0.29416	0.08501	11.763	0.02501	39.991	7.9148
22	3.6034	0.27751	0.08305	12.041	0.02305	43.390	8.2163
23	3.8196	0.26180	0.08128	12.303	0.2128	46.994	8.5096
24	4.0488	0.24698	0.07968	12.550	0.01968	50.814	8.7948
25	4.2917	0.23300	0.07823	12.783	0.01823	54.862	9.0719

$i = 8\%$

N	$(F/P,i,N)$	$(P/F,i,N)$	$(A/P,i,N)$	$(P/A,i,N)$	$(A/F,i,N)$	$(F/A,i,N)$	$(A/G,i,N)$
1	1. 0800	0. 92593	1. 0800	0. 9259	1. 0000	1. 0000	0. 0000
2	1. 1664	0. 85734	0. 56077	1. 7832	0. 48077	2. 0799	0. 4807
3	1. 2597	0. 79838	0. 38803	2. 5770	0. 30804	3. 2463	0. 9487
4	1. 3604	0. 73503	0. 30192	3. 3121	0. 22192	4. 5060	1. 4038
5	1. 4693	0. 68059	0. 25046	3. 9926	0. 17046	5. 8665	1. 8463
6	1. 5868	0. 63017	0. 21632	4. 6228	0. 13632	7. 3358	2. 2762
7	1. 7138	0. 58349	0. 19207	5. 2063	0. 11207	8. 9227	2. 6935
8	1. 8509	0. 54027	0. 17402	5. 7466	0. 09402	10. 636	3. 0984
9	1. 9989	0. 50025	0. 16008	6. 2468	0. 08008	12. 487	3. 4904
10	2. 1589	0. 46320	0. 14903	6. 7100	0. 6903	14. 486	3. 8712
11	2. 3316	0. 42889	0. 14008	7. 1389	0. 06008	16. 645	4. 2394
12	2. 5181	0. 39712	0. 13270	7. 5360	0. 05270	18. 976	4. 5956
13	2. 7196	0. 36770	0. 12642	7. 9037	0. 04652	21. 495	4. 9401
14	2. 9371	0. 34046	0. 12130	8. 2442	0. 04130	24. 214	5. 2729
15	3. 2721	0. 31524	0. 11683	8. 5594	0. 03683	27. 151	5. 5943
16	3. 4259	0. 29189	0. 11298	8. 8513	0. 03298	30. 323	5. 9045
17	3. 6999	0. 27027	0. 10963	9. 1216	0. 02963	33. 749	6. 2036
18	3. 9958	0. 25025	0. 10670	9. 3718	0. 02670	37. 449	6. 4919
19	4. 3156	0. 23171	0. 10413	9. 6035	0. 02413	41. 445	6. 7696
20	4. 6609	0. 21455	0. 10185	9. 8181	0. 02185	45. 761	7. 0368
21	5. 0337	0. 19866	0. 09983	10. 016	0. 01983	50. 422	7. 2939
22	5. 4364	0. 18394	0. 09803	10. 200	0. 01803	55. 455	7. 5411
23	5. 8713	0. 17032	0. 09642	10. 371	0. 01642	60. 892	7. 7785
24	6. 3410	0. 15770	0. 09498	10. 528	0. 01498	66. 763	8. 0065
25	6. 8483	0. 14602	0. 9368	10. 674	0. 01368	73. 104	8. 2253

$i = 10\%$

N	$(F/P,i,N)$	$(P/F,i,N)$	$(A/P,i,N)$	$(P/A,i,N)$	$(A/F,i,N)$	$(F/A,i,N)$	$(A/G,i,N)$
1	1.1000	0.90909	1.1000	0.9091	1.0000	1.000	0.0000
2	1.2100	0.82645	0.57619	1.7355	0.47619	2.0999	0.4761
3	1.3310	0.75312	0.40212	2.4868	0.30212	3.3099	0.9365
4	1.4641	0.68302	0.31547	3.1698	0.21547	4.6409	1.3810
5	1.6105	0.62092	0.26380	3.7907	0.16380	6.1050	1.8100
6	1.7715	0.56448	0.22961	4.3552	0.12961	7.7155	2.2234
7	1.9487	0.51316	0.20541	4.8683	0.10541	9.4870	2.6125
8	2.1435	0.46651	0.18745	5.3349	0.08745	11.435	3.0043
9	2.3579	0.42410	0.17364	5.7589	0.07364	13.579	3.3722
10	2.5937	0.38555	0.16275	6.1445	0.06275	15.937	3.7253
11	2.8530	0.35050	0.15396	6.4950	0.5396	18.530	4.0639
12	3.1384	0.31863	0.14767	6.8136	0.4676	21.383	4.3883
13	3.4522	0.25967	0.14078	7.1033	0.04078	24.522	4.6987
14	3.7974	0.26333	0.13575	7.3666	0.03575	27.974	4.9954
15	4.1771	0.23940	0.13147	7.6060	0.03147	31.771	5.2788
16	4.5949	0.21763	0.12782	7.8236	0.02782	35.949	5.5492
17	5.0544	0.19785	0.12466	8.0215	0.02466	40.543	5.8070
18	5.5598	0.17986	0.12193	8.2013	0.01293	45.598	6.0524
19	6.1158	0.16351	0.11955	8.3649	0.01955	51.158	6.2860
20	6.7273	0.14865	0.11746	8.5135	0.01746	57.273	6.5085
21	7.4001	0.13513	0.11562	8.6486	0.01562	64.001	6.7188
22	8.1401	0.12265	0.11401	8.7715	0.01401	71.401	6.9188
23	8.9541	0.11168	0.11257	8.8832	0.01257	79.541	7.1084
24	9.8495	0.10153	0.11130	8.9847	0.01130	88.495	7.2879
25	10.834	0.09230	0.11017	9.0770	0.01017	98.344	7.4579

$i = 12\%$

N	$(F/P,i,N)$	$(P/F,i,N)$	$(A/P,i,N)$	$(P/A,i,N)$	$(A/F,i,N)$	$(F/A,i,N)$	$(A/G,i,N)$
1	1.1200	0.89286	1.1200	0.8929	1.000	1.0000	0.0000
2	1.2544	0.79719	0.59170	1.6900	0.47170	2.1200	0.4717
3	1.4049	0.71178	0.41635	2.4018	0.29635	3.3743	0.9246
4	1.5735	0.63552	0.32924	3.0373	0.20924	4.7793	1.3588
5	1.7623	0.56743	0.27741	3.6047	0.15741	6.3528	1.7745
6	1.9738	0.50663	0.24323	4.1114	0.12323	8.115	2.1720
7	2.2106	0.45235	0.21912	0.5637	0.09912	10.088	2.5514
8	2.4759	0.40338	0.20130	4.9676	0.08130	12.299	2.9131
9	2.7730	0.36061	0.18768	5.3282	0.06768	14.775	3.2573
10	3.1058	0.32197	0.17698	5.6502	0.05698	17.548	3.5846
11	3.4785	0.28748	0.16842	5.9376	0.04842	20.654	3.8952
12	3.8959	0.25668	0.16144	6.1943	0.04144	24.132	4.1896
13	4.3634	0.22918	0.15568	6.4235	0.03568	28.028	4.4682
14	4.8870	0.20462	0.15087	6.6281	0.03087	32.392	4.7316
15	5.4735	0.18270	0.14682	6.8108	0.02682	37.279	4.9802
16	6.1303	0.16312	0.14339	6.9739	0.02339	42.752	5.2146
17	6.8659	0.14565	0.14046	7.1196	0.02046	48.803	5.4352
18	7.6899	0.13004	0.13794	7.2496	0.01794	55.749	5.6427
19	8.6126	0.11611	0.13576	7.3657	0.01576	63.139	5.8375
20	9.6462	0.10367	0.13388	7.4694	0.01388	72.051	6.0201
21	10.803	0.09256	0.13224	7.5620	0.01224	81.698	6.1913
22	12.100	0.08264	0.13081	7.6446	0.01081	92.501	6.3513
23	13.552	0.07379	0.12956	7.7184	0.00956	104.60	6.5009
24	15.178	0.06588	0.12846	7.7843	0.00846	1118.15	6.6406
25	16.999	0.05882	0.12750	7.8431	0.00750	133.33	6.7708

$i = 15\%$

N	$(F/P,i,N)$	$(P/F,i,N)$	$(A/P,i,N)$	$(P/A,i,N)$	$(A/F,i,N)$	$(F/A,i,N)$	$(A/G,i,N)$
1	1.1500	0.86957	1.1500	0.8696	1.0000	1.000	0.0000
2	1.3225	0.75614	0.61512	1.6257	0.46512	2.1499	0.4651
3	1.5208	0.65752	0.43798	2.2832	0.28798	3.4724	0.9071
4	1.7490	0.57175	0.35027	2.8549	0.20027	4.9933	1.3262
5	2.0113	0.49718	0.29832	3.3521	0.14832	6.7423	1.7227
6	2.3130	0.43233	0.26424	3.7844	0.11424	8.7536	2.0971
7	2.6600	0.37594	0.24036	4.1604	0.09036	11.066	2.4498
8	3.0590	0.32690	0.22285	4.4873	0.07285	16.785	3.0922
9	3.5178	0.28426	0.20957	4.7715	0.05957	16.785	3.0922
10	4.0455	0.24719	0.19925	5.0187	0.4925	20.303	3.3813
11	4.6523	0.21494	0.19107	5.2337	0.04107	24.349	3.6549
12	5.3502	0.18691	0.18448	5.4206	0.03448	29.001	3.9081
13	6.1527	0.16253	0.17911	5.5831	0.02911	34.351	4.1437
14	7.0756	0.14133	0.17469	5.7244	0.02469	40.504	4.3623
15	8.1369	0.12290	0.17102	5.8473	0.02102	47.579	4.5649
16	9.3575	0.10687	0.16795	5.9542	0.01795	55.716	4.7522
17	10.761	0.09293	0.16537	6.0471	0.01537	65.074	4.9250
18	12.375	0.08081	0.16319	6.1279	0.01319	75.835	5.0842
19	14.231	0.07027	0.16134	6.1982	0.01134	88.210	5.2307
20	16.366	0.06110	0.15976	6.2593	0.00976	162.44	5.3651
21	18.821	0.05313	0.15842	6.3124	0.00842	110.00	5.4883
22	21.644	0.04620	0.15727	9.3586	0.00727	137.62	5.6010
23	24.891	0.04018	0.15628	6.3988	0.00628	159.27	5.7039
24	28.624	0.03493	0.15543	6.4337	0.00543	184.16	5.7978
25	32.918	0.03038	0.15470	6.4641	0.00470	212.78	5.8834

$i = 20\%$

N	$(F/P,i,N)$	$(P/F,i,N)$	$(A/P,i,N)$	$(P/A,i,N)$	$(A/F,i,N)$	$(F/A,i,N)$	$(A/G,i,N)$
1	1.2000	0.83333	1.2000	0.8333	1.0000	1.0000	0.0000
2	1.4400	0.69445	0.65455	1.5277	0.45455	2.1999	0.4545
3	1.7280	0.57870	0.47473	2.1064	0.27473	3.6399	0.8791
4	2.0736	0.48225	0.38629	2.5887	0.18629	5.3679	1.2742
5	2.4883	0.40188	0.33438	2.9906	0.13438	7.4415	1.6405
6	2.9859	0.33490	0.30071	3.3255	0.10071	9.9298	1.9788
7	3.5831	0.27908	0.27742	3.6045	0.07742	12.915	2.2901
8	4.2998	0.23257	0.26061	3.8371	0.06061	16.498	2.5756
9	5.1597	0.19381	0.24808	4.0309	0.04808	20.978	2.8364
10	6.1917	0.16151	0.23852	4.1924	0.03852	25.958	3.0738
11	7.4300	0.13459	0.23110	4.3270	0.03110	32.150	3.2892
12	8.9160	0.11216	0.22527	4.4392	0.02527	39.580	3.4840
13	10.699	0.09346	0.22062	4.5326	0.02062	48.496	3.6596
14	12.839	0.07789	0.21689	4.6105	0.01689	59.195	3.8174
15	15.406	0.06491	0.21388	4.6754	0.01388	72.034	3.9588
16	18.488	0.05409	0.21144	4.7295	0.01144	87.441	4.0851
17	22.185	0.04507	0.20944	4.7746	0.00944	105.92	4.1975
18	26.623	0.03756	0.20781	4.8121	0.00781	128.11	4.2975
19	31.947	0.03130	0.20646	4.8435	0.00646	154.73	4.3860
20	38.337	0.02608	0.20536	4.8695	0.00536	186.68	4.4643
21	46.004	0.02174	0.20444	4.8913	0.00444	225.02	4.5333
22	55.205	0.01811	0.20369	4.9094	0.00369	271.02	4.5941
23	66.246	0.01510	0.20307	4.9245	0.00307	326.23	4.6474
24	79.495	0.01258	0.20255	4.9371	0.00255	392.47	4.6942
25	95.394	0.01048	0.20212	4.9475	0.00212	471.97	4.7351

附录二　汉英对照经济评价基本术语

备选方案(alternative option)

备选方案(option)

备选方案价值(option value)

备选方案评估(option appraisal)

标准换算系数(standard conversion factor, SCF)

补贴(subsidy)

不变价格(constant price)

不可外贸货物(non-tradable goods)

财务补贴(financial subsidy)

财务分析(financial analysis)

财务价格(financial price)

财务净现值(financial net present value, FNPV)

财务可持续性(financial sustainability)

财务内部收益率(financial internal rate of return, FIRR)

财务效益(financial benefit)

财务效益费用分析(financial benefit-cost analysis)

残值(residual value)

偿债备付率(debt service coverage ratio, DSCR)

陈述偏好(stated preference)

成本回收(cost recovery)

成本有效性分析(cost effectiveness analysis)

出口平价(export parity price)

到岸价格(cost, insurance & freight, C. I. F.)

等价年度费用(equivalent annual cost)

非外贸产出和投入(non- traded output and input)

非外贸货物(non-traded goods)

费用效果比(cost effectiveness ratio)

费用效果分析(cost effectiveness analysis, CEA)

费用效益分析(cost benefit analysis, CBA)

分配分析(distribution analysis)

风险分析(risk analysis)

福利效益(welfare benefit)

公共产品(public goods)

供给价(supply price)

官方汇率(official exchange rate, OER)

规模经济(economies of scale)

国民收入平减指数(gdp deflator)

耗减补偿(depletion premium)

核算单位(unit of account)

环境估价(environment valuation)

环境可持续性(environment sustainability)

环境卫生(environment sanitation)

换算系数(conversion factor)

汇率溢价(foreign exchange premium)

或有估价法(contingent valuation method, CVM)

货币的时间价值(time value of money)

机会成本(opportunity cost)

基准收益率(hurdle cut-off rate)

计算单位(numeraire)

加权平均资金成本(weighted average cost of capital, WACC)

价格扭曲(price distortion)

价格指数(price index)

交叉补贴(cross-subsidization)

接受补偿意愿(willingness to accept, WTA)

进口平价(import parity price)

经济补贴(economic subsidy)

经济费用(economic cost)

经济分析(economic analysis)

经济规模(economic scale)

经济价格(economic price)

经济净现值(economic net present value, ENPV)

经济内部收益率(economic internal rate of return, EIRR)

经济评估(economic appraisal)

经济生存能力(economic viability)

经济寿命(economic life)

经济效益(economic benefit)

经济资源(economic resource)

净现值(net present value, NPV)

矩阵方法(matrix approach)

口岸价(border price)

劳动力机会成本(opportunity cost of labor)

离岸价格(free on board, F.O.B.)

利息备付率(interest coverage ratio, ICR)

临界点(也称转换值)(switch value)

敏感性分析(sensitivity analysis)

敏感性指标(sensitivity indicator)

名义价格(nominal prices)

内部收益率(internal rate of return, IRR)

年金化值(annuities value)

平均增量财务费用(average incremental economic cost, AIFC)

平均增量成本(average incremental cost, AIC)

平均增量经济费用(average incremental economic cost, AIEC)

评估(appraisal)

评价(evaluation)

权益资金(equity)

人力资本法(human capital method)

融资主体(financing entity)

时价(current price)

时间偏好率(time preference rate)

实际汇率(real exchange rate)

实际价格(real prices)

实际价值(real value)

实物量(volume terms)

使用价值(use value)

世界价格(world price)

私人融资(private financing)

替代(substitution)

通货膨胀率(inflation rate)

土地的机会成本(opportunity cost of land)

外部效果(也称外部性)(externalities)

外贸货物(traded goods)

外贸投入和产出(trade input and output)

无项目(without-project)

无形的(intangible)

息税前利润(earnings before interest and tax, EBIT)

显示偏好(revealed preference)

现存价值(existence value)

现金流出(量)(cash outflow, CO)

现金流(量)(cash flow, CF)

现金流入(量)(cash inflow, CI)

现值(present value, PV)

相对价格作用(relative price effect)

项目备选方案(project option)

项目框架(project framework)

项目周期(project cycle)

消费者剩余(consumer surplus)

效果费用比(effectiveness cost ratio)

需求价格(demand price)

需求曲线(demand curve)

要求回报率(required rate of return, RRR)

意愿调查评估法(contingent valuation)

隐含价值法(hedonic method)

盈亏平衡点(break-even point)

影响陈述(impact statement)

影子工资率(shadow wage rate, SWR)

影子工资系数(shadow wage rate factor, SWRF)

影子汇率(shadow exchange rate)

影子汇率系数(shadow exchange rate factor, SERF)

影子价格(shadow price)

有项目(with-project)

预备费(contingency allowance in an estimate)

预备费(contingency)

增量产出(incremental output)

增量投入(incremental input)

增量效益(incremental input)

债务资金(debt)

折旧(depreciation)

折现(discounting)

折现率(discount rate)

支付能力(ability-to-pay, ATP)

支付意愿(willingness to pay, WTP)

终值(final value, FV)

转移支付(transfer payment)

准股本资金(quasi-equity)

资本化价值(capitalized value)

资本金(equity)

资本金净利润率(return on equity, ROE)

资产负债率(liability on asset ratio, LOAR)

资金成本(capital cost)

资金的财务机会成本(financial opportunity cost of capital, FOCC)

资金的经济机会成本(economic opportunity cost of capital, EOCC)

资源成本(resource cost)

总投资收益率(return on investment, ROI)

最低可接受收益率(minimum acceptable rate of return, MARR)

参考文献

[1]古德生，李夕兵.现代金属矿床开采科学技术[M].北京：冶金工业出版社，2006

[2]国家发展改革委员会，建设部.建设项目经济评价方法与参数[M].3版.北京：中国计划出版社，2006

[3]李万亨，傅鸣珂，杨昌明.矿产经济与管理[M].武汉：中国地质大学出版社，2000

[4]刘胜富，柏元夫.矿产资源监督管理[M].北京：地质出版社，2001

[5]忻梅.矿产资源法律制度[M].北京：地质出版社，1999

[6]吴德庆，马月才.管理经济学[M].3版.北京：中国人民大学出版社，2003

[7]陈建宏.矿业经济学[M].长沙：中南工业大学出版社，1996

[8]李仲学.矿业经济学导论[M].北京：冶金工业出版社，1994

[9]蒋承菘.矿产资源管理导论[M].北京：地质出版社，2001

[10]中国国土资源经济研究院[M].探矿权采矿权评估方法指南[M].北京：地质出版社，1999

[11]国家安全生产监督管理局.矿山安全法规汇编[M].北京：冶金工业出版社，2001

[12]李万亨.矿山建设项目可行性研究及经济评价[M].北京：地质出版社，1998

[13]张应经.矿床技术经济评价方法与参数[M].北京：地质出版社，1991

[14]陶维屏.非金属矿床技术经济评价[M].北京：地质出版社，1990

[15]联合国工业发展组织.工业可行性研究编制手册[M].北京：化学工业出版社，1992

[16]汪光顺，舒航.矿业经济分析与数学方法[M].北京：中国标准出版社，1994

[17]F·W·韦尔默.矿床与矿产经济实用计算——矿床计算、评价与单位换算[M].北京：地质出版社，1997

[18]J W Whittle.矿业投资及风险分析.朱贵芳译[M].北京：建筑工业出版社，1986

[19]钱抗生.矿产资源分析[M].北京：海洋出版社，1990

[20]中国科学院可持续发展战略研究组.2006中国可持续发展战略报告[M].北京：中国科学院，2006

图书在版编目(CIP)数据

矿业经济学 / 陈建宏,古德生编著. —长沙:中南大学出版社,2007.8(2025.2 重印).

ISBN 978-7-81105-578-8

Ⅰ. ①矿… Ⅱ. ①陈… ②古… Ⅲ. ①矿业经济—经济学 Ⅳ. ①F407.1

中国版本图书馆 CIP 数据核字(2007)第 115234 号

矿业经济学
KUANGYE JINGJIXUE

陈建宏　古德生　编著

□ 出 版 人　林绵优
□ 责任编辑　彭达升　刘　辉
□ 责任印制　唐　曦
□ 出版发行　中南大学出版社
　　　　　　社址:长沙市麓山南路　　　　邮编:410083
　　　　　　发行科电话:0731-88876770　　传真:0731-88710482
□ 印　　装　长沙鸿和印务有限公司

□ 开　　本　787 mm×1092 mm　1/16　□ 印张 19.5　□ 字数 496 千字
□ 版　　次　2007 年 8 月第 1 版　　　□ 印次 2025 年 2 月第 5 次印刷
□ 书　　号　ISBN 978-7-81105-578-8
□ 定　　价　60.00 元

图书出现印装问题,请与经销商调换